港澳學校概覽

周啟剛題

民國二十八年秋季

編纂及發行者

中華時報

民國二十八年秋季

港澳學校概覽

中華民國二十八年八月初版

編纂者　呂家偉　趙世銘

出版及發行者　中華時報社　香港荷里活道五十二號　電話：三二六三八號

印刷者　西南圖書印刷公司　營業部香港皇后大道中十四號　電話：二一五八四　印刷廠香港堅尼地城二十三號　電話：二二四四七

代售處　商務印書館　中華書局　世界書局　生活書店

分售處　國內外及港澳各大書局

實價　國內國幣壹角　本港港幣壹角

港澳學校概覽

學海津梁

蔡元培題

香港

西南圖書印刷公司

●經營一切印刷業務●

●承印●

中西書籍
圖畫雜誌
日報月刊
商標股票
證券憑單
賬簿表册

●發售●

印刷機器
鑄字銅模
各體鉛字
書邊花綫
紙張油墨
印刷用品

印刷精美
工程迅速

營業部：皇后大道中友邦行三樓　電話二一五八四
印刷廠：堅尼地城海傍二十三號　電話三二四四七

序

沒有人會否認刊物原是社會教育工具之一，因之一般刊物與一般教育的親緣最密。中華時報創立在香江，因自有它新聞事業的使命，我卻建議設置一個定期的副刊，專容教育情報教育問題討論那些文字，特別是為所在地的教育，戰時流亡的教育。這建議給實現了，於是時報每週有一副刊叫「香港教育」。這個年頭兒，甚麼事情都免不了有些形格勢禁，這區區小刊物當亦不能例外，我們總歸自承幹來不好就是了，而主編的趙世銘君卻已工作得甚為努力。

「香港教育」發刊之初，曾經說明過它的對象一為當地的學校教育，一為僑眾的社會教育。主編人的努力，不但在于伏案編撰，而且勤于奔走訪問。這麼一來，學校的內容便較多諳悉，時間適為廿八年度學年之杪，因併纂輯：「港澳學校概覽」一書。關于纂輯的動機與目的，趙君另有所陳，茲可不贅。此等便省覽的紀錄，要亦不堪倚于著述，宜不足以邀重視。不過閱編一覽，心頭也遭受突然的襲擊，有一陣的辛酸。這裏頭羅列着的大中小學，泰半是從故國烽煙裏蹤避遷動而來的，絃誦雖然不輟于異地，師生盡抱劫後餘生的隱痛，風晨月夕，緬懷鄉邦，藏修息游之所，與田園廬墓共付灰劫，此仇此恨，無盡綿綿，然則這一卷帙之遺留，即亦吾民族無窮之冤憤，「而忘越人之殺而父？」吾捧卷如聞其聲！

又一方面，教育機關的播遷，表現着我們的教育工作者和接受教育的青年，迭次顛沛必于是，曾不因橫逆而少餒，這種邁進精神，實為國魂之所寄，打回老家去，多仗此中的磨煉。所以物質的麤陋短缺，身受的沒有怨言斷色，社會也因而愈加敬重其艱難奮鬥。這就是說本編輯錄意思，並不是給各校競作設備的誇張，但能供設備上的觀摩，則又愈形其努力。

然則雖復一區區備省覽的紀錄，亦足以為劇變時代的一種特殊現象觀，為學子問津計，則又謂之為求學指南也可。

十・七・二八・于九龍半島・

第二學校

在校之學生
對於某科有補習之必要者
或有意縮短某科學程者

請即報名加入

作為第二學校

加入本校之四大便利

科目齊備 在本校中學部現設七科之中，如國文、英文、算學、自然、史地諸科均為主要科目。學者隨時補習，或選修一二科，均無不可。大學部現設學程均為主要科目。

適合標準 國文、英文兩科講義之內容，原與中學課程標準無多差異，新編之算學、自然、史地三科講義，完全根據修正之課程標準，與在校所習，可以相互補充。大學部課本采用大學通用之大學叢書。

指導周詳 中學部各科主任及教師，均聘專家擔任，且富有教學及編輯經驗。大學部聘請大學校長教授多人為顧問。改卷答問，不厭詳明。無異與良師晤對一堂，面受指導。

安全經濟 加入本校補習，既免奔走就讀之勞，復無時間限制之苦，對於在校之學生絕不妨礙其受課時間。學費無多，並可分期繳付；中學部另有獎學金之規定。

索章報名處：商務印書館

香港皇后大道中　澳門新馬路

[11] 837-28:7

目錄

上海世界書局香港發行所

敝局為服務文化，便利僑胞購辦起見，特在本港設立發行所，成立以來，於茲三載，購者稱便。敝局除發售本版中小學教科及全部圖書外，復為上海開明書店代辦分莊，舉凡該書店出版之教本及一般讀物，在港澳南洋各處，均歸敝局發行。又上海各大書局新出之書刊雜誌畫報，無不搜羅齊備，應有盡有。現為便利各界訂閱雜誌畫報起見，特設立雜誌部，專人負責辦理，歡迎定閱，一經訂購，當即按期提前送寄，如恐中途停刊，餘款任由定者換購他書，或取回現金，無不立時辦理，俾定者可以安心訂購，藉以保障，尚希 垂察。

經售：

中外高等文具
國貨自來水筆
學校理化儀器
辦公室內用品
大小風琴口琴
實用防毒面具

地址—皇后大道中三十七號
電話—二七六三四

重要教育法規

立夫

陳立夫

重要教育法規目次

王章襟
專造襟章、銅質商標
各種大小凹凸銅招牌
光顧多少　一律歡迎
金興五金工業社
旺角上海街五百六十八号
期依備起　己克格儔
電話　五零二七三

中華民國訓政時期約法

國民教育章

國民政府公布（二十年六月）

一、三民主義，為中華民國教育之根本原則。

一、男女教育之機會，一律平等。

一、全國公私立之教育機關，一律受國家之監督，並負推行國家所定教育政策之義務。

一、已達學齡之兒童，應一律受義務教育，其詳以法律定之。

一、中央及地方，應寬籌教育上必需之經費，其依法獨立之經費，並予以保障。

一、私立學校成績優良者，國家應予以獎勵或補助。

一、華僑教育，國家應予以獎勵及補助。

一、學校教職員，成績優良於其職者，國家應予以獎勵及保障。

一、全國公私立學校，應設置免費及獎金學額，以獎進品學俱優無力升學之學生。

一、學術及技術之研究與發明，國家應予以獎勵及保護。

一、有關歷史、文化、及藝術之古蹟古物，國家應予以保護或保存。

中華民國教育宗旨及其實施方針

國民政府公布（十八年四月）

甲　教育宗旨

中華民國之教育，根據三民主義，以充實人民生活，扶植社會生存，發展國民生計，延續民族生命為目的；務期民族獨立，民權普遍，民生發展，以促進世界大同。

乙　實施方針

前項教育宗旨之實施，應守下列之原則：

（一）各級學校三民主義之教學，應與全體課程及課外作業相連貫，以史地教科闡明民族真諦，以集合生活，訓練民權主義之應用，以各種之生產勞動的實習，培養實行民生主義之基礎；務使智識道德融會貫通於三民主義之下，以收篤信力行之效。

（二）普通教育須根據總理遺教，陶融兒童及青年「忠孝仁愛信義和平」之國民道德；並養成國民生活技能，增進國民生產之能力為主要目的。

（三）社會教育必須使人民具備近代都市及農村生活之常識，家庭經濟改善之技能，公民自治必備之資格，保護公共事業及森林園地之習慣、養老、恤貧，防災，互助之美德。

（四）大學及專門教育必須注重實用科學充實內容，養成專門知識技能；並切實陶融為國家社會服務之健全品格。

（五）師範教育為實現三民主義的國民教育之本源，必須以最適宜之科學教育，及最嚴格之身心訓練，養成一般國民道德上學術上最健全之師資為主要之任務，於可能範圍內，使其獨立設置；並盡量發展鄉村師範教育。

（六）男女教育機會平等，女子教育尤須注重陶冶健全之德性，保持母性之特質；並建設良好之家庭生活及社會生活。

（七）各級學校及社會教育，應一體注重發展國民之體育，中等學校及大學專門，須受相當之軍事訓練。發展體育之目的，固在增進民族之體力；尤須以鍛鍊強健之精神，養成規律之習慣，為主要任務。

（八）農業推廣，須由農業教育機關積極設施，凡農業生產方法之改進，農民技能之增高，農村組織與農民生活之改善，農業科學智識普及，以及農民生產消費合作之促進，須以全力推行。

一（乙）

中華民國憲法草案

教育章

國民政府公布（二十五年五月）

一、中華民國之教育宗旨，在發揚民族精神，培養國民道德，訓練自治能力，增進生活知能，以造成健全國民。

一、中華民國人民教育之機會，一律平等。

一、全國公私立之教育機關，一律受國家之監督，並負推行國家所定教育政策之義務。

一、六歲至十二歲之學齡兒童，一律受基本教育，免納學費。

一、已逾學齡未受基本教育之人民，一律受補習教育，免納學費。

一、國立大學及國立專科學校之設立，應注重地區之需要，以維持各地區人民享受高等教育之機會均等，而促進全國文化之平衡發展。

一、教育經費之最低限度，在中央爲其預算總額百分之十五，在省區及縣市爲其預算總額百分之三十，其依法律獨立之教育基金，並予以保障。貧瘠省區之教育經費，由國庫補助之。

一、國家對於左列事業及人民，予以獎勵或補助：

一、國內私人經營之教育事業，成績優良者；

二、僑居國外國民之教育事業；

三、於學術技術有發明者；

四、從事教育，成績優良，久於其職者；

五、學生學行俱優，無力升學者。

修正僑民學校立案規程

教育部僑務委員會公布　（二十三年二月）

（一）凡中華民國人民僑居他國者，在僑居地設立學校，須由設立者或其代表備具立案呈文及附屬實類二份，呈由該管領事轉呈僑務委員會，由僑務委員會會同教育部核辦之。

在未設領事地方之僑民學校呈請立案時，得請當地或附近之僑民教育團體轉呈或逕呈僑務委員會，由僑務委員會會同教育部核辦之。

（二）凡僑民學校須具左列各項資格，方得呈請立案：

甲　經費：

有確定之資產資金或有其他確實收入，足以維持學校之常年經費者。

乙　設備：

有相當之設備者。

丙　教職員：

一、各教職員均能合格勝任者；

二、每學級有專任教員一人以上者；

三、校長由本國人充任；但有特殊情形，必須聘外國人充任時，須由該管領事或該校校董會合併呈請僑務委員會商同教育部核准。

（三）凡僑民學校呈請立案時，須開具左列事項，連同全校平面圖及說明書，呈送審核：

一、學校名稱（如有外國名稱者亦應列入）；

二、學校種類；

三、校址（中外文）；

四、開辦經過；

五、經常費來源及經常臨時預算表；

六、組織編制課程及各項規則；

七、教科書及參考書目錄；

八、圖書儀器標本校具及關於體育衛生各種設備一覽表；

二（乙）

九、教職員履歷表；

十、學生一覽表及歷年畢業生一覽表。

（四）凡已立案之僑民學校，其組織課程及一切事項，除有特殊情形呈經僑務委員會商同教育部准予變通外，須遵照現行教育法辦理。

（五）凡已立案之僑民學校，如有應行獎勵補助及介紹學生回國升學等項，均得予以優異之待遇。

（六）凡已立案之僑民學校，如教育部或僑務委員會認為辦理不善，得令其改進；如屢經令飭改進而仍未遵辦者，由僑務委員會商得教育部同意，得撤銷其立案。

（七）凡已立案之僑民學校，如欲變更或停辦時，須呈經該管領事轉呈僑務委員會，由僑務委員會會同教育部核辦之。

在未設領事地方，得請當地或附近之僑民教育團體轉呈或逕呈僑務委員會，由僑務委員會會同教育部核辦之。

（八）本規程由教育部僑務委員會會同公佈施行。

修正僑民中小學規程

教育部僑務委員會公布　（二十三年二月）

第一章　總綱

（一）僑民中小學，應遵守中華民國教育宗旨及其實施方針中普通教育之原則，根據僑民特殊環境，並按照學生身心發育之程序，培養民族意識，自治組織能力，及改良生活發展生產知識技能。

（二）僑民中小學校，以當地僑民籌款自辦為原則。

（三）僑民中小學之設立，應依照本國現行學制：小學修業年限六年，前四年為初級小學，後二年為高級小學，初級得單獨設立；中學修業年限，初級中學三年，高級中學三年，均得單獨設立。前項修業年限，依照地方特殊情形，呈經僑務委員會商同教育部核准者，得變通辦理之。

（四）僑民小學得附設幼稚園，僑民中小學均得附設補習學校及其他社會教育機關。

（五）僑民中小學應遵照修正僑民學校立案規程第一條之規定，呈請立案。

（六）僑民中小學，應受該管領事，或教育部，或僑務委員會派往調查或辦理僑民教育之人員，監督指導。

第二章　經費

（七）僑民中小學經費，由設立者酌量當地情形，採用左列辦法籌集之：

一、僑民營業附加捐；

二、出入口土產捐或百貨捐；

三、僑民特種營業捐；

四、僑民團體商店或個人月捐年捐特別捐；

五、其他捐款。

（八）僑民中小學，得受本國政府補助金。

（九）僑民中小學經濟應公開，其會計方法，校產管理法，經濟公開辦法，均由董事會訂定，繕具三份，內一份，呈請該管領事館備案，餘二份呈請該管領事館轉呈僑務委員會及教育部。

（十）僑民中小學經費分配等項，凡經教育部或僑務委員會或該管領事館，定有標準可依據者，均應依據之。

第三章　設備

（十一）僑民中小學地址，應選擇無礙衛生道德，及便利教學之處。

（十二）僑民中小學之校舍體育場及一切設備，均須適于教育衛生之原則。

（十三）僑民中小學之建築設備，凡經教育部或僑務委員會定有標準及辦法可依據者，均應依據之；如因地方情形，亦得採用所在地政府對一般中小學所定之標準及辦法。

第四章 課程

（十四）僑民中小學之教科書課程，應依照教育部頒定中小學課程標準辦理，但因地方特別情形，得呈請僑務委員會，商同教育部變通之。

（十五）僑民中小學教科書，應由該管領事或教育部僑務委員會派往辦理僑民教育之人員，會同當地僑民教育團體及僑民中小學教職員代表，組織中小學教科書編選會，選定若干種，任由各校採用；為適合地方情形起見，並得由委員會加以修改，或另行編輯。

前項修改或另行編輯之僑民學校教科書，應呈經僑務委員會商由教育部審定之。

（十六）僑民中小學採用外國教科書時，應由中小學教科書編選委員會選定或審查教材，分別取捨。

（十七）僑民中小學除外國語外，一律以國語為教授用語，小學不得採用文言教科書。

（十八）僑民中小學之教科，凡經教育部及僑務委員會定有標準及辦法可依據者，均應依據之。

第五章 訓育

（十九）僑民中小學之管理學生，應一律平等待遇，並不得施行體罰。

（二十）僑民中小學以師生共同生活為原則，一切規律，均應共同遵守。

（廿一）僑民中小學之訓育，應由全體教職員負責。

凡指導學生自修自治，考核學生品性行為，聯絡家庭，服務社會等，全體教職員均應取協同一致之態度。

（廿二）僑民中小學之訓育，凡經教育部或僑務委員會定有標準及辦法依據者，均應依據之。

第六章 校董會

（廿三）僑民中小學應設校董會，其職權如左：

一、招募及保管基金；

二、購置及保管校產；

三、籌劃常年經費及建築設備等臨時經費；

四、選聘及改聘校長；

五、審核預算決算；

六、辦理學校立案事項；

七、代表學校辦理與所在地政府之交涉事項。

僑民中小學校董會之組織規程另定之。

（廿四）僑民中小學校董對於校務之興革，有所建議時，應提出於校董會議議決，交由校長酌量辦理之。

（廿五）僑民中小學如因地方特殊情形，不能設置校董會者，得由學校設立者呈請僑務委員會商同教育部，准免設立，本規程第二十條所列之校董職權，由設立者行使之。

第七章 教職員

（廿六）僑民中小學，得校設校長一人，均應專任；但級數較少之初級小學，得以本校專任教員兼任之。

（廿七）僑民中小學校長之職務如左：

一、主持全校校務；

二、聘任教職員；

三、編造預算及決算。

（廿八）僑民中小學校長，得列席校董會議，並得提出議案，但無表決權。

（廿九）僑民中小學校長，以服膺三民主義，人格健全，能與學生共同生活，並具備左列資格之一者，為合格：

一、中學校長：

（甲）專科以上學校畢業，對於教育素有研究，並曾任教育職務一年以上者；

（乙）專科以上學校畢業，其專長與所辦學校性質相符，並曾任教育職務一年以上者；

（丙）對於中學教育或某種學術，有特別貢獻，可以成績證明，並曾任教育職務五年以上者。

二、小學校長：

（甲）與高中程度相當之師範以上學校畢業者；

（乙）高級中學以上學校畢業，對於教育有研究者；

（丙）舊制中學畢業，曾為小學教員二年以上者；

（丁）對於小學教育有特殊貢獻，可以成績證明，並曾任小學教育三年以上者。

（三十）僑民中小學教員，均以專任為原則，除教學外，並應分任本校其他一部校務。

（卅一）僑民中小學教員，以服膺三民主義，品性良善（如無不良嗜好等），學力相當（如國語教員須諳語文通順等），並具備左列資格之一者為合格：

一、中學教員：

（甲）專科以上學校畢業，其專長以所任教科相當者；

（乙）對于某種學科有專門研究，可以成績明者。

二、小學教員：

（甲）六年以上師範學校畢業者；

（乙）初級中學以上學校畢業，對于教學方法有經驗者；

（丙）對於小學教育，有特殊貢獻，可以成績證明，並曾任小學教員二年以上者。

（卅二）僑民中小學得視事務之繁簡，酌設書記，會計，庶務等職員。

（卅三）僑民中小學校長教職員之聘任，一律用聘書，聘任期內，非確有失職或其他不得已事故，雙方均不得中途解約。

（卅四）僑民中小學校教員，每年薪俸作十二個月計算，膳宿以由校供給為原則，其在國內聘請者，往返川資由校供給；但辭職後並不回國，仍在本地或附近二百里內就業者，得追繳其回國川資。

（卅五）僑民中小學專任教員之最低薪給，以相當於每人每月在各該地方普通膳食費之五倍至十倍為準。

（卅六）僑民中小學教職員之年功加俸、卹金、養老金、子女教育金等，由該管領事會商所在地僑民教育團體，參照教育部所定標準或辦法訂之。

（卅七）僑民中小學教職員之進修，依照教育部所定中小學教員進修辦法辦理之。

第八章 學生

（卅八）僑民子女，年滿六週歲，應就僑民學校肄業，小學畢業，得升入中學；當地未設中學者，得升入近地僑民中學，或回國升學。回國升學之辦法，另定之。

（卅九）學生在僑民中小學修業期滿，除由各該校舉行畢業考試外，應將畢業考試及格之學生，於十日內造具名冊及各科成績表，呈報該管領事館總候會考，會考委員會組織規程及辦事細則另定之。凡有特殊情形及未設領事或距離領事館過遠地方，得由當地或附近曾經教育部及僑務委員會立案之僑民教育團體，代行會考職權會考，若僑民教育團體，亦未成立，或該地附近僅有僑校一所者，得免會考。但准免會考之中學畢業試卷，須彙送僑務委員會覆核。會考或覆核及格者，由各該校予畢業證書，均須呈經該管領事館，或會考委員會蓋印，初級小學修業期滿成績及格，由各該校給予畢業證書，可免會考。

（四十）學生納費及貧寒學生免費辦法，由該管領事會同所在地僑民教育團體規定之，呈請教育部及僑務委員會備案施行。

第九章 學年學期及休假日期

（四一）僑民中小學學年學期及休假日期，在氣候與本國相同之地帶，應照教育部所定「修正學校學年學期及休假日期規程」辦理；其與本國氣候不相同地方，其學年學期例假，得依照所在地各外國學校之學年學期及例假辦理。

（四二）僑民中小學所在地特殊紀念日，經所在地政府規定必須休假者，得照例休假。

（四三）僑民中小學除星期日例假，紀念假，所在地特殊紀念日，本校紀念日休假外，不得任意休假，各種集會應於星期日舉行，革命紀念日應遵照國民政府所公布之革命紀念日簡明表（民國十九年七月國民政府頒行）辦理。

第十章　研究會

（四四）僑民中小學應設中學教育或小學教育研究會，以校長為主席，全體教職員為會員。

（四五）僑民中小學得聯合本地各學校及立案各校聯合研究會，以各校校長教員為會員，依「學科」「訓育」「學校行政」等項分組研究，每月各組至少開會二次，每年由各組推選代表會議一次，其組織細則，由該管領事會同各學校代表擬定，呈准教育部及僑務委員會備案施行。

（四六）僑民中學教育及小學教育研究會及各校聯合研究會均以研究教育為目的，以「課程」「教務」「教學訓育方法」及「學校行政」為研究中心，不得涉及教育以外之問題。

（四七）僑民中學教育或小學教育研究會及各校聯合研究會，開會形式均適用民權初步。

第十一章　附則

（四八）僑民依所在地情形，得辦理簡易小學，其辦法另定之。

（四九）本規程由教育部及僑務委員會會同公佈施行。

修正僑民中小學校董會組織規程

教育部　僑務委員會公佈（廿三年二月）

（一）本規程依據修正僑民中小學規程第二十二條修訂之。

（二）僑民中小學校董會，為學校設立者之代表。

（三）僑民中小學校董會，應一律冠以校名，稱為某某中小學校董會；其有特殊情形另定名稱者，於請求立案時呈明。

（四）凡屬中國人民，而具有左列各項資格之一者，得被選為僑民中小學校董會校董：

一、設立學校者；

二、對于學校曾經捐助鉅款者；

三、當地教育專家，及熱心提倡教育者；

四、當地教育團體議員。

（五）僑民中小學校董會，設置左列各職員：

一、董事長一人；

二、副董事長一人至二人；

三、財務一人；

四、稽核二人；

五、會計一人；

六、文牘一人。

（附項一）校董選舉方法及任期，由校董會自定之。

（附項二）校董人數過多時，得設常務校董五人至九人。

（附項三）如設有常務校董時，上列各員由常務校董分擔之。

（六）僑民中小學校董會之職權，規定如左：

一、募捐及保管基金；

二、購置及保管校產；

三、籌劃常年經費及建築設備等臨時經費；

四、評聘及改聘校長；
五、審核預算決算；
六、辦理學校立案事項；
七、代表學校辦理與所在地政府交涉事項。

（七）關於學校行政，由校董會選任之校長，負責主持之，校董會校董，得隨時巡視學校，對於校務之興革，有所建議時，應提出於校董會議議決，由校長酌量處理之。

（八）僑民中小學校董會會議，以董事長爲主席，董事長缺席時，由副董事長爲主席。

（九）僑民中小學校董會職員，不得兼任所辦學校教職員。

（十）僑民中小學校董會，於所辦學校，呈請立案時，應依照學校立案用表式樣，將董會一覽表，所開各項，詳細塡註，請由主管領事轉呈僑務委員會，商同教育部一併立案。

（十一）僑民中小學校董會改組時，應將改組情形呈報主管領事館核轉僑務委員會及教育部備案。

（十二）僑民中小學因事散解時，其校董會應於一星期內，將經過情形呈報主管領事館轉呈僑務委員會及教育部備核。

（十三）僑民中小學，如因地方特殊情形，不能設置校董會，得由學校設立者，呈准僑務委員會商同教育部准予免設。校董會之職權，由設立者行使之。

（十四）本規程由教育部，僑務委員會，會同公佈施行。

修正私立學校之規程

教育部公布　（二十二年十一月）

第一章　總綱

（一）私人團體設立之學校，爲私立學校，外國人設立之學校亦屬之。

（二）私立之學校開辦變更及停辦，須經主管教育行政機關之核准。

私立專科以上學校，以教育部爲主管機關；

私立中等學校（私立專科以上學校之附設中等學校同）以省市（行政院直轄市）教育行政機關爲主管機關；私立小學及其同等學校、私立中等以上學校附設之小學及其同等學校同）以市（行政院直轄市亦在內）縣教育行政機關爲主管機關。

（三）私立學校須經主管教育行政機關立案，受主管教育行政機關之監督及指導。其組織課程及其他一切事項，均須遵照現行教育法令辦理。

（四）私立學校不得設分校。

（五）私立專科以上學校，非遇必要時，不得設兩級中等學校或附設小學。

（六）外國人不得在中國境內設立教育中國兒童之小學。

（七）私立學校校長均應專任，不得兼任其他職務。

外國人設立之私立中等以上校，須以中國人充任校長或院長。

（八）私立學校不得以宗教科目爲必修科，及在課內作宗教宣傳。宗教團體設立之學校內如有宗教儀式，不得强迫或勸誘學生參加；在小學及其同等學校並不得舉行宗教儀式。

（九）私立學校辦理不善或違背法令時，主管教育行政機關得撤銷其立案或令其停辦。其開辦三年尚未立案者，主管教育行政機關得令其停辦並撤銷其校董會之立案。

（十）私立學校之名稱應明確標示學校之種類，不得以省市縣等地名爲校名，並須冠以私立二字。

第二章　校董會

（十一）私立學校以校董會爲其設立者之代表，第一任校董由設立者聘請相當人員組織之。設立者爲當然校董，設立者人數過多時，得互推一人至三人爲當然校董。

（十二）校董會校董名額不得過十五人，應推一人爲董事長。

（十三）校董會之組織及職權暨校董之任期及改選辦法應於校董會章程中規定之。

（十四）校董會至少須有四份之一之校董，以曾經研究教育或辦理教育

七（乙）

者先任；現任主管教育行政機關及其直接上級教育行政機關人員，不得兼任校董。

有特別情形者得以外國人充任校董，但名額至多不過三份之一，其董事長須由中國人充任。

（十五）校董會設立後，須開具左列各事項，呈請主管教育行政機關立案：

一、名稱；
二、目的；
三、事務所所在地；
四、校董會章程；
五、資產資金或其他收入詳細項目及其確實証明；
六、校董姓名年齡籍貫履歷及地址。

立案後如第三第五第六各項有變更時，須於一個月內分別呈報主管教育行政機關備案。

（十六）校董會呈請立案時，在私立專科以下學校校董會應呈由該管省市（行政院直轄市）教育行政機關轉呈教育部核辦；在私立中等學校校董會應呈請該管市（行政院直轄市亦在內）縣教育行政機關核辦；轉呈時對於前條所列各事項均須切實調查，附具意見，以備審核。

（十七）已核准立案之私立中等學校校董會應由該管省市（行政院直轄市）教育行政機關轉呈教育部備案；已核准立案之私立中學及同等學校校董會應由該管縣市教育行政機關轉呈教育廳備案。

（十八）私立專科以上學校之附屬中等學校及私立中等以上學校附設之小學暨其同等學校應另設校董會，其呈請立案及備案手續，與普通私立中等學校及小學暨同等學校同。

（十九）校董會之職權以左列各項為原則，但因特別情形經主管教育行政機關核准者，不在此限。

【一】關於學校財務，校董會應負之責任如左：

一、經費之籌劃；
二、預算及決算之審核；
三、財務之保管；
四、財務之監察；
五、其他財務事項。

【二】關於學校行政，由校董會選任校長完全負責，校董會不得直接參預。所選校長或院長應得主管教育行政機關之認可，如校長或院長失職，校董會得隨時改選之。

主管教育行政機關如認校董所選任之校長或院長為不稱職時，亦得令校董會另選之。另選仍不稱職，得由主管教育行政機關逕行遴任。校董會發生糾紛以至停頓時，得由主管教育行政機關令其限期改組。遇必要時，得逕由主管教育行政機關改組之。

私立專科以上學校之附屬中等學校及私立中等以上學校附設之小學暨其同等學校，其校長由另設之校董會選任之。

（二十）校董會須於每學年終結後一個月內，詳開左列各事項，連同財產項目分別逕呈或轉報主管教育行政機關備案：

一、學校校務狀況；
二、前年度所辦重要事項；
三、前年度收支金額及項目；
四、校長教職員學生一覽表。

（廿一）主管教育行政機關每學年須查核校董會之財務及事務狀況一次，於必要時，得隨時查核之。

（廿二）私立學校因事停辦時，校董會應於十日內呈請主管教育行政機關派員會同清理其財產。清理了結時，由清理人呈報主管教育行政機關備案。

（廿三）私立學校及其財產不得收歸公有。但學校停辦，校董會失其存在時，其財產得由主管教育行政機關處置之。

（廿四）關於校董會債權債務諸事而發生糾轇時，應歸法院處理。

（廿五）校董會自身之解散，須經主管教育行政機關之許可。

第三章　私立專科以上學校

（廿六）私立專科以上學校之設立，應遵照左列規程序辦理：

【一】呈報開辦應於校董會立案後行之，凡非主管教育行政機關核准開辦者，不得遽行招生，呈報時須開具左列各事項，連同全校平面圖及說明書，送請呈核：
一、學校名稱（如有外國文名稱者亦應列入）及其種類；
二、學校所在地；
三、校地及校舍情形；
四、經費來源及經常開辦各費預算表；
五、組織編制及課程；
六、參考書或教科書目錄；
七、圖書館全部圖書目錄及實驗室全部儀器標本目錄，及其價值；
八、校長或院長及教職員履歷表。
【二】呈請立案應於一年後行之，呈請時須開具左列各事項，送呈查核：
一、開辦後經過情形；
二、前項第四款至第八款各事項；
三、各項章程規則；
四、學生一覽表；
五、訓育實施情形。
（廿七）私立專科以上學校，呈報開辦及呈請立案，應由該校校董會備具呈文及附屬書類，呈由該管省市（行政院直轄市）教育行政機關轉呈教育部核辦，轉呈時對於前條所列各事項均須切實調查，附具意見，以備採核。
（廿八）私立專科以上學校須具左列各項，方得呈報開辦；
一、大學或獨立學院按所設學院或科之數目及種類，至少須有大學規程第十條所規定之開辦費及每年經常費；
二、專科學校按所設專科之數目及種類，至少須有修正專科學校規程第十條所規定之開辦費及每年經常費。
（附註）開辦費及第一年經常費，均須以現款照數存儲銀行。
（廿九）私立專科以上學校之立案須具有左列各項：
一、呈報事項明確實者；
二、對於現行教育法令切實遵守並嚴厲執行學校章則者；
三、教職員合格勝任，專任教員占全數三分之二以上者；
四、學生入學資格合格，在校學生成績良好者；
五、設備足敷應用者；
六、資產或資金之租息連同其他確定收入（學費收入除外）足以維持其每年經常費者。

第四章　私立中等學校及小學暨其同等學校

（三十）私立中等學校及小學暨其同等學校之設立，應遵照左列規定程序辦理：
【一】呈報開辦應於校董會立案後行之，凡非經主管教育行政機關核准開辦者，不得遽行招生，呈報時須開具左列各事項，連同全校平面及說明書送呈查核：
一、學校名稱（如有外國文名稱者亦應列入）及其種類；
二、學校所在地；
三、校地及校舍情形；
四、經費來源及經常開辦各費預算表；
五、組織編制及課程；
六、教科書及參考書目錄；
七、圖書儀器標本校具及關於運動衛生各種設備及其價值；
八、校長及教職員履歷表。
【二】呈請立案應於開辦後之第一年，呈請時須開具左列各事項送呈查核：
一、開辦後經過情形；
二、前條第四款至第八款各事項；
三、各校章程規則；
四、學生一覽表；
五、訓育實施情形。
（卅一）私立中等學校呈報開辦，及呈請立案時，應由該校校董會備具呈文附屬書類，呈由該管縣市教育行政機關轉呈教育廳或逕呈該管市（行政院轄市）教育行政機關核辦。轉呈時對於前條所列各事項，均須切實調查附具意見，以備審核，在私立小學及其同等學校應由該校校董會備具呈文及附屬書類呈請該管縣市（行政院直轄市亦在內）教育行政機關核辦。

（冊二）私立中等學校及其同等學校須具有左列各項，方得呈報開辦：

校別	開辦費	經常費
高級中學	建築費[illegible]萬元 設備費二萬元	三萬元
初級中學	建築費三萬元 設備費一萬五千元	二萬元
高級農業職業學校	建築費三萬元 農場及其設備費二萬元 其他設備費一萬元	三萬元
高級工業職業學校	建築費三萬元 工廠及其設備費三萬元 其他設備費二萬元	四萬元
高級商業職業學校	建築費一萬元 設備費一萬元	二萬元
家事學校	建築費一萬元 設備費三萬五千元	二萬元

（附注）開辦費及第一年經常費均須以現款照數存儲銀行。

一、中學及高級職業學校，至少須有左表規定之開辦費及經常費，惟第一年之經常費至少須有額定數目三分之二、又左表每校以開設三級每級分兩班爲準，其每一級僅設一班者，經常費得減三分之一，其高中與初中合辦者，開辦費得經主管教育行政機關核准，照左表酌減。

二、初級職業學校

經費　有確定之資產或資金，其租息足以維持其每年經常費者。

設備　有自置或撥用之校舍，相當之校地，運動場，理科實驗室，實習場所，標本，儀器，圖書，校具各項者。

三、小學及其同等學校

經費　有確定收入，足以維持其每年經常費者。

設備　有相當之校地，校舍，運動場，校具，教具，圖書各項者。

（冊三）私立中等學校立案，須具有左列各項。

一、呈報事項均明確者；

二、對於現行教育法令切實遵守，並嚴厲執行學校規則者；

三、教職員之名額，資格及任務，均合於中學規程及職業學校規程其他規定者；

四、學生入學資格合格，在校學業成績良好者；

五、設備足敷應用者；

六、資產或資金之租息，連同其他確定收入（學費收入除外）足以維持每年經常費用者；

（冊四）私立小學及其他同等學校，立案，須具有左列各項：

一、呈報事項查明確實者；

二、教職員之名額資格及任務，均合於小學規程所規定者；

三、設備足敷應用者。

（冊五）已核准立案之私立中等學校，應由省市（行政院直轄市）教育行政機關轉呈教育部備案；已呈准立案之私立小學及其同等學校，應由縣市教育行政機關轉呈教育部備案，核准備案後，其備案手續方爲完成。

（冊六）私立專科以上學校附屬中等學校，及私立中等以上學校附設之小學暨其同等學校，呈報開辦，呈請立案及備案手續，與普通私立中等學校及小學同

第五章　附則

（卅七）未依照規定完成立案之手續私立學校，其肄業生等，不得與已完成立案手續之私立學校學生同等待遇。

（卅八）本規程公佈日施行。

各級學校設置免費學額及公費額規程

教育部公佈（二十五年五月六日）

（一）各級學校為獎助家境清貧，體格健全，資質穎異，成績優良之學生起見，應遵照本規程之規定，設置免費學額及公費學額。

（二）免費學額免除學費之繳納。前項所謂學費，須包括各校所收體育費，圖書費，實驗費及其他類似費用。

（三）全國各級公立學校暨全國各級私立學校，均應依左列規定設置免費學額：

一、小學　小學以不收學費為原則。其因特殊情形，徵收學費之小學，應設置全校兒童數百分之四十以上之免費學額。民國二十五年度，至少應設百分之二十，以後應逐年增設，限至民國二十八年度一律達到百分之四十之標準。

二、中等學校　初高級中學及初高級職業學校應設置全校學生數百分之十五以上之免費學額。民國二十五年度至少應設置百分之八，以後應逐年增設，限至民國二十八年度一律達到百分之十五之標準。

三、專科以上學校　專科以上學校應設置全校學生數百分之十以上之免費學額，民國廿五年度至少應設置百分之五，以後應逐年增設，限至民國二十八年度一律達到百分之十之標準。

（四）公費學額，除依第二條免收學費外，並應依第十六條之規定，給予最低限度之膳宿、制服、書籍等費。

（五）全國各級公立學校，除設置免費學額外，並一律依左列規定，設置公費學額：

一、小學　公立普通小學，及短期小學，民國廿五年度至少應增設佔全校學生數百分之三之公費學額，以後並應逐年酌量增設。

二、中等學校　初高級中學及初高級職業學校，民國二十五年度至少應增設置全校學生數百分之三之公費學額，以後並應逐年酌量增設。中等師範學校之公費待遇，依師範學校規程之規定辦理。

三、專科以上學校　公立專科以上學校，民國二十五年度至少應增設置全校學生百分之二之公費學額，以後並應逐年酌量增設。

各級私立學校之經費比較充足，或受有政府補助者，亦應酌量設置公費學額。

（六）各屬各級公立學校設置公費學額之經費，應在學校經常費內撙節開支為原則。

（七）各級學校應于每年暑假開始前，就各該校學生概數與本規程規定之比額，訂定下年度應設之免費學額與公費學額；並呈報主管教育行政機關。年主管教育行政機關，對于前項呈報之不符規定者，應責令改訂。

（八）各級學校對于每學年末，應將本年度內所已設置之免費學額，公費學額以及免費生，公費生名冊，呈報主管教育行政機關（名冊式樣見附表一）。

（九）各級學校應設置之免費學額及公費學額，應酌量分配于該校各年級學生。其分配于次年新招學生之學額，並應于招考時載入招考簡章，以資公告。

（十）凡學生家境清貧，凡家庭無力擔負子弟就學費用者，得覓具二人以上之切實保證書，向原籍縣市（包括普通市及直轄于行政院之市），或居住在三年以上之縣市主管教育行政機關，申請證明（申請書式樣見附表二）

（十一）各縣市主管教育行政機關，應各組織免費及公費學額審查委員會，對于前條申請，執行審核；其合格者提請縣市長給予家境清貧證明書（證明書式樣見附表三）。前項委員會由各縣市長聘請地方公正人士三人組織之。並以縣市主管教育行政機關人員為當然委員。委員會辦事細則，由各縣市主管教育行政機關訂定，呈報該管教育行政機關備案。

在審查委員會尚未成立前，前項審查與證明，得暫由縣市主管教育行政機關秉承縣市長辦理。

（十二）凡聲請免費或公費待遇者，應依左列規定為之：

一、投考學生　投考學生應於報名時呈繳家境清貧證明書，其因特殊情形不及於報名時呈繳者，得於錄取後一星期內補繳。

二、在校學生　在校學生應於每學年開始前呈繳家境清貧證明書。

（十三）各級學校依照本規程規定，設有免費或公費學額者，其公費學額，應給予家境清貧，而入學考試成績或在校成績較優之學生。

各校錄取新生及在校學生，其申請免費或公費待遇者，如超過各該校應設置之免費或公費學額，各該校應以其免費或公費學額，給予入學考試成績較優或在校成績較優之學生。

（十四）凡受有免費或公費待遇之學生，如其操行與學績平均不及乙等者，各校得停止其免費或公費待遇，其詳由各校斟酌定之。

（十五）各級學校對于免費公費學額之給予，應由校長遴聘教職員若干人組織委員會（稱免費學額委員會，或稱免費暨公費學額委員會）共同審定，以示公開，而杜弊病。

（十六）各級學校依照本規程設置之公費學額，其給予學生之零用，由各校依照當地生活情形，就左列範圍，酌量定之：

普通小學　每人每年十元至三十元；

初中及初級職業學校　每人每年四十元至八十元；

高中及高級職業學校　每人每年六十元至一百元；

專科以上學校　每人每年一百五十元至二百五十元；

短期小學公費學額之待遇，由各校斟酌各地情形定之。

（十七）各級學校免費及公費學生，如有冒充清貧，或偽造家境清貧證明書等情事，經查明証實者，均由各校向各該生或其保證人追繳各費，並得停止發給成績證明書或畢業證書，其參加審查資格之人員倘有徇情瞞混情事，並應受懲戒處分。

（十八）各省市教育廳局及公立私立專科以上學校，於每學年開始後兩個月內，應將辦理免費及公費學額經過情形分別呈報教育部備案。

（十九）各校所設之各種獎學學額，其經費係出自公私機關、團體、或私人，並非由本校經常預算內開支者，仍應照予維持，並不得以之抵充本規程所規定之免費學額或公費學額。

（廿）本規程自公布之日施行。

僑務委員會補助僑民學校辦法

（民國廿五年九月十三日公布）

（一）凡僑民學校經呈准本會及教育部立案後，辦理一學期以上，具有優良成績而經費確實困難者，得呈請本會補助。

（二）凡請求補助之僑民學校，須備具左列各件：

甲、請求補助呈文，除詳細申述學校之設施，經濟實際情形外，並呈繳與第一條有關之文件，如照片、說明書、出版品、及其他足資參證資料。

乙、須有當地本國領事館高級領部，已在本國主管部會立案商會教育會之一之証明書証明該校之成績優良，而經費確屬困難之實況。

（三）本會根據僑校請求，提交僑民教育補助費審核委員會常務會議議決補助之。

（四）僑民學校之補助費，依各該校之辦理成績設備經濟狀況分為甲乙兩種：

高級中學：甲種每年一千五百元乙種每年一千二百元

初級中學：甲種每年一千元　乙種每年八百元

小學及幼稚園：甲種每年六百元　乙種每年四百元（均以國幣計算）

（五）上項核給之補助費，本會得就各僑校之需要提出一部份指定為圖書儀器標本等之設備費，各該校即應依照指定數目，造具清冊呈會以憑核驗。

（六）本會核定僑民學校補助費，以一學年為期，每期分兩季發給，但下學期成績優良，經費仍當屬困難者，得繼續補助。

（七）僑民學校補助費每年分配二次，凡請求補助之僑校，應於每年六月或十二月以前三個月，依照第二條之規定，請求之，其未經核准者，半年後得將該案再行呈請補助。

（八）凡經核准補助之僑民學校，於奉到批示後，即可按照規定手續，請領補助費。

（九）受補助之僑民學校，如經本會發現有與第一條規定不符時，該項補助費，得隨時停止或核減之。

（十）受補助之僑民學校，除有特殊情形呈經核准者外，須遵守有關僑民教育各法令，並按期填送各項報告，否則本會得停止其補助費。

（十一）受補助之僑民學校，有教職員不合格者，本會得令其改聘。

（十二）本辦法如有未盡事宜，得由本會常務會議議決修改之。

第三屆全國教育會議議決全文

三月一日至九日教育部召開之第三次全國教育會議，議案多至三百餘件，印成四大冊，厚至一尺半，可見其內容之豐富矣。現大會費半月之時日，將會議所通過之全部議決案，分門別類，逐一整理，成各種教育改進方案，記者探得後，即報告本報讀者，俾教界同仁，得窺此次大會議決案全豹，藉資隨時翻閱參考，惟尚有一時不能發表者則從略。

教育行政改進案

（一）關於改訂學校系統者

本學校系統自民國十一年十一月由前教育部公佈後，民國十七年經第一次全國教育會議修正，但未公佈，茲參照現行學校法規及實際需要，擬定改訂各點：（一）中等教育階段內，除原有三三制中學外，另設六年制中學，不分初高中；（二）原有三三制初中，除附設簡易師範科外，並得附設簡易職業科，招收初中畢業生；（三）高等教育階段內，除原有二年制及三年制專科學校外，另設立五年制專科學校招收初中畢業生及具有初中畢業同等學力之學生。

（二）關於劃分中等以上學校學區者

（一）各省應斟酌各地交通，人口，經濟，文化及現有中等學校分佈情形，劃定全省為若干中學區，若干師範學校區，若干職業學校區；（二）全省各區內中等學校校數，應有適當之分配，每一中學區至少以設置一中學校為原則，每一師範學校區應設　師範學校或鄉村師範學校及若干簡易師範學校或鄉村師範學校或簡易師範科，並應設立一女子師範學校，或於簡易女子師範學校，或於師範學校或簡易師範學校內設立女子部，每一職業學校區至少應設一職業學校或初級實用職業及若干簡易職業科；（三）全省各區內各類中學師範學校及職業學校應設學級數及每年應招新生人數，均應依照需要，統籌辦理；（四）中央應斟酌各地交通，人口，經濟，文化及現有專科學校以上分佈情形，劃分全國為若干師範學院區及若干大學區；（五）全國各區內專科以上學校數，應有適當之分配，（不限一省為一區）專科學校除特殊情形外，應附設於大學內儘量增設各種專修科，每一師範學院區至少設置師範學院一所為原則，每一大學區以設置大學一所為原則；（六）全國各區內專科以上學校應設科系，及每年應招新生人數，均應依照需要統籌辦理。

（三） 關於教育行政人員任用資格者

各級教育行政人員任用資格，以教育學識與經驗爲主，應由中央另行制定教育行政人員任用條例公佈施行。

（四） 關於省市以下教育行政機構者

（一）各省市教育行政機關所設科室及職員名額，由教育部統籌規定，在教育經費較爲充裕之省市縣於社會教育及體育應由教育廳局設置專科辦理；（二）各縣教育局或縣政府教育科至少應設置專掌義務教育之科員一人，社會教育及體育之科員一人；（三）各縣區長鄉鎮長及聯保主任應使之負推進教育行政責任。

（五） 關於督學制度之改進者

一，劃分全國爲若干督學區，每區包含二省或三省；二，每區由教育部派督學一人常川駐區視察區內教育，並指導該區內各級督學視導事宜，並得增設義務教育視導員一人，專司視導義務教育之推行與改進；三，一區內視導範圍之大小學校之多寡，由部酌設視導員若干人分任視導之責；四，各省應劃全省爲若干督學區，每區設省督學一人，常川駐區視察各級教育，並得增設義務教育視導員一人，專事視導義務教育之推行與考績；五，省督學區得設省市督學若干人協助視導；六，縣應以一或二縣學區爲視導區，每區設縣督學或視導員一人常川駐區視察小學教育社會教育及義務教育；七，駐區內視察之督學及視導員應酌定任期，期滿調任他區督學及視導員；八，高等教育視察另訂辦法。

（六） 關於教育經費者

（一）確立省市縣教育基金制度：一，各省市縣地方應就省稅市稅縣稅中制定某一種或數種稅收全部或一部份爲教育基金，其數額佔收入總額之百分比，由教育部規定之；二，市縣基金過少時由省府補助之；三，市縣教育基金有餘時得視該市縣教育事業需要之狀況酌提若干，歸入省教育基金統支；四，省市縣教育基金由教育管理委員會管理之，省管理委員會以省政府主席爲主任委員，財政廳長教育廳長爲當然委員，延聘省地方教育界人士爲委員，市縣管理委員以市縣長爲主任委員，主管局長或科長爲當然委員，延聘市縣地方教育界人士爲委員；五，所有省市縣稅收項下劃定之基金，悉由管理委員會收支保管，並得隨時派員週赴該徵收機關查核賬目，俾免拖欠；六，行政院直轄市之教育基金自成一單位。

（二）教育部直屬各機關學校經費，應由教育部監督，由教育部依照法令規定以命令行之。

（三）辦理優良之私立及省市縣立各級學校補助費應逐年增加：一，請中央就現有省立私立專科以上學校，補助費職額，逐年增籌，以補助省立私立專科以上辦理優良學校之發展；二，請行政院通令各省市並轉令各縣市厘訂專款，就各該省市縣現行私立中小學補助費數額，逐年增籌，省應補助縣立私立辦理優良之中等學校，縣市應補助辦理優良之私立中小學；三，以上增籌之補助費，由各級主管機關核准立案或備案之私立學校按照各校成績，學生人數，及其他特殊情形，核定等級酌予補助之；四，凡受補助之各級學校，由主管教育機關，嚴加督察。

（四）專科以上學校之經費支配應有共同及合理之標準：一，根據大學規程所訂大學各學院每年經常費之最低限度以及國立各大學實支經費數，酌訂大學各學院之經費標準，凡實支經費已經超過此項標準之學校，應將其超過之經費用於添置設備，增加學額，或增設學系，其實支經費，未達標準之學校，應設法增加其經費；二，依院科系及學生人數之多寡，並斟酌各校實際情形，分別規定專科學校獨立學院及大學校職員及工役之約數；三，依科系之性質，規定各科系應支教薪之約數；四，根據現有之規定，第二次全國教育會議之決議，以及各校之決算與預算分配表，訂定預算各項目分配之比例，以求圖書儀器設備費之增加，與行政費之減少；五，預算各項目訂定後，應力求不允相移用；六，本辦法亦得適用於省立大學。

（七）關於教育用品者

（一）各校院購置外國圖書雜誌，應求聯繫：一，擬訂國立省立私立專科以上各校院購置國外儀器圖書及教育用品暫行辦法；二，組設國外儀器圖書購置審定委員會；三，各校院聯合組設國外教育用品代辦處；（四）略。

高等教育改進案

全國教育會議通過，高等教育改進案如下：

我國高等教育，自興辦以來，發展殊速，而戰爭發動以後，所受摧殘亦最烈，惟對於抗戰建國之大業，高等教育所負責任綦重，一切設施，正宜應時勢之要求，作適當之改進，其應行改進事項，分別擬訂如次：

（一） 學校及院系設置之合理化

一，教育部應斟酌各地人口、經濟、及文化等情形，將全國劃分為若干大學教育區，每區至少酌設大學一所，各大學須兼負研究所在區域內社會文化及生產建設等問題之責任。

二，每一師範學院區，設師範學院一所，各師範學院，須兼負研究及輔導所在區域中等教育之責任。

三，就適當地點統籌設置農工商醫專科學校，各校應與適近區域內大學之農工商醫等學院，及生產事業機關密切聯繫，並輔導本區內高初級職業學校。

四，增設農，工，醫各學院，每省就其需要酌設一所為原則，現有農工醫各學院之學額，加以擴充，並酌量增設農工醫藥各專修科以宏造就。

五，在同區域以內，各校重複及不合需要之院系，仍應繼續調整。

六，西南各省內專科以上學校，自戰區遷入者甚多，數目突然增加，此等學校在抗戰結束後，應有適當整理之辦法，在抗戰期內，除將重複者應酌予歸併外，餘仍暫准照常設置，但在同一區域內之學校，在課程設置，設備使用，及教員支配等方面，應有切實合作之辦法，以求增加效率。

七，私立專科以上學校之設置，分別情形予以限制或獎勵。

（二） 學校程度之提高

一，訂定專科以上學校教員聘任條例，規定其資格，聘任待遇及保障與進修等辦法，以重師資，附「大學教員聘任條例」要點如下：（一）大學教員分正教授、教授、副教授、講師、助教五級，由教育部訂定條例公布之：（二）大學教員資格之規定，以學歷教學經驗與成績，品德及著作並重；（三）大學教員由各大學遵照條例選聘，並將其履歷呈部審核，得由各大學於第二學年續聘任；（四） 教育部以學術審議委員會為審查大學教員資格之機關，學術審議委員會由教育部聘請大學校長及學術界權威組織之；（五）大學教員之升格及晉級辦法，服務待遇，年功加俸及進修規程，由教育部另定之；（六）大學教員在 校任職，除不稱職外，應以繼續聘任為原則，其保障辦法另訂之。

二，繼續整理專科以上學校課程，規定各院科系必修科目表，暨各該科目最低限度之課程綱要。規定時須注意下列四點：（一）規定務必集思廣益；（二） 規定以最低限度為標準；（三） 對學分不必有過於硬性之規定；（四）課程規定務必確實而不重複。

三，委託專家編著大學各學院共同必修主要科目，如高級國文英語算學及中國通史西洋通史等之教本與主要參考書，並另備獎金獎勵私人，對於大學各科用書之編著，使學生得節省必須閱讀外國文教本及參考書之時間，以增加學習效率。

四，督促各院校在經費總數中，切實劃出一定成數，作充實圖書儀器之用，並統籌外匯，分配於各校。（另詳經費案）

五，嚴格考核學生學業成績，重新訂定考核辦法，學生平時聽講筆錄讀書札記以及實習報告，應加注重，教育部得隨時向各校調閱，畢業考試改用總考制，不僅考試最後一學期之課業，並須考其所習專門主要科目，以期融會貫通。

六，舉行各科競試及論文比賽。

七，繼續辦理統一招生，改進其辦法，務期保持各專科以上學校之標準，至於考試未能及格之學生，另籌救濟辦法。

八，文法科招生，應提高標準，得就事實需要，酌量加以限制，其不合標準者，應加以取締。

九，關於專科學校教員之名稱資格待遇等，請教育部從速規定。

（三） 學校行政效能增進之規定

一，規定專科以上學校行政組織，以健全學校機構；二，訂定經費支配標準，使各校預算有合理之支配；（以後如有新增事業必先籌備的款）三，督促各院校遵照大學組織法設置各種會議；四，規定各院校擬造每學年校務行政計劃及報告；五，改進學校視察辦法，確定每次視察特別注重之項目。

（四） 學風之改善

一，建立訓育組織（另詳訓育案）；二，積極推行導師制，改善師生之關係，並謀訓教之合一；三，訂立訓育標準及實施要項，頒發各校爲施行之準則；四，切實施行軍事管理，注重紀律訓練；五，切實推行勞動服務及社會服務。

（五）與（六）學術與文化之整理與研究

一，依據全國臨時代表大會通過之各級教育實施方案綱要新定教育設施方針六、七、八、三項，確定學術文化研究之旨趣，即「對於吾國固有文化精萃所寄之文史哲藝，以科學方法，加以整理發揚，以立民族之自信，對於自然科學依據需要迎頭趕上，以應國防與生產之急需，對於制度應謀創造，以求適合於國情」。

二，各大學及各研究院所應以民族立場與科學方法，研究並整理中國古有文化。

三，各大學分別設置外國文化講座，除排在學校課程外，並負專門研究各國文化以及政治社會等實際問題之資，隨時備政府及社會機關之諮詢。

四，國立各大學應就其環境之需要與便利，分別設置蒙回藏語文及文化講座。

五，規定獎勵學術研究技術發明及著作辦法。

六，整理各大學研究院所，其設置與研究範圍，須爲有計劃之分配，並督促與其他研究機關或學術團體溝通合作。

七，擬訂大學以外各研究院所研究生之資格承認考試，與學位授予辦法，以宏造就。

八，對於各學術團體應爲有計劃之指導，並得予以獎勵及補助。

九，擴大編譯館之工作，應聘專家，分別編譯有關中外學術文化之各種專書。

十，規定專科以上學校各科教學，應儘量應用有關之中國材料，應予原校教學者以前項研究及著述之充分便利。

十一，設立學術審議委員會審議學術文化之行政事項。

（七） 建設事業之聯繫

一，各校院於純粹研究外應多注意研究與國家建設有關之實際問題，各科教學，應注意中國教材，學校對於所在地之生產建設等事業，應負研究及推進之責，並設推廣部使教育功能，推及於一般社會。

二，繼續推進建設合作之工作，使各地方仿照中央建教合作委員會之組織成立分會，推行地方建教合作事業。

三，關於專科以上學校畢業生之就業介紹與訓練，加以統籌。

四，督促各專門學院，專科學校，及專修科與建設事業機關密切合作，在可能範圍以內使院校成爲有關事業機關之研究部，而事業機關成爲各院校之實習場所。

（八） 留學制度之改進

一，目前改進辦法：1在抗戰期內，公費留學生凡非研究急切需要之學科者，一律暫緩選派，自費留學生，除適合留學規程之規定而得有國外獎學金或其他外匯補助費，無需購外匯者外，一律暫緩出國；2留學生出國已滿三年，除有特殊成績需繼續研究者外，一律令其回國；3設置留學生補助費學額，對於成績優良而經濟困難者給予補助，俾竟成其學業。

二，戰後改進計劃：A公費留學生資格，再予提高為：（一）大學畢業後在大學研究所或國家研究機關研究二年期滿者，（二）大學畢業後曾在與所習學科有關之機關服務二年以上著有成績者，（三）專科學校畢業曾任與所習學科有關之機關服務三年以上著有成績者，（四）具有特殊天才經有成績證明考驗及格者。B公費留學生之派遣，一律由教育部統籌，各省市及各庚款會考選留學生，由教育部斟酌需要核定，或商定學科及名額。C每年派遣服務滿五年以上成績優良之大學教授若干名，赴國外繼續研究一年或二年，以資進修，其經費由國庫支給。D按年設置國家公費留學生學額若干名，由教育部考選出國研究。E自費留學生出國以前，須由教育部考核其學業，學業不足者不准出國。

中學教育改進案

全國教育會議通過之中學教育改進案如下：

查中學教育與為學生升學準備，實為整個教育體系內最重要階段，本案要點，為（一）創設六年制中學，以提高中學程度，（二）改訂教學課程，以適應現代需要，（三）注重生產勞動訓練，養成手腦並用習慣，（四）厲行職業指導考查青年個性指示升學就業途徑，其辦法如下：

一　中學制度及目標應酌量變更

一，中學除原有三三制外，應另設六年一貫制之中學，不分高初中；二，（一）六年制一貫之中學，由教育部指定若干省市之若干中學之一部份學校，實行試驗，（二）初中三年級一部份課程，酌予分別設施，以便利升學或就業學生修習，其能在第三學年得酌量選修；三，初中三年之上得加長一年，附設簡易職業科；四，高初中升學之準備，同時並造就社會一般事業之中初級幹部人才。

二　劃分中學區確定中學之設立（見教育行政類提案）

一，各省應斟酌各地交通人口經濟文化及現有學校分布情形，劃定全省為若干中學區；二，全省各中學區內中學校數，應有適當之分配，每一區至少應設置中學一所，三，初中以分縣設立為原則，但貧瘠之區域得指定數縣集中之地點設立；四，各區內中學每年招生級數及增設之級數，應視區內小學畢業生升學之多寡，由省教廳統籌支配決定。

三　中學課程標準之修改與訂定

一，初中英語得改為選修科，其二，初中不習英語者，可加習國文史地勞作，（女生以習家事為主）或簡易職業等科；三，高中一年級增加勞作科，二三年級得仍設簡易職業選修科；四，訂定六年一貫制之中學課程，其重要原則如下：（一）各科全部課程，不必為二重圓周，而為直徑一貫的編制，（二）在一年級至四年級仍應列勞作科，（三）史地二科並列，本國歷史本國地理應占三分之二，外國歷史外國地理應占三分之一，（四）外國語自第四年起逐漸加重；五，高初中課程標準修改後及六年制中學課程標準訂定後即行起草各科教材要目，以為編輯教科書及教授時之依據。

四　生產勞動訓練之注重

一，在初高中及中學男生須學習農業或工業，女生須學習家事及園藝，在都市及商業發達的地方，男女生均得兼習商業；二，規定勞作科之設備標準，各省市公私立中學，均應依照設置；三，農工商家事之課程及實習標準，均須詳為訂定，各校應依照實施；四，規定高初中及中學學生，每人在一學期內，不論從事何種生產實習，必須達到規定技能與數量之標準；五，關於小學勞作師資之訓練，除由師範學校酌設特別師範科外，各省市應指定優良之職業學校，附設勞作師資訓練班，招收高級職業學校畢業生，予以一年之訓練，關於中學勞作師資之訓練，應由師範學院及專科學校或指定優良之高級職業學校附設勞作師資專修科，招收高級職業學校畢業生，修業年限二年至三年。

五　厲行職業及升學指導

一，各中學均須聘定專任教員或由教員兼任專負學生職業及升學指導之責；二，擔任職業及升學指導之教員，應會同各級任導師及導師組織及升學指導委員會，商討並解決學生升學及職業指導各項問題；三，厲行職業及升學指導時，應推行體力智力志趣能力品性及職業等各項測驗或考查，以資指導時參考之資料；四，職業及升學指導，應與學生家庭及社會各界密切聯絡，在學生家庭方面，須與其父兄對於其子弟升學與就業之意見，在社會方面，應調查各業實際狀況，使各學生明瞭各業之內容，同時並請社會各業中有經驗之士到校講演；五，教育行政機關，每年應就社會中重要各業之內容，工作種類需要人才種類學識及其他特殊條件等情，詳爲調查，加以分析，印成小冊分發各校，供學生指導時之參考；六，各中學每學期應將畢業生擇行職業及升學指導之情形及其結果，造具名冊，呈報教育廳局並轉呈教育部備案，同時並應報告學生家長；七，各省市教育廳局應設置職業及升學指導機關或設專任人員主持其事，並就重要都市會同有關機關，設立職業指導所；八，各省市教育廳局並於每年假期內，召集中學擔任職業及升學指導人員，舉行職業及升學指導講習或討論會；九，師範學校及教育學院各系科目中，增加職業指導一科。

六　整理各省市中學教員

一，各省市教育廳局，應遵照部頒切實執行審查教員制度，嗣後每年部省市督學視察中學時，務須注意調查；二，各省市教育廳局應繼續舉行中學教員無試驗檢定及試驗檢定合格者，給以證明有效期間之證書；三，凡檢定及格之教員每年應令其參加暑期講習會聽講，並加入師範學院區內之中等教育研究會，研究中等各科教學問題；四，中學教員暑期講習會，以師範學院主辦爲原則，凡參加聽講者，須將聽講結果或研究心得，繕寫論文，作爲考試，其不及格者，得取消其檢定資格；五，未經檢定及格之教師，應由教育廳局舉辦長期間之講習班，分期舉行，及格者作爲試驗檢定及格，不及格者取消其教員資格；六，各省市舉辦中學教師長期講習班，得由教育部派員會同辦理或委託師範學院辦理；七，應參加講習會及講習班兩次，不到者，應取消其教員資格。

七　充實中學科學儀器及圖書設備（見教育用品類提案）

一，重行修訂並補充中學各學科之儀器標本以及其他設備標準頒佈施行；二，訂定中學生讀物目錄及中學應備之參考圖書目錄，頒布採用；三，教育部籌款委託中央研究院或其他製造廠製造中學科學儀器標本，廉價售於各中學，預計若干年內，使全國各中學教科設備，達到一定之標準；四，教育部選定各書坊出版之中學生讀物及中學參考書籍圖書目錄，限令各中學分期購用，預計於若干年內，使全國各中學圖書設備，達到一定之標準。

八　積極推行抗戰期中之特別設施與訓練（本案作爲中等教育之共同案）

一，戰區各省市教育行政機關應注意調查失學之青年，設法聯絡維持其課業；二，後方各省教育行政機關，應注意調查，由戰區退出之失學失業青年，設法予以短期之訓練，以便派往各地服務；三，教育部訂定中學失業青年之短期訓練辦法，分別由中央或各省切實施行；四，後方各省教育廳應令飭各中等學校依照中等學校特種教育綱要酌量減少授課時間，切實舉行精神訓練後方服務訓練及有關抗戰需要之各項特殊知識技能訓練；五，促使後方各省教育廳，令飭各中等學校今後特別注重生產勞動之訓練。

師範教育改進案

第三屆全國教育會議通過之師範教育改進案如下：

本方案要點，爲（一）調整設置劃分師範區，（二）整理課程，注重實習，以培養專業訓練精神，（三）分配畢業生服務，調劑供求需要，（四）實施輔導制度以協助改進地方教育等，其辦法如次：

一　關於調整及設置

一，各省應依各地交通、人口、經濟、文化及現有各類師範學校情形，劃分爲若干師範學校區；（見另案）二，各區應設一師範學校或鄉村師範學校及若干簡易師範學校或簡易師範科，在教育尚未發達地方師範學校或鄉村師範學校得暫緩設置，應先充實簡易師範學校或簡易師範科；三，各區內應設立一女子師範學校，如不能單獨設立時，應於師範學校或簡易師範學校內設立女子部；四，各省應指定一二師範區之師範學校附設特別師範科，或於師範學校內分組專修，以養成小學體育、勞作、美術及音樂等專科教員，在可能範圍內，並應一面開辦體育學校，一面將私立體育師範學校停辦；五，各地原有不合規制之短期師範或師資訓練班應於一定期限內，歸併整理改設簡易師範學校或簡易師範科；六，各區各類師範學校及師範科應設學級數及每年應招新生人數，均應依照需要切實統籌辦理。

二　關於整理課程

一，各類師範學校之教學科目及每週教學時數，應分別酌量核減，每週教學總時數，以不超過三十二小時為度；二，師範學校科目中應加授民衆教育一科並於相當教育科目內加授職業指導之原理及方法，已訂各類課程標準之教材內容應依照改訂時數酌予修正；三，未訂各類師範學校及師範科之課程標準，即從事編定；四，依據新訂之課程標準編定各科教材要目。

三　規定勞作科各項作業每一學生生產實習須於每一學期內達到預定技能與數量的標準

一，各類師範學校須一律注重勞作，分年學習農藝及工藝，女生須特別注重家事，可酌減農藝及工藝之訓練；二，鄉村師範及簡易鄉村師範學校應特別注重農藝；三，規定各類師範學校及師範科之勞作標準，飭令各校一律設置；四，規定勞作科各項作業標準，每一學生須於每一學期內達到一定金額收入之工作量；五，各類師範學校今後對於體育及音樂二科，應特別注重。

四　充實設備

一，各類師範學校各科儀器標本及其他設備標準由部訂定頒行；二，科學儀器標本之製造分配，其辦法與中學同；三，各類師範學校及師範科應有之各科參考圖書及師範生讀物，由部訂定目錄頒行，令各校分期購備。

五　確定師範生實習辦法

一，師範學校及鄉村師範學校，須各附設小學一所，除為研究小學教育之改進外，並為師範生實習之場所；二，無附設小學之師範學校或師範科應由廳指定該師範學校區內適當之小學為該校學生實習場所；三，師範生須注重實習，除在小學實習外，得分配派至各地試辦小學，惟成績不及格者不得畢業。

六　改進師範生服務

一，每期各師範畢業生應由廳預為計劃，分配於區內各縣，畢業時再由各廳分別令知各縣妥為分配服務；二，各地失業之師範生由廳調查登記，設法派至各縣，仍照上項辦法定其職務；三，各類師範學校及師範科畢業生之服務年限應酌予核減；四，師範生請求展緩服務者，應規定具體之限制辦法。

七　訂定實施輔導辦法

一，師範學校區應兼為地方小學教育之輔導機關，師範學校，務於區內各小學應負責輔導及協助省縣視察人員之責，其詳細辦法另定之；二，區對學校教育之研究及改進辦法，由師範學校輔導機關主持辦理，其詳細辦法另定之。

初等教育改進案

第三屆全國教育會議通過之初等教育改進案如下：

推行義務教育與改善小學教育為抗戰建國之根本大計，本案主張一面加長短期小學年限，改進其教學方法，以提高其程度，同時并完成各地方推行義教之基層機構，以為量的方面擴充，一面確定小學輔導研究制度，訂定各種設施標準以為質的方面改進，其辦法如下：

一　加長短期小學年限並健全義務教育之組織

一，加長短期小學修業年限并「設法提高其程度」，（一）各地方為推行義務教育所設之一年制短期小學應視地方需要，

二、完成各地方設置小學之基層機構：：各省市縣市於二十八年度內依據部頒修正市縣劃分小學區辦法，完成設置小學之基層機構，但各省市如有特別情形得另訂適用於本地方之辦法，呈請教育部，核准施行：（1.）各縣市應於短期內，劃定小學區，以一保至數保或一街一村，約有人口一千人者爲一小學區，每設立二年制短期小學一所之最基層機構；（2.）各縣市同時應劃定以一鄉保至數聯保一鄉（鎮）至數鄉，有十小學區，至二十小學區者，爲聯合小學區，每區設立四年制初級小學一所，爲各小學區內短期小學之中心小學；（3.）各縣市同時應劃定十個聯合小學區（即自治區）爲一縣學區，每一縣學區內，設立六年制小學一所爲聯合小學區內四年制小學之中心小學；（4.）各省如有根據，以上原則，斟本省實際情形，特創適於本省地方設置小學之基層機構者，教育部准予變通辦理，但須先經呈請教育部核准後，方得施行；（5.）除戰區各省得暫緩劃分設置小學區等之基層機構，其在後方各省，須於二十八年度一律完成。

三、健全各級義務教育委員會之組織：（一）各級義務教育委員會應加強其組織，使能切實擔負視導編輯研究，實驗調查宣傳等有關技術方面之工作。（二）各義務教育委員會，應將監督保管經費部分之機構，充分使之健全，俾能確實行使職權，以重義務經費。

四、訓練義務教師資及義教行政人員：（一）各省市今後義務教師資之訓練，應由師範學校簡易師範學校及簡易師範科訓練爲原則；（二）各省市義教師資缺乏時，得招收初中以上學校畢業生及有相當學力者，施以訓練後作爲代用教員；（三）各省縣市對於短期小學教員應規定進修辦法，並督促施行；（四）短期小學教員之待遇，應視地方生活情形規定標準，使能安心服務；（五）短期小學代用教員成績優良者，經主管教育行政機關之核定，得改爲正式教員；（六）各省應依時召集各縣市辦理義教行政人員舉行講習會或討論會。

體育教育改進案

全國教育會議通過改進案如下：

今後之體育，宜如何設施庶能配合整個教育方針，發揮其應有之功能，應將縝密計劃，擬爲方案，分期付之實施，用達最後目的，茲特擬具原則十七項，以作擬方案之準繩，其辦法：（一）體育之目的在培養自衛衛國之能力，體育之範圍，小而謀個人之健康，大而求國家民族以至人類之生存，體育之內容，包含一切大肌肉之身體活動及衛生生活，體育之方法，在以身體之活動爲工具，收教育之效果，凡此原理應以有效之方式充分闡述，糾正已往之誤解，立今後之信念；（二）體育行政應確立完善有力之組織系統，擴充教育部體育行政機構，并確定其法律地位，俾負全國體育及衛生教育設計推行之專責，各省（市）教育廳（社會局）增設體育科推行中央體育及衛生教育法令，指示地方體育及衛生教育之實施，各縣（市）教育局（科）增設體育行政人員，實施地方體育及衛生教育便一切體育及衛生法令，能逐級推行體育與衛生事業能普遍發展；（三）體育及衛生教育經費應正式列入中央及地方政府經常費預算，作爲文化事業費之一項，以利設備之充實，人材之培植以及事業之舉辦，其數目並應依據實施方案之需要訂立標準；（四）地方與學校之體育場地用品及衛生設備，應由各級主管機關斟酌各方需要情形，統籌辦理，訂立標準，分期擴充，公園宜兼負體育利用，倡設優良環境，設備用品宜獎勵自製，藉維經濟利益；（五）小學體育應以促進身體發育，養成衛生習慣，發揚活潑自然之精神，力求公理心理之健康爲主旨，以樹立健全公民之基礎體格，教學時間，宜酌予加增，課間課後宜予充分利用，體育教材，宜多介紹供給，自然環境，宜多接觸機會，以應兒童時代之需要，兒童衛生生活，宜切實領導指示，兒童體格缺陷，宜設法矯正療治，兒童發育情形，宜定期通知家長、取得合作，兒童體育成績、宜訂立適當標準嚴加考核；（六）中等學校體育，除繼續小學體育之宗旨外，應以發展基本體能，培養應用技術爲要義，完成強身自衞之工作，而給以衞國之訓練，職業學校師範學校之學生與需要體育訓練，與普通中學學生毫無二致，故其體育目標方法，亦不宜有何差別。原定課程標準所定之時間，宜酌予增加，使體育活動得儘量教學，至於體育及衞生教育之行政，宜成立中心之機構，作通盤之規劃，課外運動爲體育訓練之主要部份，宜縝密組織切實管理，體格檢查乃體育設施之科學根據，宜按時舉行，注意善後，體育成績，宜釐成合理標準，使學生能自我檢討其進步，提高訓練效能，體育教員宜慎重選聘，體育經費，宜充分籌撥，體育及衞生設備，宜達到最低限度之標準；（七）專科以上學校體育，應就中小學時所培植之基礎，發揚光大，尤以健康與運動興趣之保持與增進爲最要，使將學校生活轉入社會生活時，此種良好生活習慣，能隨之遷移，終身信守，故其訓練方法宜將被動之教學而爲自動之參與，俾一般之基本教練，而擇自由選習之制，一切設計指導，均由專家負責，體育衞生之管理監督，應有獨立之行政組織，藉利推行，並宜相機指示學生自動處理課外運動，及團體生活，從而培養其辦事與應付之能力，增進其服務效率；（八）各級學校學生飲食起居等日常生活，宜訂定辦法，切實執行，以保障青年兒童之健康；（九）私塾及民衆學校，應增設體育及衞生訓練，一方面供給適當教材，訓練私塾教師及民校教員，使能自負訓練之責；一方面訂定辦法，令各級學校或體育機關之體育教員或指導員，義務協助，使一般受補習教育之成人青年及兒童，能同時有適當之體育，如能作普及全民體育之初步實施；（十）體育場及婦孺遊戲運動場所，是健全各種身心之活動，供給民衆隨時參加之機會，以造成一種風氣，改善社會生活，用達健全國民之目的；（十一）農工商界之體育活動應予獎勵，公務人員之體育活動應予提倡，任何團體機關，宜有體育組織，領導管理其所屬人員之體育活動及衞生生活；（十二）民衆體育計劃，應鼓勵普遍組織，其辦有成績者，並宜由政府予以獎賞之津貼或補助，以促進社會體育之自然發展；（十三）國民體格須用科學方法訂立標準，力求實踐，並依據測驗結果，製成統計，以資比較，顯示國民體格進步之狀況，同時編輯國民體育須知小冊，分述體育衞生之意義與方法，作國民體格鍛鍊及日常衞生生活之準繩；（十四）體育師資之訓練，應由主管教育行政機關統籌，應充分顧及合格而有能力之教師與行政人員，分負學校社會體育及衞生教育推行之責任，訓練課程，宜予切實調整，列舉綱目確定內容，使有一定標準，訓練方法，宜於專門學術外，特別注意於能力之培植，品格之修養，使成爲真正之青年模範及領導人材；（十五）原有體育及衞生教育師資，應予以補習進修之機會，必要時由政府強制執行，全國劃分若干區域，設置短期訓練班，凡服務教育滿三年者，必須入班受訓一次，吸收新學術，研究新方法，使能與時代俱進，永久保持其最新而最有效之教學；（十六）體育學術之高深研究，應切實提倡與鼓勵，大學及師範學院體育系設研究班，每年公費留學；設體育名額考選合格高級體育訓練；而確有教學經驗者，赴各體育發達國家考察研究其體育實施，從理論及實際，雙方並進，提高國內體育研究實施之效率，體育學術，著作，宜加獎勵；（十七）體育事業之推行，應有精確之計劃，具體之方案，合理之標準，繼之以精密之考核，有效之督導，分緩急輕重，依次實施，務期於一定期限內完成其目的。

香港教育則例

（一）凡在香港私立教育機關，其學額如在十名或十名以外者，則稱學校，須將教育司署註冊。如不遵辦，一經查出，定將控告，並可罰款五百元，倘罰款後，仍未遵例註冊者，則按天罰款二十五元，並可隨時知會裁判司將學校停辦。

（二）凡經依規則呈求教育司註冊，批准後，當即發給下列憑證。

（三）如學校呈註冊，其理由不充足者，教育司定不允其所請，並即批覆該校校長。聲明不准之理由，如校長以批覆之理由不合，則可上訴于港督，倘能依例而辦，定邀批准。

（四）如上訴不得直，而仍繼續開學者，該校則稱爲不合例學校，定則處罰。

（五）凡學校所依規則辦理，則可稟求提學司免歸政府管轄，待提學司查明，無違港例，則可發給豁免管理憑照，但發過證後，該校有違教育則例者，仍可隨時審選取銷。

（六）管理規則：

（甲）校內地方須潔淨；

（乙）規則要整齊；

（丙）凡註冊學校，不准用非教育部審定之書籍；

（丁）凡註冊學校，須置有註冊部及點部；

（戊）學校名譽及成績，尤爲緊要。

（七）教育司對於漢文教員教授之程度，極當注意，深恐有不合格者，而妄行教授，于教育方面，大有影響，不得不略加試驗，藉知其程度，如由內地得畢業證書或師範執照者，亦須重加考試，因內地之程度不一，故須稍知其學問，倘能具有適當之漢文地理與算術等程度者，則可以通過矣。

一千九百三十二年，總督會同議政局，按照一千九百一十三年教育則例，即一千九百一十三年第二十六條則例第十二款，訂定規則如下：

（一）凡學校內每學生所佔容積，不得少過八十立方尺，面積不得少過八平方尺，惟校舍光線充足之處，方可照此規例算度。

（二）所有學校概准祇許設廚房一間，如有特許者，不在此限。校舍不得分租與人，倘發覺有此等情弊，教育司得勒令遷徙，或取消該校校冊執照。

（三）校內地方，每星期最少洗濯一次，每日則必須於上課前二小時灑掃一次。

（四）學校書桌位置，必須光線落在左方；而與黑板相隔最近之書桌，亦要距離黑板三尺。

（五）學校員生，須要清潔，衣服亦須整齊。

（六）授課時間不准在校內吸煙。

（七）吐痰除吐入痰盂內，必須禁止；而各痰盂又必須時常清潔。

（八）所有學校必須設有完滿廁房，其設備以教育司認可爲標準。

（九）凡苦肉懲罰，不得施諸女生。

（十）懲罰男生，祇可以手或用小藤鞭擊其掌，或達鞭撻其臀；凡批頰批耳學擊，或將學生插醬等舉動，與一律嚴禁，苦肉懲罰，無須頻施，否則作爲管理不善論。

（十一）凡學校其教員不止一名者，則苦肉懲罰，須由正教員執行，如由副教員執行時，亦須得正教員之允許方可。

（十二）凡授課時，除教員學生外，別人不得在教室停留。

（十三）各學校每級須設點名冊，其格式須由教育司批准。

（十四）學校如設寄宿舍者，最少每六個月須有在本港註冊之醫生檢驗一次。

（十五）檢驗寄宿學校，須由本港註冊醫生執行，檢驗後，該醫生須將該校衛生之情形，各寄宿生之狀況，及寄宿舍之須注意處，紀錄報告。寄宿生如患病，須特別醫治者，該醫生須將其姓名開列，及表示醫理方法。

（十六）醫生之檢驗報告，須由各該校校長照錄一份，呈報教育司。

（十七）按照一九二一年教育司則例各學校之執照，須列明註冊人（校長）之姓名，及學校地址，故凡遷校或更易註冊人，均須先行呈由教育司核准，將執照步換。其新設校學，或遷移學校，如與鄰近現有之學校同性質時或不能邀教育司之核准。

（十八）未經教育司許可，不得在任何學校充當教員。女校如欲聘任男教員，須將理由詳細開列；呈候教育司核奪。

（十九）學校每級須設時間表課程表，請視學官核定。懸于課堂當眼處，所授各書籍，亦須由教育司鑒定，如欲更改時間表或課程表，須先呈報視學官核奪。

（二十）每 教員，同時所授之學生，不得越過五十名，但體操手工及唱歌等功課，不在此限。

（廿一）女校之兼收男生者，其男生以十二歲以下爲限。

（廿二）凡有更改學費及校規等事，須呈報教育司。

（廿三）凡關例外假期，須先呈教育司。

（A）關于預防學校火險事宜，由消防局隨時派員到各學校察視，并得將情形報告于教育司，聽候酌量辦理。各學校如遇消防人員到來查視，須予接納。

（廿四）所有學校一切事務，註冊人（校長）須完全負責，並須遵守教育則例辦理。

（廿五）教育司或教育司授權之視學官，對于上列各規例，有特別理由得酌量辦理。

一九三三年六月修正學校規則通告

教育司為通告事：案照本年五月九日，督憲會同議政局，根據教育則例第二十六條第十二款，將管理學校規則第八，十八兩條修改，並增加廿三A一條，合行將上列三條全文照錄于後，通告全港各學校，一體知照此告。計開：八，所有學校必須附設有完善廁所，其設備以教育司認可為標準。十八，未經教育司許可，不得在任何學校充當教員，女校如欲聘任男教員，須將理由詳細開列，呈候教育司核奪。廿三A，關于預防學校火險事宜，由消防局隨時派員到各學校查視，並將查得情形報告於教育司，聽候酌量辦理，各學校如遇消防人員到查，須予接納。一千九百三十三年六月二十日。

學校註冊表格式

具呈註冊人姓　名　現擬在　街門牌第　號
第　層樓所設　學校謹遵一千九百一十三年教育則例
立案註冊並乞發給執照
切赴
教育司大人台前　恩准施行

一　校名　校址
二　該校為男學抑為女學或男女同學
三　該校講堂若干間每間深闊若干
四　該校共若干班每班課程如例（此格如不敷填寫可另紙開列）
五　各班每星期教授時間（此格如不敷填寫可另紙開列）
六　該校上學散學時刻
七　平常假期如星期假年假暑假節假
八　教員姓名　年歲　程度（即如有無曾經考驗者）　經練若干年　修金每年每人若干
九　學費每人若干或全免收　免費若干名　減收學費若干名
十　除收學費外有無別項入款（如實物勸捐租業）
十一　該校租銀若干
十二　該校有無欠借款項

教員註冊表格式

具呈人　街　號門牌　學校校長今擬聘請
為教員謹將該員履歷呈報
漢文視學官察核伏乞　批准施行

聘正教員姓名	年歲	曾在某處某校肄業或畢業幾年	曾在某校某處充當教員若干年	修金若干

一千九百　年　月　日　校長

香港大學校概覽

吳鐵城

大學・學院

目次

香港大學概況

本大學依據香港一九一一年大學法例而成立，翌年（一九一二）正式開辦，爲本港最早男女同校之大學。

本校蒙已故麼地爵士熱心捐助大學總寫字樓全部建築費。更得四方人士相繼輸將，致目前校舍得陸續完成。

大學並曾向得社會各方資助，如太古總行慨助本校基金四萬磅，並工程建設費十萬元，已故渣甸爵士捐助學校基金廿五萬元。

美國洛加比立學會對於外科手術用床三套，及醫藥儀器，各值二十五萬元。

一九三一年又收到Boxer Indemnity Funds廿六萬五千磅。截至一九三七年，本大學估計一切收入總值爲九十五萬六千二百五十六元，其中由香港政府撥助之卅五萬元在內。

香港政府曾多次撥地以供應用，最近復劃出薄扶林道再遠台附近一段，以完成中文學院之建築。

本大學分醫，工、文、三學院。新生入學必須經過入學考試，或其他認可之試驗。

醫學院 修業期限爲六年，期滿及格者，領有醫藥學士或外科醫學士學位。至醫學博士及外科碩士學位，則須經過特補考試，但應考者必須附有畢業後對於該科工作經驗之確實證明方可。本校四科學位，已在英國醫藥部註册認許。

工程學院 修業期限爲四年（理論實習在內）畢業時給予理學士（工程）學位，學生在修業期內，應專攻土木工程，機械工程，或電器工程中一科，凡領有工科理學士者，卒業二年後如經考試及格，並交繳論文，可領予工科理科碩士銜。

文學院 內設文理學系，社會學系，商學系，中文學系，及師範學系。師範二年級學生，其不選習數理者，可選習中國文學。凡修業滿四年及格者，均頒給文學士學位，研究生將可領文學碩士銜。本校並頒給名譽法學博士學位。工程學院各種學位由倫敦大學派來考驗員試驗。

校舍 本大學校址全由香港政府撥給應用，全校面積約二十六英畝，高出海面一百六十尺至四百六十尺，校地清幽，景色宜人。

總寫字樓 內並設物理化學實驗室，圖書館及工程實驗室。禮堂，文科工科普通教室，及辦事室均在焉。

鄧志昂中文學院 已完成於一九三一年，而馮平山圖書館亦於是年開幕。

醫學院 樓內分生理，解剖，病理，藥物，生物等各部，爲香港中華人士所捐建，外科學系於一九三四年秋季開辦，學生實習則在瑪利醫院。

工程樓 分電力房，壓力實驗室，何東工械室，打磨室等。至實學儀械儀器則在總寫字樓內，其入部由英國機械商行所捐贈。

其他建築

一，副校長住宅

二，職員住宅

三，大學宿舍

四，大學會所

五，佘東璇體育室

本大學學生除特許者外，概須在本校宿舍或認可之外寓寄宿，本校宿舍有三，認可之外寓亦有三所，莫理遜樓，聖約翰樓，及顯樹樓，均距離本校校舍不遠。

學生每人佔一寢室，至於外寓均由學校直接負責管理，每所均派舍監一人，所有外寓祇限男生寄宿。

費用

學費全年四百元，宿費及膳費三百元，假期內內寄宿校學生，可在外寓留宿，每學期繳費八元，新生入校並繳註冊費五元，按金廿五元，學生會費廿五元，體育費廿五元，畢業文憑費廿五元。至於全年總計費用，每學生平均用款約一千五百元之譜。較中國學生留學外國每年費三千餘金，用費在外者廉儉多矣。

學額——本大學設學額多名，如喬治七世學額，及政府學額等。

學生會

本會為學生生活之中心組織，其職員由教職員及學生任之。但會長及秘書均由學生中選出，內附出版部，由學生負責編輯，教職員輔之。

本校學生來自中國各部，星架坡，日本，馬來，菲律賓，爪哇，緬甸，印度等地。現在校學生四百餘人，除中國籍者外，六十四人來自外埠。女生計佔七十六人。

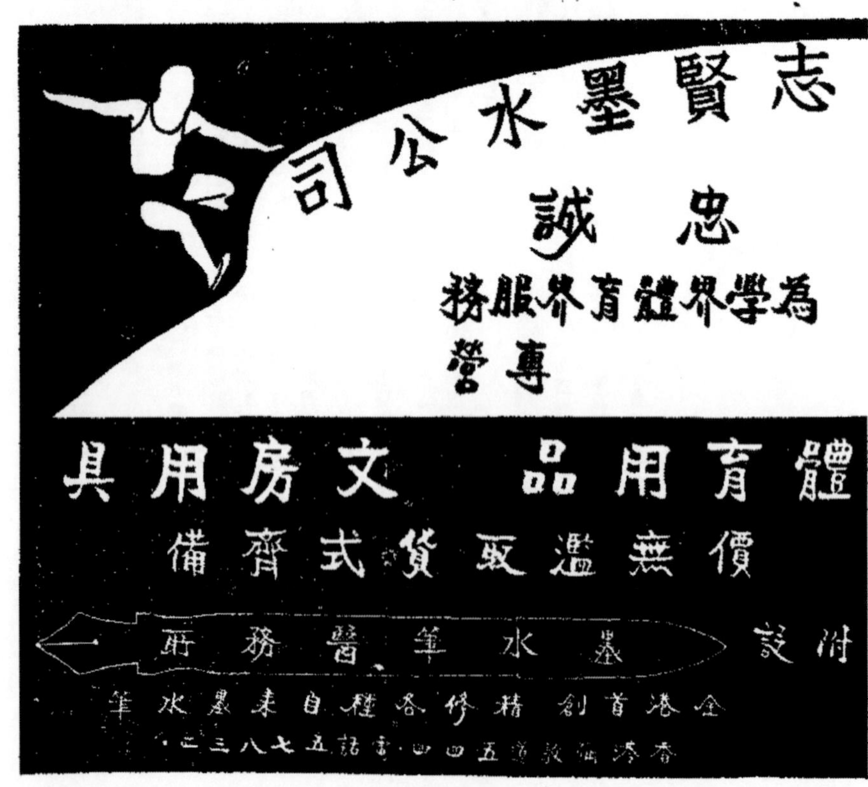

嶺南大學概況

民國廿七年七月至廿八年二月

本校因華南戰事影響，遷港復課，已有數月，關心本校之各界人士，常以本校現況及進行情形見問，茲將本年度上學期辦理經過，撮要紀錄如左：

（一） 遷移經過

自抗戰發生後，廣州雖不時遭×機空襲，惟本校仍照常上課，廿七年度於七月十九日開始，當時情況甚佳。各學院學生人數共六百七十一人，爲本校大學部有史以來之最高紀錄，倘無戰事影響，則本年度實爲本校發展之良好機會。不料十月十二日×人在大亞灣登陸，華南戰事遂告發生，當本校接到訊息時，即暫行停課，疏散員生。員生疏散完畢後，本校行政當局，乃按照校董會民國十六年與美國基金委員會所訂合約（該合約內中條文規定：嶺南大學產業，每年由校董會以一元租金向美基會租用，訂明如因環境變遷，校董會不能在原校址辦理嶺南大學時，其校產應即歸還美基會），於十月十七日正式將校產歸還美基會，本校行政人員於十八日撤退，本校廣州原址，十九日起改懸美國旗。

廣州于十月廿一日失陷，當時本校附近尚無大戰事，同時日軍入城後，承認本校廣州校產爲美人所有權，故無騷擾。一切校產毫無損失，所有校內留守人員，與原存圖書儀器種種，皆幸安全。

我國軍隊及政府撤離廣州後，難民紛紛逃避入校，本校留守人員分別收容，被收難民以婦孺老弱爲多。於是本校原校址遂成爲難民區，爲廣州難民區之一，隸屬於國際難民區委員會管理。國際難民區委員會主席，即本校美國基金委員會代表香雅各博士。本校難民區收容難民最多時，達七千餘人，現已減至二千五百人左右。

（二） 在港復課

本校行政人員，離去廣州，繞道石岐澳門，於十月十九日到達香港。研究當時情形，以在港復課爲最有可能。因思香港大學與本校素來友善，乃即與港大接洽商借校舍，結果港大當局慨將校舍借用，本校乃決定在港復課。或謂本校何以要在港復課，其主要理由有四：

一．本校學生家庭在港居住者，約百份之七十五。在平時學生家長，或有設或在港居住者，已有半數，戰事發生後遷港者更多。本校如遷內地復課，學生究有多少隨同前往，尚成問題。本校乃私立大學，須與學生家長有密切聯絡，倘遷入內地，不免失去大部學生，不但財政發生問題，而學校性質亦大改變也。

二．本校西教職員係由美國基金委員會捐助，爲學校之重要份子，本校若遷入內地，西教職員不一定能同行。如在港復課則可與美基會保持關係。西教職員一部份在港服務，一部份在廣州原校址留守。

三．香港大學慨借校舍，是含有特殊意義，與本校國際背景甚爲融合。借用港大校舍可即復課，如遷入內地恐物色校址，亦非有數月時間不辦。因最覺得從速復課，維持員生事業學業，實非常重要。

四．廣州淪陷後，許多專科以上學校，或遷入內地，或宣告停辦。而華南區有不少青年，因種種關係不能入內地求學，須有一辦理完善之私立大學以收容之。如本校不擔此責任，則他校亦將以之耳。

（三） 借用港大校舍及設備範圍

本校借用香港大學校舍，其數目範圍如下：

一．辦公室及貯物室各一間。

二．大小課室共十四間，一部在鐘樓，一部在中文學院，借用時間多數在下午五時半至九時半，但亦有小數由下午二時半起可用。

三．西文圖書館，教職員可隨時入內閱覽。

四•馮平山文圖書館，任生均可隨時入內閱覽。

五•馮平山中文圖書館，指定兩間畀本校陳列參攷書。圖館時間特別延長至晚間九時半，以為本校學生之用。

六•一科實驗室設備，本學期借用化學室及土木工程實驗室。

七•水力實驗借一部份地方，以為本校自設化驗室。

八•生物學實驗室。借與本校生物學系兩高級學科使用。

九•大禮堂，每星期三借用與本校舉行週會。

十•學生會會所（圖書館及茶室）及女生休息室，借與本校員生使用。

（四） 復課辦法

根據借用港大校舍及設備，本校復課辦法如下：

一•文學院理工學院全體學生，及農學院一年級醫學院一二三年級學生，於廿七年十一月十四日在港大復課。

二•農學院二三四年級學生，於十一月十六日在新界粉嶺復課，租樓一座及耕地供學生上課住宿實習之用，至本年一月遷至新界錦田。該處地方多，且有果樹豬屋雞舍魚塘等。

三•醫學院四年級學生於十二月十五日起在香港大學借讀，與港大醫科學生在瑪麗醫院上課。

四•醫學院五六年級學生，一部份留醫學院該往曲江辦理醫藥救護事業。最近亦在曲江上學實習，其餘一部份學生往上海國立醫學院借讀及實習。

以上復課辦法，業呈准教育部及廣東省政府核准。

（五） 教職員

本校教職員在廣州疏散時，雖係各自行動，但本校遷抵香港，晉樣在港設立辦事處後，短時間內各教職員，即相繼來到。計中國教職員除二三人外，幾全部來港，西教職員亦有六人來港，計西洋語言文學系四人，農學院一人，歷史政治學系一人。其餘兩教職員留守原校，辦理救濟難民工作，將來難民倘告減少，則留守廣州原校之兩教職員，亦可漸次來港服務。本校職員人數減少許多，由八十二人減為三十人，其中有十人係任教學者。

（六） 學生

本校於去年十一月十四日復課時，學生人數為五百三十人，約為在廣州九月時學生人數百份之八十。在本年一月舉行中學期考試，及第一次繳納學費後，學生人數減至四百六十人。至其減少原因，約有四點：

一•有些學生家長於廣州撤退時來港，其後轉入內地工作，學生隨其家長返入內地。

二•一部份借讀生，因得原校復課消息，返回原校。

三•有因感經濟困難，而轉學內地學校。

四•有些學生因程度較淺，經中學期考試後，知不及格，自動退學。此種現像，每年皆有之。

現在學生人數約比廿六年度在廣州時為多。所有學生皆以通學生本校并無宿舍開設，惟在香港特別情形下，為數百學生謀寄宿，目前幾可謂不可能者，倘幸大多數學生在港已有住所，只有少生約三十人，因無適當住所，乃由本校助其在港大附近租賃兩樓以為住所。由學生自行合作辦理。女生中只有三人無住所，現在港大附近女青年會住宿。

（七） 課 程

本校在廣州去年九月間設學科，於十一月復課時繼續開設。在百餘種學科中，只有七八學科或因欠缺教員，或因選讀人數少，不能繼續開設。各院系課程並不因在港復課而變修改，教學自由與在廣州時同。

大部份課程係在上午八時半至九時半，亦有少數在下午二時半以後。所有實驗工作，在日間上午九時至下午五時為之。每星期三日下午四時至九時，

四（丙）

計分在港大禮堂舉行週會，討論校外人士作時事或學術演講，學生必須出席。在新界上課之農科學生，日間上課實習，與在廣州時無異。

（八） 修正校曆

由於遷校停課之故，本年度校曆曾加以修正。第一學期於二十八年三月結束。第二學期於三月廿四開始，至七月三十一日結束。

（九） 圖書館

本校員生，除可借港大西文圖書館及馮平山中文圖書館閱覽外，另有本校參考書藏於馮平山圖書館。普通開放時間當爲上午九時至下午五時，特別限放時間自五時至九時半，專爲本校員生之用。各科參考書約有一千二百五十種，係由廣州原校運來，此後仍隨時添置。

原有各種雜誌，因經濟困難不能繼續定閱，故雜誌大爲減少。本來理科雜誌會曾公認爲全國理科雜誌最完備之一，亦因經濟關係不能繼續定閱，殊屬可惜！所幸關於科學雜誌，每年與人交換，可得數百種，現嶺南科學雜誌仍繼續出版，由美國基金會資助。

（十） 實習工作

各科實習工作分述如後：

一・農　科：：在新界租地辦理。該處有果樹，雞房，豬房，蜂巢，菜圃，耕地，爲各學生實習之用。另新界各農場，可供研究及觀察。實習乳業學科學生，現在新界一牛乳場實習。

二・工　科：：工科實習，亦得港大完備之試驗室。本學期借用繪圖室及電學工程試驗室。此外並有戶外測量。第二學期希望可借用機械室，材料試驗室，及水力廠。

四・醫　科：：四年級學生借讀港大，在瑪麗醫院上臨床講習學科，該院爲一完備新式之公立醫院。

五・理　科：：（生理學化學物理學）實驗工作經難解決。港大本年度學生增加五份之九，其原有理科實驗室求過於供，至夜間仍須上課，故除生物學兩高級學科人數較少可借爲實驗外，其他理科實驗室，則不能借用，本校必須自設實驗室。當復課時，凡讀理科本科學生，只註冊演講部份，實驗部份須俟實驗室開設後補行註冊。

開辦實驗室有兩種困難：（一）覓地址。（二）設備。本校費數週時間，四出找尋，始在堅道租得三層樓。其中兩層作生物學及物理學試驗室，一層現作醫科臨床講義前學科試驗之用。至於化學實驗室，本校願出較高租金，仍找不到一個願將其屋宇租作此用之房東。幸由港人帮忙，在水力廠撥出兩房間，以爲本校設置化學實驗室。其中一房間裝水喉煤氣及實驗桌，小房間用作儀器貯藏室。

理科儀器，由原校運來不少，其價值港幣一萬二千五百元以上。惟因輸運限制，每次只能運來少許，故須數週始能運竣。下學期應用儀器，亦須陸續增添，新購儀器自當直接寄港。理科實驗工作，在本學期中學期考試後恢復。現在理科實驗室設備，足供三十五人一組之用。大致使用的各種儀器單位之學生人數，比從前增加一倍。例如在廣州時，生物學實驗室每一學生用顯微鏡一副，而現在每二學生用一副。各實驗室皆整日不停使用。

（十一） 理科研究所

本校在廣州時，理科研究所分生物學，化學，物理學三部，每部均有開設學科。並頒發理學碩士學位。生物學及化學兩部之設立，均經教育部承認。現理科研究所因遷校設備欠缺，減少學科，只就環境所許，開設少數學科。對於研究學生所修必修課程，暫時不能全部開設。現計生物學部開設高級寄生蟲學一科，其實驗工作借香港大學實驗室舉行。本年度并得羅氏基金會捐給生物學研究生獎學金兩名，每名獎金五百元。化學部開設有機化學專題研究，物理學部本學期暫不開設學科。

（十二） 改進農業

本校農學院植物生產學系園藝組，對於柑橘繁殖，素所注重，前承潮陽鄭氏捐獎學金一千元，指定以大學本科學生研究果樹園藝學額。本年度更蒙捐設鄭丽泉紀念果樹園藝研究獎學金，其目的在深造柑橘類果樹園藝專門人才。注重病害，虫害，土壤，加工，運銷五種科目，指定每門訓練一名，分期考驗。關於此項奬金一切事宜，當由本校指定人員，組織委員會，以資辦理。本年度第一屆招考（一）柑橘加工（二）果品運銷各一名。獎學金額規定每名每年美金九百元（學費另給旅費自備）。留美學校指定爲美國加利福尼亞大學研究院。如成績優良者，得連學兩年。投考資格，須由本校或金陵大學，中央大學，浙江大學，中山大學，民廿三，廿四，廿五年度農科畢業男生，並須在農業界有一年以上服務經驗者。此次招考，由本校組織考試委員會辦理，經於本年二月一日至三日分別在香港本校辦事處及上海嶺南分校舉行筆試，合格者三人。再於三月一二兩日在本校舉行口試，及體格檢驗，以定取錄，取錄後，須先到潮汕考察兩個月，每人支給旅費國幣一百元。約本年九月中旬由港出國，受獎人於學成回國後，獎學金委員會得指定在本校柑橘試驗場任職，或監任相當工作，受獎人有至少受職兩年之義務。

廣東潮屬柑橘，爲重要農產之一，其利至薄。惜以農民多墨守成法，不事改良，至產量未能發達。本校以改良柑橘品種，促進生產，年前特在潮州設立柑橘研究所，從事研究改良柑橘工作。治標治本，雙務并進。治標方面：以防使害蟲襲果實之害虫爲對象，經三年之試驗，已稱得良好有效之方法，以防除流行最廣爲害最大之黑星病及綠蚤蛋甲虫。本年更在潮安縣溪頭下厝鄉設立柑橘試驗場，聯絡于農科學院植物生產學系聯合組，本純學術研究精神，以改良柑橘爲宗旨。該場經費，由潮汕柑橘生產合作社柑橘研究經費管理委員會，捐助國幣壹萬元，場內一部份職員薪金，則由本校補助。

本校中山縣經濟作物農場，創設有年，頗著成績，現該地雖臨近戰區，而該院仍照常辦理。此外本校對農業改進，均悉力以赴。農學院在新界復課以來，舉凡農業研究工作與發展計劃，皆不以環境變遷而鬆懈。植物生產學系教授高魯甫，前在廣州本校主理經濟植物繁殖場，將外國經濟植物輸入我國加以檢查及繁殖，其與我國風土氣候相對者，分寄國內各農業機關推廣。此項工作，得羅氏基金團補助，現仍繼續推進。

（十三）　專門研究

本校遷港後，設備雖不如昔日之完善，惟素有研究興趣之教員，在此情形之下，仍不斷作研究工作。此種工作，不但有本身價值，且足以增加學術空氣，使教學內容更加充實，最近調查，本校教員作實際問題研究者有如下表。純粹理科研究工作尚不在內：

研究者	職別	問題
高魯甫	植物生產學系教授	外國經濟植物之輸入及其與我國風土氣候之相宜
莫古黎	植物生產系教授	（一）工業用中國竹之力的研究 （二）華南竹的增殖法 （三）荔山植竹的研究
趙恩賜	化學系教授	化驗中國出產的食物
陳心陶	生物學系教授兼主任	人體寄生虫之生活史及其防治法
莊育澤	教育學教授	社會組織與教育
蔣　鶚	藥理學教授	中醫藥物檢討
古桂芬	農學院教授兼院長	香港新界主要農產製造研究
伍銳麟	社會學教授	香港政治結構及社會組織的調查
李沛文	植物生產學系教授兼主任	廣東潮屬主要柑橘之品種改良
李德銓	園藝學教授	菓蔬品種之研究
邵堯年	農藝學教授	（一）荔枝生產習慣與氣候關係 （二）白欖品種與收採時期對於含有單寧酸多少之關係
曾昭森	教育學教授	香港教育制度之研究
黃郁文	工程學教授	煤層與炭層之利用
卜柏年	化學系教授	油脂類之高溫作用及內燃機之燃料研究
馮秉銓	物理學副教授	無線電觸速振盪之研究
吳重翰	中國語言文學系副教授	戲劇與傳奇之研究
陳安符	歷史政治學系副教授	日本外交史
曾呈奎	生物系副教授	中國經濟海藻之調查及研究
黃榮熾	社會學副教授	戰時社會服務行政之研究
鄭慶端	生物學副教授	（一）中國蝦虹之調查與研究

姓名	職稱	研究題目
		（二）家畜體外寄生虫及其防治之研究
譚蓉霖	政治學系副教授	戰時行政問題
林命寬	植物生產學系副教授	農作物營養實施方法
何格恩	中國語言文學系講師	僑族史料研究
高永譽	土木工程學系講師	戰時須迅速建築之臨時工程與迅速結洋灰
葉韜安	土木工程學系講師	鋼水三合土與地下室論證

（十四） 彙辦社會教育

還港復課後，參酌環境之限制與需要，彙辦社會教育。下列各事業，分由員生合辦。

一．調查香港社會狀況——由本校社會學教授及該科學生調查香港人口，物產，文化，風俗，工業，商業，衛生生活狀況。利用社會現實題材，為教學資料，供學生作社會問題之研究。

二．調查香港兒童福利事業——由本校社會學教授及該科學生，進行調查香港兒童福利會社之種類，設備，容額，經費來源，主辦人員等。

三．編輯民衆讀物——本學院教育學教授莊澤宣，撰編民衆字典一種，以基本字解釋一切備用字或罕用字。

四．開放圖書館——本校圖書館藏書，借用香港大學馮平山圖書館實閱覽室陳列．什誌部份開放，以供民衆閱覽。

五．學術及宗教演講——本校文學院組織大學教授，分別在香港及澳門各中學巡行學術演講，或精神講話。

六．參加教育難童工作——廣東婦女慰勞分會主辦之難童保育院，收容廣東省被難兒童，在香港新界份領設院教養，此項難童，年齡由一歲至十歲，需要教育甚殷。本校社會學員生參加教育該院難童工作。

七．協助戰時青年農藝院——本校社會學員生，協助廣東婦女慰勞分會籌辦「戰時青年農藝院」，收容抗戰將士及救亡工作人員之兒女（十四歲至二十歲），或來自戰村之失學貧苦青年，採工讀辦法，教以農業工藝技能，使回到農村，增加生產，充實抗戰力量。院址設於香港新界。

八．彙辦賑濟難民——本校為救濟被難農民，與嶺南香山華僑團體合作，利用該地優良農產地帶，以農業生產救濟難民，組織委員會，負責辦理。經費請准香山華僑捐助，擬定工作：（一）與難民合作設施難民職業實驗區。（二）分發種子與難民供其回鄉種植。（三）組織技術人員巡遊到各實施區視察，并指導農民耕植。

九．宣傳防毒常識——本校化學系員生，編印防毒常識小冊子，分送廣東全省各公共機關團體及學校。

十．研究防空建築——本校工科員生，為研究防空建築，搜集歐美防空建築圖書，并參酌事實，作防空建築之研究。

十一．戰時救護工作——本校孫逸仙博士紀念醫學院院長黃雯，率領五六年級一部分學生，以廣州萬國紅十字會名義，前赴廣東曲江，從事救護傷兵難民工作。

十二．辦理戰時衛生——本校附設博濟醫院，由外國教授嘉惠霖醫生，以廣州萬國紅十字會名義，辦理戰時醫藥衛生事宜。

十三．辦理難民區工作——本校以校址為難民區，由本校留校外國教職員主持辦理，收容難民多至七千餘人，除供給衣食住外，并訓練難民業務，農藝，及教育難民識字，香港各機關團體多有捐款資助。

（十五） 體 育

體育訓練，本校向所注重，定為每年級男女生必修科。現在港因設備欠缺，不能繼續以前體育訓練辦法。惟學生因無宿舍，對於身心之生活缺少，恢復體育訓練，實為必要。故本學期體育訓練，暫為擴充。內容包括：（一）旅行及參觀。（二）健身室運動及球類。（三）各種體育測驗。每星期租用青年會健身室八小時，為訓練場所。而香港及九龍各名勝，則成為學生遠足旅行之對象。此項運動，多在上午或假期日舉行，因下午及晚間均須上課。游泳時間快到，現正籌備游泳棚一所，以供員生夏季游泳之用。

（十六） 宗教生活與個人指導

每星期五下午九時在港大對面聖約翰宿舍之禮堂舉行半小時晚禱會，學生自由參加，現正鼓勵學生組織基督教團契。本校員生雖無共同住宿地方，

七（丙）

但仍設法使學生間多得接觸・深來開辦之導師制，亦擬於下學期加以改善，積極推行。

（十七）經濟

自遷港後，本校經濟狀況改變，故本年度預算曾經修改。各部支出均盡力撙節，尤其是事務經費特別減省。至教育部及廣東省政府補助費乃能按期繼續發給。雖則補助費係國幣，兌換港幣僅得半數，然對於本校財政已有不少幫助，同時予本校精神上莫大鼓勵。本年度不敷之數約爲二萬六千元，中華教育文化基金董事會本年度補助本校理科設備費及臨時費國幣一萬元，可謂適應極需要。尤其是上半年能按照法定比率支付美金，更能體貼戰時教育機關之困難。本校美國基金委員會，除維持西教職員及特殊事業經費外，對於本校普通經常費亦多所捐助，使本校能渡過戰時經濟難關。

在港復課，一切支出俱以港幣爲本位，故征收學費亦隨之改爲港幣，因學生全部遷學，繳交學費額比前減少。修金每學分四元，每學期什費二十元，醫金五元，平均每學生每學期約交九十七元。此數目在香港學校中并不算加多，但仍有一部份學生感覺困難。本校與其一律減低學費，毋寧增加學額，現擬撥五千元爲免費及半費學額，以資助比較清寒而學業成績優良之學生。

（十八）目前問題

當前要解決之問題甚多，比重較要者有三：

一・香港物價昂貴，港澳亦高，以致少數原有學生不能來港復課，或自動退學。而別處學生亦因此不能來港入學。教員生活困難，影響教學與研究工作。

二・欠缺學校共同生活。本校得港大借校舍，已屬難得之機會。學校能繼續存在，亦以有此機會耳。但若戰事非短期內可結束，則本校自不能不設法使員生間在一地上課住宿，俾可再有團體共同生活，對於研究學問增養人格均有裨益。

三・本校與內地建國事業，奮鬥精神，不免感覺隔膜，此乃最嚴重之問題，將來須設法使員生與內地建設事業發生密切關係，而能受此全國艱苦奮鬥之精神，對於抗戰建國大業盡相當之貢獻。

附註：本校附設中學，於廿六年度已呈奉廣東教育廳核准，遷移來港，在新界青山道樂園辦理。該部概況，另行報告。至附屬小學，則于廿七年度暫行停辦。

嶺南大學簡章

廿八年度秋季適用

（一）校曆（民國廿八年度）

二十八年	七月十日至十二日	星期一至三	秋季第一次入學試驗
	八月一日	星期二	暑期班開始
	八月廿九日	星期二	暑期班結束
	九月廿一日至四日	星期五至一	秋季第二次入學試驗
秋季學期			
二十八年	九月八日	星期五	一年級學生及特別生註冊
	九月九日	星期六	二年級以上學生註冊
	九月八日至十一日	星期五至一	繳納學費
	九月十一日	星期一	各級學生開始上課
	十一月六日	星期一	半期考開始
二十九年	一月廿二至廿七日	星期一至六	學期考試
春季學期			
二十九年	二月一日至三日	星期四至六	春季入學試驗
	二月十二日	星期一	一年級生及特別生註冊
	二月十三日	星期二	二年級以上學生註冊
	二月十二日至十四日	星期一至三	繳納學費
	二月十四日	星期三	各級學生開始上課

四月十五日　星期一　中期考開始
六月十七日至廿二日　星期一至六　學期考試
六月廿六日　星期三　畢業典禮

（二）組織

大學　大學分四學院及一研究所。文，理工，農，三院皆四年畢業；醫學院修業五年，實習一年，方得畢業，各學院畢業生均授予學士學位。

（1）文學院設主修學系四，輔修學系三。主修學系如下：中國語言文學系　西洋語言文學系　歷史政治學系（分歷史學，政治學，及社會學三組）　商學系（分商學組與經濟學組）　輔修學系如下：　教育學　家政學　宗教學

（2）理工學院內設主修學系四：生物學系　化學系　物理學系　土木工程學系　輔修學系設：數學

（3）農學院內設主修學系二：植物生產學系（內分農藝組及園藝組）　動物生產學系

（4）孫逸仙博士紀念醫學院，不分系。

（5）理科研究所，分生物學部，化學部，物理學部（另有章程）

附校　校內附設各校如下：

（1）附設中學（附設華僑班）現暫遷香港新界青山避棻園。

（2）附設小學（現暫停辦）

分校　各地分校如下：

（1）廣州嶺南分中學并附屬小學　原址廣州荔枝灣　現暫遷澳門東望洋白頭馬[illegible]山頂

（2）上海嶺南中學　原址上海江灣[illegible]，現暫設於上海大新公司四樓

（3）香港嶺南小學　香港司徒拔道

（4）星洲嶺南小學　星架坡烏節律四十一號

（5）安南嶺南小學　安南堤岸盛孟蘇街一〇九號

以上各附校分校均有詳細章程，索取者可逕函各該校索取。

（叁）行政職員人名簡表（民國廿七年度）

校長	李應林	美國奧柏林大學文學士，法學博士。前廣州基督教青年會總幹事，上海市政府平民福利事業委員會總幹事，本校副校長。
教務長	朱有光	嶺南大學文學士，美國哥倫比亞大學文學士，教育科哲學博士，歷前本校教育學教授兼系主任，燕京大學教育學系教授，中華平民教育促進會育才院導師，華北農村建設協進會教育組副主任。
文學院院長	陳受頤（在假）	嶺南大學文學士，美國芝加哥大學哲學博士。前本校圖書館長兼教務長，任檀香山夏威夷大學東方文化研究所圖書部長。
代院長	羅大樂	美國羅延頓大學文學士，米西根大學文碩士，芝加哥大學及加拿大叶郎度大學研究員。前羅延賴大學，嶺南文理科學院，佛蘇藝哲教、學教授，齊魯大學政治學教授。現任本校政治學客座教授。
工理學院院長	富綸	美國必士堡大學理學士，碩士，加利福尼亞省大學哲學博士，本校化學系教授兼系主任。
農學院院長	古桂芬	嶺南大學農學士，夏威夷大學研究院修業，美國加利福尼亞省大學森林科碩士，前南美洲秘魯發隆

農業公司司理兼技師，夏蛙夾糖廠技師，廣東省建設廳技正，廣東省建設廳農林局副局長兼技正。本校農藝學教授。

孫逸仙博士醫學院院長　黃雯（在假）

英國劍橋大學文學碩士，醫學士，（倫敦內外科學院會員，熱帶病學專科會員）倫敦熱帶病學院畢業，前倫敦聖多馬士醫學院駐院醫師，廣州公醫醫科大學講師，夏葛醫學院教授及主任醫師，香港東華醫院院長，上海女子醫學院教授，聖心醫院醫師，專民醫院院長。

代院長　林樹模

上海聖約翰大學醫學博士，美國賓西非尼亞大學哲學博士、英國劍橋大學生理學科研究員，前北平協和醫院生理系副教授，現任本校孫逸仙博士醫學院生理科主任教授。

理科研究所主任　陳心陶

福建協和大學理學士，美國明尼蘇達大學碩士，哈佛大學哲學博士。曾任本校生物學系教授兼主任。

註冊主任　謝廷光（在假）

燕京大學文學士，美國俄亥俄大學碩士，哥倫比亞大學師範學院研究生，前美國夏威夷大學東方文化研究所助教。

代主任　盧子葵

嶺南大學商學士，省黨部核定訓育主任，本校商學系副教授。前廣東省政府建設廳統計員，兼為工作人員訓練所教授，前本校商學院附設商科職業學校總務主任。

男學監　盧子葵

見前。

女學監　黃翠鳳

嶺南大學文學士，美國米西根大學文碩士。本校社會學副教授。前廣東省女界聯合會總幹事，國立中山大學教育學系副教授，真光中學附小主任。

（肆）入學規則

通訊

（1）民國二十七年十月廣州淪陷後，暫遷香港，本校借用香港大學校舍復課，關於投考諮詢事項，須向香港大學鐘樓本校辦事處接洽（電話號數二五二七七）

（2）凡通訊須寫明本人姓名，並須填寫清楚，如以外國文通訊，仍以中英文姓名並繕爲要，代人詢詢者，須寫明其姓名，切勿寫姓而不寫名或寫名而不寫姓。通訊地址亦須寫入信內，以免遺漏，如須電復或空郵，須先付電費或郵費，否則恕不照辦。

報名

（1）無論投考生轉學生或借讀生，均須填具報名書，繳納報名費，方可投考或註册。

（2）凡具下列資格之一者，得報名投考大學一年級：

一　曾在國立，省立，或已立案之私立高級中學畢業，經會考及格者。

二　曾參加劍橋大學，牛津大學，之高級試（Senior Local）或香港大學之入學試（Matriculation Examination）合格者。

三　台灣，及外國公立，或在該地政府之私立學校，或在教育部立案之兼備學校中國畢業生。

四　香港學生曾在下列各類學校畢業者：（甲）籌備設立之學校經教部核准立案者。（乙）英國政府及香港地方設立之公立學校或經香港政府補助之學校而經教部承認者。（丙）已在香港政府立案之私立學校畢業生經廣東省教育廳甄別試驗及格者。

五　其他學生有高中畢業同等程度者，得以同等學力資格報名投考，如考試成績優異，得酌予取錄，惟此項新生人數不得超過取錄新生全數十分之一。

（3）投考者須親向或函問本校註冊主任取報名書填寫清楚，于入學試驗前，繳交註冊主任，所用姓名須與証明文件之姓名相同，其証明文件只書外國名者，須由原校校長另函証明其中文姓名，報名時先到本校辦事處交報名費二元，取回收條，携該收條向註冊主任報名并繳交下列文件，報名後由註冊主任發給考試入場証。憑考試入場証應試。

（4）報名時須繳左列各件：

一　報名費二元，交本校辦事處，取回收條交註冊主任換取考試入場証。

二　原校畢業証書，或畢業証明書，或修業證明書。所有證明書，不得以照片代替，以備呈報教育部核驗，核驗完畢，方可發還。

三　原校學業成績表。

四　原校校長簽發之保證書，對於該生之學力操行，須有詳細敘述。

五　本人二寸正面半身相片五張。

投考生如被取錄，以上各件除畢業證書須俟教部核驗完畢方可發還外，概不發還。投考生如不取錄，祇發還其畢業証書或畢業証明書或修業証明書（須於投考後兩星期內親自取回，過期不負保管之責）。

（5）報名時間在入學試驗前一日正午截止。（若試驗前一日爲例假，則在例假前一日正午截止）

入學試驗

（1）本校招生日期，秋季招考，第一次在每年七月第二次在九月。春季招考，在第二學期開始前，過期不再招生，考試日期登報週知。考試期間及地點，於報名時通知，投考生須携考試入場証依時蒞場應試。

（2）試卷概由本校派給。投考生除自携筆墨外，不得携帶書籍紙張入試場。

（3）投考者之取錄，由本校招生委員會，根據該生考試全部成績，及其在原校成績之高下評定之，考試後二三日間，在本校辦事處放榜。

（4）投考者經本校取錄後，本校仍得向其原校查詢該生操行及學業成績。如認爲不滿意者，不准入學。

（5）考試科目編配日期暫定如下：

第一日　國文　英文

第二日　史地　物理學　數學（代數，幾何，三角，解析幾何）

第三日　公民　生物學　化學

體格檢驗時間地點臨時宣佈。

除國文公民用中文考試及英文用英文考試外，其餘各科考題，中英文併備，可任意用中文或英文答題。

（6）投考學生應受試驗科目如左：

一　普通投考生　均須依其擬入學院或學系，分別參加入學試驗各科目考試。

二　香港學生　香港學生如經香港大學入學試（Matriculation Examination）得香港大學取錄者，或中津大學或劍橋大學高級試驗（Oxford & Cambridge Senior Local）合格，有正式證明，英文，算學，史地，物理學，生物學或化學各科目及格，可酌量免考該科，其餘科目照常試驗。

三 華僑生　凡在外國中學畢業，得免受國文考試。本校另設華僑生國文科目，詳細見英文華僑生入校章程。

四 前經取錄者　凡經取錄者，如未出兩年，得免試入學。（詳新生入校須知第四條）

（7）投考學生如經取錄，必須依期到校註冊，因新生指導，學科指導等事，均於開學時舉行。

補　習

（1）凡有投考一兩科不及格，但經取錄為特別生或一年級生，其不及格之科目須於入學後即行補習，若經招生委員會認為可于一日內補習者，得入夏令班或特別班補習，補習及格，則入秋時不必再補，補習學科不給學分。

轉　學　生

（1）凡曾在本校程度相等之大學修業者，得請求轉入本大學。來校之前，應先向本校註冊主任取轉學報名證書，連同該生學業成績表，寄交註冊主任。如正式轉學成績一時未能寄到，亦須將學業成績另函詳列，本校審查其成績如何，決定該生應否受編級試驗或某科特別試驗，函知該生。轉學生報名手續與新生同。

（2）轉學證內，須詳列已修科目，所用課本，每學期授課週數，每週授課次數，每次時間長短，所得績分，學分與績點，該校及格標準分數，及該生操行品評，此項轉學證，須經原校相當負責人簽署，方生效力。

（3）審查轉學生之標準：

一 所修課程，其質量兩方面均須與本校課程程度相當。中央文標度須在中上。所修主修科之成績須達到本校所規定之標準。

二 其成績須在原校原級中等以上。

三 經原校證明操行純良。

（4）轉學生前校成績計算法：

一 原校成績接受與否，本校自由酌定並不以在原校及格為標準。

二 某一學期成績如經全數接納，則當本校一學期成績計算。例如前校每學期准修二十一學分，而本校准修十八學分，則以十八學分計。

三 原校所讀科目，其內容程度與本校學系某必修或選修科目相同時，如經接受，即可替代該必修科或選修科，不必重行修習。如再修習，則前校所得之學分無效。

四 原校尚未修完之科目，如經接納，得在本校繼續修完。如不修完，除特准外，則前校所得之學分無效。

五 原校暑期學校所得之學分無效。

六 轉學生須依本校課程修讀。如未修習或已修而本校不承認者，須修習完竣，始准升級畢業。

七 轉學生未修滿軍訓一年者，須補習軍訓，其已修過若干年者，須繳驗證明書件須經軍訓主任認可。

八 凡從與本大學程度相當之大學轉來之學生，其中等以上之學分均予承認。

（5）文理工農各學院第四年級不收轉學生。

（6）轉學生如經取錄，由註冊主任具函取錄通知轉學生。轉學生應遵該通知書依照註冊手續日期地點辦理註冊。

借　讀　生

（1）國立省立或已立案之私立大學學生，其原校校址所在地已淪為戰區者，得憑借讀証件，請求借讀，其報名手續與新生同。

（2）借讀生入校年級與原校年級同，其選讀科目，須以本校該年級規定

二十（丙）

之科目於標準中。如某科目有先修科目者，非將先修科目修畢，不得

（3）借讀生修滿一學期，得請返回原校時得請求發給借讀生在校證明書及學業成績表，但學業成績表，須由本校逕寄原校。

特別生

（1）本校招收特別生，只限高中經已畢業，投考有一兩科不及格而須補習者。經一年補習完竣，即升為第一年級生。

（2）凡中學未畢業或投考落第者，或離埠不及應入學試驗者，均不得為特別生。

新生入學須知

（1）新生無論轉學借讀，或投考取錄者，須先向註冊主任報到，方能註冊。新生必須依期到校註冊上課，本校註冊及上課規則甚嚴，切勿自誤。

（2）被取錄者依照註冊手續，在指定之時間地點，繳呈所屬註冊顧問，辦理註冊手續。

（3）須補交之入學文件，應於註冊前交到註冊主任，以便彙呈教育部核驗，遲則自誤。

（4）新生既經取錄，惟因故不能入學者，須函商註冊主任。如經獲准，則該生入校之試驗成績，兩年之內，作為有效。

（5）學生入校後，不准改名。

（6）學生須依時上課，上課缺課規則另定之。

（7）每年開學後，學生須依校醫規定時間檢驗身體一次。凡未經體格檢驗者，其入學手續尚未完畢。

編級標準

（1）學生級次之高低，乃按其所得學分之多寡，與肄業之年限核定之。

（2）凡經本校入學試驗及格取錄，依照手續入校肄業，而須補習入學試驗之科目十學分以上者，編為特別生。

（3）凡經本校入學試驗及格取錄，依照手續入校肄業，而無須補習，或補習未及十學分者，編為第一年級生，惟華僑生補習國文，不在本條規則限制之內。

（4）曾在本校第一年級肄業滿一學年，得三十九學分者，編為第二年級生。

（5）凡修滿初級科課，即第一二年級課程，且入學試驗各科目均無須補習，或補習完竣。而在各學院規定以內，准予修習高級課程者，編為第三年級生。

（6）凡修滿初級課程學分之全數及高級課程即三四年級課程二十學分以上者，編為第四年級生。

（7）學生升級，於每學期開始時定之。

選課

（1）學生於入校時如係一年級生須選定一系，升入第二年級時，須選定主修科，如有需時，應一步選定副修科，升入第三年級時，必須選定輔修科。（醫學院不設輔修科）

（2）各生選課須依各主修科之課程表修習，並須注意各學系科目說明之前一切學則。惟華僑學生則一律須修習國文　歷史十甲乙。

（3）凡入學試驗不及格而須補習之科目，即須補習。

主修科與輔修科

（1）學生須選定主修科與輔修科，詳見上面。

（2）本校現設之主修科與輔修科如下：

文學院　中國語言文學　西洋語言文學　歷史學　政治學　社會學　商學　經濟學　教育學（輔）　家政學（輔）　宗教學（輔）

理工學院　生物學　化學　物理學　土木工程學　數學（輔）

農學院　植物生產學（農藝與園藝）　動物生產學

醫學院　醫學院各課程均為必修科不分主修與輔修

（3）學生在修業期內，共主修科高級科目最少須修習三十學分，輔修科

高級科目最少須修習十二學分。各學院系另有規定者，均須依規定辦法辦理。

畢業，證書，及學位

（1）各學院規定之畢業學分最低限度如下：

文學院　高級課程七十學分連初級課程共　一百四十學分

理工學院　生物學系　化學系及物理學系　高級課程七十學分

連初級課程共　一百四十學分

農學院　一百四十學分

以上三學院高級課程內須包括主修科學分三十，輔修科學分十二

理工學院　土木工程學系　一百八十二學分

醫學院　（須修畢規定課程）

醫學院不分系，依照　教育部修業期限定爲六年，第一學年全年與第二學年上學期在理工學院修習普通基本課程第二年下學期與第三學年在本院修習醫學基本課程，第四第五兩學年修習臨床課程，第六學年駐院實習另寫作關于醫學上論文一篇經畢業考試並論文審查及格方可畢業，各學科概屬必修，不計最低限度學分。

（2）習文科，商科，理科，工科，農科，醫科畢業者，分別領受文學士，商學士，理學士，工學士，農學士，醫學士之學位。

（3）各學生如欲領受美國紐約大學所發給之證書及學位者，須於畢業之年度九月一日以前繳交證書費五元，由註冊主任將其學業成績表寄給美國紐約大學。由該大學評審許定發給證書及學位。

理科研究所學科

凡欲來校修讀理科研究所科目者，須先期函詢註冊主任。

（伍）學費

本校各學院修金，均按學分多寡計算之。每學分收修金四元。惟特別生則不以學分爲標準，而每年須交修金一百八十元，（第一學期一百零八元，第二學期七十二元）。非僑生修習國文F，G，K，L，M，N，P，Q各科者，每科各繳修金三十元。入學生讀補習科目，每小時收四元。本校在香港上課時期，所有學費以港幣爲本位。

學生須依校曆所規定之日期註冊繳費，如過期註冊或未得教務長之書面特許，而過期尚未繳費者，每日罰款二元，按日遞加，加至十元爲止。

（一）學費表　（有□符號者，係代學生團體征收）

（費用名稱）	（秋季學期）	（春季學期）	（全年）
修金	約 七二·〇〇	約 七二·〇〇	約 一四四·〇〇
宿費（通學者免）	三〇·〇〇	三〇·〇〇	六〇·〇〇
雜費（原名堂費）	二〇·〇〇	二〇·〇〇	四〇·〇〇
醫費	五·〇〇	五·〇〇	一〇·〇〇
□學生自治總會費	一·〇〇	一·〇〇	二·〇〇
□大學學生自治會費	三·〇〇	三·〇〇	六·〇〇
□體育會費	一·〇〇	一·〇〇	二·〇〇
以上共	（一三二·〇〇）	（一三二·〇〇）	（二六四·〇〇）

實驗消耗費，按科徵收，大概每科每學期由五元至七元五角。

保證金　二〇·〇〇　入校時一次過繳交，離校時，如無須賠償損失，則全數發還。

二，學費細則節錄

（1）學生自行退學，或因犯校規而學校着令退學者，只發回保証金。

（2）學生因病而校醫勸令停學者，保証金及所餘之修金，及雜費，亦可發還。其已用去者，則須扣除。扣除辦法，修金及堂費均以月計，宿費則予發還。

（六）獎學金

（國民廿八年度）

本校為鼓勵品學兼優誠意向學，而財力有限之學生起見，本年度由學校經常費內撥港幣五千元，另由本校友捐助永遠獎學基金生息港幣三千餘元，給予新舊生全額獎學金六十餘名，以為資助。在此上課期內，獎學金之給予，俱暫以港幣支付。茲將設置獎學金條例，各種獎學基金，免費公費及榮譽獎學金，及獎學金暫行規程詳列於下：

（一）本校設置獎學金條例

（一）本校為獎勵優良學生起見，得由經常費撥款、或向國內外熱心人士及團體籌款，設置各種獎學金。

（二）獎學金性質分兩種：一為榮譽獎學金，領獎者須繳納學金，資質穎異，品學優良，可堪造就者；一為普通獎學金，領獎者須品學優良而家境清貧者。

（三）獎學金如係捐贈本校者，得以捐者姓名或其指定之姓名，經學校同意者名之以留紀念。

（四）各獎學金金額由本校或捐款人規定之。

（五）獎學金款由來源分為兩種：一為基金者，每年祇將其利息作獎學金用；二為專款者，專款用罄，即行停止。

（六）獎學金之設置，如由基金者，須俟基金全數交到本校後，方設置該獎學金。如無基金而係專款者，每年度所需款項，須於上年九月一日，以前交到本校以便將學額公佈，如於九月一日以後交款不及公佈時，得撥入下一年度獎學金學額辦理。

（七）獎學金名額，每年由本校免費暨公費學額委員會，依據學生人數，酌定之，以期逐漸增設，至免費學額達到學生總額百分之一，公費學額達到百分之二為標準。

（二）獎學金基金

下列各項永久獎學金基金，皆係國內外熱心教育人士所贈者。除簡寅初獎學金及孫雅德醫局紀念獎學金外，各獎學金每年之金額如下：

（1）朱體乾獎學基金　國幣　三，〇〇〇元

廣州朱體乾先生所捐，該款利息國幣一百五十元，規定補農學院學生。

（2）簡寅初獎學基金　每年利息約　國幣　二，〇〇〇元

廣州簡寅初先生所捐，將基金若干之利息，以為資助本校學生十名之用。將利息分為若干學額，由簡寅初基金委員會推薦，如不推薦，則由本校免費及公費學額委員會指派。

（3）譚友芬獎學基金　美幣　一，〇〇〇元

一八九六年譚君之友所捐以為譚氏紀念。

（4）一九二三年級獎學金　港幣　一，〇〇〇元

曾於一九二零年在本校附中學畢業及入學一年級肄業諸者所捐。

（5）馬丁獎學基金　美幣　一，〇〇〇元

一九零七年Henry Martin夫人所捐以為馬氏紀念。

（6）孫雅德紀念醫局獎學基金　每年利息約美幣　四〇〇元

Jueia C. Knipp, Charles J. Knipp Frank K. Knipp 與Walter Knipp,所捐以為孫雅德醫局紀念。

（7）孫雅德獎學基金　美幣　一，〇〇〇元

一九一一年Julia C. Knipp, Charles J. Knipp Frank K. Knipp 與Walter Knipp,所捐。

（8）S. G. B. Cook.獎學基金　美幣　一，〇〇〇元

一九一零年　S. G. B. Cook. 夫人所捐

（9）C. T. Bagby 獎學基金　美幣　一，〇〇〇元

一九一四年C. T. Bagby 所捐。

(10) Wilson L. Smith獎學基金　美幣 1,000元
一九一七年W.L.Smith夫人所捐以為其夫紀念。

(11) 愛文士獎學基金(Edmunds)　美幣 1,000元
一九一三年愛文士女士所捐以為其夫紀念

(12) 梁敬敦獎學基金(Laird)　美幣 1,000元
一九三三年 Julian Millard夫人 Warren P.Laird Rohert H. Laird, Frank J.Laird與 Clinteon N. Laird 捐贈。

(13) 胡廣衢及胡梅秋桃獎學基金　國幣 1,500元
一九三八年胡秀梅女士捐贈，以紀念其父母胡廣衢先生及胡梅秋桃夫人。

(三) 免費，公費，及榮譽獎學金

(一)本年度文理工農各學院共計設置左列各項獎學金：

(1)免費獎學金　全額四十名　免繳修金，即每名每年約一百四十四元至一百六十元為限

(2)公費獎學金　全額四名至五名

A普通公費獎學金兩名　全額者每名每年一百五十元

B鄭雨泉紀念國藝學獎學金兩名至三名全額者每名每年三百元至五百元（本獎學金係鄭錫鄉君捐助以紀念鄭雨泉先生者）

(3)榮譽獎學金　全額十五名　免繳修金，即每名每年約一百四十四元至一百六十元為限。

(二)本年度醫學院設置醫學院獎學金全額五名，免繳修金，即每名每年約一百四十四元至一百六十元為限。

(四) 獎學金暫行規程　(民國廿八年度適用)

第一章 通則

(一)凡文理工農各學院新舊學生，請求免費或公費獎學金者，須向免費暨公費學額委員會申請，凡醫學院新舊學生，請求獎學金者，須向醫學院院長申請。榮譽獎學金之給予，由委員會審定公佈，毋須學生申請。

(二)凡請領各種獎學金之投考學生，須於每年度秋季第一次入學試驗（每年七月間舉行）前辦妥申請手續，因在第一次入學試驗時即須審定各項獎學金之給予，除經審定給予者外，如尚有餘額，始撥入第二次入學試驗或春季入學試驗時，再行發給。

(三)各種獎學金，均由本校酌量分配於各院系各年級新舊生。

(四)獎學金之給予以一年為限，（分兩學期發給），第二年是否繼續資助，須視該生學業成績與操行之優劣而定，如學業成績不佳或操行不檢者得於第二學期停止其資助。

(五)獎學金金額之多少，委員會得根據學生之成績或需要，給予全額或四分之三，或二分之一獎學金。

(六)聲請獎學金之學生，如超過定額時，本校得按照其家境清貧之程度及入學或在校試驗成績給予較貧較優之學生。

(七)凡經領受一種獎學金者，不得再受給費待遇或他種獎學金。

(八)凡經審定或核准領受獎學金之學生，如不於該年度秋季學期開始時來校註冊上課者，或雖經註冊上課，但於學期中途停學者，即取消其獎學金。

(九)所有校友捐送之獎學金，均依捐送人之意旨給予之，但取錄之新生或在校學生，其操行純正，體格健全，入學試驗成績在及格以上或在校成績優良為限，凡須補習者，均作不及格論。

(十)在校學生有一科不及格，或受試讀之處分，或品行不及乙等，或非全時正式學生，或因病假過多而減學分，或修讀滿八個學期仍未畢業者，俱不得領受各項獎學金。

(十一)投考學生之聲請獎學金者，由委員會或醫學院，於入學試驗放榜時，分別審定，在校學生之聲請獎學金者，由委員會或醫學院於學期

結束後兩星期內或學期開始前，分別審定。經審定或核准後，即分別通知。

（十二）凡領受榮譽獎金之學生，如屬家境寬裕毋需資助，者得將獎學金捐贈，由委員會改作免費獎學金，轉給家境清貧需要資助者，但榮譽獎學金領受者之名義，仍屬於原有學生，另由校長發給榮譽獎狀辭敘事由，以資獎勵。

（十三）凡學生家境清貧無力負担就學費用者，得覓具二人以上之切實保証書，向原籍縣市或居住在三年以上之縣市主管教育行政機關申請証明（申請書應照部定式樣）。

（十四）凡戰區淪陷學生或港澳學生在抗戰期內，無法取得教育當局家境清貧証明書者，應具明家庭狀況証明書，並覓具經本校同意二人以上之切實保証，以備審核。

（十五）凡領受獎金之學生，如有冒充清貧或偽造証明文件等情事，經查明屬實者，除停止其獎金待遇外，本校得向該生或其保証人追繳其已領受各費，並得停止發給成績證明書或畢業証書或着令退學。

（十六）凡因家境清貧領受獎學金之學生，如本校須調查其個人一切用費時，須據實報告。

（十七）凡領受醫學院獎金者，畢業後須在醫學院附設之機構或公共衛生機關服務一年，服務期間照領薪俸。

（十八）凡戰區借讀學生需要資助者，得照教育部規定條例，由本校向教部代為申請貸金。

（十九）獎學金聲請書，家境清貧証明書，或家庭狀況証明書，及學業成績表格式，由本校印就備索。

第二章　各項獎學金名額領受資格及聲請手續

（一）本年度文理工農各學院設置獎學金種類及名額共計如左：

（1）免費獎學金四十名，全額者免繳修金，即每名每年約一百四十四元至一百六十元為限。

（2）公費獎學金四名至五名。

a 普通公費獎學金兩名全額者每名每年二百五十元。

b 鄭雨泉紀念園藝學獎學金兩名至三名，全額者每名每年三百元至五百元。

（3）榮譽獎學金十五名，全額者免繳修金，即每名每年約一百四十四元至一百六十元為限。

（二）本年度醫學院設置醫學院獎學金五名，全額者免繳修金，即每名每年一百四十四元至一百六十元為限。

（三）凡文理工農各學院學生領受各項獎學金者，須具備左列資格：

（1）免費獎學金　領受此項獎學金之新舊學生，須確屬家境清貧，品行純正，體格健全，入學試驗成績及格或在校成績優良，平均在七十分以上者，凡須補習者均作不及格論。

（2）公費獎學金

a 普通公費獎學金　領受此項獎學金之新舊學生，須確屬家境清貧，品行純正，體格健全，入學試驗成績優異或在校成績特優者。

b. 鄭雨泉紀念園藝學獎學金　領受此項獎學金者須屬潮汕籍，能操潮汕方言，品行純正，體格健全，入學試驗成績優異，對於農業極有興趣，志願專修植物生產學，並特別注重園藝學科目，畢業後願在潮汕服務，家境清貧需要資助者。

（3）榮譽獎學金，領受此項獎學金者，如係新生，須品行純正，體格健全，入學試驗成績特優者。如係舊生，亦須品行純正，體格健全，在校成績連續兩學期俱屬優異，平均在八十五分以上者。

（四）凡醫學生領受醫學院獎學金者，須具備左列資格之一。

（1）家境清貧，品行純正，體格健全，入學試驗成績及格或在校成績優良。

（2）品行純正，體格健全，入學試驗成績或在校成績特優。

（五）聲請各項獎學金手續如左：

（1）免費或公費獎學金

a.投考學生應於每年度秋季第一次入學試驗（每年七月間舉行）報名時呈繳獎學金聲請書，家境清貧證明書或家庭狀況證明書，原校最近三年之學業成績表，及原校校長或教員簽署之品行保證書兩封。

b 在校學生應於每年六月三十日前或十二月卅日前呈繳獎學金聲請書及家境清貧證明書或家庭狀況證明書。

（2）榮譽獎學金，此項獎學金之給予，不須經過聲請手續，凡品行純正，體格健全，入學試驗成績特優，或在校肄業連續兩學期以上未曾留級，最近兩學期成績特優，平均在八十五分以上者，即由委員會審定，共為榮譽獎學金領受者，凡榮譽獎學金領受者，須於註冊時填具獎學金領受書，以便存案。

（3）醫學院獎學金

a.投考學生應於每年度秋季第一次入學試驗（每年七月間舉行）報名時，呈繳獎學金聲請書家境清貧證明書或家庭狀況證明書，原校最近三年之學業成績表及原校校長或教員簽署之品行保證書兩封。

b在校學生應於每年六月三十日前或十二月卅一日前，呈繳獎學金聲請書及家境清貧證明或家庭狀況證明書。

八十（丙）

廣州大學概況

澳校概況請參看澳校欄

辦理經過

廣州大學成立於民國十六年春，為金曾澄、陳炳權、王志遠、李濟深、吳在民、馮祝萬、陳友琴、鍾榮光、馬洪煥、溫仲良、周植榆、陳耆伯、黃啟生、陳鼎勳、胡春霖、等所創辦。草創伊始，暫假廣州市番禺縣立師範學校為校舍，是年三月三日學校正式成立。

該校成立時，國內學校皆採委員制，校董會乃推舉陳炳權王志遠馬洪煥陳友琴陳嘉藹九人為委員。十六年八月大學院令改為校長制，由校董會推舉金曾澄為校長。時因金曾澄在南京大學院供職，特由校董會改推王志遠為代理校長。廣東省政府以該校成績昭著，特准由省庫年撥補助費六千元，以示鼓勵。

該校成立時，祗有本科及預科。民國十七年秋始籌辦附屬初中，在大南街私立廣州女子中學原址，加以修繕，充實設備，招收男女生，分班教授。厥後以來學者日衆，天香街附中校址不敷應用，遂改遷廣州市文德路一九號，并增設高中班。

民國十九年七月，附屬中學經廣東教育廳批准立案，學生人數繼續增加。八月並購置東橫街十二號[illegible]為法學院，（第一校舍）文德路十九號為文學院及附屬中學，（第二校舍）是時大學停止招收預科生，該校奉教育部令核准倣照國立各大學辦法，招收高中一年級生附設高中班。

民國二十年秋，金曾澄辭職，校董會改推陳炳權為校長，添聘黃克勤為校董，及增設理學院，先辦數學系。新建圖書館落成，廣購圖書，以備學生參考。

民國二十一年七月，該校校董會呈奉國民政府教育部第九〇六七號及五〇六八號指令，均准立案，并頒發校董會及學校鈐記，於是年十月十日啟用。八月，陳炳權辭職，校董會改推金曾澄為校長，十一月購置廣州市沙河從白雲山麓田地六十畝，為建築新校之用。廣東省政府以該校辦理成績卓著，核准由省庫每年增撥補助費至一萬八千元。

民國二十二年二月，新建教務處校長辦公室學生宿舍及物理化學儀器實驗室，同時落成。九月理學院添設物理學系。

民國二十三年六月，校董會派黃校董克勤往美洲捐款。七月購置文藝里第六號樓房一座，價值一萬零九百元。十月教育部核准二十三年度補助經費六千元，專為擴充理科設備之用。

民國二十四年八月，增建物理儀器室及實驗室。

民國二十五年八月，金曾澄辭職，校董會改推陳炳權復任校長。時適全國中上學校須參加軍訓集習，廣東國民軍訓委員會派員到該校視察，認為成績優良，備加獎勉。

民國二十六年一月，改建東關教職員新建校長室各一座。七月，添聘李學衡原理應為校董。八月，教育部又增撥補助費一萬元，并令該校附設計政訓練班，培育縣政人材。是年因戰事影響，該校附屬中學在〃鶴新界粉嶺設立臨時授課處。但廣州市原校及附屬中學計政訓練班等，仍照常上課。

民國二十七年，廣州市時受轟炸，大學部仍在廣州原校上課。附屬中學香港臨時授課處，由粉嶺遷荃灣，旋遷[illegible]地。七月添聘黃毅梁維漢為校董。是年十月，廣州市淪陷，大學遷往開平，同時在香港分設授課處，分別容納逃散內地與避居港澳之本校學生。

民國二十八年，添聘[illegible]為校董。并在香港九龍深水埗元州街一六五至一六九號，添設校舍，將中學部男女分校教授，并增辦附屬小學部。

校務近況

一、現開設之院系及學生人數

該校先後成立文法理三學院。文學院設教育學系，中國文學系。法學院設法律學系，政治學系，經濟學系，政治經濟系。理學院設數理學系，數學系。全校學生六百餘人，先後畢業學生共八百餘人，服務於黨軍政機關。最近教育部令該校在文學院增設社會學系，法學院增設會計學系。

二、圖書儀器設備

該校圖書，貯藏達四萬七千一百零五冊，價值六萬餘元。計有中日文書四萬一千零七冊，西文書二千九百九十八冊，另中西文雜誌七百九十五種，中西文報紙十六種，現遷存香港者，有西文圖書雜誌二千零五十七冊，中文九千五百一十八冊，共一萬一千五百七十五冊。珍貴圖書，多在港校，物理儀器齡齒，頗臻完備，嗣以廣州淪陷，未及盡數搬遷，損失之儀器，價值數萬。現該校當局，力圖補救，以期充實。

三、免費學額之設置

該校爲獎勵家境清貧而品學優良之學生起見，在本年度設置一般免費學額四十名。又由僑胞捐款項下，撥港幣一千元，設置僑生免費學額十名，又由巫翅唐校董捐助港幣一千元，設置理科免費學額十名。

四、研究學術團體之組織

該校學生共同研究學問之組織有二：1社會科學研究社。2文學教育研究社。其他學術團體，由各學系學生組織者：如經濟學會，政治學會，教育研究社，學術研究社等。先後發行刊物，計有廣大校刊，廣大學報，社會科學半月刊，廣大生活週刊，廣大之路，鐵社月刊，南北風，廣大計政等。

五、體育推進

該校年來極力推進體育，學生常作課外運動，頗獲相當之結果。如廣州第八屆環市賽跑，學生羅漢松獲獎第六名。鄺援誠獲獎第十四名，又廿六年廣東第十四次全省運動會，羅漢松鄺之爲均獲出得賽獎。而鄺援誠參與千五百公尺比賽，以四分廿八秒，打破四分卅八秒之省紀錄。二十七年全港學界籃球比賽，該校籃球隊榮獲九龍區冠軍。全港陸上運動女子短跑競賽，吳文鳳榮獲三項冠軍，梁慕貞獲多項亞軍。

六、辦理社會教育情形

計政訓練班

計政訓練班內分會計統計組，均一年畢業。於民國二十六年九月奉教育部令設立，開辦以來，成績卓著。統計組畢業生四十餘名。會計組畢業生四五百名。該訓練班平日注重實習，畢業學生對於會計技術，既有相當之修養，故爲各機關所羅致，臨調查所得，服務於廣東省政府各廳及會計處，廣東省銀行，各縣政府及其他黨政機關各處約有多人

大學教育推廣部

大學教育推廣部，本年暑假開辦，講學時間爲兩月，現設有政治經濟科，商業會計科，師範科，以利便社會人士之修習，業已開學，來學者極形踴躍。

暑期民衆學校

暑期民衆學校，爲學生所主辦，不收費用，并由學校發給講義，現有學學生二百餘人。

七 政府補助

教育部及廣東省政府，歷年補助該校經費，爲數甚多，抗戰以後，仍不中輟，該校能繼續進展，政府與有力焉。

廣州大學文法理學院招生簡章

校址：香港深水埗元州街一六五至一六九號

（一）招考系別：
1.文學院：中國文學系，社會學系一年級新生各一班。
2.法學院：法律學系，政治學系，經濟學系，會計學系。一年級新生各一班。
3.理學院：數理學系一年級新生一班。
4.各學院均酌收各年級轉學生及借讀生。
5.選修生若干人。

（二）投考資格：甲 一年級生：
1.曾在已立案之高級中學畢業者。
2.曾在公立私立大學預科畢業者。
3.曾經教育部認可之香港公立或私立高級中學畢業者。
4.曾參加劍橋大學，牛津大學高級試(Senior Local)，香港大學入學試(Matriculation Examination)，合格者。
5.具有高級中學畢業之同等學力者。

乙 轉學生：
1.曾在公立私立大學或獨立學院經領有修業證書及成績表幷有高中畢業證書者。
2.曾在公立或已立案之私立專科學校畢業領有畢業證書者。

（三）選修生：曾在高級中學以上學校修業或具有相當程度，年滿十八歲以上經本校審查合格者，得報名爲本校選修生，所習學分考試及格，由本校給予成績證。

（四）報　名：甲 日期：即日起每日上午九時至十二時，下午一時至四時（星期例假除外）
乙 手續：報名時須依照報名單所列各項詳細塡明外，並附繳下列各件
（1.）學歷證書
（2.）本人最近半身二寸相片二張
（3.）報名費一員。（取錄與否，概不發還）。

（五）入學試驗：甲 日期七月卅日由上午八時半開始
乙 地點香港九龍深水埗元州街一六五至一六九號

（六）考試科目：甲 各系一年級新生：
（1）國文 （2）英文 （3）數學
（4）公民 （5）史地或理化

廿一（丙）

乙 各系必學生

（1）國文　（2）英文　（3）該科主要科目

（4）公民

（七）費　用：每學期一般費用如左：（見表）

（八）學分制：本校採用學分制，每課程每學期每週授課一小時為一學分，實習及課外研究，則以二小時至四小時為一學分。

（九）修業及畢業：本大學修業期間，定為四年，但畢業與否，仍以學分修滿與否而定，修業期滿，考查成績及格者，呈請教育部核准畢業，授以某科學士學位。

（十）免費學額：甲、一般免費學額　本校為獎勵家境清貧而資質穎異及成績優良之學生起見，在本年度開出經常費項下撥款港幣二千元，設置免費學額四十名。

乙、僑生免費學額　本校由僑胞捐款項下撥款港幣一千元，設置免費學額十名。

丙、理科免費學額　本校理學院由[illegible]校董捐助港幣一千元，設置本年度理科免費生十名。

丁、計[illegible]學系免費學額　由本校撥款充之

戊、會計學系免費學額　由本校黃文[illegible]教授捐款充之

費用 \ 類別		第一學期新生	借讀生各學期
普通費用	學費	45.00	45.00
	圖書費	2.00	2.00
	醫藥費	1.00	1.00
	實驗消耗費	2.00	2.00
	雜費	8.00	8.00
	保證金	6.00	
	小計	64.00	58.00
代收費用	學生會基金	1.00	1.00
	學生會常費	1.00	1.00
	小計	2.00	2.00
總計		66.00元	60.00元

附記：（一）舊學生入學第一學期照新生完繳各費

（二）選修生學費，每學期選修科目每學分一元，其餘圖書，醫藥，實驗消耗及雜費等照收。

（三）借讀生入學時已繳學生會基金者，次學期繼續借讀，免繳。

二廿（丙）

本校附設計政／檔案管理及公牘／工商管理訓練班招生簡章

一　班　額　（甲）計政訓練班會計組，設：1.上午班男女生各一班　2.夜班男生一班

（乙）檔案管理及公牘訓練班，設：1.下午班男女生各一班　2.夜班男生一班

（丙）工商管理訓練班設　1.下午班男女生各一班　2.夜班男生一班

二　入學資格：凡具有中學畢業或有同等學歷者，均得報名投考。優待本港各商店員，社團工作人員，有服務證明文件者，可免試入學。

三　費　用：每學期學費二十二元，雜費十元，代收學生會費一元，合計三十三元。

四　膳　宿　費：本校為便利學生寄宿搭膳起見，特設光綫充足，空氣流暢之宿舍，宿費每學期二十元，分兩期繳納。膳費每月七元，按月繳交。

五　畢　業　本班修業期間定為一年，期滿考試及格發給畢業証書。（率教育部令由教育廳驗發）。

六　待　遇　在各訓練班畢業，成績優良者，由本校介紹職業。

七　獎　勵　本校設免費學額二名至四名，半費學額二名至四名。學期考試畢行成績優異，經校長核定者得受上列之獎勵。

八　報　名　1.日期：即日起　2.地點：九龍深水埗元州街一六五至一六九號。

九　考　試　1.日期：月　日　2.地點：元州街本校，考試科目：國文　算術　常識

十　上課日期　九月一日起

上午班：每日由上午八時三十分至十一時二十分

下午班：每日由下午一時至四時

夜　班：每日由下午六時三十分至九時二十分

十一　課　程（甲）計政班：經濟學　財政學　簿記學　會計學　統計學　審計學　政府會計　公司會計　銀行會計　經濟統計　會計數學　主計法規　財政問題　公　牘

（乙）檔案管理及公牘班：行政學　行政法　憲法　法學通論　公文研究　檔案管理法　應用文　公牘名著選讀

（丙）工商管理班：商業學　經濟學　商業理財　簿記學　商業管理　商業英文　商業文件　工商法規　市場學　工商管理　廣告學　貨幣銀行　會計學　工商統計

廣東國民大學概況

民國十四年，陳赤蓮先生鑒於國家之積弱，人才之缺乏，爰在廣州東山創辦廣東國民大學，並於惠福西路設立中學部，以資培育人才，將爲國用之責。斯時創立伊始，設備未臻完善，來學者約三百餘人。民十五年，以東山校舍不敷應用，乃遷移校舍往日時納校址，方期得時得地，籌謀進展。而赤蓮校長適隨國府遷漢而之漢口，委教務長張賡烺及盧頌芳，陳楨甫，朱勉躬，羅共若，陳達魁，爲校務委員，籌劃辦理，復得其他教育名家懇切相助，學者聞風踵來就學；僉謂校舍急圖建設，圖書儀器應當增置。張教務長賡烺先生，特赴美洲爲校募捐，乃購定今日惠福校舍惠福西路兩校地。至圖書增置三萬餘冊，價值十餘萬元；儀器機器約值三十餘萬元；其時學生已達二千餘人，爲辦理校務迅速，爲造就學子成才，故於職教員量才錄用，亦達二百餘人，誠一時之盛也。歷屆畢業諸生，多在軍政學界服務，都能用其所學，克盡厥職，爲母校光榮，而教育部歷年派員視察，成績咸有獎勵，每年由部資助一萬五千元，每月由省府資助二千餘元。同人既感政府扶助教育事業，其勉力將事，比前不渝，統計各部現有學院學級，大學部，文學院：中國文學系，新聞學系；法學院：政治系，法律系，經濟系，會計系；工學院：土木工程系。本系內設水利工程組，設科學科，在我國學術界中特有，而且爲社會切要之科學，中央教育部特撥專款以爲補助建設實習工程之用。附設中學爲一完全之中學，分高中部、及初中部：高中部：有普通科春季一二三年級，秋季一二三年級；初中部：有春季一二三年級，秋季一二三年級，至其他職業訓練班：有計政班，會政班，公務班，文牘班等，則因社會需要，於去年奉部令而增設者也。溯自十餘年來，經營建設，已不遺餘力，迺可小休，詎知吳校長鼎新先生，一方以原有校舍又須改建，他方欲於大北門外購置百餘畝吉地，建築學府，決計南洋爲校募捐，既達南洋後，不久中日事起，勸捐維艱，仍勉力從事，幸達相當數目，足見華僑同胞，爲國爲教育素具熱忱也。嗣後廣州失守，校長未得回國，張教務長不得不率領諸生離去他方，繼續講學。現大學部遷往外地者，在香港青山；遷入內地者，在開平樓岡；中學部遷往外地者在九龍旺角；遷入內地者，在台山白沙；諸生多明大義，不避艱苦，追隨求學，而各職教員又能努力奉公，始終不懈；在此抗戰期中，課程除遵教部教廳辦理外，並盡力奉行導師制，成立新生活勞働團，服務團，施行精神總動員，厲行國民抗×工作，組織學生自治會，時事座談會，班會，學術研究會，體育會等；皆以提倡精神，發揚道德，研究學術，聯絡感情爲主。員生於功課之餘，更將潛修所得發爲文章，成立各種刊物，計有民鐘工程學刊，民鐘週刊，高中自治會刊，初中成績期刊等，今於暑假期中，設立夏令班，俾學者得以補習，力求上進。以上種種措施，足見同人辦學精神，可謂不辭勞苦矣；他日收復失地，重返廣州，再移原校，校舍得以擴充，學務得以發展，人才得以培植，國家得以興盛，斯謂成功於今日之艱苦中，豈過當哉。

廣東國民大學 文法工學院 招生簡章

校址 第一分校 青山芳園
第二分校 旺角新塡地街四百七十號
電話：五八二一五

（一）招考班額
一、中國文學系
二、新聞學系
三、政治 經濟學系
四、法律學系
五、會計學系
六、土木工程學系
以上各系招考一年級新生日夜各一班二三年級轉學生及借讀生

（二）投考資格
一、投考各系一年級者，（甲）曾在立案高中畢業（乙）程度相當
二、轉學生及借讀生，須有原校修業證件

（三）考試課目 國文 英文 數學 公民 常識

（四）報名手續
一、日期：由七月一日起至七月十一日止
二、地點：旺角新塡地街四百七十號本校
三、手續：1呈驗畢業證書
2塡寫報名表
3繳交二寸半身相片一張及報名費一元

（五）考試及借讀生成績考查
一、地點：旺角新塡地街四百七十號
二、日期：七月十三日由上午八時起

（六）費用
各學系學生每學期應繳費用（以港幣計）

項目	學費	雜費	體育	圖書	醫藥	講義
金額	四十九	1元	二元	二元	二元	五元

講義費照每科一元計有餘發還不足補繳
土木工程系學生每期應另繳實習費二元
各系新生一次過繳按金五元

（七）授課地點 文法學院各系一年級新生分配在青山第一分校及旺角第二分校，工學院一年級新生在青山第一分校授課

回計政班招生簡章

（一）招考班額
計政班，班四十名

（二）投考資格
1. 中學畢業
2. 職業補習學校畢業
3. 曾在機關服務二年以上具有證明文件者
4. 程度相當者

（三）修業期間
修業時間以一年為期修足學分考驗成績及格者發給畢業證書

（四）課程
課程編配如左

上學期	
科目	每週授課時數
經濟學概論	2
財政學概論	2
會計學	3
統計學	3
簿記學	2
統計應用會計學	3
法制概要	3
公牘	3
共計	20

下學期	
科目	每週授課時數
社會統計	2
經濟統計	2
會計學	3
政府會計	3
主計法規	3
銀行會計	3
成本會計	2
審計學	2
共計	21

（五）報　名

（甲）日期——由七月一日起至七月十一日止

（乙）手續——報名時依照報名單各項填寫外並繳報名費一元

（六）試　驗

（甲）考試科目——國文、數文、英文、公民、常識測驗

（乙）考試日期——七月十三日上午八時起

（丙）考試地點——旺角新塡地街四百七十號本校

（七）開學日期

開學日期九月五日

（八）費　用

本班學費每學期收學雜各費共港幣三十元

（九）授課地點

本班授課在旺角新塡地街第二分校

（十）授課時間

本班授課時間由下午六時起至十時止

南華大學暨附屬中學概況

沿革

南華大學原名南華學院，創於廣東梅縣；港校則設於香港九龍城獅子石道。業經教育部核准有案，本年春奉教育部高字第答一五五六號指示准予加設理工等學院，且蒙海外殷商僑胞熱心捐助鉅額基金，爲擴展校務起見，由校董會決議於抗戰建國二週年紀念日改稱南華學院爲南華大學。分設：（一）理工學院：物理學系，化學系，地理學系，地質學系，心理學系，數學系，建築工程學系（二）法商學院：政治經濟學系、法律學系　商學系，（三）文學院：教育學系，新聞學系，文史學系（四）附屬中學。

現任董校一覽

王寵惠　現任國民政府外交部部長

王雲五　現任商務印書館總經理國民參政會參政員

丘元榮　現任吧城總商會主席

丘公治　現任香港南洋輸出入商會主席

丘萃昫　日本早稻田大學政治經濟科畢業曾充國立暨南大學商科教授國民政府僑務委員會常務委員

丘季平　上海暨南大學商學士

張君勱　現任國民參政會參政員

曾養甫　廣州市長廣東財政廳長

曾友豪　美國霍金絲（John Hopkins）大學政治學博士法律行政學院畢業國立自治學院省立安徽大學法律系教授前任安徽甘肅兩省高等法院院長

雷沛鴻　廣西省政府委員兼教育廳廳長

謝冠生　現任司法行政部部長

鍾魯齋　美國士丹佛（stanford）大學教育學博士歷充上海滬江大學國文學系主任北平國立清華大學文學院院長廈門大學中山大學教育研究所勷勤大學教育學院等校教授

羅子宏　仰光華商

現任主要教職員一覽

曾友豪　董事長兼政治法律學教授　考取清華留美歷史專科生美國霍金絲大學政治學博士法律行政學院畢業國立自治學院省立安徽大學法律系教授前任安徽甘肅兩省高等法院院長

鍾魯齋　校長兼教育學心理學教授　美國士丹佛(Stanford)大學教育學博士曾充上海滬江大學文學系主任兼教授國立清華大學文學院院長廈門大學中山大學教育研究所及勷勤大學教育學院等校教授

雷通羣　教育學心理學教授　日本東京高等師範學校畢業美國士丹佛大學碩士歷充教育部視學及國立中山大學國民大學廣州大學廈門大學等校教授

程經遠　政治學兼英文教授　美國哥倫比亞大學政治學博士美京喬治唐大學講師國立中央大學金陵大學教授歷任駐美使館秘書外交部秘書條約委員會專任委員安徽江西兩省外交視察專員

丘萃昫　經濟學商學教授　日本早稻田大學政治經濟科畢業曾充國立暨南大學商科教授國民政府僑務委員會常務委員

黄覺民　教育學心理學教授　曾獲美國哥倫比亞大學師範學院教育心理研究所專家證書美國哥倫比亞大學教育碩士菲律濱國立大學教育碩士曾任大夏大學教育心理系主任現任商務印

書館教育雜誌總編輯

李寶棠 政治經濟學兼英文教授 美國紐約大學學士哥倫比亞大學碩士歷任廣東軍事政治學校政治經濟班中山大學中央陸軍軍官學校特別班教授

蔡兆齡 法律學兼文史教授 前清副貢生廣東法政學堂法政別科畢業歷任廣州地方檢察廳檢察長澄海地方審判廳廳長澄海地方檢察廳檢察長汕頭市審計處處長大理院推事最高法院首席檢察官

林時彥 法律學兼英文教授 美國西北大學法學博士英國劍橋大學高級研究員前印度國際大學教授菲律濱大學講師上海東吳大學法學院教授

靳步陶 新聞學兼文史教授 前清副貢生上海復旦大學滬江大學教授上海申報館新聞報館編輯（共二十六年）現任香港中華報館總編輯

李惟誠 新聞學教授 美國密蘇里大學研究院研究生曾充國立廣東法科學院新聞學教授現任香港中國晚報編輯

方希仁 英文教授 美國丁汝遜（Deneson）大學文學士曾任廈門大學及勷勤大學教育學院英文講師

林兆棠 經濟學商學教授 美國今寄文我大學經濟學士紐約大學會計碩士美國會計師前鐵道部會計長

謝維安 法律學兼法文教授 法國杜爾士大學法學碩士曾任省立安徽大學法律系教授廣東高等法院推事廣東高等法院庭長安徽高等法院院長

梁朝威 政治兼經濟學英文教授 美國霍浦金絲(John Hopkins)大學政治學博士歷任國立中央大學中山大學教授考試院編纂處主任

潘葆蔭 政治經濟學兼德文教授 德國柏林大學政治經濟學博士

盧　德 理工學院教授 法國里昂大學理科碩士法國工業化學院工程師曾任廣東省教育廳秘書省立工業專門學校校長省立勷勤大學教務長兼工學院院長

林淳源 理工學院教授 美國普林士頓 (Princeton) 大學理科學士霍金絲 (John Hopkins) 大學博士美國陸軍少尉

陳良理 理工學院教授 美國康乃耳大學土木工程師市政工程碩士曾任國立中山大學勷勤大學湖南大學復旦大學等校教授汕頭市政府工務局長廣州市政府設計委員自來水管理處總工程師

王永誠 秘書兼圖書館主任 廈門大學教育學士曾任汕頭大中中學教員

李靜如 註冊主任 勷勤大學商學院畢業曾任東莞中學教員廣州市教育局科員

丘福樞 事務主任 廣州實業銀行會計

鍾喬榮 會計主任 上海大夏大學法學士

鄧耕熙 體育主任 廣東省立體育專科學校畢業歷任香港華僑中學香江中學等校體育主任

李文光 附中教員 廣東省立勷勤大學理學士歷任廣州宏英中學台山端芬中學等校教員

羅崇光 附中教員 廣東省立勷勤大學理學士曾任陽江縣立中學教員

黃　機 附中教員 廣東省立勷勤大學文學士曾任勷勤大學附中教員

林蔭源 附中教員 上海美術專科學校畢業曾任廈門中學教員

蔡漢孫 附中教員 廣東國立法科學院法學士曾任汕頭市政府社會科科員汕頭礐光中學港校教員

楊毅學 附中教員 南京金陵女子大學學士曾任南京金陵女子大學理學院助教上海中西女學教務長

方禾蘇 附中教員 上海光華大學理學士曾任上海有英中學教員

方俠時 附中教員 杭州之江大學理學士

方季石 附中教員 上海大同大學文學士曾任上海中國中學教員

張麗齡 附中教員 上海滬江大學文學士曾任廣州團雜中學教員

附註

到廣州大學路引（一）備在尖沙咀碼頭上岸可乘八號車，（二）備在佐敦道碼頭登岸可乘十號車或十三號巴車，（三）備在旺角碼頭登岸可步經上海街乘十號車，或由彌敦道乘六號或十三號等車，（四）備在統一碼頭乘九龍城巴士，可沿街前行直行至本校，或步經文明戲院沿太子道轉入獅子石道本校（本校印備招生章程，函索即寄）

八卅（四）

美國美爾頓大學中國分校

電話：五九四二一

CHINA BRANCH

MILTON UNIVERSITY

(FOUNDED 1847, BALTIMORE, MD., U.S.A.)

11, Jordan Road,

KOWLOON, HONGKONG.

香港九龍佐敦道十一號

Telephone 56421.

Cable Address: Maryoung, Hongkong.

美國美爾頓大學

本大學成立於一八四七年。爲美國著名大學之一。茲因便遠東人士之欲求高深教育而又困於環境不能放洋者起見。特於一九三五年設中國分校。凡在本分校註册入學。并經本分校保存者。得依本校定章領取學士碩士博士學位。又如有相當學歷者。得由本分校指定課程。另行補習。然後要求應考學位試。欲知詳情。請到本分校接洽。并取閱英文章程。

本分校學務概覽

（一）大學教育（照美國大學辦理，中學畢業生皆可入學，不限年齡，不分性別）商學系文學系教育系經濟系，心理學系，社會學系，政治系。

以上各系皆照學分制。每系約一百九十學分。學者修滿學分。則可畢業。由美國本校頒發學士學位。

（二）職業教育

(A)無線電工程技術科

(B)汽車工程技術科

以上兩科專以造就技術人材而設，理論與實習並重，本分校畢業 軍政當局所特許，故近來之畢業生，皆由本分校送往國內，赴軍政部及各機交通機關服務。本分校對於學生出路，負責介紹，務使各畢業生皆有職業。

本校無線電與汽車兩科，爲香港技術教育之鼻祖，五年以來，成績卓著，在軍政交通界服務者，爲數甚多，經蘊國政要，同聲贊許，認本校爲無線電及汽車技術教育之最完善機關。

無線電工程技術科
汽車工程技術科　簡章

此兩科爲適應抗戰需要而設。注重小組教授。使學者易於進步。時間短促。學習從嚴。使學者在短促時間及不多之費用。即成爲社會所需要之專門人材。一經畢業。則不患無職。且本分校負責介紹也。

（一）入學時間：此兩科爲專門技術科。不限入學時間。隨時入學。隨到隨收。本校不放暑假。不放寒假。

（二）教授課本：無線電專科中英文並用。汽車專科則全以中文。入學者須要相當程度。

（三）畢業期限：無線電專科。九個月畢業。汽車專科。四個月畢業。

（四）課程：A、無線電專科。B、汽車專科。（從略）

（五）證書：學習期滿。成績優者。由本校照章給予畢業證書。

（六）費用：無線電專科。全科一百五十元（如按月交付每月十八元）另實習費四十元（一次過）此費於入學時交清。汽車專科。全科七十元。另實習費三十元。（一次過）此費於入學時交清。

無線電科按期分月交費表

月	銀數
1	$58一
2	18
3	18一
4	18一
5	18
6	18一
7	18一
8	18一
9	18一
一次交足	一百九十元

汽車科按期分月交費表

月	銀數
1	$48一
2	18一
3	18一
4	18一
一次交足	一百元正

附說

（1）實習駕駛用之汽油費各生自備每組四—六人每時一—二加侖時價一元零五仙平均每人每日用汽油費約三毫大約一—二個月駕駛術便可純熟。

（2）如欲考取香港駕車牌照該士抵銀五元小係學者自取。

（3）凡學駕駛須自備學車紙一張。

（七）別項：如專學無線電機械實習或修理者。除本校學習費三十元外另訂學費驗日及畢業期限。專學汽車駕駛術者。除收學習費二十元外。面訂學業期限及學費數目。

（八）入學時期：以本分校採用小組教授。隨時可以入學。隨到隨收。以上各費。因應需要所設。隨時有增加之可能。食宿另計。暫定每月十五元。

（九）報名：先繳報名費五元。來學與否。概不退還。中途輟學。所有交過學費。照例概不發還。

（十）附則：如入學已九個月成績不及格者。可繼續學下去。不另收費。請求補考。第一次免費。第二次補考。每科收補考費五元。請求補考只限二次。逾限不准。

本校之機械出品

（1）無線電報機

（2）無線電話機

（3）收音機

（4）播音機

（5）無線電材料

價廉物美　保用一年

修理部　接造無線電機修理收音機。及各種電器用具。

本分校教員一覽

校長 馬時　美國西北大學理學博士理學學士美國會計師曾任務委員外交參議前任美國聯業公司經理紐渣斯大學教授、本分校校長兼事務教授

黃道　美國米西根大學電學工程碩士　本校電學主任教授

沈雲階　無線電技師　本校報務主任教授

程璧君　勷勤大學電學工程學士　本校無線電工程學教員

鄭覺民　美國意諾利大學碩士　本校無線電英文教授

鄺曙民　國立中山大學理學士　本校物理學數學教授

歐陽輝　交通部無線電技士　本校無線電助教

伍廷森　美國紐約大學畢業　本校電訊報務助教兼課室管理

楊慶瑞　無線電技師　本校實習科主任

梁鉅灼　美國芝加哥大學畢業　本校實習科助教

甄獨秀　仝上

王炳輝　美國[illegible]大學畢業　本校電訊助教兼課室管理員

甘澤　美國[illegible]大學畢業　本校電訊助教

李祝生　美國[illegible]大學畢業　本校電訊助教

盧百宇　美國[illegible]大學畢業　本校實習助教

汽車科專任教員

葉清淇　本校汽車主任兼教授

沈鵬舉　汽車科原理教授

陳南　本校汽車科駕駛兼修理教授

麥觀勝　本校汽車、駕駛兼修理教授

胡松　本校汽車駕駛兼修理教授

伍烈椿　本校汽車科駕駛兼修理教授

立案 # 東南法學院招生簡章

（兼招附屬高初中學生）

香港灣仔莊士敦道八十八號（由利東街進校）

(一)招考班額

甲：大學部—（1）法律學系（2）政治經濟學系（3）社會學系

乙：專門部—（1）法政專科（2）商業經濟專科（3）國際外交專科

以上均招日夜班男女生及轉學借讀選讀旁聽生兼招附屬高級中學及初級中學生

(二)投考資格

1曾在中學畢業　2程度相當者。

具上學歷均得投考前項（一）甲乙兩部各系各科（轉學借讀選讀旁聽生免試）

(三)考試課目：公民，國文，英文，數學。

(四)報名手續：由即日起每日上午十時至下午五時為報名時間，報名時繳二寸半身相片一張，註冊費一元。

(五)考試日期：七月廿二日，由上午十時起，必要時或提前試驗，（遠道來學者隨到隨考）

(六)開學日期：九月一日。

(七)課程大綱：

（1）法律學系　（2）政治學系　（3）社會學系　（4）政治專科　（5）商業經濟系　（6）國際外交專科

附註：以上科目，大學部，四年授完，專門部，一年授完。△符為選修課，○符為隨意課，選修課須有十人以上方開班。第二外國語，法文，德文，俄文，日文，任選一課。國語為必修課，列入國文課。

(八)學費：各學系及專科學生每一學期應繳費用（港幣計　一年分二學期）

項目	學費	堂費	雜費	合計
金額	四拾元	拾元	五元	五拾五元

選讀及旁聽生學費每期每課六元最少以選讀兩課為限。

附屬高中每學期學費三十六元，堂費八元，初中每學期學費三十元。堂費六元正。

(九)畢業年限：大學部各系四年畢業　授予學士學位。專門部各科一年畢業，授予畢業証書。專門部畢業後，如欲再求深造，得酌量升入各學系第二年級。

高初中部均三年畢業

(十)註冊：凡經取錄各生，須於三日內，携二寸半身相片，到香港莊士敦道八十八號本學院註冊繳費，領取學生證。

教職員一覽表

院長　譚焯宏　日本早稻田大學法學士歷充國立廣東大學中山大學講師惠州地方審判廳廳長南越大學校長

教授　陳叔明　李長仔　馮斯樂　莫柏開　黃瑞琛　陳中雜

李倘賢　孔仲明　何明賢　馮措哲　黎允鏘　張嗣芬

伍逸瑚　陳賓樹　黃新齋

圖書主任　何三鏊

一册（丙）

香港華夏學院暨漢華中學乃前國立暨南大學校長留覺鄭洪年所創立一切課程悉遵照部章辦理學院分文商兩科俱四年畢業後授予學士學位文科設文學系經濟學系教育學系新聞學系商科設會計學系銀行學系工商管理學系國際貿易學系

校　訓

勇猛精進

中學經廣東教育廳立案香港政府註册設高級中學初級中學均三年畢業除照部定課程外加設會計簿記工廠管理幼稚教育等實用科學使升學國內外大學可以啣接在社會上亦可以謀生鄭氏辦理華僑教育三十餘年今本其經驗來港設學是知津矣　院校址羅便臣道妙高台八十三號

電話二一七〇六一

欲知該院校詳情可參看『華夏學院漢華中學概要』

院校長鄭洪年

香港中等學校概覽

張一麐 署

建國活葉文選

葉恭綽

(一)選文共三百五十篇以後按期逐增足供高初中學國
文教材及小學五六年級國文補助教材

(二)所選文體注重下列標準

增加青年抗戰情緒者

富於民族思想者

合於精神動員者

適合新生活要素者

啟發及補助國學知識者

指導或鍛鍊人生品格行為者

(三)用九十磅上等道林紙印刷凡訂購滿三十份以上本社即
奉書皮及免費釘裝

註釋　另由單行本六冊引註詳明節省教師參考時間並
便學生自修

現經開始定購廿八年度上學期課本

建國文化社　香港分社

大道中德忌笠街十三號三樓

電話二二二五四九

香港中等學校概覽

目錄

香港教育司註册
中國僑委會立案
中國教育部立案
廣東教育廳立案

香港私立 男女 梅芳中學暨附設小學部幼稚園招生簡章

宗旨 本校遵照中華民國教育宗旨及其實施方針，以培養兒童及青年之人格與體魄，授以生活上所必需之智識技能以爲升學或從事各種職業之準備。在非常時期中，尤注意於戰時教育之補充與訓練，以期負起民族國家復興之責任。

校址 女校設在羅便臣道八十六號八十八號 電話二二九九七
男校設在羅便臣道九十四號 電話三三六一六

立案 本校除在本港教育司註册外並呈准中央僑務委員會中央教育部廣東教育廳立案

編制 男女校高級中學一二三年 初級中學一二三年 附設小學六班 幼稚園兩班

課程 本校各級課程根據中國教育部課程標準及參酌香港教育司編定學校課程表與國內學校課程將各級所授科目另表列下

甲・高中課程

科別	科目	細目
國民訓練科	公民	倫理、政治、經濟、法制、社會
	體育	球類、器械、健身操、看護訓練、軍事訓練
語言訓練科	國文	古文 讀本、詩詞 修詞、作文
	英文	讀本 文法、作文 翻譯、寫信 會話
	國語	注音 拼音、讀音 談話
思考訓練科	算學	三角、大代數、平面幾何、立體幾何、解析幾何
自然科		生物學、化學、物理學
社會科	歷史	本國史、世界史
	地理	本國地理、世界地理
	家政	家庭衛生、家庭教育、烹飪學、縫紉科
藝術科		勞作、圖畫、音樂

梅芳中學概略

一 本校近年成績

文科類

（一）民廿年全港公開女童軍中文競賽本校考獲第一名（參加比賽者數百人）
（二）民廿年庇飛利籌廠舉辦全港男女學生公開作文競賽本校考獲第一名（參加比賽男女學生二千餘人）
（三）民廿年公立策𥳑義學舉辦第一屆全港男女學生論文比賽本校考獲女校冠軍（參加比賽學校五十八家）
（四）民廿二年公立策𥳑義學舉辦第二屆全港男女學生論文比賽本校考獲女校冠軍
（五）民廿三年香港華僑教育會舉辦首屆全港學生公開書法比賽本校考獲女校冠軍
（六）民廿五年香港女童軍徵文比賽本校考獲冠軍獎杯並獲第二三名獎杯
（七）民廿六年香港華僑教育會舉辦第二屆全港公開書法比賽本校考獲亞軍
（八）民廿七年香港公立策𥳑義學舉辦作文比賽本校考獲女校冠軍
（九）民廿六年度教育廳派員舉行高初中畢業會考本校畢業生成績優異全體合格

本校男校校長陳鐵一先生

乙・初中課程

國民訓練科	公民：道德、法制、經濟；體育：球類、器械、健身操、童軍訓練
語言訓練科	國文：讀本、文法、作文、作句、臨帖；國語：注音、拼音、讀書、談話；英語：讀本、文法、作文、翻譯、會話
思考訓練科	算學：算術、代數、幾何、三角
自然科	生理衛生、植物學、動物學、物理學、化學
社會科	歷史：本國史、世界史；地理：本國地理、世界地理；家政：家庭衛生、縫紉、烹飪
藝術科	勞作、圖畫、音樂

本校女校校長吳毅驤先生

體育類

（一）華人體育協進會舉辦全港公開運動大會本校獲團體冠軍本校學生獲全場冠軍

（二）南華體育會第九屆運動大會本校獲團體冠軍

（三）南華體育會第十屆運動大會本校獲全場冠軍團體冠軍本校學生獲全場個人冠軍獲京琴司夫人兩屆冠軍永遠獎銀杯一座

（四）全港中西女子乒乓球比賽本校學生連獲三年冠軍得永遠銀鼎獎

（五）民廿一年全港中西女子第一屆公開籃球賽本校獲得全場冠軍

（六）民廿二年全港中西女子第二屆公開籃球賽本校連獲兩屆冠軍

丙・小學課程

公民訓練	公民　體育　衛生
語言訓練	國文（讀本　尺牘　作信　造句　背文　作文　課文　習字）　國語（注音　讀書　拼音　談話）　英語（讀本　繙譯　拼音　文法　造句）
常識	歷史　地理（香港地理　廣東地理　中國地理　世界地理）　自然
算術	心算　筆算
工作	勞作　美術
唱遊	唱歌　遊戲

女校校景之壯觀

本校男校校景

（七）民廿三年全港中西女子第三屆公開籃球賽本校連獲三屆冠軍

（八）民廿四年全港中西女子第四屆公開籃球賽本校又連獲四屆冠軍

（九）民廿四年南華水運會本校得獲團體亞軍

（十）民廿四年本校籃球隊赴汕頭比賽四場又獲全勝歸來

（十一）民廿六年全港學界公開水上運動大會本校獲得女校全場冠軍

（十二）民廿六年全港中西女子第六屆公開籃球賽本校甲乙隊聯獲冠亞軍

（十三）民廿七年全港中西女子第七屆公開籃球賽本校連獲六屆冠軍

二　本校沿革

本校創辦於民國七年，由吳校長毓墀女士紀念其先兄吳配基烈士為國殉難而設，迄今已二十二載，是時只辦小學，民十三開辦初中，十八年增設高中及幼稚園，至廿二年七月遵奉中國教育部，中央僑務委員會及廣東教育廳批准立案，復經中央僑務委員會及管理中英庚款董事會確定補助經費，撥庚款補助中等學校之先河，辦理至今，計幼稚園畢業已有八屆，小學十九屆，初中十五屆，高中八屆，前後畢業離校在社會服務者千餘人。

女校歌詠隊

本校第二運動場全景

丁・幼稚園課程

公民	公民
國文	幼稚園讀本　看圖識字
常識	生活課本　識育談話　感官練習　福祿培爾恩物　蒙台沙利玩物
算術	心算　筆算
工作	勞作　美術
唱遊	唱歌　遊戲

幼稚園上課時間由上午九時至十二時半止，午膳後由下午二時起至三時半放學。

招收班額　男女校高中，初中，小學及幼稚園各級，均招收新生，轉學生，插班生及借讀生。

三　辦理要點

（一）提高程度——各級學科程度盡量提高，使能進而研究較深之學科，以為升學或從事各種職業之準備。

（二）嚴衛管訓——對學生方面不單負智識傳授之責任，更注意於人格教育，體格培養，集團訓練及對抗戰建國復興民族之正確意識，以期適應大時代之需要。

（三）充實設備——設置優良之教育環境，完備之教育器材，為獲得教育効果之要件，本校對於此點，力求完善，冀得良善教育之成功。

四　設施概略

教學方面：

慎選師資——教師為學生之表率，故本校對教師之選擇，學行並重，在學識方面，必須了解教育而於所任學科有充份之研究，在人格方面，亦須純潔勤慎，使學生在學行上得受其教化之益。

提高程度——各科程度，除盡量設法提高外，更適合環境之需要，特別提高英文程度，務使與本港公立之英文學校之英文程度平衡，而以高中畢業之程度，可以考入國內公私立大學或出外留學為目標。

注重教法——除參用各種教學法外，尤注意應用學習原理，教授前重預習，教授時重啓發，教授後重整理，並於學期開始編定各科教學進度，按期實施，分段測驗，以期完成預定之學業水準。

本校教室之一角

入學手續

(一)資格(1)凡品行端正，身心健全，年齡相當，有志求學之男女學生，具有各該級學歷，或相當程度者，均可到校報名投考，經試驗後量其程度，分別編級入學。

(2)凡攜有經本校承認之學校畢業，修業，或轉學證書者，得由本校酌予免試編級入學。

(3)借讀生有原校借讀證或足以證明之文件，得按照原級入學

(二)報名(1)到本校塡具報名單，以便編號考驗。

(2)繳交報名費一元(取錄與否，概不發還)

女校戲劇隊

補充戰時教材——本校教學目標，除依照部頒「中學法」所規定外，更爲適應抗戰建國時期之需要，特於課程支配上酌量補充戰時教材，使學生對於復興民族，保衛中華之認識與知能有充份之訓練，以備爲國儲材，建設祖國。

管訓方面：

實行導師制——本校素重德智體羣美五育兼備之「人格教育」，對於學生之管訓，特別注意，除教室教學外，學生之思想言行，務使常得教師薰陶啓迪之機會，每級有級主任，主理該級事務，並將全校學生分爲若干小組，每組約十人至十五人，以教職員一人爲導師，以督促領導各生品學上之進修。

家庭聯絡——本校學生每人有「學生手冊」一本，每星期由級主任負責檢核一次，將各生在校情形，各項通訊，考試成績，報告家長，必要時舉行家庭訪問，以謀學校與家庭之聯絡。

精神訓練——利用週會，早會，升旗禮等時間由教職員或約請各界名流學者主講各項與青年有關之問題，使學生瞭然於自身責任與處世接物立己達人之道，以勵其志氣，涵養其德性，增進其智能，並了解抗戰建國期間個人應盡之義務及應有之努力。

(下文轉入第七版)

（3）繳交二寸半身相片一張。

（4）報名及考驗地點均在男女本校。

（三）入學　各生取錄後須即到本校遵章清繳各費，方得註冊上課

納費　全年費用分兩學期繳交，每次於開學日前交足，茲將各級應繳各費列表如下：

各級學費表　（均以港幣算）

學級		高級中學	初級中學	小學五六年級	小學三四年級	小學一二年級	幼稚園
男校	學費	八十元	六十四元	五十四元	四十六元	三十八元	三十元
	堂費	十元	十元	六元	六元	六元	六元
	全年合計	九十元	七十四元	六十元	五十二元	四十四元	三十六元
女校	學費	七十四元	六十四元	五十元	四十元	三十六元	三十元
	堂費	六元	六元	六元	六元	六元	六元
	全年合計	八十元	七十元	五十六元	四十六元	四十二元	三十六元

各級學費分上下兩學期繳納，堂費則在入學時一次交清。
高中部初中部每學期交理化實驗費五元。
本校代學生自治會征收每學期會費一元，圖書費一元。
高初中及小學部每學期交體育費二元，其餘講義等雜費一概免收。
附則：本校期望來學者有始有終，以完成學業，若中途退學，或被斥退者，所繳一切費用，概不發還。

膳宿——遠道來學之男女生，如欲寄宿者，可到本校校務處接洽。
如欲搭午膳，每月一餐，每學期繳費二拾元。

制服——本校學生須一律穿着本校所定之校服，男校學生於冬季用灰色土布，夏季用黃斜童軍服裝。女校學生於冬季用藍色夏季用白色土布制服。中學生穿裙衫，小學生穿衫褲。該項制服須在衫衿上繡有校徽，入學時由學校代辦，以昭劃一。

畢業——高級中學三年、初級中學三年、小學六年、幼稚園二年、修業期滿會考成績及格，由學校呈廣東教育廳或僑務委員會發給畢業證書。

開學日期——全學年分上下兩學期，上學期每年九月開始，第二學期二月開始

創辦校董　李明揚

校董

朱家驊　梁寒操　周啓剛　陳其尤　林泉和　岑光樾
葉恭綽　陳樹人　孫科　陳春圃　鄧龍堅　李耀漢
林承芬　余仕榮　陳符祥　黃新彥　胡文虎　黃叔平
傅秉常　周埈年　郭幼廷　李星衢　吳東垣　鍾佐廷
陳繼承　羅文錦　趙峻堯　陳公博　鄧雲梯　胡繼賢
蔣伯誠　王均　錢大鈞　夏斗寅　吳鐵城　馮節

贊助人

陸藹雲　謝瀛洲　張治中　陳調元　周佛海　臧德燕
李尚銘　馮秉芬　黃麟書　黃紹雄　楊虎城　葉蓬
陳克文　熊式輝　上官雲相　陳兆采　卓仁機　劉少巖
顧祝同　王懋功　唐生智　屈冰秋　孫衡甫　郭顯宏
卓叔和　莫璇

顧問

王雲五　程雪門　吳大猷　潘子修　曹炎申　梁謙武
陳德榮　劉秉鈞　劉子濬　陳香伯　呂鑑周　曾靖侯
蔡慧一　陳香泉　鍾桂臣　高劍父　葉貴松　容漱石
張坤儀　杜其章　謝朗超　李偉才　高錫威　羅燦興
陳秀平　李樹祺　梁兆安　林子峯　孫潤璣　歐翰鏗
戴翰琛　李祖佑　施文蔚　郭鳳軒　鄧大光　楊漸逵
程慶暉　馬小進　趙不波　趙澤堯

男校校長　陳鐵一　　女校校長　吳敏嫻

六（丁）

本校理化室

（接第五版）

課外活動——課外活動之目的，在使學生獲得公民訓練，及服務社會之智能，利用課外時間，自動組織集團生活，以發展其個性及活動能力，補正課之不足，故本校學生組織團體多種：如各級級會學生自治會，籃球隊，絨球隊，歌詠隊，戲劇隊等，均能在教職員指導之下，舉辦各種訓練及社會服務事業。

體育及童軍訓練——體育爲本校素所注重，訓練方式，力求普遍化，軍事化，科學化，對於運動場所，器械設備，豐富完善，務使每一學生均有發展其體格之機會。至童軍訓練，本校於民廿四年已有女童軍之組織，爲全港之首，組織以來，服務精神，深得社會人士之讚許，今後更擬大加擴充，除充實生活上必需之技能外，更造就戰時服務之專門技術，以應國家之需要

設備方面：

校舍——本校面積三萬尺爲三合土建築之大洋樓一座，樓高五層，全港在目，校園樹木繁茂，風景幽雅，遠離塵囂，空氣清新，爲青年人發展身心最適宜之地。

教室——各級教室，採光換氣，極合衞生，設色和諧，無一不合進修之條件。

圖書館——本校圖書，現經備者凡二萬餘冊，類別包括中外古今名著叢書文庫雜誌報章，爲本港學校中不易多得之圖書館。

儀器標本室——物理化學最重實驗，本校設備理化儀器藥物千數百種，動植礦物標本數千種，以供學生分組實驗，及參考研究，更蒙管理中英庚款董事會，贈送大批理化儀品，故設備甚爲豐富。

運動場——本校設有運動場兩所，可容四百餘人之用，內設：籃球網球排球及壘球場所，又雙槓木馬跳箱爬梯繩子等器械，鍛鍊學生體格，使有普遍平均之發展，

禮堂——本校禮堂莊嚴宏敞，舉凡週會集會精神訓練，學術演講，游藝表演，均以禮堂爲訓練之中心場所，使學生有進修之良好環境。

本校圖書館之一角

梅芳男女中學校路線圖

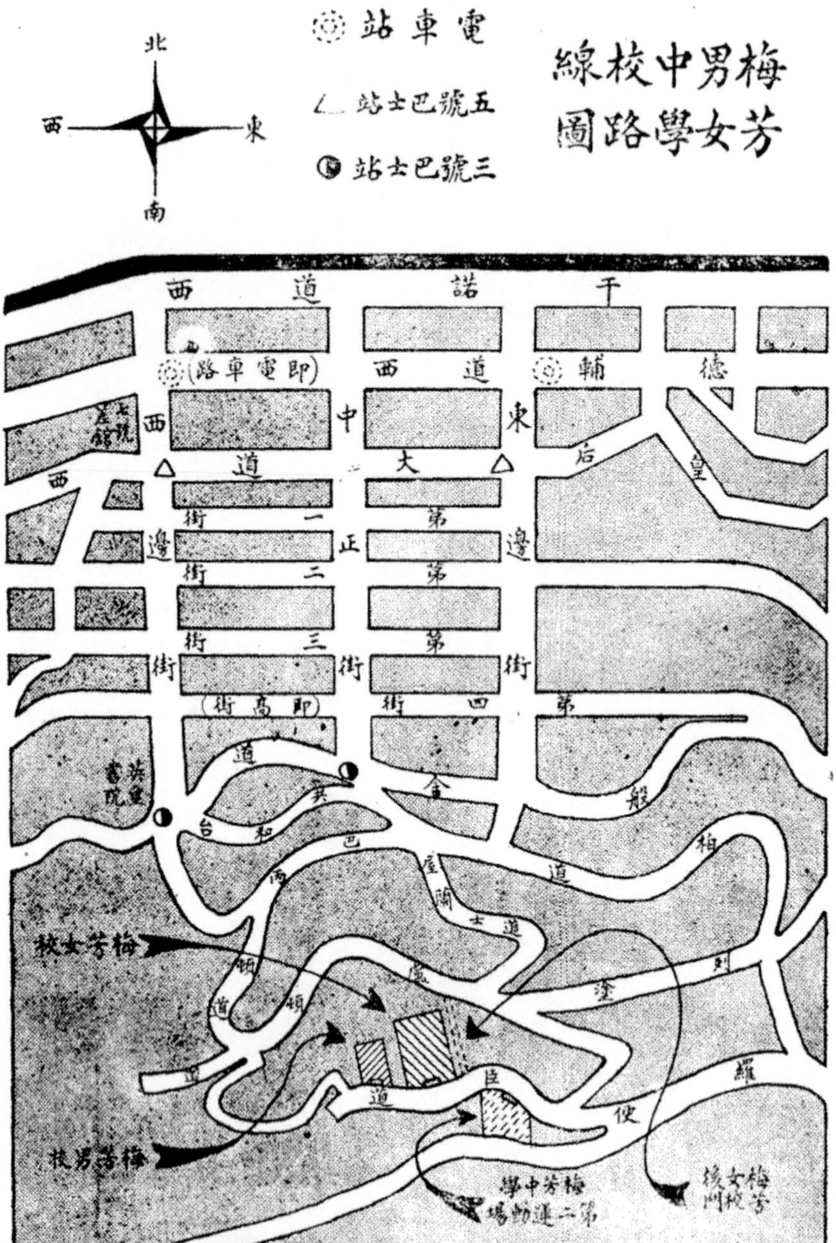

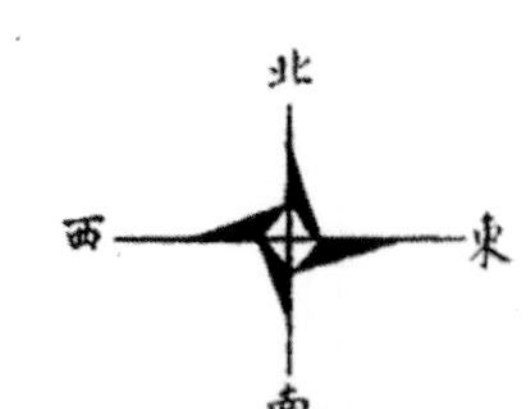

電車站

五號巴士站

三號巴士站

醫藥——本校對於學生之健康，甚爲注意，校內環境設備，起居飲食務求適合衛生爲原則，並聘校醫二員，於每學期檢驗學生體格一次，及隨時來校診症，有救護隊之組織，醫藥室之設備，以保學生之安全。

五　獎學

本校爲紀念革命先烈學校，對於獎勵及扶助品學兼優有志上進，或家境清貧財力不足青年，極爲注意，故特設各種免費學額及獎學金，凡新舊生轉學生借讀生，有上述情形者均得按照規定享受，茲將類別列下：

(一)獎學金——此種獎學金原爲獎勵在本校各年級修業一學年以上，品學兼優，學年考試

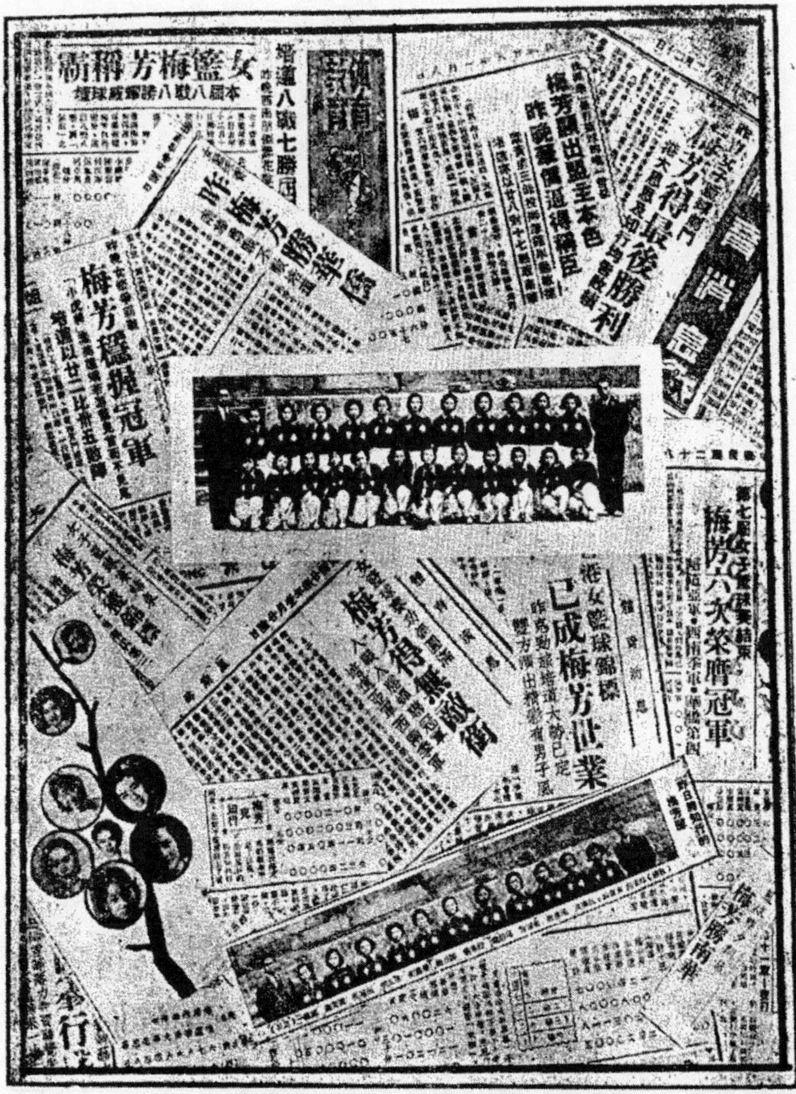

本年度全港第七屆女子公開籃球賽

本校蟬聯六屆冠軍隊員名錄

結束後獎每級最優等之四名各學生享受，受獎者得免費或減費之優待，玆將現年設置獎學金如下：

各級第一名獎一學年學費之半數，第二三四名獎一學年學費四份之一。

(二)免費學額——此種學額乃爲品學兼優，有志繼續學業而家境淸貧，財力不足之學生而設，凡具下述情形者，均得於每年二月或九月開學之前一個月具有相當證明文件塡具禀請書(禀請書可到本校索取)交本校校務委員會審核决定，惟該學額有規定數目，如已額滿，則停止接受。

(三)聯校保荐生獎學金——此種獎學金係爲獎勵與本校聯絡之小學及初中之優等畢業生而設，凡與本校聯絡之小學及初中每年均得由該校校長在畢業男女生中品學最優之三名內推荐免試入學，並領受免費學額，其優待辦法如下：

(甲)凡小學或初中畢業考試成績列入第一名者得送入本校初中一或高中一肄業，贈送一學年學費之半數。

(乙)第二三名贈送一學年學費四份之一。

(丙)其餘優等生由聯校校長保送來校肄業者均酌量通融辦理。

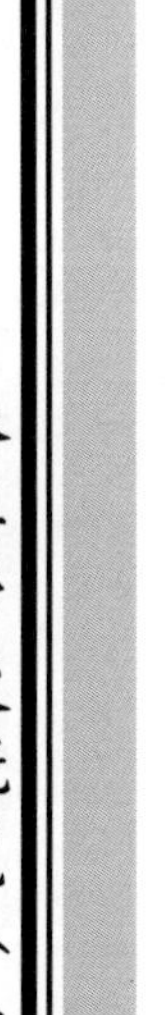

仿林女子中學辦理概況

一　校史

仿林中學在本港有十餘年悠久之歷史，學生遞年有加，國難作後，國人僑港日衆，青年學子，來校請求入學者更紛至踏來，校董會以原有班額，只敷容男生，一般女性青年，尚在向隅，殊未足以言兼收並蓄，有教無類，因公決開辦女子中學，用廣收容，値瑞雲由海外抵此，猥承校董會不以愚昧見棄，責以主持女子中學，瑞雲固辭不獲，遂勉任艱巨，嘗以跑馬地鳳輝台環境幽靜，地位適中，頗合學子藏修之處，乃擇定該號第十一，十二號洋房，用作校舍，本校遂於廿八年春成立，先後奉本港教育司及國民政府教育部暨中央僑務會核准註冊或立案。

二　行政組織

本校設監督一人，校長商承監督爲行政首腦，校長之下設教務訓育事務三部，每部設主任一人，秉承校長處理部務。又高中師範部，高中部，初中部，小學部各級主任一人，均在校長直屬下處理各該部行政。

叁　班級編制

本校原有高中普通科一年級一班，初中一二三年級各一班，完全小學六班，幼稚園二班，近奉教育部核准增設高中師範科，定在廿八年度上學期開始辦理，至圖工樂體藝術師範科亦決定同時開設，本校第一學期學生現有二百一十四人，各級編制均遵照部章辦理。

四　教務

本校各級課程均遵照部定標準，其關於抗戰教材及爲本港環境需要者亦

本校校景

儘量補充，以期適應目前環境。至各科教學法，中學以上採用教學做新教授法，中學以下採用啓發式自學輔導法，各教職員均屬國內各級公私立學校負有時譽之人員，在辦學經驗，固有悠久之歷史，在教學知能，亦有相當修養。本校為提高教學效率起見，特於學期開始，召開教導會議，討論各科教學中心問題，編定各科教學進度表以資根據。

本校體育場

五　訓育

本校訓練目標，依照中華民國教育宗旨，以激發學生之民族精神，發揚我國忠孝，仁愛，信義，和平之固有美德，勵行禮義廉恥之新生活，以期培植健全優秀之公民及師範為鵠的。至訓育原則：(一)力求訓教合一，(二)力求知行合一，(三)力求以學生為本位，(四)力求與家庭聯絡，(五)力求與社會聯絡，(六)注重積極指導。在組織上，教師方面，有訓育委員會，學生方面，有各級級會及全校學生自治會。至於實施方法，則環境佈置，集體訓練，個別訓練，課餘指導，家庭聯絡，社會聯絡六項。吾人依照既定方案，分別施行，復訂定懲獎標準，攷績辦法，以完成訓育之最大任務。

六　設備

本校設備，可分下列各項：

一・校舍　本校有課室九，教務室一，會客室一，休息室一，圖書室一，保健室一，體育場一，遊戲場一。

（附校舍外觀影片——見第十頁）

二・圖書室　本圖書室現有四部備要，中學生叢書，小學生文庫，小朋友文庫，及其他雜誌書報共五千餘冊。本校為力求充實圖書起見，近經添定多量書報，下學期開始，當有一翻新氣象也。

三・保健室　該室設有檢驗體格之各種儀器及救急藥品等。

四・體育場　該場設有排球架，籃球架，沙池，跑徑，鐵餅，鐵矛等。

（附該場照片——見本頁）

五・遊戲場　該場設有滑梯，浪橋，軒輊板，搖搖椅，及乒乓球檯等。

（附該場照片——見第十二頁）

六・中小學教具　各科教學儀器，各種掛圖，算術教具，體育教具，音樂教具，勞作教具，均有相當設置。

七・幼稚園教具　希氏大積及各種玩具恩物，幼童圖書等均有相當設備。

七　附招生簡章

仿林女子中學暨小學幼稚園部招生簡章

▲奉中國教育部令第〇一二七八一號特准
香港教育司認可設立高中師範科

中國教育部立案
香港教育司註冊

一　宗旨　實施德智體羣美之訓練，及禮義廉恥之薰陶，以養成健全優秀之公民及小學師資。

二　學制　遵照教育部頒佈學制辦理。除分設高級中學（內分師範科及普通科）初級中學，小學，幼稚園四部外，并設圖工樂體藝術師範科，以應環境需要。修業期限：高初級中學各三年（高中師範科同）藝術師範科一年，小學六年，幼稚園兩年。

三　課程　遵照部頒標準及香港教育司規定而編配，與國內學校課程完全銜接。分別列舉如次：

甲　高中課程：公民，體育，國文（讀本，古今文選，詩詞，經學，作文，字學）英文，論理，算學，生物學，物理，化學，本國歷史，外國歷史，本國地理，外國地理，圖畫，音樂，教育概論，教育史，教育心理，小學行政，教育測驗及統計，小學教材及各科教學法（普通科，師範科，藝術師範科，課程均遵照中國教育部規定分配）

乙　初中課程：公民，體育，國文（讀本，古今文選，詩詞，經學，作文，字學）英文，算學，自然，（生理衛生，植物，動物，物理，化學），歷史，地理，勞作，圖畫，音樂。

丙　小學課程：公民，國文（讀本，古今文選，詩詞，經學，作文，字學，尺牘）體育，英文，算術，國語，常識，（衛生，自然，歷史，地理）故事，勞作，圖畫，音樂。

本校幼稚園遊樂場

丁　幼稚園課程：音樂，勞作，故事，社會自然，衞生，恩物，遊戲，識數，讀法，習字，認字，（體察兒童智力，酌授學科）

四　招生　本學期招高中師範科，高中普通科，初級中學，小學，幼稚園各部第一年級新生各一班，藝術師範科新生各一班，各部各級轉學生，借讀生。凡身體健全，品行良好，學齡相當者，得按照下列標準分別投考。

甲　曾在立案學校初中畢業或具有相當程度者，得投考高中普通科一年級。

乙　曾在立案學校初級中學或同等學校畢業者，得投考高中師範科第一年級或藝術師範科。

本校各級學生應繳各費表

部別	學費	堂費	體育費	圖書費	實驗費	合計
高中	三十四元	六元	二元	三元	四元	四十九元
初中	二十六元	六元	二元	二元	三元	三十九元
小學後期	二十元	六元	二元	一元		二十九元
小學前期	十七元	六元	一元	一元		二十五元
幼稚園	十八元	四元	一元			二十三元

丙　曾在小學畢業或具有相當程度者，得投考初中一年級。

丁　曾在曾在幼稚園畢業或具有相當程度者　，得投考小學第一年級。

戊　年齡滿四歲者，得投考幼稚園第一年級

己　持有轉學證件，或原校成績證者，得投考本校各相當部級爲轉學生或借讀生。

五　報名　由二十八年七月十六日起，開始報名，報名時須攜備證明文件（如畢業證書，成績證等；未備者，可具理由聲請補繳或免繳。）最近二寸半身相兩張，報名費中學一元，小學及幼稚園五角（入學與否概不發還）依式填具報名表，聽候試驗。

六　考試　廿八年八月一日上午九時舉行第一次入學考試，八月廿三日上午九時舉行第二次入學考試。考試科目如左：

甲　中學部：國文，英文，算學，理化史地，口試（藝術師範科加考圖畫，手工，音樂，體育。）

乙　小學部：國文，算術，常識，口試，（四年級起加考英文）

丙　幼稚園：智力測驗，口試。

七　入學　凡學生取錄後，須於五日內繳費註冊，並領取上課證，聽候編班上課。

八　開課　二十八年九月一日開課。

九　獎勵　甲　凡入學試驗或學期試驗成績中國文英文算學三科積分各在八十五分以上者，總平均分亦在八十五分以上者免收學費，但學期試驗其操行成績並須列入甲等。

乙　每學期舉行各項學術比賽，其成績優異者，發給獎品獎狀，或酌減其學費。

十　待遇　甲　凡高中普通科，高中師範科，或藝術師範科畢業者，本校擇尤留校任用，並負責介紹國內各學校或各社團服務。

乙　暑期補習各班結業時，如考試成績及格者，得免試分別升入各部各級。

十一　費用　各部級學生每學期應繳費用，詳列附表。繳費後，無論自動退學或犯規斥退，均不發還。

十二　膳宿　遠道來學，無住宿及膳食之所者，本校代爲辦理，費用從廉。

董事長　傅秉常　監督　金曾澄　校長　江瑞雲

九龍分校校景

仿林中學九龍分校概況

學校爲人才所自出，教育乃立國之本源，甚矣學校教育之急宜推廣也。溯自我國發動全面抗戰以還，持久制勝，爲政府當局之決策。持久之道，固在於物力之補充，尤重乎人才之培植；要知×人此次之侵略行爲，不特謀傾覆我整個國家，更欲消滅我固有之文化；對於一切教育機關，務加摧毀，知識份子，盡予傷殘，遂使億萬之青年學子，失所憑依，流亡異域，倘不予以相當救濟，豈獨影響其個人成功；抑亦關係國家之興亡也。

本校有見及此，爰於去年夏間，有九龍分校之增設，一以廣收內地來港之學童，俾其繼續研求，而免中輟，一以協助港僑之教育事業，務令普遍推行，稍盡棉薄，故課程編配，悉遵部頒課程標準及廣東教育廳頒佈之各項公令施教，使與內地各校課程，互相連接，而於戰時教育，亦酌量環境情形，按步實施，以加強民族意識，而激發愛國精神，使學生一本讀書不忘救國，救國不忘讀書之旨。

本分校除分設男女中學外，並附設小學部，各級均採用單式分班教授，概與內地學校之設施相同，但係秋季始業，以便其他省之升學或轉學，茲將各部工作略述於下

(一)教務　本校爲求德智體群美五育之平衡發展，對於教務與訓育，切實聯合，藉收教訓合一之效，每級分設主任一人，以負指導該級學生身心修養及注意其學業進度之責，所有各項學科，分別聘有專任教員，以提高教學之效率。而於課外作業及寫日記等，尤爲注意指導與督促，以養成其自學之精神。

(二)訓育　人格爲立身之基，有偉大之人格，始能創偉大之事業，故人格訓練，尤重乎智能之灌輸，本校訓育實施原則，小學特重情愛感化，中學則不僅注意消極之個別制裁，而兼重積極之團體訓練，換言之，即

不僅嚴定賞罰，而重在啓發其良知良能，其實施概況，可分述如下：

甲、每星期一舉行紀念週，以激發學生之革命精神，而灌輸黨化教育。又每早上課之前，先集全體學生于禮堂上舉行升旗禮，禮畢，隨由值日教員報告中外時事，使學生明瞭抗戰建國之情形及國際大勢，俾其明瞭中樞對於國家之政治軍事行政，有正確之認識，報告畢及全體朗誦將委員長訓定之青年守則，並高唱愛國歌曲，以激勵其雪恥圖強之精神，及養成紀律嚴肅之習慣。

乙、指導學生自治並鼓勵其作有益之課外活動，目前在學生自治會之下計組有(一)各級級友會(二)壁報(三)讀報社(四)讀書會(五)歌詠團(六)跳舞會(七)戲劇隊(八)口琴隊(九)旅行團(十)參觀團(十一)小足球隊(十二)男女籃球隊(十三)排球隊(十四)田徑隊(十五)話劇社(十六)演講會(十七)防空訓練等組織，

(三)體育　本校對於體育，備極注意，每晨七時，全體學生於校前之運動場舉行柔軟體操三十分鐘，其餘各項運動，極力提倡，體育用具，設備完善，又設有游泳帳幕，每於星期六日兩日，由體育主任領導學生前往海濱作海水浴及日光浴，以鍛鍊體魄。

(四)圖書館　本校設有圖書館，購備一切應用圖書，以供學生閱覽，而養成讀書之興趣與風氣。

以上所舉，乃本校施教與設備之大略，茲並將簡章附後：

國民政府教育部立案
中央僑務委員會立案
香港教育司註冊

仿林中學九龍分校招男女生簡章

校址：九龍城公園道二號男中部、小學部　四號女中部　電話：五〇一〇六

(一)宗　旨：實施德智體群美五育之訓練促進禮義廉恥之新生活運動以養成健全人格之公民並充份培養青年之智識技能為升國學內從事職業之準備

(二)學　制：遵照教育部頒行學制辦理分設高中初中小學修業期限高中初中各為三年小學六年

(三)課　程：遵照教育部頒行課程標準　並斟酌地方實際需要情形加修應用學科以為編配

(四)招插班生：高中一二三初中一二三小學各級均招轉學及借讀插班生

(五)投考資格：(甲)中學—有畢業證書或轉學借讀證明文件及相當程度者
(乙)小學—得按照程度編級入學

(六)入學手續：(甲)新生報名費一元(取錄後在學費內扣除不來學者不發還)
(乙)凡學生入學繳費註冊後須即領取上課證及校章

(七)每學期費用：(即半年)

級別	學費	堂費	圖書費	體育費	合計
高中	四拾元	叁元	二元	壹元	四拾六元
初中	二拾六元	叁元	一元	壹元	叁拾壹元
小學五六	壹拾柒元	二元五角	五角	五毫	二拾元零五角
小學三四	壹拾伍元	二元五角	五角	五毫	壹拾八元五角
小學一二	壹拾三元	二元五角	五角	五毫	壹拾六元五角

附註：上列各費須于上課前清繳如中途退學或被開除學籍學者所繳各費例不發還

(八)制　服：每日上課均須穿制服男中生灰布中山裝女生夏季白衫藍裙冬季淺灰

(九)上課時間：每日上午八時至十二時下午一時至三時

香港中學附設小學幼稚園概況

開辦經過及沿革

民廿七年秋由熱心華僑教育同志朱法雨，陳躍雲，李龍啓，梁社煥，鄭翰詢，古應熙，李智婉，潘宛如，馬功武，陳日昭，李智娟等，深感海外華僑學校，以小學佔多數，較爲完善之中學尚不多見，同人等有見及此，爰於香港創一完善之中小學，以謀補救，並得教育界先進鄒洪年，金曾澄，陳炳權，何劍吾，雷沛鴻，鍾榮光，譚維漢，陳夢國等之贊成，復得華僑殷商李星衢，鄭幹生，李朗如，潘桑佳等之贊助，及僑務行政長官周啓剛，蕭吉珊，王志遠等之指導，遂組織校董會，着手籌備，捐得開辦費五千元，租公爵街十四號爲校舍，公舉法雨爲校長，主持校務，購置圖書儀器，廣闢運動場及校園，聘請富有教育經驗者爲教員，於民廿七年秋辦理招生，并得熱心教育之僑商捐叁萬元爲學校基金，設免費學額，救濟戰區失學及華僑生，開辦未及一年，而學生達二百餘人，現已呈准教育部及僑務委員會立案，並經香港教育司註册，現正擴充校舍，校務日有進展，此學校開辦之經過也。

行政組織及編制

本校遵教育部及僑務委員會頒佈之僑民中小學規程組織之，其編制依照我國現行學制，分高初中各三年，小學六年，幼稚園二年。本校行政設校長一人，下設秘書處，教務部，訓育部，事務部，體育部，圖書館，高中部，初中部，小學部，幼稚園各設主任一人，並於各級設級主任一人，負責該班訓導。關於舍務更設舍務主任，管理上採導師制以收教訓合一之效，并符教育部勵行導師制之令也。

設備概況

（一）花園校園之設備：本校校舍優美，空氣清爽，四週環以草地花圃，茂林修竹，甚適宜於讀書之環境。

（二）遊戲場及球場之設備：本校爲適應學生之遊戲運動，特設有遊戲場，鞦韆架，滑梯，搖搖板，及籃排球場，乒乓桌，使學生得以充分活動和遊戲。

（三）圖書儀器教具設備：本校雖然辦理未久，而對於圖書儀器均盡力購置，每學期增加以爲教學及參考之需，而對於幼稚園及小學低年級之各科教具，均設備完整。

（四）設拾遺箱及紅十字藥品箱：設拾遺箱使養成道不拾遺之校風，設十字箱使學生練習救護及救傷之知能。

教務概況

本校關於教導和管理方面同時注重，以期培養有用青年，以爲升學就業之準備，故此勵行導師制，注重人格感化，養成高尙道德，指導補習學科，提高基本程度，採用國語教授。學校開學以來，均本此爲教育方針，根據最新教育原理，實行五育并重，以期發展華僑教育，造就抗戰建國之實用人材，以符抗戰教育之原則。茲將教務概況述後：

（一）設各科學藝競賽：本校於每學期中必舉行各科學藝比賽，（1）國文比賽　本學期得獲獎者，計有崔貽炘，周維邦，鄭任安，黃智

本校校長于學校紀念週之訓話

生，譚鑑彬，陳堉貞，羅裕賜，朱怡安等，（2）圖畫比賽，獲獎者有周維邦，黎湛燊，黃蔭强，譚鑑彬，陸啓勝，朱theta安等。其餘各科比賽均有分別舉行。

（二）考核學生成績：依據學校行政所分別舉行第一次之小考，第二次小考，又經於六月廿九起舉行學期試驗，認眞考核各級學生成績，其成績優良者經學校特別獎勵，其成績較劣者則利用暑期令其一律回校補習功課，以求各班之學業程度相平衡，至計分法則依照粤教育廳規定平時成績佔百分之六十，學期成績佔百分之四十。

（三）注重彈性制補習：高初中及小學之英文算學國文等科，其程度較差者，特於課餘另設各組分科補習，以符進度之水準。

本校校舍圖

（四）注重國語講授：本校華僑學生固多，而國內各省之學生亦不少，在民族統一之下，應以標準國語教授，本校對此均極注重。

（五）特設學術講座：本校於每學期必選請各大學教授學術專家及社會名流，作有系統之公開演講，以增加其對於學術研究之興趣，計本學期舉行學術講座者有六次。

（1）二月廿八日聘請 前綫歸來之將領伍澤霖先生講華南抗戰實況。

（2）三月二十日聘請 巴黎航空學院畢業黎賢鼎先生講戰時航空問題

（3）三月卅一日聘請教 育學博士譚維漢先生講戰時靑年問題

（4）四月十五日聘請廣 東教育廳督 導員郭錦洪先生講海南島抗戰經過

（5）五月十三日聘請廣州 大學教授 梁式文先生講戰時經濟問題

（6）六月七日聘請英語專家 許貫之 先生講中英語音之比較

（六）注意家庭聯絡：臨時考察學生缺席及作業狀況，每次小考及學期成績必報告學生家長，且調査學生在家庭之生活狀況，并歡迎學生家長隨時到校座談或參觀及諮詢，務求學校與家庭打成一片，以收教育之效能。

訓育概況

本校實施訓導制，勵行管教合一之效，注意民族道德教育，以養成健全之人格，使其效忠黨國，努力勞働服務，並使學生習得社會生活必需之知能以及組織能力，治事方法，爲社會服務之準備，及使學生明瞭人生之意義，發展其自覺心，維繫其道德，發展其個性，以確定其人生觀，並養成其對於復興民族之正確認識與責任。當茲抗戰建國時代，教育所負的責任更爲重要，是以本校訓育方針，爲適應時代之需求，除根據三民主義之教育調導靑年外，還隨時灌輸科學之抗建知識，務使靑年學生在此偉大時代，能成爲抗戰建國人材，茲將本校訓育概況簡述於下：

（一）釐定訓育週及訓練目標：爲著便利訓導學生起見，將本學期週分爲十八週，確定每週訓育中心，於每週星期一舉行總理紀念週時宣布實行，并規定訓育標準，作爲考核學生操行成績之根據，計分奮鬬週，自治週，禮儀週，秩序週，勤勉週，服務週，運動週，樂羣週，鍊獎週，責任週，愛國週，勇敢週，活潑週，儉樸週，互助

本校運動場

本校游戲場

週，衛生週，公德週，反省週等，每週根據訓育標準，通知全校各教員之教學及行檢，均以本週所定訓育目標為根據，以收管教合一之效。

（二）舉行早會及精神訓話：早會舉行升旗禮，早操，及對全體學生精神訓話，此外各班規定每週精神訓話兩次，以灌輸民族精神和愛國觀念，至於個別訓導，則於必要時舉行之。

（三）指導學生自治及組織班會：本部指導學生組織自治會養成共自律之精神，本學期之職員：主席區淵鑾，副主席黃世興，文書周維邦，學術張頌德，譚德標，理財林士偉，體育李達中等為幹事，負責主持會務，並極力指導各班組織班會，以養成學生自治能力，並由自治會組織風紀隊，維持本校秩序，養成良好校風！

（四）舉行各種課外競賽：本學期除與教務各部舉行作文圖畫書法比賽外，幷分別舉行：講演球類，登山，壁報，清潔，秩序等比賽，利用休閒時間，勵行健康教育。

（五）督導學生課外活動：為引起學生讀書與發表興趣起見，特指導各班有壁報之組織，計有高中二之斌社，高中一炬流社，初中二毅社，初一勵社等壁報。幷領導學生參觀本港各大工廠，如屈臣氏之汽水廠、商務印書館，及鑽石山游泳場，七姊妹各游泳場等。此外指導學生之團體活動，有宿聯團，歌詠隊；劇社，各種球隊之組織，以充實學生生活而養成有團體之精神。

（六）設戰時問題研究會：本校為增進學生抗戰知識起見，特指導學生組織戰時問題研究會，由朱校長法雨，陳博士躍雲，梁主任社煥，李主任龍序，及各教師為指導員，並定期舉行座談會，使學生自由發表意見，指導共解決各問題幷指定參考書作研究之參考。

（七）鼓勵獻金運動：本校為養成學生愛國熱誠起見，特舉行一仙運動，及「五三」「五九」等獻金，由學生會將該款寄匯國民政府財政部收領，以資救濟傷兵及難民。

（八）舉行防疫注射：本校極注意學生之身體健康，及預防疾病傳染，故本學期除由校醫梁金齡醫生來校個別注射外，復請聖約翰救傷隊醫生，及九龍醫院注射防疫針等，以保全學生之健康。

（九）舉行美術展覽會：本校為發揚我國民族文化引起學生藝術興趣起見，特於二月舉行美術展覽會，由鄭翰詢先生負責徵集梅齊主人之寶藏，及鄧又同先生之曲園墨蹟當時計有仇十洲之十八羅漢手卷，東坡手卷，及黎二樵之手卷等，均極名貴，香港中西士女來校參觀，甚為擠擁，極一時之盛。

（十）勵行服裝整齊，舉行清潔秩序檢查：本校員生規定穿着制服，以資劃一，每日舉行清潔教室及秩序檢查，以使秩序井然。

本校遊戲場

教育部
僑務委員會 呈 香港教育司
廣東教育廳 立案

公私立大學教授主辦

香港中學附設小學幼稚園招生簡章

各級轉學生借讀生戰區生難僑生特訂優待辦法

校址：九龍塘口公主街十四號　電話：五八五七三

班級：本校學額二百五十名分別招收各級男女新生轉學生借讀生十二歲以上各級女生另行分班編級教授

入學資格：（甲）凡品端體健年齡相當具有各級相當程度者均得報名投考入學如有相當證明得准免試編級入學

報名手續：（一）納報名費一元塡交報名表（二）繳四寸相二張

報名日期與地點：即日開始地點本校辦事處

考試日期：八月廿五日

膳費：本校環境優美宿舍雅潔舍務主任校醫保姆等常川駐校嚴密管理膳費每月八元（每日三餐）宿費每月四元半

費用：左列各費以一學期計算入學時一次繳足

級別	學費	堂費	圖書	體育	合計
高中	三十三元	四元	四元	一元	四十二元
初中	二十六元	四元	四元	一元	三十五元
高小	二十三元	四元	二元	一元	三十元
初小	二十一元	四元	二元	一元	二十八元
幼稚園	十八元	八元			二十六元

另代收學生自治會費一元學校保證金五元畢業時發還戰區生轉學生借讀生免收

入學手續：（一）憑報名單核驗證件如准免試即按程度編班（二）繳二寸半身相片兩張塡寫保證書及志願書（三）繳淸應納各費憑繳費收據到教務處註册領取上課證

開學日期：九月一日

另設暑期專修班：指導升學補習學科

招生日期：繼續招生隨到隨考

學費：高中組四元初中組三元小學組幼稚組二元

特訂優待辦法：（一）入暑期專修班者得免試秋季入學
（二）暑期入學者得往荔枝角本校特約游泳場免費游泳
（三）成績優異者依章酌免學費
（四）本校畢業者得直接介紹升入國內外大學優先取錄
（五）設特別班替華僑生補習

校長朱法雨

九十（丁）

教員一覽表

朱法爾　日本九州帝國大學研究院畢業國立中山大學研究院教育研究所籌備教育研究員曾任省立　勷大學廣州大學教育科教授本校校長

陳躍雲　法國巴黎大學社會學博士曾任廣州大學教授本校秘書長

李龍啓　日本東京帝國大學研究院畢業日本早稻田大學研究員歷任台山縣立中學教員廣州大學教育學系教授本校教務主任

梁社煥　日本早稻田大學研究院畢業東北帝國大學研究院研究員國立暨南大學政治學士歷任本校訓育主任

古應熙　廣州大學教育學士現任本校事務主任兼小學主任教員

鄭翰詢　廣州大學教育學士市立卅三小學主任教員廣州市社會局特派各省教育考察員現任本校校董會財務主任兼體育主任及教員

馬功武　上海復旦大學教育學士歷任南京市立中校教員本校高中部主任

潘宛如　蘇州東吳大學社會學學士歷任上海市立中學教員本校初中部主任

李智婉　蘇州東吳大學社會學學士歷任廣州市立中學教員本校中學教員兼附小主任

余淑英　廣州大學文學士曾任廣州惠愛中學饒平縣立中學教員

李智娟　廣州大學畢業歷任廣州惠愛中學主任教員本校會計主任兼附小主任教員

陳日昭　廣東立省立勷勤大學畢業本校主任教員兼圖書館主任

雷萃强　上海復旦大學畢業曾任廣州市立中學主任教員本校主任教員

黃媛卿　國立暨南大學教育系畢業歷任星加坡華僑女中教務主任本校附小教員

黃玉燕　廣州大學教育學士曾任廣州市市立十七小學主任教員

楊瓊英　廣東省立廣州女子師範學校畢業廣州市立國語講習所畢業歷任市立三十三小學主任教員

黃重漢　上海復旦大學理科學士廣東省立勷勤大學廣州大學數理系助教

黃彬洪　金陵大學農學士台山縣立中學教員

鄧應增　北平國民大學畢業教育部實驗教育訓練班畢業河南省濟法中學教員

盧　勵　廣州大學修業廣州大學附中體育教練

鄭翰球　廣州大學修業

劉恭佑　廣州大學教育學士廣州市立廿五小學教員

雷秀卿　加拿大大學畢業廣州市市立一中主任教員

雷美玉　加拿大音樂學院畢業

特約講師一覽表

文史講座　稈吉霖碩士　美國哥倫比亞大學碩士廣東高等師範教務長

馬小進碩士　美國哥林比亞大學碩士北京大學教授

陳安仁教授　國立中山大學嶺南大學教授

英文講座　朱木祥碩士　美國哈佛大學碩士國立清華大學教授

許予一教授　香港官立皇仁師範科畢業拔萃書院中文主任兼華書院校長

科學講座　藏進清教授　燕京大學文學士中山大學教授星島日報英文編輯

黃　適碩士　美國麻省大學工科碩士中山大學教授

郭偉棠碩士　法國高級工業學院碩士勷勤大學教授

黎國昌博士　法國巴黎大學理科博士中山大學教務長

政治講座　黃卿雲碩士　美國密西根大學政治碩士南京市政府設計委員

經濟講座　鄧　竹碩士　美國紐約大學經濟學碩士勷勤大學教授

社會講座　黎　濛博士　美國巴黎大學社會學博士廣西大學教授珠江報主筆

法律講座　何炳棣博士　美國法律學博士國立中山大學國立法科學院教授

哲學講座　祝百英博士　美國加省大學博士國立中山大學哲學系主任

藝術講座　朱淑賢學士　美國彼烈藝術學院文學士廣西大學教授

劉春蕪學士　美國音樂專科學院畢業嶺南大學文學士

校醫西醫　梁金齡醫生　香港大學醫科學士香港註冊醫生

西　醫　陳錫允西醫　日本慈惠醫科大學畢業醫學博士香港註冊醫生

校　董　李星衢　鄭洪年　金曾澄　周啟剛　李朗如　潘亮佳　譚維漢　雷沛鴻　陳炳權　王志遠　陳夢周　蕭吉珊　鍾榮光　鄭幹生　何劍吾

香港私立中南中學概況

甲、校務一切概述

班額 中南中學（原名中南書院）于民國廿年秋創立，分高中，初中及附屬高小等級，俱遵照僑民中學規程，復參酌地方需要，以爲辦理標準，同時附設英文深造班。近可以投考香港及國內大學，遠亦能投考英美諸大學。

成績 自民國廿一年以來高中叁學生投考港大者，成績甚佳，尤以民廿一年度爲最，是年成績可稱開香港私立中學從來未有之紀錄。自向中央政府立案以後，仍然繼續保送學生投考港大。

升學 民廿二年春該校與國內各大學聯絡，因此學生欲升學國內者，更感利便，如滬江光華等大學均盡量收容該校學生。

民廿叁年該校首次與當地政府教育司磋商保送高中三學生應考劍橋大學高級試由總視學官作監考人，假教育司署爲考試地點試卷直寄英國劍橋大學審閱，及格則由劍橋大學給予文憑，該校畢業生黃劍開于民叁年入倫敦大學，黃新民入英國格拉斯哥大學，以後若學生有同樣之請求，該校每年均可舉行也。至於升學國內大學者實指不勝數，其中經已大學畢業者亦有多人，所升大學如：粵中山大學，嶺南大學，國民大學，勷勤大學，滬滬江大學，平民國大學，京中央大學，東吳大學，香港大學，閩廈門大學，英國倫敦大學等。

教育設施

該校宗旨，欲養成學生良好品行，優越學識，既可升學深造，退能出而任職謀生。初中以下各級採級主任制，高中以上採分科主任制，俾教員各盡所長，易于管教，四育之中首重德智二育，體育羣育視爲次要，功課教授，極爲認眞，毛不苟且，而對於學生課外活動，亦盡量增加云。

科學設備

本校設有完備理化實驗室．物理化學分爲兩獨立科目，購置聲光熱電力等各種物理實驗儀器甚多，足供高中各級每年四十次實驗之用，化學實驗儀器亦異常豐富。

圖書室

校中圖書室置有大批中西書籍以供學生瀏覽，其中有西書千本及百科全書三套，俱由歐洲直接定購而來。爲不可多得之本。

水陸運動成績

該校極力提倡體育。每年照例加入各種球類公開比賽。又復辦分班比賽及友誼比賽。因香港瀕海，利便水嬉，因而獎勵泳術。歷年水競會練成人才不少。民國廿叁年該校游泳冠軍陳震南被選出席民廿四年遠東運動會，已爲全國著名泳員。

學生團體組織

學生組織級社，隸屬于學生會之下，畢業離校之學生成立舊生會，維持舊生與母校之感情。

華僑教育會員

民廿一年香港華僑教育會成立時，該校即加入爲會員，凡謀校際協辦之事，及一切改良或發展華僑教育之舉，都能與別會員，採劃一步驟進行。

中央政府立案

民國廿五年夏季向教育部暨僑務委員會呈請立案。九月接奉批准公文及發來鈐記。歷年均遵照部頒各令辦理。

乙、創辦沿革

創辦起緣

民國廿年本校校董會諸君，有見及香港除外人所辦採英國制之學校外，其餘由華僑設立者類皆未能完備，爰由諸創辦人中選出鍾維新爲校長，陳棨賢爲教務主任，授以創辦及一切措施之權，鍾陳兩君皆爲香港大學文學士，曾任本港各中學教職多年，熟諳當地情形，經驗豐富，經數月之努力，結果産生今日之中南中學，設址於本港卑利街，依當時習慣，定名中南書院。

因宗旨與原則勝於他校，深得僑民信仰，學生加入初中三年級及高中三年級甚衆，所聘教員均經嚴格審查，故效率大著，兼之該校開辦伊始，即設立理化實驗室，此外體育衛生設備俱皆完善，故甫經開辦而學生踴躍加入。

繼續辦理經過

該校創辦時措施得宜，以後辦理自覺利便，至民國廿一年多投考香港大學成効大見。是年考香港大學入學試學生黃允恭獲榮譽，另有兩名獲兩項優異，而兩名考高級會考試及格。凡此皆屬難能可貴者，又投考港大初級試者十四人，中有九名及格，一名得學有之中文優異，及格成數之高實破各私校之紀錄。至於訓育方面，捨棄「鞭笞之惡習」，養成明恥自重之風，以收潛移默化之效。餘如體育之獎勵，衛生之設施，亦頗辦有成效。是以當地政府派來之視學官，及港大年高望重之布朗教授，蒞頒獎會演講，對於該校深致嘉許，布朗教授且對該校理化實驗室設備多所獻議。該校採其碩劃，科學設備更臻完善。民國廿二年起世界不景氣侵襲香港，各業均感困難，教育界間接大受影響，然該校以苦幹精神，對於校務進行努力不懈。民廿二年全港學校籃球聯賽，該校獲初級亞軍。上屆該校游泳冠軍陳震南以四百公尺優越成績，獲選爲中國遠東運動代表，民廿二年全港學校水陸運動會，該校獲全場亞軍，甲組冠軍該校選手陳震南四百公尺泳競破全國紀錄，暑期赴澳門與其全埠選手游泳比賽，項目十種竟勝其七，殊足自豪也，民廿五年夏季該校學生榮獲全港學生國文作文比賽冠軍及全港學生演講比賽亞軍，翌年該校學生又榮膺全港學生國文作文比賽第二屆冠軍二次蟬聯故該校在香港能享盛譽，殊非倖致也。

中南中學歷屆升大學學生名表

本校各屆畢業生升學國內外各大學者名列於左（本年成績尚未揭曉者不及備載）

倫敦大學	黃劍開			中央大學	李瑞齡	
東吳大學	陳伯先			廣州中大	梁治平	鍾日新
勵勤大學	黃士豪			平輔仁大學	陳博文	
嶺南大學	范紀材	張子成	曾宗麟	鍾景新	梁庭傑	黃紹驥
	曾卓衡	蘇志德	羅作陶	何育民	榮福源	徐啓英
	蘇榮鎏	馮紹湘	李玉麟	顏悟緣		
粵國民大學	黃希爽	文壯謙	郭希烈	徐啓祥	李國培	
光華大學	陳龍賢	林之選		復旦大學	毛漢興	鄺鎏銘
廣州大學	陳若青	李榮熙	蔡文星	滬江大學	莫德揚	

本校畢業生黃劍開君升學英國倫敦大學英國格拉斯哥大學黃新民查倫敦大學考試綦嚴不易考入可見本校學生有好成績

本校歷屆考入香港大學各生名列於下

（一九三二年）黃允恭（考陞榮譽兩項優異）　黃溢聲（兩項優異）.

（兩君俱已在香港大學工科畢業）　曾啓梧（已在港大工科畢業）

（一九三三年）盧錦洪　黃紹綱　梁治平（後轉入粵中山大學）

（一九三五年以後）李瑞齡（港大入學試及格再考入中央大學）

羅翹穎（入學試及格）　鍾禹章（入學試及格）

（一九三二年港大高級試及格）潘耤蓀　黃偉文

（一九三二年港大高級試及格）黃韶鳳（漢文優異）

陳世豐　曾啓梧　戴寵樂　楊治康　徐子羽　謝式沂

何本源　李文基

（翌年初級試停辦）

（一九三七年以後香港教育司會考及格）　陳江濱　鍾玉機　胡文彬

關星堂

（一九三九年香港教育司會考及格）鄭君華　馮喬汾　陳用章

香港私立中華初級中學概況

一、校史記略

香港私立中華中學於民國十五年由前名記者黃冷觀先生創辦，開辦之第一年祇得學生三十餘人，至民十六年增設初中一年級，學生增至八十人，以後學生人數與教職員人數遞年增加，至廿三年十月，由黃校長聘請吳鐵城，孫璞，李子方，何雅選，勞緯孟，羅覲棠，鄧爾雅，溫荔波，黃新彥諸先生組織校董會，呈請僑務委員會立案，並由僑務委員會徵取教育部立案，至廿四年二月廣東省教育廳奉教育部令，派督學到校視察，廿五年七月，該校第五屆初中學生畢業期滿，遵教育廳令，遣送該級學生赴廣州參加廿五年秋季中學畢業會考，該級學生九人，考試後及格者八人，至廿六年第六屆初中學生十一人，參加會考得全數及格，無須補考。廿七年上學期乃開辦高級中學，現有學生共四百四十餘人，中學部共一百二十人，小學部共三百二十一人，教職員共二十七人，設備有圖書館，理化，實驗室，運動場等，黃校長冷觀不幸於廿七年一月十三日逝世，校長職務，由黃祖芬先生繼任。

二、學生活動

本校學生，每級均有級社，全校學生更有自治會之組織，自治會內分財政，智育，體育，游藝，出版，文書等九部，歷年來對于學生課外生活之指導，頗具成績，其中如財政部所附設之學生儉蓄會，（其宗旨爲喚起同學節省零食之資，儲蓄起來，以貢獻於社會國家者），自抗戰以來，儲款捐輸，頗爲努力，此外則智育部每學期舉辦時事測驗，國語演說比賽，粵語演說比賽，小學故事演講比賽，字典檢查比賽，國語座談會等，游藝部組織口琴隊，及詩歌班，至於旅行及海浴，均常有舉行，此外有一部份學生，亦有參加本港學生團體之活動者， 去年世界學生代表來華， 亦曾到本校參觀，對本校學生之工作，備極贊揚，自去年廣州失陷，本校學生爲求對時事作有系統之研究，遂計組織時事座談會，定期開會，廿七年十月東江各地被×蹂躪，難民紛逃于新界，因難民營組織于倉卒之間，而難民之來者極衆，故亟須慰勞，以安其流離顛沛之心，本校高中一年級同學有見及此，乃于短速之時間，組成「錦田難民營慰問團」，澁往服務，各同學努力從事，晝夜不息，至緊急難民救濟會組織就緒，始行瓜代，至於香港學生賑濟會及淺僑會所舉辦之賣物會，本校學生均有參加工作，凡此種種，皆以所謀生活與教育之融合，使學生于埋頭書本之餘，得多方面之活動。

三、募捐工作

自抗戰展開以來，全國人上下一心，同仇敵愾，莫不本有錢用錢，有力出力之旨，以效力國家，本校於七七後，即積極發動募捐工作，除即將員生儉蓄會存款捐港幣三百元，國幣一百元，匯交僑務委員會外，並由學生家庭方面募集傷兵內衣三百六十四件，棉衣三百二十八件，又由學生捐助中國童軍戰時服務團一百三十元，學賑會節食款一百餘元，又交華洋義賑會五十元，至廿七年上學期之末，更由全校教員學生，組兵災籌賑會，擴大向家庭方面募捐，前後捐得款項，計交廣西銀行雨衣費一千元，第五路軍雨衣一千〇八元，第十八集團軍漢口辦事處八百餘元，又防毒面具一千元，其他藥品，慰勞品，舊衣服等等，交本港婦女慰勞會海外華僑品物籌賑會，轉致前方將士者，亦復不少，廿七年度開始，舉行徵集慰勞袋三百八十九個，棉衣五百餘套，食品及食物運動共集一千元，又于國慶日代港九教聯會辦旗獻金，共集得港幣二百餘元，本會自辦賑章獻金得港幣約九百餘元，「九一八」賣花獻金得港幣三百餘元，「三二九」革命先烈紀念日舉行賣花籌款運動，共得港幣二百七十餘元，最近定徵集短衣褲一千套，匯國府法幣一千元，救傷包一千個，總稱之爲「三千運動」，凡此種種，本校同人不過略盡棉薄，以効力國家耳。

四　中華中學暨附小招生章程

第一章　總綱

（一）本校以培養香港華僑子弟之完全人格，使學生能適應現代社會生活爲宗旨。教學方法。則根據實驗教育原理，務令學生能學以致用。更以嚴密的管理方法，養成良好秩序，以增加學習之効力。在此非常時期中尤注意精神之修養與體格之鍛鍊。

第二章　組織

（二）本校行政由校長，教務處主任，訓育處主任，總務處主任，各級級任，分別負責。

第三章　編制

（三）本校分：(甲)中學部　高級中學，三年畢業，初級中學，三年畢業。

(乙)小學部　高級小學，及初級小學，六年畢業。

第四章　學科

（四）本校各科課程，根據教育課程標準及香港學校課程表。

第五章　入校手續

（五）凡志願入學者，須先到校報名，隨繳報名費，報名費；投考中學者四角，投考小學者二角，取錄與否，概不發還。

（六）凡學生報名時，應將原校所發之成績表轉學證書或畢業文憑一併帶來，（投考中學各學級須繳二寸相二張投考小學者免繳）

（七）報名時由總務處發給投考證，以備學生於考試之日攜證到場應考

（八）投考者須帶筆墨，試卷則由本校發給。

（九）考取新生之姓名，於考期翌日列榜佈告。

（十）新生經考取後須在三天內辦妥入學手續，甲，清繳一學期費用，乙，由管理人到校代註冊。

（十一）入學手辦妥，由總務處發給入學證，以便於上課日由級主任檢查入學

第六章 費用

（十二）學費雜費，每學期繳交一次，每期於註冊日交足，（雜費包括堂費，體育，實驗，講義費，及代收之學生會費等）每學期（即半年）費用列表如下：

級別／金額／項目	學費	雜費	總數
高中	四十二元	十元	五十二元
初中	三十六元	十元	四十六元
小學 五六年	三十元	九元	三十九元
三四年	二十四元	九元	三十三元
一二年	二十一元	八元	二十九元

第七章 制服

（十三）本校學生須一律穿制服上課，夏季制服白色，冬季制服黑色，每套三元，新生報名後即須訂製

第八章 開課

（十四）本校採用秋季始業，一年分兩學期，廿八年度上學期定廿八年八月廿八日開學，七月廿三日考驗新生。

第九章 報告

（十五）本校每學期終，發出家庭報告，每學期再將考試成績報告學生管理人，此外又有通訊及調查表等發出，務使家庭與學校互相聯絡，以收敎學之效。

（十六）學生缺席，如無管理人親筆來函述明缺席理由，本校即剋函詢，以免曠廢。

第十章 賞罰

（十七）學生之操行及學業之優良者，本校每學年終，均以獎賞，另遵　部令設免費學額，每級一名或兩名，以獎給家境困難之學生；惟對于破壞校規，蔑視紀律，而累戒不改者，學校得開除其學籍。

名譽校董　周壽臣，郭顯宏，陳承寬，羅旭和，何雅選，李子方，吳鐵城，孫　科，勞緯孟，溫嵩玻，黃新彥，羅覲棠，

校址：　堅道廿號廿二號

電話：　二三四三四號

校長黃祖芬

香港私立中華中學校圖片

1.理化實驗室一角。2.全港漢女學校柔軟體操比賽本校榮獲亞軍領獎時之留影。3.世界學聯會代表蒞校演講後之留影。4.本校錦田難民營慰問團之影。5.圖書室之一角。6.附小學生的體操。7.肋木運動。8.員生兵災籌賑會募集之棉衣。

香港光華·光中男女中學概況

＝光華中學＝

香港中環是學校薈萃的區域，除了大馬路這一帶是商業的場所外，其他的街道，觸目都是學校，有人說：中環是香港的華僑教育區，這句話倒很確實，就是著名的學校好像光華華僑港僑…等一提起來，沒有那個不知道的．由大道中沿着砵甸乍街到荷里活道便見光華中學了，這一座

校舍

是很特別而且很堂皇的，在荷里活道第一號樓上，那裏上面粉着紫色的牆壁寫着「光華中學」四個大字，據我們調查所得，那層樓就是該校的正校了，上面有教務處，校長室，儲物室，標本儀器室外，還有幾個大教室，學校的校鐘，也高高地掛在那裏的走廊，當着每一次上課或下課的時候，噹噹的聲音，漸漸地送到附近的各街道去，第二第三校舍雖然是在雲咸街，但其實連接着像一條長蛇似的，每一間的距離，最多不到十多丈的地方吧，所以這幾座校舍呼應很靈便，不但上下課的時間是很劃一的。並且他們的教員從這一班轉到別一班上課的時候，也非常便利，至於光中女中學也是和光華中學同一個系統的，校址却在威靈頓街，那裏的地方也很不小，但同時學生人數也非常的多，所以教室方面總說還不敷用呢．現在暑假的時候，兩校開始招生，惟原有的學生既有這麼多，將來校舍更不敷用了，所以校長黃燕清先生，近來每天都忙於找校舍，大約下學期擴充得更規模了。這一間發展得突飛猛進的學校，到底創辦以來經過若干的時日了呢？談到該校的：

歷史

據黃校長燕清先生告訴我們，他創辦光華中學，不過只經過八年的時間而已吧．黃先生他是一個教育家，同時又是在新聞界有地位的人，他在廣東的新會江門辦過學校，復在香港教過二十多年的書，他任過省港江門各日晚報總編輯和撰述，黃言情的小說作品，早已蜚聲海外了。他的學問和經驗都很豐富的，據說當初他並無意個人在香港特創學校，但後來有許多學生羨慕他的學問和欽仰他的人格，所以特地要求他辦一間學校，使他們得到薰陶的讀書地方，滿足他們的求知慾，最後黃先生不能不俯順一般青年的要求，因此就開始創辦光華中學了。

該校當初開辦的時候，人數不過只有百數十人，校舍也只在荷里活道第一號正校罷了．但黃先生辦學的精神是很可佩的，他運用着過去的教育經驗，與苦心經營，不到一年，而發展得一日千里了。

後來，因為學生人數的增多，就擴充校舍，歸雲咸街七十七號為第二校舍，民國廿五年十二月廿三日並奉准教育部僑務委員立案，到民國廿七年，該校又奉廣東省教育廳批准立案，這時候學生的人數越發增多了，當這時候剛巧「七七」的事變來了，我國內地的學校因受戰事的影響，所以學生紛紛流轉來港，香港求學的青年，比從前平添了好幾倍，該校為着救濟失學青年，於是擴充校舍，添置儀器圖書，各種

設備

比從前更完善了，該校第三校舍。地方很寬敞，圖書館就設在那裏了，一間不大不小的房子裏，內面排列着好幾行的書櫃，所有文學的科學的書籍，或兒童讀物，應有盡有，總共不下千種。至於該館的管理員除着有專員管理之外，尚有學生輪流當值協助，而借書的學生非常擁擠，可見他們好學的精神了，其次該校的標本儀器也很充足的，尤其是動物的標本好像鳥類，獸類，魚類昆虫類⋯一共不下數百種，大部分是兩年來添置的，其他理化儀器人體模形及各種掛圖也不少，當我們參觀標本儀器室的時候，眞的滿目琳瑯呢。該校的

教師

共數十人，集新舊人物於一堂，他們裏面有老儒宿學，有留學生，有科學的專門人才，有經過長時間的教育工作者，更有的是社會知名的文學家，他們濟濟一堂，從他們研究所得的來授給學生，他們有誨人不倦的精神所以互相爲因果的而影響良好的

學風

該校學生，人數七百餘人，小學也有，中學也有，照理，在管理上一定是不容易的，但却很例外，據說該校的學生非常能守秩序的，不是上課的時候，小朋友們唱歌呀，遊戲呀，非常的活潑，但上課的鐘一响了，全校却頓然肅穆無聲，聞着課本候着教員授課。在教室上學生與教師的質疑問難的時候，也十分有秩序的，下課的時候，街上一隊一隊很整齊地走着，像軍隊的行列似的，值日的學生，還要筆直地站在門口的崗位，檢査他們同學的服裝。如果有某個同學衣服不整齊的話，非俟整好了以後不能出外的。

他們的紀律爲什麼這樣嚴明呢？不知道裏面眞確情形的人，一定以爲該校的教師們是非常嚴厲吧？事實並不是這樣，他們的教師，管理他們，只採取指導的方法，如果學生犯了錯誤的時候，做先生的只耐心去說服他，一個等到他覺悟爲止，因此他們教導主任與各級主任，雖然負有管理之責，其實用不到費很大的力量來管理學生，因爲他們的學生都能夠實行自治。他們各班有班會，全校有學生會，一切秩序都是由學生自己來維持的，而這種的收效却特別宏大。

此外學生好學的精神，也是很可紀的，他們除了應付每天的功課外，還要自己去閱讀其他課外的書籍，時時舉行集體研究集體討論各種問題。這種自學的精神，在香港各校的學生裏面還不多見罷。所以該校頗能提高學生的程度，兩年來

會考

的成績，大都分的學生均佔優異，去年全港立案之學校由教育廳派員來主理畢業會考，該校初中三年級全體學生參加考試。結果成績極佳，均得畢業。今年教育廳派員來港，到各學校去主考，該校畢業班的人數比去年爲多。現已考竣。亦全數畢業。聞成績比去年更爲優異呢，至於該校

救國

的精神，尤其是令我們羨慕的，抗戰一開始，他們就發動儲捐，成績很不錯，去年二三月的時候，復推銷救國公債，成績甚佳，七月的時候，又推銷專防公債，曾在一星期內籌款數千元，十月十日的時候香港賑聯會發動獻旗獻金，香港教育會更舉行贈旗獻金比賽，該校很熱烈響應這種運動，結果該校佔全港學界的冠軍。十一月該校學生又籌款到新界及深圳去賑災。本年三月卅一日教聯會舉辦兒童節獻金運動，由會員學校舉行比賽，結果該校又得冠軍。五月九日，該校全體員生，在卜公園舉行國民精神總動員，情形非常的緊張。最近「七七」紀念日，該校賣花籌款，響應賑聯會，結果成績也甚佳。

該校現在的一切情形，一切都在蓬勃的發展中，要是有人問起牠的前途。我們可以說：那正像一個初升的朝陽呢。

十三（丁）

＝光中女中＝

「光中」女中學，原是「光華」的兄妹學校。在本港方面提出了「光華」中學，沒有不聯想到「光中」。這個名字，相信不會怎樣的陌生。本來男校和女校，同一校性，宗旨，行動，有很大關連底男女校，沒有不是同一的名稱。但她和「光華」在名字上來一個異樣了。這樣是值得社會人士的注意，和事實的查考。據我們査訪她和「光華」，名稱各異的原因：是黃燕清先生辦學底思想。他把男校的名兒，改作「光華」，女校改爲光中。將兩個名辭聯合起來說：就是「光我中華」了。這個名字，頗覺膚淺，但寓意實深。他始終持把着這個中心思想，來辦理教育事業。故此不怕將社會的習慣性來轉移。雖然從口頭上的呼喚是稍覺不便，但也不是容易遺忘難記的名字。

「她」不獨名字上和「光華」不同；連校址也距離得有兩條街道的阻碍。他在那波浪式的威靈頓街的前段，梯形屋舍的頂樓，橫列一字式的連續三層的樓上，染有點白色彩的樓舍，便是那一所「光中」女中的校舍了。她雖然校舍不算得十分堂哉皇哉，美奐美輪，但在香港的環境裏，猶其是在最近的抗戰期中，人口稠密，而能得有連續的校舍。對於教學上，管理方面，利便得很。所以「她」校舍雖然在那繁盛街道中。煩囂之聲，是不會達到「她」課室裏。她雖沒有甚麼學校區的優良環境，但比那些零零星星校舍，來得好了。

校　史

「光中」女中的產生時期，是在「光華」誕生後四年才面世。她誕生的原因：是因爲「光華」方面日益發達，社會人士，要求黃燕清先生設法教育女生。但在香港教育則例裏，是不能以男校來招收十二歲以上的女生。所以他便立意創辦一所女校，滿足了社會的要求，和符合辦理教育的宗旨。故在廿四年春，由他鼓勵羅女士勵修創辦「光中」女中。羅女士是本港教育界的前輩。她本着歷年辦學的經驗，慘淡經營。不數年間，學生的人數已達二百餘了。在過去剏辦之始，從一層而二三層，逐年地增加。其發展迸勃，正未有艾。這不能不算是黃燕清先生的爲羣興學的苦心。和羅勵修女士謀造福女羣的精神，所收獲的效果。

教　師

沒有良好的師資，是不能有良好的教育。學科上的分別，也要負有專長的學識者教授，才能收教育的效果。這裏除了那些老師宿儒，担任國文科的教授外。其餘的都是大學畢業生，和專門的人才，分科任的制度來教授。可算是沒有濫竽，和敷衍誤人的教育。所以在這幾年間的發展迸勃的原因，也是因學生學有所得的原故吧！

設　備

因環境的狹少，學生衆多，不能抽出空餘的地方來設備各種學科的實驗室，和圖書，儀器的陳列室。但是教學上的需求，是不能沒有這類教學的教具，標本，儀器，圖書等設置。所以「她」因陋就簡地在每個課室的角落和牆壁，裝置懸掛，以便於取用教授。計有圖書千餘種，掛圖數百幀，理化儀器百餘件。動植物標本，鳥，獸，虫，魚，等類百餘種。這些設置，均是在最近年來所新購。現在從事搜索各類教具。 想料最近的期間， 更加琳瑯滿目了。

管理方面

「管」和「教」，在表面上似是二而一，一而二。其實管是德性的修養，教是知識的培植。祇會管理沒會教，是不行；祇會教沒會管，也是不行。所以要雙管齊下，才是眞正教育的方針。

訓　育

先從「光中」的方面來談。她的校訓是以「勤愼貞潔」四字爲標準。注重培養女子之德性體，常施以個別的指導。使其對社會及個人具有優良的道德。故分有個人及集體的訓育方法。

個人方面，是觀察學生的家庭環境，而施以適應的德性指導，時常由該班主任親訪學生的家庭，或書面上報告學生最近的行檢，使學校與家庭打成一片。而切實指導學生生活上的行爲。間或由教師和班主任與學生個別談話，使其自覺自勵，養成個人良好的德性。

集體方面，是由學生在各級裏，組織班會。從班會中的優秀份子，負責組織學生會。大家從事共同生活的習慣，和學術上的切磋。教師則負指導的責任。所以她們在每次募捐救國的集體行動中，都能收有很大的效果。這已是顯出她們集團行動的團結精神，和她們的頭腦有很有力的認識。

從以上兩個訓育原則裏，觀察該校學生的行爲，已是一個良好的訓育方法。學生們既能依照訓育方針來實踐；則其

教授

方面當有很大的效能。「她」所採用教授方法，是以學生方面爲主體。以適應其求知機能，盡量發展其個性之所趨好。力求避免注入式的教育，而以發啓式爲宗旨。配以社會教育的資材，特別注重實用上的教授。使其在校內與校外的生活常識，形成一片。尤以家政和女紅更爲注重。

學科方面的取材。當然是依照教部頒定的課本來施教。而從中實踐其學術上的智識，和現時代所當有戰時教育的學識。使其理解時代的遷變，和戰時婦女的工作和任務。不是使她們識多兩個字，讀多幾回書，便算是不擒進士的吟風詠月的落伍者。所以「她」肯定「教」和「學」都要從現實中來施行，才是眞正的教育。

學生生活

有這樣的好管教的學校，自有良好行爲的學生。他們在羅校長和各教師的指導下，度其校內外的生活，自然有正常的生活行爲。學校每學期中，均有游藝會，旅行，學術上的比賽。整日過其生氣蓬勃的集體行動。而學生的思想和精神當然時常興奮，尤以每週中的週會，拿出各種過去事實的檢討，更感興趣，所以「她」的學生對於學校的觀感，有萬二分的留戀。師生上的感情也異常融洽。

結論

「光中」在這短少的期間，能有這樣的發展。固然是主理得人。猶以其教育制度之良好，才有這樣偉大的收效。相信於近的將來，「她」發達的程序，是未可限量了。

光華女中第八・五屆中小學畢業生留影

香港知用中學概況

一、沿革

在敍述本校創辦歷史之前，吾人不得不究本窮源，追溯知用學社成立之經過。知用學社創立於十六年前，構成份子多爲國立廣東高等師範同學，其目的在提高華南文化水準，並從事社會改造，促其向進步之途邁進，此即合知與用二者爲一，使所知者非爲淺薄零碎之知，而爲深刻系統之知；使所用者非徒爲自身家庭之用而爲社會民族國家之用也。當是時，出版刊物，舉辦學術研究會等工作早已蜚聲士林，爲世矜式。惟以此等工作僅囿於理論範圍，未能向實踐邁前一步，爰於民國十三年創辦廣州知用中學以知用精神，鍛練青年幹部，歷年以來，成績彪炳，早已有口皆碑，毋庸贅述矣。廣州知用中學辦理既有成績，久思擴展海外，在港設立一校，以便利僑胞子弟就學，惜因種種障礙，未能實現。迨至民國廿七年得學社全體社員同意并經蘇熊瑞，朱勵與，陳序榮，何學修，梅爾天諸先生之努力，始於是年二月廿四日在香港新界粉嶺安樂村陶姓住宅正式成立開課，并呈廣東教育廳批准在案。校長蘇熊瑞先生爲知用學社之創辦人，亦本校之創辦人也。本校得有今日之成績，賴其努力計劃者甚多。

惟粉嶺校舍山之中；與港九交通雖便，惟購買雜物，仍感困難，且蚊蠅蚋集瘧疾蔓延，對於學子之健康，影響至大，遂決覓地他遷，俾免斯弊，幾經曲折，始於九龍深水埔大南街賃鶴廬棧紙廠廠址爲校舍；於廿七年八月十日遷校，九月五日佈置完畢，正式開課。

是時，就學者僅限於中學部男生，而僑港及學齡之幼童向隅者尚多，亦應爲之設法，故初在港士丹頓街賃一新樓，以爲附小校址，於是年十月啟課，後以校址不敷，遷伊利近街。且自粵×南侵，廣州各地淪陷，女生來港就學者日多，然格於港例，中學部男女不能同校，遂決在旺角砵蘭街賃二五二至二六二號大廈一所，以爲女中部，并將伊利近街之小學部，一併遷回合辦。

以上所陳，但爲本校艱難締造之經過，在此烽煙瀰漫，山河破碎中，吾儕尚得絃歌不輟，敢不黽勉從事，秉一貫求知致用，理論與實踐統一之精神，淬厲奮發，力反以辦學爲牟利工具之態度，而以發培抗戰建國之幹部爲唯一之職志乎？茲僅將本校組織，設備各種情形，略述如左，以就教於社會之高明焉。

二、編製及組織

本校編製分初級中學及高級中學，依課程進度各分爲一年級，二年級及三年級。附屬小學分爲一年，至六年級，每級學生，以五十人爲度，但至少須有二十五人。

至於本校組織如下，設校長一人，綜理校務，教務主任一人，處理教務項；訓育主任一人，處理訓育事項；事務主任一人，處理教務及訓育以外事務；女中部主任一人，處理女中部教務及其他事務。附屬小學主任一人，處理附屬小學教務及其他事務，另設刊物總編輯一人，圖書館主任一人，機器室主任一人，會務主任二人，會計主任一人，由事務主任兼，出納及記帳各一人，校醫若干人，管理員若干人。每班設班主任一人，協助教務及訓育主任處理該班日常教務及訓育事項。至於各科聘專科教員及兼任教員若干人担任，另設各種委員會如(一)訓育指導委員會，由校長，各主任各教員組織之，以校長爲主席，負一切指導學生之責，每月開會一次。(二)經費稽核委員會，由專任教員公推三人至五人組織之，負審査收支賬目及單據之責，每月開會一次。此外尙舉行校務會議，以校長，全體教員，校醫及會計組織之，校長爲主席，討論全校一切興革事項，每學期開會一次至二次；教務會議，以校長及全體教員組織之，校長缺席時，由教務主任爲主席，討論一切教學及圖書購置設備事項，每月開會一次；訓育會議，以校長，各主任，各級任組織之，校長缺席時由訓育主任爲主席，討論一切訓育及管理事項，每月開會一次或二次。

三、設備

辦理教育，精神固居第一，而環境設備，亦屬重要，蓋心隨境轉，古有明訓，且工欲善其事，必先利其器，故欲使教學俱臻完善，精神與設備，俱不可偏廢。

本校自由粉嶺遷九龍後，校舍面積增加，男校在深水埗大南街，女校及附屬小學則在旺角砵蘭街，俱屬全座租賃。其中課室之間格，俱以容量適度，空氣流通及光綫充足爲標準。其稍有不合敎育原理者，無不設法改善。

在粉嶺時，本校圖書館之設備，不甚豐富，其始得校董將其存書之部借讓于學校，閱書室始得成立，以後並由廣州知用運其所藏圖書到港，而本校圖書館內容始漸充實。正校遷澳後，圖書大部取回，惟本校年來陸續購置，內容已極有可觀，所藏圖書，計有四部備要，四庫叢刊，萬有文庫第一二集，國學基本叢書，大學叢書，少年科學叢書，百科小叢書，工業小叢書等，至於科學文獻搜集尤覺豐富。對於英文方面有物理學辭典，實用化學大辭典，以及各種英文辭典等。雜誌報紙訂閱者，共有七十餘種。總計各種圖書數目達二萬冊。圖書館每次可容百餘人，開放時間爲上午七時半至十一時，下午十二時至五時。

科學室之設備，在粉嶺時，本校遷九龍後，始大事擴充，各種標本儀器，關于生物的計有顯微鏡(最高度達一千三百倍)玻片，動植礦物標本多種；關於化學的，所有初中及高中試驗器械藥品完全齊備，對於示教方面，如氣體分析器，冶金爐等均備；關於數學的，各種立體模型，以爲開方法、立體幾何等示範。所有實驗室，均定三人一組，最大容量，每室可容十七組。

所感缺憾者，卽因港九環境關係，校中初時旣乏廣場，又缺乏禮堂，使學生及集會俱無適當之場所。迨後幾經設法，始借得旺角戲院附近之公衆運動場所爲體育場，幷借深水埗北河戲院作禮堂，上述問題，始獲告解決。

辦理完善之教育本以自建校舍爲原則，本校租賃各地以作校舍，原是不得已之舉，故於廿八年五月曾假香港娛樂戲院演劇籌欵，雖得社會人士熱心實助，惟成績尙屬低微，以後本校自當繼續努力，將撙節所得，備建新校，幷望熱心教育者予以助力，幸莫大焉。

四、教務

本校教務依據三原則進行：(一)對各種設置，務求完備，使與教學方法配合，而課程內容務求充實及適合靑年之需求(二)實行非常時期的敎育，在教材方面，課餘自修方面力求認識時代(三)除課本外，培養學生各種實用技能，以達求知致用之目的。自本校於廿七年二月創辦於粉嶺以來，教務卽秉此方針施行；當時就學者共二百〇六人，至七月間高中初中三年，兩班已屆畢業之期，畢業試由教廳派督學監考，參與畢業試者，高中學生廿六人，初中學生十二人。廿七年八月遷校後，暑期中舉行新生入學試驗，招收新生高中一年級三班，初中一年級三班，合舊生人數共四百餘人，開課後學生人數續增，達五百餘人。廿八年增設女中部。春假期中男中部女中部各級招生（包括轉學生，借讀生）連前期人數，男中部學生七百人，女中部學生百二十餘人；附屬小學二百五十人。總計共一千一百餘人。

五、訓育

本校訓練方針，在養成學生之自覺及規律性，故誘導感化，與學校規章之執行，同等注重。其訓練方法，校長力主家庭化，故曰：『父兄之敎嚴而摯，徒嚴不足以服從，徒摯不足以善人，能嚴與摯，訓育之效斯彰。』且國難日亟，學校教育除實輸必需之知識外，應加強民族意識，提高民族之自尊心與自信心，故訓育方面當以此爲主要工作。茲將本校的訓育工作撮要如左：

（甲）編訂學生須知　凡本校學生應守各項規則，均刊在「學生須知」，使學生皆知曉與遵從。

（乙）組織各班自治會　班自治會爲學生自治會之基礎。「學生須知」公佈後，即由各班主任指導各該班組織自治會，選舉職員，開始在班內作集體的活動。現各班俱出版壁報，讀書會，旅行隊，採摘隊，及敦請名流演講，間有舉行。德育組及值日生維持秩序，亦漸能上軌道。

（丙）學生日記之寫作　本校每班設有班主任之職，除指導班自治會作集體活動外，對于學生個別之思想行動均須負責指導，學生每日寫作日記，交班主任批閱，，實爲指導之一法。

（丁）宿舍管理　學生宿舍設在旺角砵蘭街，其管理由舍務主任任之，宿生在學校，無異以學校爲家庭，管理定須嚴密。本校于宿生入舍後，即函各該生家長或保護人，詢明如遇星期例假，或其他假期，准或不准回家住宿，或每月祇准回家住宿若干次。如未得家長或保護人親來或函件告假者，不許外出住宿，甚或承家長之委託，每週限定支出零用，不許浪費。五元以上之款項，不得存貯舍內，須交舍計處代爲保管。至宿舍生活，以整潔爲主，宿舍訂有規則，選舉室長，幷定期舉行室長會議。同時舉行整潔比賽，比賽內容，計分爲床，被褥，箱篋，衣服，鞋履，面盆手巾漱盆等，桌椅茶壺茶杯等，地板牆壁，帳幔等十項。每項以十分滿額，總分不及六十分者警告之，使其改善，前列三名者，各給鏡乙面，以資鼓舞。

（戊）自修指導　宿生晚上自修，因人數關係，編爲數室，編定坐位。各專任教員輪値駐堂指導，使學生有疑難者，得所問津。在校附近之通學生，晚上居家溫習不便者，均准其到校溫習。

（己）舉行晨操　本校對於學生之體育，特別注重。蓋國難期間，體育之最大使命，在鍛練一般青年，使其具有強健之體魄及克苦耐勞之精神，以備爲國效力。故本校學生除日常之體育外，尙有晨操之舉。晨興，集學生于操場，晨操二十分鐘。由體育教員示範，訓育主任從旁糾正姿勢，操畢，吹號升旗乃散。

（庚）在抗戰期間，於常態之敎育外，應加抗戰教育，故本校特組織抗戰教育促進會及抗戰協會。抗戰教育促進會之宗旨爲「策動抗戰教育，指引靑年對抗戰之眞確認識，領導靑年從事救國運動，實施政府頒佈之戰時教育工作」。其工作均分數項（一）抗戰教材之研究，（二）時事之研究，（三）學生抗戰工作之指導，（四）其他有關抗戰之工作。

抗戰協會，爲員生共同之組織，受抗戰教育促進會之指導。會內分會員大會及幹事會，幹事會又分四部（一）常務幹事，（二）研究部，（三）交際部，（四）總務部。研究部工作分七組，（甲）國際政治經濟研究組，（乙）戰時政治經濟研究組，(丙)戰時文學研究組，(丁)戰時藝術研究組，(戊)戰時史地研究組，(己)戰時自然科學研究組。交際部主辦各種調查事務；總務部主持各種捐輸救濟事務。

(甲)國民精神總動員委員會　本校根據國民精神總動員實施綱要，組織知用中學港校精神總動員實施委員會，設主席一人，由校長充任；副主任一人，由訓育主任充任；委員兼常務七人，由教務主任，事務主任，圖書館主任，舍務主任，女中部主任，小學部主任充任，委員若干人，由各班班主任充任，本會設幹事一人，處理本會事務，由主席于委員中聘請一人兼任之。該會凡兩星期開會一次。并在附小分設一分會，由本會指導辦理實施國民精神總動員事項。本會于廿八年四月廿七日舉行第一次會議，議決將本校全體員生工友，除本會委員外，以每十人爲一組，教職員分組由校長主持，工人分組由庶務主持，各班學生分組，由各該班主任主持。每組公推組長一人。每週精神訓話，或在紀念週後，或由各該班主任在各該班，分別訓話。訓話材料，由本會常務委員會制定。第一期爲宣傳工作，以兩星期爲限，各組組員須向家庭及戚友宣傳國民公約及　蔣委員長在廿七年十二月廿六日演說詞。第二期工作爲「精神訓練」共細目爲（一）紀念週畢須排隊回校（二）上課時派員檢查學生精神，（三）消防練習（四）升降國旗，須行敬禮，（五）繼續宣傳。

六、學生自治會及課外活動

爲培植學生自治精神，輔助學校消極訓育，并發展學生集體生活及自學能力起見，本校由訓育部指導學生組織學生自治會，本校學生原有各班自治會之組織，學生自治會即以此爲基礎，擴大爲全校的組織，於廿八年四月通過會章，宣佈成立，目的在本三民主義之精神，作成學生在校內之自治生活，并促其智育，德育，體育，群育之發展。學生自治會之組織採民主精神，會員享有選擧，被選，罷免，創制，複決之權。學生自治會最高權力機關爲會員大會，閉會期間爲代表會，在代表閉會期間爲幹事會，幹會下設文書，德育，智育，事務，體育，游藝六股。

學生自治會成立後，工作甚爲積極，如德育股所舉辦之清潔及紀律運動，智育股所舉辦之書法比賽，演講比賽，論文比賽，民衆夜校等。體育股所舉辦之旅行隊，籃球比賽等。此外活動尚有（一）組織刊物編輯委員會，印行各種小叢書及期刊。會出版「知音」五期，特刊兩期，內容豐富，文章作者多爲本校同學，意識與技術俱能追隨時代。（二）成立學生消費合作社，以利便同學購買廉價之日常用品，社員成份多爲學生。（三）舉行募捐運動，募捐運動在本校學生自治成立前，會舉行一仙捐，棉衣捐，救濟難民捐等，成績頗有可觀；又東莞寶安失陷時，難民遍新界，學生會發起籌賑事，即席捐得港幣二百餘元，並施行賑濟等。集訓同學在連縣星子受訓者有五十七人，來函請財藥品，同學即發起募捐慰勞事，結果每集訓同學，贈以國幣三元。學生自治會成立後，會舉行前綫將士短衣捐，共捐得港幣五百餘元，成績不弱，以後尚擬舉行各種救國募捐運動，以盡救國之天職。

知行中學

——一所設備完善而學費低廉的學校——

校務概況

甲 沿革

【創辦人】 香港私立知行中學，初由七位熱心教育的同志所創辦，創辦於民國廿一年一月，地址只在柯布連道五至七號。當時規模很小，經過創辦者的努力，和刻苦，犧牲精神，使該校逐年擴充，逐年進步。創辦人中除了一位過了美國去，其餘的都仍在校服務。

【進展情形】 民國廿一年，春季始業，只開設男生小學六班。民國廿二年擴充男初中部，及女中，女小部。民國廿三年一月至八月縮短學年。民國廿三年九月起改秋季始業，並增辦幼稚園一所於女校。民國廿九年五月奉僑委會及教育部批准立案，民國廿六年取得廣東教育廳認許爲立案學校，並追發歷屆畢業證書。民國廿七年度增辦高中部。教職員人數由八名增至五十餘，學生人數由一百三十五人增至一千二百餘人。

乙 規模

【學級】 目前學級計有高中部三班，初中部男女共七班，小學部共十四班，幼稚園三班，另分校七班。

【學生】 全校學生一千二百餘人。

【教員】 教職員五十餘位。

【校舍】 光綫充足，空氣通暢，交通利便，地點適中。校址列表如下：

學級	校址	電話
中學部	洛克道新建屋宇（地段二八二一號）	裝置中
男高小部	柯布連道五至七號及譚臣道九三至九五號	二〇一四八
男初小部	柯布連道一至三號	二〇一四八轉內線
女小及幼稚園	莊士敦道一九九至二〇三號	二三三六〇
西區分校	加倫台廿四至廿六號	二一六五八

丙 行政

【校董會】為學校最高機關，校董由創辦人聘請之。

【校委會】執行校內一切行政，校長為主席；校長由校董會聘請之。校委會下設文牘，教務，訓育，體育，事務，事業六處，辦理日常校務。

【教職員會】促進全校教職員進修及娛樂事宜，由全體選舉幹事會執行會務。

丁 教務概略

【課程】各級課程，悉遵教育部頒布之課程標準辦理；至各科教學綱要，除依部頒者外，並加以各種適應地方需要及國難時期之教材，尤以英文一科特別提高。

【師資】所聘各級教師，均為國內著名學校教員，品學兼優而富有教學經驗者。中學教師大抵為國內外大學畢業者，或專門學校畢業；小學教師則以高中師範科畢業者為原則；幼稚園教師，以高中幼稚師範科畢業為標準。

【教學】一、在可能範圍內盡量採用國語教學；

二、各科多採設計教學法；

三、分別設立各科教學研究會，以增進教學效率。

【編制】一、本校設有高中部，初中部，完全小學，及幼稚園。高初中部各分三年級，高級小學分二年級，初級小學分四年級；每級格於港例再分別男生班與女生班。幼稚園分二年級。

二、各部均依秋季始業，各級均單式教授。

戊 訓育概略

【訓育方針】1目標：增强民族意識，信仰三民主義，擁護國家領袖，養成守紀律，服從，刻苦耐勞，犧牲之精神，造就良好公民。

2方法：一切訓練，採誘導法，寓管理於自治事業，訓紀律於課外活動。

3精神訓話：在總理紀念週及各紀念日舉行之，分請本校教師或黨國要員担任，灌輸政治知識。

【訓育組織】訓育處設有主任，各級設有級主任及導師，負專責訓導學生外，所有訓育上一切設施，及困難問題，仍在訓育會議中討論解決之。

【體育設施】本校體育，兼重普遍訓練；訓練目的又不僅在鍛鍊體魄，尤重紀律之訓練，服從性之養成，與愛眾性之陶冶。雖無自置之運動場，而運動場所，儘可足用。體育教員五位，運動用具亦頗充足。最近舉行之校運會，參加者五百餘人，成績不弱，而精神上之表現至佳。

【學生團體】本校認定之學生團體，只有（1）學生會，（2）級社兩種。學生會爲學生的全體的組合，而以級社爲其單位，一切學藝上競技，旅行，辯論會，讀書會，救亡工作等課外活動，均由該團體計劃分配進行；例定之工作有演講會，壁報兩種。級社由每級導師輔助組織指導工作，一方面承辦學生會之工作，一方面策勵級單位之自治精神，使人人能養成領袖資格。

【校刊】本校校刊，最近改爲週刊，定每星期出版一次，每期共印千五百份，分贈學生家長，藉以報告校務，及討論教學，訓練等問題。現已出版第六十期。

【其他事業】課外舉辦之事業，尚有（1）知行歌詠團，（2）知行娛樂隊，（8）知行劇團三種，均由員生合組而成。

【獎勵】1學費獎：每級學業成績攷列第一名者，均獎以免費肄業一年。

2物品獎：每級攷列第二三名者，或全年無缺席者，或服務有功者，或募捐成績優異者，或運動優勝者，均獎以物品，以資鼓勵。

3名譽獎：以上得獎者姓名，仍在校刊揭登，以資表揚。

己　設備

【圖書館】本校圖書館，劃分普通圖書館，與兒童圖書館兩部，共藏書一萬餘冊。計普通圖書館藏書八千餘冊，包括萬有文庫第一集，第二集，叢書集成初編，初中學生文庫等在內；兒童圖書館藏書三千餘冊，包括小學生文庫，幼童文庫，小學生分年補充讀本，小朋友文庫，小學各科副讀本……等在內。並聘專員管理之。

【試驗室】試驗室除實驗用品外，計置有理化儀器三百餘件，化學藥品二百餘種，動植物標本及模型等千餘件。

【電風扇】每級教室均設有電風扇。

招生簡則

【入學資格】有志向學之學生願意遵守本校章程及校規者，不論男女，皆可按其程度入學肄業。

【入學手續】1報名時須先繳報名費二元，該費於入學時在學費內扣回。

2報名時須填寫註冊格式紙。

3入學新生或插班生，必須經入學試驗，領取入學證。

4攜入學證上課時，須繳證件及清繳各費。

【入學試驗】入學試所考之科目：國文，算學，英文三科。小一及幼稚園免考，小五以下免考英文。

【招考學級】民國廿八年度招收高中一年級新生男女各一班，初中一年級新生男女各一班，小學一年級新生男女各一班，幼稚園新生一班。及招高中二年級女生及初中，小學，各級男女插班生。

【各級學費】民國廿八年度各級學費列表如下：

學校	學級	學費	堂費	建校基金	圖書費	實驗費	總共
男校	高中	卅二元	六元	一元	一元	二元	四十二元
	初中二三	廿五元	六元	一元	一元	二元	卅五元
	初中一	廿三元	六元	一元	一元		卅一元
	小五六	廿一元	五元	一元	五角		廿七元半
	小三四	十八元	五元	一元	五角		廿四元半
	小一二	十五元	五元	一元			二十一元
女校	高中	廿八元	六元	一元	一元	二元	三十八元
	初中二三	廿二元	六元	一元	一元	二元	三十二元
	初中一	二十元	六元	一元	一元		二十八元
	小五六	十七元	五元	一元	五角		廿三元半
	小三四	十四元	五元	一元	五角		廿元五角
	小一二	十二元	五元	一元			十八元
幼稚園		十二元	五元	一元			十八元
分校	初中	廿二元	五元		一元		廿八元
	小五六	十八元	四元		五角		廿二元半
	小三四	十六元	四元		五角		廿元五角
	小一二	十四元	四元				十八元

【膳　宿】男生在正校寄宿，每月收宿費一元，膳費每月（三餐計）八元。（兩餐計）六圓。均按月上期繳交。

【授課時間】每日授課時間，由上午九時至十二時半，又下午一時半至四時。幼稚園由上午九時至十二時半。星期日全日及星期六下午停課。

【上學日期】民國廿八年度上學期九月四日開課，下學期二月十九日開課。

【報 名 處】灣仔柯布連道五號四樓總校務處，或西環加倫台分校。

奉准

香港教育司
國民政府僑委會
國民政府教育部
立案並呈

廣東省教育廳
立案

香江中學男子女子部暨附屬小學幼稚園招生簡章

招收中學部戰區
半費學額二百名
本港清貧學生
半費學額一百名

校址九龍深水埗大埔道七十號

電話：五六九二四

本校概況

本校剏辦、僅歷四載、荷承海內名流、港中碩彥、予以提挈、獲具規模、並賴各職教員、共同努力、成績斐然、故我僑港子弟、來學日衆、復自廿七年度下學期、校董會改組、陳校長蒞校後、對於校務、銳意整頓、並秉承董事會意旨、救濟戰地失學青年、招收免費半費學額、以資優待、至教員方面、敦聘省市校品學兼優、經驗豐富者、悉心管教、並設置圖書館儀器標本室、修築廣大運動場及健身場等、更有優美環境、最合修藏、計學生人數由一百八十餘人、增至五百七十餘人、班額由九班增至十八班、校務進展、略見梗概、本年六月、復蒙 教育部暨僑務委員會以辦理優良、批准立案、現值廿八年度學期開始、董事會以戰地失學青年、及本港窮苦學生、紛請入學、本學期仍繼續招收中學部半費學額共三百名、以資救濟、有志求學青年、宜速來學、以免見遺、

宗旨　本校遵照　中華民國教育宗旨及實施方針，以發展青年身心，培養健全國民，訓練充份知能，爲研求高深學術，及從事各種職業之準備爲宗旨。

編制　本校採用三三制，高中三年畢業，初中三年畢業。并附設高級中級初級小學，共六年畢業。（十二歲以上之女生另行分班編級）幼稚園兩年畢業。

課程　本校課程，除遵照教育部課程標準，參酌港校學程表施教外，并實施非常時期特種教育，與國內學校完全銜接。列表如下：

高中	公民　國文　英語　算學　歷史　地理　生物學　物理　體育　圖畫　音樂　化學　特種教育課程
初中	公民　國文　英語　算學　歷史　地理　化學　物理　圖畫　生理衛生　動物　植物　體育　音樂　勞作　特種教育課程
小學	公民　國文　歷史　地理　自然　算術　衛生　常識　勞作　美術　英文　體育　音樂
幼稚園	公民　國語　算術　常識　音樂　遊戲　工作

學　　額　本校招高中，初中，小學及幼稚園各級男女新生，轉學生，借讀生，每級以五十人為限。

投考資格　（甲）凡曾在初中畢業；或具相當程度者，得投考高中一年級。

（乙）凡曾在小學畢業；或具相當程度者，得投考初中一年級。

（丙）凡有相當程度，均可報考小學，編入相當年級。

報　　名　即日開始，至考試前一日截止。報名費中學一元，小學六毫。

（取錄與否概不發還）

考試日期　七月三十，三十一日。

考試科目　（甲）高中各級及初中二三年級：國文，英語，算學，史地，理化。

（乙）初中一年級及小學各級：國語，算術，常識。

（丙）小學一年級及幼稚班。口試。

入　　學　凡取錄各生，須即向會計處清繳各費，繳交二寸半身相片兩張，領證註冊，方得入學。

費　　用　（甲）下列各費一次繳足：

級別＼項目	學費	堂費	儀器實驗費	圖書費	體育費	總計
高級中學	三十二元	六元	三元	二元	二元	四十五元
初級中學	二十五元	六元	二元	二元	二元	三十七元
小學五六年級	十八元	四元		二元	一元	二十五元
小學三四年級	十三元	四元		二元	一元	二十元
小學一二年級	十元	四元		二元	一元	十七元
幼稚園	十二元	六元				十八元

（乙）膳宿：宿費每月四圓（一次繳足）膳費每月八圓（每日三餐）每月一日繳交

（丙）保證金：中學繳交五元，小學及稚幼園繳交三元，於上課時一次繳足，畢業時發回，但中途退學例不發還。

開學日期　九月四日

董事長　陳維周

董　事　金曾澄　陳玉堒　陳文甫　林翼中　黃麟書　黃冠章　杜益謙　孫家哲

校　長　陳樹森

民國二十八年七月

附（一）廿八年度本校校董會捐贈半費學額簡章

本校為救濟戰地失學青年起見，經於廿七年度下學期由董事會捐助免費半費學額共二百名，以資收容，惟以戰區失學青年及本港清貧學生，紛到要求，繼續優待，以維學業，經由董事會議決，廿八年度上學期，繼續捐助戰區半費學額二百名，本港清貧學額一百名（祇以中學部為限）。茲將半費學額入學條例分列於後：

戰區半費學額優待條例

（一）半費學額二百名，男中佔百分之五十，女中佔百份之五十。

（二）凡戰區學生，借讀或轉學，須將原校證明文件，呈繳審查，經學校認可後得參加半費學額入學試。

（三）入學時須有保證人或殷實商店担保。

（四）入學試成績，每在六十五分以上，在原校成績證操行列在乙等，得依照半費學額入學手續，到校註冊上課。

（五）經上學後應恪守本校一切規則，否則仍得開除學籍。

（六）報名日期七月三日　報名費一元

（七）考試日期七月三十，三十一兩日

（二） 本港清貧半費學額優待條例

(一)半費學額男中佔百分之五十，女中佔百分之五十，不論高初中各級均可投考。

(二)轉學生借讀生均得享受同等待遇。

(三)投考人須確係家境清貧者，於取錄後應覓保證人或殷實商店保證，倘有蒙騙學校，由保證人負責賠償免繳之學費。

(四)如家境清貧而入學試成績優良者，得轉爲陳董事長獎學免學費額，

(五)經取錄後，入學時須依手續註冊，並繳學費半數及堂費圖書體育費等項，方得入學。

(六)報名日期：七月三日，報名費壹元，

(七)致試日期：七月三十，三十一兩日。

（三） 在學免費半費學額優待條例

(甲)凡職員(或清貧)學生，不論來校借讀或轉學，經參加免費半費學額入學試而獲得此學額者，如具有下列條件，可仍得免費半費之優待

(一)在學期結束時操行成績列入甲等學業成績每科在七十五以上平均滿八十分者得享受免費之優待

(二)在學期結束時操行成績列入乙等以上學業成績每科七十分者平均分滿七十五分者得享受半費之優待

(乙)凡本校在學學生具有下列條件者可得免費半費之優待

(一)在學期結束時操行成績列入甲等學業成績在所屬班中獲得第一名者得享受免費之優待

(二)在學期結束時操行成績列入甲等學業成績在所屬班中獲得第二三名者得享受半費之獎勵

(三)全學期無缺席(慶祝早操紀念週及其他集會在內)者得免費獎勵

(四)記大功三次者得免費獎勵

附註

1 如職員或清貧學生本學期經獲得免費或半費學額者在學期結束學業成績不能符合免費或半費標準時而操行成績在甲等確無力繳交學費者得具呈學校請求繼續優待

2 免費祇以免繳學費爲限

3 免費半費以一學期爲限

4 凡職員或清貧學生如達陳董事長獎學金標準時得享受同等待遇

（四） 陳董事長獎學金免費學額條例

陳維周先生贊助教育夙具熱懷現任本校　董事長特設獎學金免費學額以資鼓勵專心向學青年而宏造就茲將獎學金免費學額條例列後

(甲)在學生

(一)凡在學生具有下列條件者得享受免費之優待

1 學業成績各科在八十分以上總平均分八十五以上

2 操行成績條例在甲等者

3 努力服務經校務會議認可者

(二)凡在學生具有下列條件者得享受免學雜費之優待

1 學業成績各科在八十五分總平均分在九十分以上

2 學行成績列在甲等者

3 校內各項比賽會獲八十五分以上者

4 努力服務經校務會議認可者

(三)凡在學生具有下列條件者除免學雜各費外並得獎學金二十元(一學期)

1 學業成績各科在九十分總平均分九十五分以上

2 學行成績列在甲等者

3 參加各項學術比賽成績曾獲二次八十五分以上者

4 努力服務經校務會議認可者

(乙)畢業生

1 凡本校高中畢業生具有在學生(一)項之規定致升入國內大學得由陳董事長資助該大學學費百分之五十作爲獎學金

2 凡本校高中畢業生具有在學生「三」項之規定致升入國內外大學得由陳董事長資助該大學學費作爲獎學金

3 凡本校高中畢業生具有在學生「一」「二」或「三」項之規定不願繼續升入大學得留校服務

4 凡受資助學生每學期終結應將所在大學學行成績送回審查仍達規定標準時得繼續資助至畢業爲止如不能達規定標準或不送學行成績審查即行停止資助

5 凡受資助至大學畢業學生須回校服務如受他校聘請時要先得本校同意方得接受聘約

6 不論本校高中畢業生及受資助大學畢業生在校服務時如有瀆職得隨時免其職務

四四 （丁）

國民中學概覽

自從七七事變，國內各學校因環境關係，遂移至港澳；而各地青年為繼續其學業起見，亦紛紛集中港澳，以致原有各校不能盡量收容，故失學者甚多，該校董事長容資材，校長吳錫雲，及廣州教育名流等，為救濟內地來港澳之失學青年起見，特在香港堅尼地道三十二號，創辦「國民中學」以資收容。并為適應環境需要起見，所有一切課程悉依教育部規定；及參照香港教育則例以培養青年身心；造就健全國民，使之進可以升學，退可以為國家社會服務。經已在香港教育司註冊，并呈 國民政府教育部，僑務委員會，廣東教育廳等機關立案，茲將該校情形分述如次：

一 校舍與設備

國民中學在香港堅尼地道第三十二號，電話二三零四五。（由花園道上至兵頭花園側轉左，若搭三號巴士可到兵頭花園）該校舍為花園式洋樓，依山面海，空氣清新，為修學最適宜之所，茲其設備略述於后：

一、課室　課室分男中部、女中部。男中部在全座校舍之中部；女中部在其右方，另有門徑出入。小學部低年級者在女中部，高年級者則分設男女班，分別在男中部或女中部。幼稚園則在男中部之左，合計課室十餘間，均有窗櫺，每班均有獨立課室，足容學生數百人。并設備有宿舍多間，亦均空氣清新，地方雅潔，宿舍內所有鐵床，椅桌等均係新置，而管理方面亦極完密。

二、圖書館　圖書館在男中部之斜對面，倚樹為屋，遠眺山光水色，亦為一幽雅之所，館約分三部：一為藏書室，一為雜誌室，一為報紙室。現計所藏古籍中西名著，中小學參考用書約數千本，中西雜誌書報數十種，中西大小報紙二十餘種。另各種地圖掛圖等甚多。

三、操場　操場在校園之正中，可容二三百學生體操之用。至於球場現正進行向政府批租對面之塘地。以為闢球場之用，該場約可闢為排球，籃球，網球及小型足球等場。

四、兒童遊樂場　在校舍之後，為兒童遊樂場，場內設有滑板，浪木，木馬等等，適合於小學及幼稚生遊戲之用。

本校圖書館

二 編制與課程

遵照教育部規定分設高初中學，小學，幼稚園，并設女子中學部。依照部定高初中學均三年畢業，小學六年畢業，致試成績及格呈請教育機關驗發畢業證書，幼稚園修業期間二年，期滿由本校發給畢業證書。至各級課程均照部定及香港教育則例，并實施非常時期特種教育，其課程如下：

（甲）高中

國文　英文　數學（幾何　三角　大代數　解析幾何）　本國史　本國地理　外國史　外國地理　生物學　物理　化學　公民（社會　政治　經濟　法律　倫理）　圖書　音樂　體育

（乙）初中

國文　英文　數學（算術　代數　幾何　三角）　本國史　中國地理　外國史　外國地理　自然　植物學　動物學　化學　物理　衛生　公民　勞作　圖畫　音樂　體育　童軍訓練

（丙）小學

國文　英文　算術　公民　歷史　地理　自然　衛生　常識　圖畫　音樂　勞作　體育　童軍訓練

（丁）幼稚園

國文　常識　故事　音樂　算術　勞作　圖畫　遊戲

三　入學手續

現將各種入學手續分列如下：

學額　現招各級新生及插班生借讀生如下：

高中一年級新生。

初中一年級新生，　二三年級轉學生

小學一年級新生，　各年級轉學生。

幼稚園新生及轉學生。

資格　投考資格如下：

一、高中一年級，須初中畢業，或程度相當。

二、初中一年級，須小學畢業，或程度相當。

三、凡有相當程度者，均可投考小學各年級。

報名　一、日期　由即日起至考試前一日止。

二、地址　在本校及各代報名處。

三、手續　繳報名費，中學一元，小學及幼稚園五毫。取錄與否，概不發還。

試驗　一、日期　新生入學試驗，分三次招考：

（一）八月十四日。

（二）八月三十日。

（三）九月十日。

二、地點　本校。

三、科目　（甲）高中　國文　英文　數學　史地

（乙）初中　國文　算術　常識

（丙）小學　國文　算術

四、免試　凡有原校成績表者免試，借讀生有借讀證者免試。

入學　考試後三日即榜示取錄姓名，凡取錄之新生，須三日內來校繳費註冊，領取入學證。

本校男中部（一）

四　費用

該校因得各地名人贊助，故收費特廉，以求普及，并為救濟戰地失學青年起見，特設半費學額五十名，茲將各種費用分列如下：

級別	高中	初中	小學五六年級	小學三四年級	小學一二年級	幼稚園
學費	三十五元	二十五元	十八元	十五元	十二元	十二元
堂費	五元	五元	三元	三元	三元	五元
體育費	三元	二元	一元	五毫	五毫	一元
圖書費	三元	二元	一元	五毫	五毫	一元
醫藥費	一元	一元	一元	一元	一元	一元
合計	四十七元	三十五元	二十四元	二十元	十七元	二十元

膳宿　爲利便遠方來學者計，故特由本校代辦膳宿其費用如下：

一、宿費　每學期二十五元。

二、膳費　每學期四十元。（以五個月計多除少補）

三、午膳　各學生如欲搭午膳者每月四元。

半費　本校中學每班均設半費學額五名，凡有下列情形者均得於報名時聲請，投考錄取後學費五折，其餘各費仍須繳足。

一、投考家境清貧有證明文件，經本校審查屬實者。

二、戰區難民有原校證明文件，經本校審查屬實者。

本校男中部（二）

五　職業專修科

職業爲適與青年出路中重要之一，有職業技能者在社會上常佔優勢，若缺乏職業技能者當然不能與人競爭。該校遵照國民政府教育部職業訓練辦法，使青年有職業技能，以服務於社會。茲將職業專修科內容略列於下：

編制　暫設下列各組每組一班，均一年畢業，試驗及格發給畢業證明書。

1.會計組
2.商業組
3.英數理化補習組

各組課程如下：

1.會計組（此組用中英文教授）
會計學　簿記　算術　珠算　審計學　經濟學　英文

2.商業組（此組用中英文教授）
商業原理　廣告學　銀行學　簿記　商業文牘　英文

3.英數理化補習組（此組用中英文教授）
英文　算術　代數　幾何　三角　物理　化學

入學　凡小學以上畢業或程度相當均得報名入學，報名費一元入學時在學費內扣除，報名日期與中學同，并免入學試。

費用　各組學生每季（即三個月）費用如下，中途退學所繳各費概不發還。
學費七元　堂費二元　合計九元

時間　每日上課時間由下午六時至八時止。如有學生二十人以上者，得請求開上午班或中午班。

六　體育與少年團

該校對於體育之訓練，異常注意，務使學生有健全之身體；有尚武之精神，除體育外，尚組織「少年團」施以童子軍常識，以造就軍國民之基礎，茲分述如次：

一、體育　該校體育訓練，球類方面：有排球，籃球，小型足球等。均由體育專家担任訓練。除球類之外，如田徑，跳高等。各種運動，均注重平衡發展。并就學生個性之所近，分別編入各種球隊，使全校學生均極端有參加機會。

二、少年團　在教育部規定之課程中，有童軍訓練一項，惟在香港之學校因有特殊情形，多未能設施，該校爲兩方兼顧起見，特組織「少年團」施以童子軍常識，并由廣州市學校童軍教練担任訓練，以發成童軍人材，以適應非常時期特種教育之宗旨。

本校校舍全景

七 學生生活

學生課外生活，乃用以調劑學生精神，陶冶學生性情，指導學生娛樂。故該校學生生活，係由教員指導，由學生自由組織，擬辦者有下列各種：

一、音樂研究社「絃以淑性，樂以陶情」故孔門六藝，亦禮樂並重，該校余各級音樂課程外，並擬之音樂研究社，以為學生課餘之生活，該音樂研究社擬分二組：一為西樂，一為中樂組，每組均有專家指導，以資調練云。

二、象藝研究社：象藝為吾國之國粹，可以陶冶性情，調劑思想，國人多喜研究之。故該校擬設象藝研究社，由該校教職員中之精于象藝者負責指導。

三、座談會：該校擬利用課餘之時間，集合旨趣相同之學生，由該校教職員指導，研究社會問題，文藝，或國際問題等。

三、國語研究會：中央為統一全國，言語起見，積極推行國語，故該校擬組織國語研究會，由各教職員負責指導，並擬每週舉行國語演講一次，以資研究。

八 教職員一覽

（甲）職員

校董事長
校長
秘書
教務員
訓育主任
總務主任
會計主任
附小主任
幼稚園主任
體育主任
圖書館長
校醫
校醫

霍寶材
吳鑄雲
梁漢奇
鍾有材
張景學
梁煥甫
梁國照
潘啓林
盧惠芳
盧寶逵
何熙仲
張朝文
陳沛然

廣東法政專門學校畢業歷任兩廣鹽運使署秘書財政部公
賣局秘書廣東禁煙秘書鶴山中學校長
廣東國民大學法學士曾任廣州大中報廣州日報等報編輯
中學教員
廣東國民大學文學士日本中央大學法學士日本早稻田大
學大學院研究期滿現任廣東國民大學法學教授
廣東國民大學法學士日本中央大學法學士廣東省黨部檢
定高中訓育主任曾任國民大學教授
國立廣東法科學院修業曾任廣東高等法院書記官廣州市
政府工務局課員
廣州統計學校畢業曾任銀行會計
廣東國民大學修業曾任廣州市黨部民衆學校教員
廣東省立女子師範學校高中幼稚師範科畢業
廣東國民大學體育主任香港體育會副主席
上海暨南大學畢業
國立中山大學醫學士廣州衛生局註冊醫師
廣東中醫藥專門學校畢業曾任廣東中醫院醫師中國醫學
研究社社長廣州衛生局註冊醫生

（乙）教員

一、男中部專任教員

陳超凡
李文健
黃中傑
蘇海良
張顯山
朱夢發
陳鼓山
梁景裕
徐登波
梁鈞元
郭煜華
麥宏泉
李祖康
呂薇亭
陳兆博

美國哥倫比亞大學法學博士曾任上海暨南大學教授廣州
市市立第一中學教員上海大同中學教員
法國巴黎大學法學博士
香港大學畢業
日本帝國大學工學士
加拿大沙省省立大學理學士沙省省立大學化學系化驗師曾
任中山大學講師
日本專修大學經濟學士現任廣州大學講師
日本專修大學法學士曾任廣州市立二中教員
廣東國民大學文學士日本早稻田大學大學研究院研究曾
任順德縣立鄉村師範學校教員
國立中山大學理學士曾任高要縣北鄉村師範學校教員
廣東國民大學法學士廣東燕塘軍事政治學校畢業曾任高
要縣北鄉村師範學校校長番禺縣政府[illegible]學
廣東國民大學文學士曾任嶺南大學農業學校教員
廣東國民大學法學士曾任廣東陸軍測量學校教官勷勤大
學助教兼中學教員
廣東國民大學文學士曾任廣西省立南寧女子師範學校教
員陸川縣立中學校長
廣東國民大學文學士曾任廣州南京中學教務主任香港華僑
日報編輯香港英文書華民報記者
廣東國民大學教育學系修業曾任中小學教員

二、女中部專任教員

崔幼新
何惠瓊
李國玉
馮美英
鍾美英
史愛蓮
梁漢生

國立中山大學教育學士曾任省立女子師範學校教員
廣東國民大學教育學士曾任省立女子師範學校附小教員
日本女子大學畢業曾任上海中學教員
南京金陵女子大學畢業曾任南京女子中學教員
上海兩江女子體育學校畢業曾任南京中華女子中學教員
上海藝術大學畢業曾任上海中學教員
廣東國民大學教育學系修業曾任廣州市立第九十一小
學教員

三、小學部專任教員

梁竹夫
黃瓞蘇
鍾文治
容祖鎏
黃定邦
黃雁潘
黎蔭棠
盧勵勤

廣東國民大學工學院修業
廣東國民大學公務學院畢業曾任廣州市立小學教員
香港英華書院畢業曾任廣州智文學校校長
廣州知用中學高中畢業曾任廣州市立小學教員
廣州大中中學高中畢業廣東江門童子軍隊長訓練班畢業
曾任廣州市立第二十四小學第五十二小學第二十八小學
等小學教員廣州大中[illegible]子軍團助教
庇理羅士書院畢業西南中學高中畢業曾任香港麗華女子
中學教員廣州[illegible]小學校長
廣州青年會中學高中畢業曾任小學教員

四、幼稚園專任教員

陳慧英
林寶英

廣東省立女子師範學校高中幼稚師範科畢業曾任市小教
員
上海保姆學校畢業
廣東省立女子師範學校幼稚科畢業

崇蘭中學正分校招生

＝招收各級新生＝

學級：中學、高小、初小、幼稚園、

試期：第一次八月十日上午九時
第二次國歷八月廿五上午九時

開課：正校國歷九月一日
分校國歷九月卅日

＝閱章報名請到＝

正校跑馬地（黃泥涌道八十一號（電話式四零壹三）
觀馬台第八號（電話式三壹二式）

分校灣仔區 軒鯉詩道一百七十一至一百七十三號

崇蘭女中學（正分）校概況

本正校開辦已十七年。分校已開辦九年。有悠久之歷史。凡久居港地者皆耳其名。

（宗旨）本校以培養健全人格之國民。及灌輸生活所必需之智識技能。以便進於研求較深之學術。爲將來從事各種職業及升學之預備。

（學級）內設中學　高小　初小　幼稚園

（編制）本校分高中三年。初中三年。小學六年。幼稚園二年。

（課程）本校各級課程編配。除根據中國教育部所規定之課程標準外。並酌量香港環境。略爲伸縮變更。以求教學之適應。且與國內中小學相當學級之課程銜接。以便學生升學或轉學。列表如下。(表在第五二頁)

（校址）位於東區最適宜之點。校舍宏偉。交通便利。光線充足。空氣清新。極合修學之用。

（教授）教學方法。注重啓發式。各教員爲國外留學生及國內各大畢業生。均具專門學識及有教育經驗者當之。故能勝任愉快。

（管訓）管理方法嚴密考查。務令學生重視功課。務求適於教育原理。注重人格訓練。因得社會人士之信任。現有學生五百餘人。

（考驗）各科成績。隨時考驗。每學期規定小考二次。大考一次。將考驗所得結果。呈送學生家長核閱。

（學期）秋季始業。自暑假結束後至寒假開始爲上學期。由寒假結束至暑假開始爲下學期。

（授課）每日授課。由上午九時至十二時半。下午一時半至四時半。小學級三時半放晚學。星期六下午及星期日休息。幼稚園上午九時至十二時半。高級幼稚生則下午三時放晚學。

（制服）學生入校。須一律穿本校所規定之制服。並懸佩校徽。以肅學風而昭劃一。

（獎勵）本校既行例獎外。如學生有刻苦用功。成績昭著。品學冠同儕者。仍有免費特獎。以資鼓勵。又由幼稚園而讀至中學。能貫徹始終者。亦蒙優異獎。

（入學資格）凡身體健全品格端正之女生。自信能遵守本校一切規則。及試驗及格。皆可來學。並收十二歲以下之男生。凡四歲至六歲男女生。皆得入幼稚園。

（注意）本校除已在本港教育司註册外。現並進行在廣東省教育廳立案。

崇蘭中學附設幼稚園簡章

（一）宗旨　本園以增進兒童應有之快樂養成優良習慣之基礎培植其德性健全其體魄及謀將來進學之便利

（二）定名　本園附設崇蘭中學故名為崇蘭幼稚園

（三）園址　正校設在跑馬地觀馬台八號此間校舍宏偉交通利便草場環繞空氣清新最適合兒童之健康

分校設在軒尼詩道一七一至一七三號

（四）教授　本園採用自動教育法以充實兒童生活發展兒童健全之身心培植國民基本及良好習慣特聘幼稚專門教授主任之

（五）編制　分甲乙兩級依各兒童之年齡智力而分級

（六）學齡　四歲至六歲無論男女生皆可來學

（七）課程　音樂　故事　勞作　社會和自然　遊戲　衛生　恩物　識數　讀書　習字　認字　另按兒童年齡智力酌加字課算術聯句

（九）學期　每年分兩學期暑假後為上學期寒假後為下學期

（十）學時　每日上午九時至十二時半高級幼稚生下午三時放晚學星期六下午及星期日休息

（十二）證書　修業期滿兩學年查驗成績合格者即發給畢業證書

（十三）要點　本園特設有家庭通訊手册注意兒童個性活潑之發展使兒童在日常生活中能得規律之習慣使學校與家庭互相聯絡共同訓導以謀幼稚教育與家庭教育之改進

初級中學各學期每週各科教學時數表

總時數	音樂	圖畫	勞作	地理	歷史	自然：化學	自然：物理	自然：動物	自然：植物	自然：生理衛生	算術	英文	國文：字學	國文：作文	國文：經學	國文：詩詞	國文：古今文選	國文：讀本	體育	公民	科目／時數／學年
34	1	1	2	2	2			1	1	1	5	6	1	2	1	1	1	3	2	1	第一學年
36	1	2	2	2	2		3				6	7		2	1	1	2	3	2	1	第二學年
36	1	1	2	2	2	3					6	8		2	1	1	2	3	2	1	第三學年

小學各級每週各科教學時數

總時數	音樂	圖畫	勞作	故事	常識：地理	常識：歷史	常識：自然	常識：衛生	常識：公民	國語	算術	英文	國文：字學	國文：作文	國文：經學	國文：詩詞	國文：古今文選	國文：讀本	體育	科目／時數／學年
31	1	1	2	1	2		3			1	4	2	2	2		1	2	6	2	一二年級
33	1	1	2		2		3			1	4	4	2	2		1	2	6	2	三四年級
34	1	1	2		2	2	2	1	1	1	4	4	1	2	1	1	2	4	2	五六年級

教育部
僑委會
立案香港華僑中學 暨小學 幼稚園 招生

班　次：高初中小學及幼稚園各級轉學插班借讀生
考試日期：第一次：本年國曆八月一日
第二次：國曆八月十五日
第三次：國曆九月一日
開學日期：本年九月一日

校址：男校　堅道炮台道七號八號十七號
女校　西摩道二十七號　炮台道六號十號
膳宿：膳宿俱備　管理謹嚴
電話：二零二壹七　二六九零零

華僑中學一瞥

（一）創辦初期

憑了工作者的熱情和理想，歷盡了艱難，平苦，華僑中學像一顆雨後的徽芽，閃閃的出現在九龍半島之上了，時間是民國廿一年十月。

現在的香港過於熱鬧了，但當時的香港却像井裏的水，翻不起一些波紋來，尤其是香港的教育——遠離了祖國的精神的教育，竟荒蕪得像沙漠中一樣！

華僑中學就用拓荒的精神在沙漠之中，開始去工作。為了種種的阻礙，在創辦的初期，只有七個學生，僅僅的七個！

然而華僑中學是一朵鮮花，在當時惡劣的環境中，憑了熱誠，憑了理想，憑了努力，這朵鮮花而今終結了果了，並且播下了無數的種子。

回想當年第一件可喜的事，是得當時的教育部長朱家驊先生的贊助與鼓勵，完成了一件奇跡，就是教育部和僑委會特准破例立案——香港學校在祖國第一次的立案。

當然，初期的華僑中學也有不少的困難和缺陷，而最重大的就是經費不足。這真是一個非常的打擊，在學校創辦前的預計，是有十萬元基金的，可是這個美滿的希望竟成了幻想！基金既沒有，學生又只得七個，怎麼辦？一萬元的開辦費已用得差不多了。『上前麼？』沒有經費，『退後麼？』那只有關門，當時的困苦情形，只有當時的工作者才能懂得。

然而爲要發揚祖國的教育精神，爲要實現「實驗教育」的理想，這一羣工作者終決心苦幹下去。校長王淑陶先生除犧牲個人的財富，更汗流浹背的四處奔走，以求學校根基的樹立。

華僑中學就在風雨飄搖中支持過去，也就這樣建築了堅固的基礎。

（二） 進展情形

基礎立定，學生漸漸多了，爲了符合立案的條件，和適應環境的需要，校址就搬上了香港的堅道—就是現在的校址。

經過多年的「篳路藍縷」，現在，各種的設備已能使每個同學感覺到滿足了，但我們面前還是掛着一幅更理想的藍圖。

圖書，學校誕生還未到百日，就得馮天如先生送了六千多冊—是西文的—價值總在萬元之上。王灼三先生也很熱心的送了一大幫來—是中文的—。可是這些圖書大部份只適宜於教師們的參考。這，未免有點美中不足。現在呢？除了全套萬有文庫，初中學生文庫，小學生文庫和幼童文庫外，還有萬冊左右是適合于學生們的胃口的。

初期的實驗室，有點像黃昏前的天空；可是，當日哥兒步落西山後，點點的繁星就爭先恐後的從雲間伸出臉兒來。而今理化儀器，連庚子賠款會贈送的一套（是四年前的事），已有六千多件了；動植物標本和生物實驗器具，也有三千多種；在部定標準下，每個實驗，都全沒有缺少。

講到體育，四五年前該校的籃，足，排球隊也曾在省港澳喧囂過一時，技術和道德常常博得參觀比賽或表演的人們的贊許。近年向着普遍化，軍事化的目標進行：一方面極力避免「選手化」底不良習慣，而注意每個體格的發展；一方面從事于健身器械運動，而注重體育道德的養成。

現在，一切的一切，雖然離工作者的理想甚遠，但，學生的人數，已由僅僅的七個而快增加到一千了。畢業的，總計已在八百以上，歷年考入交通，中央，中山，嶺南，復旦等大學，爲數甚多，到外國去留學的也不少；就是戴了四方帽回到「娘家」探望的，每年也總有幾個。而且，更得到僑務委員會按月的補助，相信今後的前途更容易發展，未嘗不可引以爲慰啊。

（三） 現在情形

抗戰的烽火使香港人口的密集，華僑中學更負起了聯系香港和祖國教育的任務。爲了教育的人材集中，爲了教育理想的試驗，行政的組織，教導的方式，也曾轉換過幾次。現在制度，是採取「學教合一」；方法則並重個別和綜合的指導，學生既得發展個人的特長，又可養成合作與互助的習慣。

至行政組織，現分三處，（有點像人的身體：校長是頭；秘書處是頸；教導處是兩手；總務處是兩腳）。秘書處設秘書一人，掌設計，文書，交際，和協助校長綜理一切校務；教導處設正副主任各一人，下分高中，初中，女中，體育，舍務五部，各部各設主任一人，分負教務，訓育事項；總務處設正副主任各一人，下設會計，事務，圖書與儀器管理等職員，分理總務事項。附小是獨立的，設主任一人，教導主任一人，各級各設級主任一人，分負管教事項；幼稚園設主任一人，負責幼稚教育的設計和實施。

爲了學問，道德，技能的訓練，爲了抗建力量，自治能力的增加，上學期開課後不久，就卽成立了一個青年訓練團。組織是嚴密而認真，工作雖繁忙而有趣，甚麼辯論比賽啊，時事座談會啊，下課後，你縱有空閒，也嘗不知到去參加那個好；一到星期六，假使沒有人邀你去游泳，旅行，或宿營，就必碰到壁報的編輯們向你討取文信。

讀書的風氣，總算養成了，在清和的早晨，天台之上，樹陰之下，你總可見到不少的同學打開了書本，和聽到輕微的咿唔咕嗶的聲音。

末了，還告訴你一個小消息，就是華僑中學已擬定了建築新校舍的計劃，在不久的將來，一座偉大的校舍就會出現在你的面前。

總之，華僑中學在「不忘祖國，不忘母校，不忘同學」的旗幟下升起來了。

華僑男女中學暨小學幼稚園招生簡章

宗旨　本校以根據現代最新教育原理，體察華僑情況，培養青年之人格與體魄，並增進其智識與技能，以爲將來研究高深學問之準備，及適應社會生存之需要爲目的；在非常時期中，注意於救亡力量之充實與訓練，使青年能負起復興國家民族之責任。

男校校址　香港堅道衞城道（即炮台道）七號八號。

女校校址　香港西摩道二十七號又衞城道十七號。

學制　本校分高初中兩部，高中暫設普通科。

課程　本校高初中學程除根據教育部頒布標準課程外，酌量情形增設非常時期教育之技術與學科。

管教　本校實行試驗教育，（略見本校管教述要）一切訓練注重嚴格，學生自問確能遵守本校校規與刻苦用功者，方可來校。

獎學　凡在本校肄業半年以上，成績優異，努力公衆事業，而家境清寒者，得予減費或免費學額（詳見本校獎學條例）。

招收班額　（甲）高中初中各級轉學生及插班生。（乙）國內學校各級借讀生。

入學資格　（甲）凡品行端正，體格健全，年齡相當，熱誠求學，具有各該級相當程度者，均得報名投考入學。（乙）凡攜有經本校承認之學校畢業，修業，或轉學證書者，得由本校酌予編級入學。

報名日期　七月十日開始報名

報名手續　（一）繳交報名費一元（取錄與否概不發還）。（二）繳交四寸相片一張

報名地點　本校辦事處。

考試日期　第一次本年國曆八月一日　第二次八月十五日　第三次九月一日

考試地點　本校

納費　凡取錄新生應在開學前到校註冊。

（男生繳費表）

項目／級別	學費	堂費	圖書費	實驗費	體育費	代收學生自治會費	高中講義費／初中勞作費	合計
高中	三十五元	四元	二元	二元	二元	一元	二元	四十八元
初中	二十八元	三元	一元	一元	一元	一元	二元	三十七元

（女生繳費表）

項目／級別	學費	堂費	圖書費	實驗費	體育費	代收學生自治會費	高中講義費／初中勞作費	合計
高中	三十元	三元	二元	二元	一元	一元	二元	四十一元
初中	二十四元	二元	一元	一元	一元	一元	二元	三十二元

附註：（一）除上列各費外，高初中生均須繳保證金五元，該金于畢業時發還。
（二）本校校曆，每年分二學期，上列各費均以一學期計算。
（三）學生中途退學或犯規被革除者，所繳各費概不發還。
（四）各生均須一次過繳交建校費十元。

制服　本校規定制服兩套，每套價銀約四元，上學前繳交學校代收。（餘剩發還）

膳宿　高中部學生以寄宿爲原則，（走讀亦可，）宿費每學期三十元，入宿舍前須一次繳清，膳費每月六元，一次或按月繳交亦可。

入學手續　（一）取錄學生，須於開學前三日，到校填寫保證書及志願書。（二）依表列各學費用一次繳交總務處。（三）持學費收條到教務處註冊，並領取學生證及上課證。

開學日期　本校秋季始業，本學期於國曆九月一日

附設小學及幼稚園招生簡章

甲 小學部

宗旨 本小學以根據現代最新教育原理，體察兼顧教育需要，遵照我國小學教育宗旨及其實施方針，發展兒童身心，培養國民道德基礎，及生活所必需之基本知識與技能為宗旨。

校址 香港堅道衛城道（即砲台道）七號八號

學制 本小學採用二四制，（即高小二年畢業初小四年畢業）並因適環境之需要，特由初小四年級起教授英文。

課程 （甲）高小課程

國文，（說話，讀本，作文，書法。）英文，（讀本，文法，會話，繙譯，造句，拼音。）算術，（珠算，筆算。）衛生，公民，歷史，地理，自然，勞作，美術，音樂，體育。

（乙）初小課程

國文，（說話，讀本，作文，習字，）英文，（讀本，拼音，）算術，衛生，公民，社會，自然，勞作，美術，音樂，體育。

管教 本校初小各級，採用設計教學法，高小採用分團教學法，而訓育方式，則活潑主義嚴肅主義並重，以謀兒童適當之發展。

招收班級 （甲） 高小一二年級。

（乙） 初小一二三四年級。

入學資格 凡品行端正，體格健全，年齡相當，熱誠求學，並自問確願遵守本校校規者，均得報名投考入學。

報名日期 本學期定本年七月十日開始報名

報名手續 到本校辦事處填冊報名，並繳報名費一元，該費取錄與否概不發還。

考試日期 第一次本年國曆八月一日

第二次八月十五日

第三次九月一日

（凡遠道或戰地學生及有特別情形者准隨到隨攷）

考試地點 本校。

納費 凡取錄新生應在開學前到校繳註費冊。

級別/金額/項目	學費	堂費	圖書費體育費	代收學生自治會費	實驗費	合計
高小	十八元	一元	五角	五角	五角	五角	二十一元
初小	十四元	一元	五角	五角	五角		十六元五角

附註：（一）本校校曆，每年分兩學期，上列各費係一學期計算。

（二）學生中途退學或犯規被革除者，所繳各費，概不發還。

（三）各生均須一次過繳交建校費五元。

制服 本校規定制服兩套，每套約三元四角，上課前繳交學校代收（有餘發還）。

膳宿 本校設有完備清潔宿舍，以利便學生寄宿，管理認真，保護切實，宿費每學期三十元，入學時一次繳足。

入學手續 （一）學生須於開學前三日，到校填寫保證書及志願書。

（二）依表列各費用一次繳交總務處。

（三）持繳費收據到教務處註冊，並領取上課證。

開學日期 本年國曆八月二十一日

（乙）幼稚園

宗旨 本園宗旨在培養兒童天性之發展，協助家庭幼稚教育之改進，以為升入小學之準備。

園址 香港衛城道七號。

學級 分高初兩級，每級修業期間為一年。

課程 音樂，故事，遊戲，公民，常識，算術，勞作，美藝。

管教 教訓方面，注意兒童個性之自由發展，生活技能基礎之認識與規律習慣之養成。保育方面，注意兒童身體之發育，矯正姿勢，檢查衛生，務使起居飲食合理化，以養成強健活潑之體魄。

學費 每學期學費十六元，堂費二元

附註：各生均須一次過繳交建校費四元

開學日期 本年國曆八月二十一日

中華民國廿八年

廣州大學附屬中學概況

一、沿革

本校附設中學部，肪自民國十七年，原爲廣州女子中學，嗣由本校校董會接辦，始易名廣州大學附屬中學校，校舍初設在廣州市北之天香街，十八年九月，遷至文德路，辦初中三班，招男女生，分堂授課，十九年九月，增設高中普通科，翌年秋，復設高中師範科，十九年七月七日奉廣東省政府教育廳令核准立案。

廿六年秋，抗戰軍興，南服告警，學子多散處四方，本校爲謀一部份學生安心修業起見，特分設校舍于九龍粉嶺安樂村，廿七年二月遷荃灣，嗣因來學者日衆，於是年秋季復遷至油蔴地新填地街，聘譚維漢博士主持校務，力謀進展，本年春，擴充校舍，在深水埗元洲街設男中部，仍在新填地街設女中部，至廣州原校，雖日在空襲威脅之下，校務進行，益見緊張，薪木無毀，弦誦弗輟，迄廿七年十月中旬，虜騎薄近郊，始遷至開平縣屬之沙塱鄉，旋復遷港，與港校合併，改爲正校，並在澳門白馬行街，增設分校，以廣收容，使戰區退出學生，仍得以賡續修學。

溯自創設以來，閱時十二稔，初中生畢業者凡八屆，高中生畢業者凡六屆，都六百餘人，現設高級中學十班，初級中學十一班。

二、設備

本校對於各種設備力謀積極擴充，務使達於完善境地，以增進教學效能，玆將現有設備分述如下：

一・圖書： 本校現有中文書籍一萬二千餘冊，外國文書籍四百餘冊，其他各種雜誌有三十餘種，日報十餘種，各種圖表百餘幅，現仍陸續添置。

二・儀器標本： 本校理化儀器甚夥，計現有化學儀器七十餘種，藥品一百六十餘種，足供理化實驗之用，至生理衞生動植物各種標本模型亦甚敷應用，現仍陸續添置。

三・運動場及游泳棚： 本校設有運動場一所，計籃排球兩用場兩個，活動小皮球場一個，雙槓兩對，單槓一對，跳沙池一個，女校以環境關係，不易覓得空地建設運動場，特租用青年會球場，此外暑期中並在荔枝角搭有游泳棚一所，以供學生課餘消夏之用。

三、教務

一・課程： 本校各級課程，悉遵照部頒修正課程標準辦理。惟各科課程標準，教學綱要，除部頒者外，亦多所補充，以期適應國難時期之實際需要。

二・教材： 本校各科採用教材，均採自教育部審定之教本。學期開始時，各科教師先擬定選擇教科書之標準；再由科務會議就教育部審定之教科書加以選擇，然後採用，各科教師，於學期開始時，依照課程標準，擬定教學進度表，切實施行，若有出入，並隨時註明理由，以作改進之根據。

三．教學： 本校施教方法，以引起學生興趣自動研究爲主，故特別注重學生自動之準備，觀察，思攷，實驗，研究，以養成學生自動學習能力。並於校務會議中隨時提出教學原則，方法，技術等問題，共同研究，會商改進辦法。學生對於各科教學有何意見，亦可用口頭或書面報告，學校當局定必斟酌情形辦理，以便教學日益改善，俾學生獲得最大之學習效果。

四、訓育

本校訓育事務，遵照部頒青年訓練大綱辦理，以養成學生純正思想健全體格生產技能爲主旨，除由訓育主任負責訓導外，各班主任各組導師各教職員均負訓育責任，採取團體訓練及個別訓練，指導學生一切課內課外之活動。關於訓練情形，可略述如下；

一，體育方面 本校除依照部頒課程標準，實行晨操及體育教學外，并注意課外游泳，爬山，長跑，球類比賽等運動，使全部學生體力，得以均衡發展。

廿六年四月，高三學生鄺振威參加第十四屆廣東全省運動大會，獲一千五百公尺賽跑冠軍，成績造成全省最高紀錄，高三學生張之昌參加田賽標槍一項，獲第三名，同年八月，張之昌參加全國運動會訓練營打破全國標槍紀錄，前學期本校籃球隊員馮植洪等，參加學界高級籃球聯賽，獲九龍區冠軍，又派出田徑代表參加全港華人陸上運動會，高一女生吳文鳳獲短距離多項冠軍。

二，軍事訓練 本校高中部學生，均受軍事訓練，悉照部定修正高中以上學校軍事教育方案辦理 ，分平時訓練集中訓練二種，平時訓練，在第一學年舉行，由軍訓主任教官處理，集中訓練，在第二學年或第三學年舉行，由廣東省軍管區司令部國民軍訓處辦理。

三，童子軍訓練 本校童子軍 ，根據中國童子軍組織規程組織之，爲男童軍團附設女童子軍團之複式童子軍團，其訓練方針及實施要點，分下列四項：

（一）智能訓練 依團員之程度 ，分別施以高中初三級課程之訓練。

（二）品格訓練 實施童子軍管理 ，以養成團員生活團體化紀律化，以三民主義爲思想訓練之中心，以實行誓詞規律及銘言爲行動訓練之中心。

（三）體魄訓練 鍛鍊與保養並重，除施以鍛鍊外，并指示衞生方法，利用課餘及假期，舉行爬山，游泳，露營，野戰，追蹤，旅行等活動。

（四）特殊訓練 分防空，防毒，消防，救護，警鐘，交通，募集，慰勞，等各組，施以戰事服務技能之訓練。

四，實施導師制 本校依照部頒中上學校導師制綱要實施導師制，將全校學生分爲若干組，每組設導師一人，對於學生之思想及行爲學業及身心攝衞，均體察個性，施以嚴密之訓導，使得正常之發展，以養成健全之人格。

五，生理及心理衞生教育 生理衞生教育，遵照部頒中等學校衞生教育實施方案及中等學校衞生設施暫行標準辦理，并舉行健康檢查，及按期施行預防接種等事項。至於心理衞生，側重情緒之調攝及訓練。

六，戰時後方服務工作 各學生於戰時後方服務工作，均能踴躍從事，精神異常興奮，如募集國防公債，募集前方將士慰勞袋短衣褲，寒衣，募集籌賑傷兵難民游藝會捐款，本年五月之青年週，并組織探訪隊，到各校宣傳節食救濟前方將士和難民，此外營組織下鄉宣傳隊，排演救亡話劇，編撰街頭壁報等各種工作，均有相當成績。

五、學生團體生活

本校現有學生自治會各班班會等團體之組織，並有導師座談會，各種學術研究會，戲劇研究會，音樂會，演講比賽，學藝比賽，球類比賽遠足旅行，童軍露營等種種活動。今年參加中報舉辦之救亡論文比賽，且獲得團體最優異成績。

六、今後發展計劃

本校各項建設，悉照部定準標辦理，凡參考用之圖書，實驗用之儀器藥品標本，運動用之體育器械，以及其他設備，均已各具規模，悉數應用，迨抗戰軍興以後，穗垣迭遭空襲，并將比較重要公物，運赴安全地點，尚獲保存，使十餘年儲養之文化菁英，不至罹浩劫以俱盡，全校同學之精神食糧，猶得藉資供給，洵屬厚幸，在此長期抗戰過程中，本校所肩之任務，益為艱鉅，對於在後方之青年學生，尤當加意培植，以養成其健全之人格，使能分負建國之責任，期於充實國力，可為土壤細流之助，今後之辦理進程，惟有努力經營，益圖發展，務令達於完善境地，以期促進教育效能，如擴充校舍，增闢體育場，實驗室，增購圖書儀器標本，增加主要科補修課程，增辦職業選科等事項，均經悉心規劃，擬具辦法，現方在次第實施，及籌備進行中。

廣州大學附屬中學招生簡章

本校直屬於廣州大學。經呈奉 國民政府教育部及廣東省政府教育廳立案。在廣州設立十餘載，畢業生逾千人，其升入國內外大學，及服務於軍政學各界者甚衆。前年秋，因時局影響，遷本港粉嶺及荃灣上課。其後為學生走讀寄宿兩便起見，特遷油蔴地新增地街；並請譚維漢博士主持校務。上學期因來學者日衆，再擴充班額；并於深水埗元州街增闢校舍一所，以廣容納。其辦理方法，注意下列數點：

（一）嚴密管訓　（二）提高程度　（三）慎選師資　（四）充實設備

際茲國難嚴重，同人等益加緊工作，務使一般可愛青年，均適合於此大時代之需要。茲將招生簡章分列如下：

一・編制及課程　本校分為高初級中學，各修業三年，其課程除根據教育部頒標準外，增授戰時補充教材，及戰時後方服務各種技術訓練。

二・招考學級

一・高中一年級男女新生

二・初中一年級男女新生

三・高初中各級男女轉學生

四・高初中各級男女借讀生

三・投考資格

一・高中一年級：凡在公立或已立案之私立初級中學畢業或有相當程度者，得報名投考。

二・初中一年級：凡在公立或已立案之私立小學畢業或有相當程度者，得報名投考。

三・高初中轉學生：凡曾在公立或已立案之私立中等學校修業，持有原校轉學證書，及學業成績證明者，得來校轉學。

四・高初中借讀生：凡曾在公立或已立案之私立中等學校修業，持有借讀證或成績證者，得來校借讀。

四．報名日期　由廿八年七月五日起，每日上午九時至至十一時，下午一時至四時。

五．報名地點　一．深水埗元州街一六五號至一六九號男校

二．九龍油蔴地新填地街一三七號至一四一號女校

六．報名手續　凡報名投考者，須繳本人最近二寸半身相片一張，報名費港幣一圓（取錄與否，相片及報名費，概不發還）須於報名時繳驗畢業證書（相當程度者免繳）或轉學證書，借讀證書，如欲申請免費者，須繳家境清貧證書。

七．試驗日時　第一次入學試，七月十六日（星期日）上午八時起

第二次入學試，八月六日（星期日）上午八時起

八．試驗地點　深水埗元州街男校

九．試驗科目　一．高中一年級生：國文　英文　算學

二．初中一年級生：國文　算學　常識

十．入學手續　各生須於取錄後一星期內，分別男女校，遵章清繳各費後註冊上課

十一．費　用　每學期繳費表（港幣計算）

類別＼費用		普通費用			代收費用		總計（元）
		學費	堂費	雜費	學生會基金	學生會常費	
高中	新生	三九、〇〇	四、〇〇	三、〇〇	一、〇〇	〇、五〇	四三、五〇
	舊生	三五、〇〇		三、〇〇		〇、五〇	三八、五〇
初中	新生	二九、〇〇	四、〇〇	四、〇〇	一、〇〇	〇、五〇	三四、五〇
	舊生	二五、〇〇		四、〇〇		〇、五〇	二九、五〇

附註：（一）轉學生及借讀生入學第一學期照新生，次學期照舊生，完繳各費。

（二）各生制服自行到學校指定之商店定造。

（三）軍訓費俟軍訓處訂定後再行徵收。

十二、膳宿費　如在校膳宿者，每學期宿費二十元，分兩期繳交，膳費每月七元，按月繳交，均以港幣計算。

十三、優　待　（甲）凡在本校初中畢業者，可免試升入本校高中一年級肄業，并優待照初中學費徵收一年，在本校高中畢業而升入本校大學者，特予優待。

（乙）本校為獎助家境清貧，體格健全，資禀穎異，成績優良之學生起見，遵照教育部規定，設置免費學額四十名。

（丙）本校為優待華僑子弟歸國就學起見，增設華僑生半費學額二十名（其辦法詳見廣州大學概覽）

十四、開學日期　開學日期：九月一日（星期五）

本校職教員一覽

校　　長　陳炳權　美國哥倫比亞大學經濟學碩士，實業部特許會計師，國民政府主計處顧問，歷充國立中山大學教授兼院長，中央政治學校教授，財政部統計處長，實業部統計長。

主　　任　譚維漢　國立廣東高等師範畢業，美國加省大學文學士，教育碩士，教育博士，曾任廣東省立金山中學校長，中央軍校特別班教育系主任，廣州大學文學院院長。

女子部主任黎　蒨　美國加省省立三藩市師範學院文學士。

教務主任　張恩駿　國立中山大學法學士，廣東省黨部檢定高中訓育主任，曾任國民經濟建設運動委員會廣東分會專員，中山大學附中教忠中學專任教員，中山縣立女子中學教務主任。

訓育主任　楊國華　中國公學大學部畢業，嶺南大學農科畢業，廣東省黨部檢定高中訓育主任公民教員，復旦中學教員，勷勤大學專任講師。

廣州大學附屬中學概況

一、沿革

本校附設中學部，肪自民國十七年，原爲廣州女子中學，嗣由本校校董會接辦，始易名廣州大學附屬中學校，校舍初設在廣州市北之天香街，十八年九月，遷至文德路，辦初中三班，招男女生，分堂授課，十九年九月，增設高中普通科，翌年秋，復設高中師範科，十九年七月七日奉廣東省政府教育廳令核准立案。

廿六年秋，抗戰軍興，南服告警，學子多散處四方，本校爲謀一部份學生安心修業起見，特分設校舍于九龍粉嶺安樂村，廿七年二月遷荃灣，嗣因來學者日衆，於是年秋季復遷至油蔴地新填地街，聘譚維漢博士主持校務，力謀進展，本年春，擴充校舍，在深水埗元洲街設男中部，仍在新填地街設女中部，至廣州原校，雖日在空襲威脅之下，校務進行，益見緊張，薪木無毀，弦誦弗輟，迄廿七年十月中旬，虜騎薄近郊，始遷至開平縣屬之沙塘鄉，旋復遷港，與港校合併，改爲正校，並在澳門白馬行街，增設分校，以廣收容，使戰區退出學生，仍得以賡續修學。

溯自創設以來，閱時十二稔，初中生畢業者凡八屆，高中生畢業者凡六屆，都六百餘人，現設高級中學十班，初級中學十一班。

二、設備

本校對於各種設備力謀積極擴充，務使達於完善境地，以增進教學效能，玆將現有設備分述如下：

一．圖書：本校現有中文書籍一萬二千餘冊，外國文書籍四百餘冊，其他各種雜誌有三十餘種，日報十餘種，各種圖表百餘幅，現仍陸續添置。

二．儀器標本：本校理化儀器甚夥，計現有化學儀器七十餘種，藥品一百六十餘種，足供理化實驗之用，至生理衛生動植物各種標本模型亦敷應用，現仍陸續添置。

三．運動場及游泳棚：本校設有運動場一所，計籃排球兩用場兩個，活動小皮球場一個，雙槓兩對，單槓一對，跳沙池一個，女校以環境關係，不易覓得空地建設運動場，特租用青年會球場，此外暑期中並在荔枝角搭有游泳棚一所，以供學生課餘消夏之用。

三、教務

一．課程：本校各級課程，悉遵照部頒修正課程標準辦理。惟各科課程標準，教學綱要，除部頒者外，亦多所補充，以期適應國難時期之實際需要。

二．教材：本校各科採用教材，均採自教育部審定之教本。學期開始時，各科教師先擬定選擇教科書之標準；再由科務會議就教育部審定之教科書加以選擇，然後採用，各科教師，於學期開始時，依照課程標準，擬定教學進度表，切實施行，若有出入，並隨時註明理由，以作改進之根據。

三．教學：　本校施教方法，以引起學生興趣自動研究爲主，故特別注重學生自動之準備，觀察，思考，實驗，研究，以養成學生自動學習能力。並於校務會議中隨時提出教學原則，方法，技術等問題，共同研究，會商改進辦法。學生對於各科教學有何意見，亦可用口頭或書面報告，學校當局定必斟酌情形辦理，以便教學日益改善，俾學生獲得最大之學習效果。

四、訓育

本校訓育事務，遵照部頒青年訓練大綱辦理，以養成學生純正思想健全體格生產技能爲主旨，除由訓育主任負責訓導外，各班主任各組導師各教職員均負訓育責任，採取團體訓練及個別訓練，指導學生一切課內課外之活動。關於訓練情形，可略述如下：

一，體育方面　本校除依照部頒課程標準，實行晨操及體育教學外，并注意課外游泳，爬山，長跑，球類比賽等運動，使全部學生體力，得以均衡發展。

廿六年四月，高三學生鄺振威參加第十四屆廣東全省運動大會，獲一千五百公尺賽跑冠軍，成績造成全省最高紀錄，高三學生張之昌參加田賽標槍一項，獲第三名，同年八月，張之昌參加全國運動會訓練營打破全國標槍紀錄，前學期本校籃球隊員馮植洪等，參加學界高級籃球聯賽，獲九龍區冠軍，又派出田徑代表參加全港華人陸上運動會，高一女生吳文鳳獲短距離多項冠軍。

二，軍事訓練　本校高中部學生，均受軍事訓練，悉照部定修正高中以上學校軍事教育方案辦理，分平時訓練集中訓練二種，平時訓練，在第一學年舉行，由軍訓主任教官處理，集中訓練，在第二學年或第三學年舉行，由廣東省軍管區司令部國民軍訓處辦理。

三，童子軍訓練　本校童子軍，根據中國童子軍組織規程組織之，爲男童軍團附設女童子軍團之複式軍子軍團，其訓練方針及實施要點，分下列四項：

(一)智能訓練　依團員之程度，分別施以高中初三級課程之訓練。

(二)品格訓練　實施童子軍管理，以養成團員生活團體化紀律化，以三民主義爲思想訓練之中心，以實行誓詞規律及銘言爲行動訓練之中心。

(三)體魄訓練　鍛鍊與葆養並重，除施以鍛鍊外，并指示衛生方法，利用課餘及假期，舉行爬山，游泳，露營，野戰，追蹤，旅行等活動。

(四)特殊訓練　分防空，防毒，消防，救護，警鐘，交通，募集，慰勞，等各組，施以戰事服務技能之訓練。

四，實施導師制　本校依照部頒中上學校導師制綱要實施導師制，將全校學生分爲若干組，每組設導師一人，對於學生之思想及行爲學業及身心攝衛，均體察個性，施以嚴密之訓導，使得正常之發展，以養成健全之人格。

五，生理及心理衛生教育　生理衛生教育，遵照部頒中等學校衛生教育實施方案及中等學校衛生設施暫行標準辦理，并舉行健康檢查，及按期施行預防接種等事項。至於心理衛生，側重情緒之調攝及訓練。

六，戰時後方服務工作　各學生於戰時後方服務工作，均能踴躍從事，精神異常興奮，如募集國防公債，募集前方將士慰勞袋短衣褲，寒衣，募集濟賑傷兵難民游藝會捐款，本年五月之青年週，曾組織採訪隊，到各校宣傳節食救濟前方將士和難民，此外會組織下鄉宣傳隊，排演救亡話劇，編撰街頭壁報等各種工作，均有相當成績。

五、學生團體生活

本校現有學生自治會各班班會等團體之組織，並有導師座談會，各種學術研究會，戲劇研究會，音樂會，演講比賽，學藝比賽，球類比賽遠足旅行，並軍露營等種種活動。今年參加市報舉辦之救亡論文比賽，且獲得團體最優異成績。

六、今後發展計劃

本校各項建設，悉照部定準標辦理，凡參攷用之圖書，實驗用之儀器藥品標本，運動用之體育器械，以及其他設備，曩已各具規模，悉數應用，迨抗戰軍興以後，穗垣迭遭空襲，曾將比較重要公物，運赴安全地點，尚幸保存，使十餘年儲養之文化菁英，不至罹浩劫以俱盡，全校同學之精神食糧，猶得藉資供給，洵屬厚幸，在此長期抗戰過程中，本校所肩之任務，益為艱鉅，對於在後方之青年學生，尤當加意培植，以養成其健全之人格，使能分負建國之責任，期於充實國力，可為士壤細流之助，今後之辦理進程，惟有努力經營，益圖發展，務令達於完善境地，以期促進教育效能，如擴充校舍，增闢體育場，實驗室，增購圖書儀器標本，增加主要科補修課程，增辦職業選科等事項，均經悉心規劃，擬具辦法，現方在次第實施，及籌備進行中。

廣州大學附屬中學招生簡章

本校直屬於廣州大學。經呈奉 國民政府教育部及廣東省政府教育廳立案。在廣州設立十餘載，畢業生逾二千人，其升入國內外大學，及服務於軍政學各界者甚衆。前年秋，因時局影響，遷本港粉嶺及茶灣上課。其後為學生走讀寄宿兩便起見，特遷油蔴地新填地街；並請譚維漢博士主持校務。上學期因來學者日衆，再擴充班額；并於深水埗元州街增闢校舍一所，以廣容納。其辦理方法，注意下列數點：

（一）嚴密管訓　（二）提高程度　（三）慎選師資　（四）充實設備

際茲國難嚴重，同人等益加緊工作，務使一般可愛青年，均適合於此大時代之需要。茲將招生簡章分列如下：

一．編制及課程　本校分為高初級中學，各修業三年，其課程除根據教育部原頒標準外，增授戰時補充教材，及戰時後方服務各種技術訓練。

二．招考學級

一．高中一年級男女新生
二．初中一年級男女新生
三．高初中各級男女轉學生
四．高初中各級男女借讀生

三．投考資格

一．高中一年級：凡在公立或已立案之私立初級中學畢業或有相當程度者，得報名投考。
二．初中一年級：凡在公立或已立案之私立小學畢業或有相當程度者，得報名投考。
三．高初中轉學生：凡曾在公立或已立案之私立中等學校修業，持有原校轉學證書，及學業成績徵驗者，得來校轉學。
四．高初中借讀生：凡曾在公立或已立案之私立中等學校修業，持有借讀證或成績證者，得來校借讀。

四·報名日期　由廿八年七月五日起，每日上午九時至至十一時，下午一時至四時。

五·報名地點　一·深水埗元州街一六五號至一六九號男校
二·九龍油蔴地新塡地街一三七號至一四一號女校

六·報名手續　凡報名投致者，須繳本人最近二寸半身相片一張，報名費港幣一員(取錄與否，相片及報名費，概不發還)須於報幷名時繳驗畢業證書(相當程度者免繳)或轉學證書，借讀證書，如欲申請免費者，須繳家境清貧證書。

七·試驗日時　第一次入學試，七月十六日(星期日)上午八時起
第二次入學試，八月六日(星期日)上午八時起

八·試驗地點　深水埗元州街男校

九·試驗科目　一·高中一年級生：國文　英文　算學
二·初中一年級生：國文　算學　常識

十·入學手續　各生須於取錄後一星期內，分別男女校，遂齊清繳各費後註冊上課

十一·費用　每學期繳費表(港幣計算)

類別	學費	堂費	雜費	學生會基金	學生會常費	總計(元)
	普通費用			代收費用		
高中新生	三五、〇〇	四、〇〇	三、〇〇	一、〇〇	〇、五〇	四三、五〇
高中舊生	三五、〇〇		三、〇〇		〇、五〇	三八、五〇
初中新生	二五、〇〇	四、〇〇	四、〇〇	一、〇〇	〇、五〇	三四、五〇
初中舊生	二五、〇〇		四、〇〇		〇、五〇	二九、五〇

附註：(一)轉學生及借讀生入學第一學期照新生，次學期照舊生，完繳各費。
(二)各生制服自行到學校指定之商店定造。
(三)軍訓費俟軍訓處訂定後再行徵收。

十二、膳宿費　如在校膳宿者，每學期宿費二十元，分兩期繳交，膳費每月七元，按月繳交，均以港幣計算。

十三、優待　(甲)凡在本校初中畢業者，可免試升入本校高中一年級肄業，并優待照初中學費徵收一年，在本校高中畢業而升入本校大學者，特予優待。
(乙)本校為獎助家境清貧，體格健全，學業穎異，成績優良之學生起見，遵照教育部規定，設置免費學額四十名。
(丙)本校為優待華僑子弟歸國就學起見，增設華僑生半費學額二十名(其辦法詳見廣州大學概覽)

十四、開學日期　開學日期：九月一日(星期五)

本校職教員一覽

校長　陳炳權　美國哥倫比亞大學經濟學碩士，實業部特許會計師，國民政府主計處顧問，歷充國立中山大學教授兼院長，中央政治學校教授，財政部統計處長，實業部統計長。

主任　譚維漢　國立廣東高等師範畢業，美國加省大學文學士，教育碩士，教育博士，曾任廣東省立金山中學校長，中央軍校特別班教育系主任，廣州大學文學院長。

女子部主任　黎　濟　美國加省省立三藩市師範學院文學士。

教務主任　張恩駿　國立中山大學法學士，廣東省黨部檢定高中訓育主任，曾任國民經濟建設運動委員會廣東分會專員，中山大學附中教忠中學專任教員，中山縣立女子中學教務主任。

訓育主任　楊國蘂　中國公學大學部畢業，嶺南大學農科畢業，廣東省黨部檢定高中訓育主任公民教員，復旦中學教員，勷勤大學專任講師。

嶺南大學附設中學校務概況

廿六年九月至廿八年五月

楊重光

民國廿六年八月卅一日，敵機開始襲擊廣州，嗣後日夜被炸，以致全市民衆寢食失時，精神疲憊，學校無法開學。九月教廳令各校擇安全地點上課，附中因學生家居香港者頗多，遂遷至香港新界青山道梁園開課，所有教職員四十餘人，皆能隨校到港，照常服務。校址距離香港市塲甚遠，隔絕塵囂。負山面海，風景幽雅，空氣清新，環境靜寂，極適員生之肄習。

當時倉卒遷校，各種儀器，教具，傢俬等，皆甚簡單，百事待舉，興作頻繁，但各教職員均能努力合作，許多難關，逐漸設施，略具雛形。現在全校有學生宿舍四座，教職員宿舍一座，膳堂一座，葵棚課室十二座，實驗室一座，膳堂一座；又如圖書室，醫務室，留醫室及田徑運動場排足籃球場，及游泳場等，尚可適用。至于財政收入，頗足敷支。

際茲國難方殷之秋，舉凡一切校務，教務，及訓育方針，莫不以適應時局之急需而施行，遷校至今，計四學期矣，茲將各部經過情形，略述如後：

一 教務部

一．學生人數：廿六年度上學期有高中生一五三名，初中生一三七名，華僑生一四名，共三零八名；下學期有高中生一六八名，初中生一四零名，華僑生二十名，共三二八名；廿七年度上學期有高中生二三九名，初中生一六二名，華僑生廿六名，共四二七名，下學期（因國際時局影響略有退學者）高中生二二三名，初中生一四七名，華僑生廿八名，共三九九名。

二．課程：高初中各班課程。除根據教育部頒佈標準課程外，增授戰時各科補充教材，及戰時後方服務各種技術訓練。

三．實驗室設備：高初中各班自然科學實驗之設備，力求充實，以符書本與實驗並重之原則，除在廣州原校設法搬運各種器具來港外，並於民國廿七年在美定購一批儀器，計值港幣四千餘元，現已寄到應用。

四．圖書室：學生求學，除規定必讀之課本外，其他書籍，雜誌，報紙，亦極重要，附中當局特在第三校舍南面大房間，闢作圖書室，由廣州原校再三搬運圖書來港，並在港購置關於戰時書籍書報等。自經數度擴充後，至今共有圖書五千餘本，另其他刊物及書報三百餘本。統計每日到室閱覽人數約四百人，借書者亦極爲擁擠。

五．科學考察團：爲使高中畢業生增進科學知識起見，特於每學年第二學期第一學段結束後，組織高中畢業生科學考察團，由教員帶領分別前往香港參觀各處船塢，水塘，工廠等，計遷港後已經舉行兩次矣。

六．畢業及升學指委會：附中對於每屆畢業班學生考試及升學，極爲關注，故於每學年第二學期中，設立指導考試及指導升學二委員會。

七．畢業生人數：廿七年六月在港校畢業人數，高中五十人，初中卅八人。本年高中約五十餘人，初中約卅餘人。

八．徵文：國文系爲獎勵學生文藝興趣，每學期舉行徵文一次。自民十七年起至今已廿二屆，遷港仍繼續進行，其徵文多關於戰時討論。

二 訓育部

附中遷港後，一切訓育均照原定計劃施行，絕不因港地種種影響而有所更改，其中數事，因特殊情形，不得不略爲變通者，茲述如下：

(一)校址離市太遠，往返需時，故特延長例假時間，凡有家庭在港市之學生，均准星期六在家越宿一宵，至翌日星期晚返校。

(二)因缺乏禮堂，除各種紀念會，演講會，在膳堂舉行外，關於一切訓育講述，及宣佈事情，則在體操時行之。

(三)蓬棚課室，因受夜間不能點燈之限制，故晚間自修堂改在日間下午三時十分至四時十分，每班有教員在堂指導，并由校主任，教務主任及監學分任巡視。

(四)高中軍訓：由教育廳指派教官一人來校，每星期講授學術兩科各二小時；又由教職員數人，於每日點堂時，施行內務檢查。

(五)導師制：訂定導師規則，切實指導各生個人品性體格，家庭狀況，思想趨向及黨國觀念。

(六)童子軍：組織戰時後方服務，各種技術訓練；調查青山漁民生活；遠足旅行及單車環遊新界；尤其是救國運動，最為活躍，除在學生會參加各種募捐救國工作外，童軍團另行舉辦，例如寒衣運動交十二集團軍張瑞貴部港幣五零八元，捐助青年會前綫服務團費用港幣一零零元，童軍師團員獻金得港幣卅元，另組擦鞋隊籌款，得港幣卅餘元，及捐助中央購藥費用港幣四百一十二元。

三　學生課餘生活

附中學生課餘生活，有各種團體組織，其中以學生自治會為最重要。次有救國會，基督徒會，音樂社，戲劇社，攝影社，各班會社等，學校則派員在旁指導，各種活動，約分四大類：

(一)愛國運動：除按時舉行各種紀念會外，並曾籌募棉衣得港幣三千七百四十三元九角八分；募捐雨具得港幣一千零八十元；「九一八」獻金得國幣五千三百七十六元五角五分，公債一千六百元；售章購機得港幣二百廿五元；俱社演戲購物籌款得港幣六百餘元；學生會救國會合辦賑濟難民音樂籌款會得港幣一千七百元，又如「一元還債運動」，「一仙運動」，種種實際救國工作，莫不竭力參加。

(二)宗教：設有宗教委員會，主理校內宗教生活，舉行宗教聚會，藉資修養性靈道德；如受難紀念會，晚禱會，夕陽會，退修會等，每次參加人數甚多。

(三)娛樂：舉行音樂會，員生同樂會，組織大眾歌詠團。

(四)文藝：學生會智育組主辦「南中」期刊，歷史悠久。廿七年九月改為月刊，每月出版一次，盡量發表學生文藝。

四　體育部

附中體育，除原有運動項目外，特增加爬山，長途跑及各種臨時教材，以適應非常時期之急需。

(一)設備：排，足，籃，壘，各種球場共十所，田徑，直徑跑道各一道，跳高，跳遠沙池各一穴，擲場一段，單，雙槓共三架，游泳場一所，關於游泳設備，更為完妥，如救生專員，救生艇等，無不俱全。

(二)組織：設體育組長一人，各種球隊，田徑，游泳隊正副隊長各一人。

(三)課外運動：初中及高中一各生，每星期必須運動三小時，高中二三因場所關係，得於五時後活動，務使普遍化。

(四)體育測驗：每學期　，各生須經過體力，技術攷試。

(五)比賽：對內有各種球類級際比賽，廿七年五月參加全港學界運動會，得分一百四十三分，榮膺全場冠軍。

五　醫務部

附中遷校後，對於學生健康，特為關心，除由大學護養院派送黃學超醫生來港外，并在港聘請舊同學鍾洪棠醫生為名譽校醫，每星期三到校一次。至於日常醫務，統由黃醫生及校醫負責辦理。每學期向學生施行體格檢驗；在流行時症期間，則勸導員生注意預防，如種牛痘，及注射霍亂，腸熱藥苗，均按時舉行。

六　華僑班

本校與海外僑胞關係，至為深切。一方賴僑胞愛護，不斷捐輸，使校務建設得以充分發展；一方得僑胞信仰，資遣子弟回國入校肄業，為利便僑生肄業計，特設華僑班，自民國七年成立迄今，凡二十一年，歷史悠久。原日僑生人數恆在百人之譜，惜此次戰事影響，致來港後第一學期僅有學生十四人，第二學期增至二十人，第三學期二十六人，本學期再增至二十八人。倘地方情勢好轉，深信僑生之來學者，亦必漸多，不難恢復當年盛況也。

七 通學部

本校因在青山上課，爲離港市甚遠，只招收寄宿生，不收走讀生。民廿七年夏爲適應學生需求起見，在香港司徒拔道嶺南分校，增設通學部，由大學部委派司徒衛先生爲主任，招收初中一二年級學生，于同年九月十五日開課。第一學期學生人數爲十八人，第二學期爲廿一人，關於該部之圖書儀器，除由附中及分校借用外，另自行酌量購置，體育球場方面，除自闢運動場一所外，多向分校借用。

廣州嶺南大學附設中學港校招生簡章

原校址在廣州河南康樂

現遷香港新界青山道梁園

壹・沿革

本校原設在廣州河南康樂，直接隸屬廣州私立嶺南大學，已有卅三年之歷史。業經於民國二十年十月呈奉 廣東省政府教育廳核准立案，及呈奉 教育部核准備案。因時局影響，奉 廳令准予遷來香港新界青山道梁園上課。

二・宗旨

本校宗旨：爲發展青年身心，培養健全國民；並爲學生升入本大學或其他國內外各大學及專門學校，研究高深學問之準備；又爲指導學生使其有職業之知識及生活之技能，以爲處世立身之基礎。

叄・編制

本校除設有高中普通科及初中各年級外，並設有華僑生補習班，專爲國外各地（包括香港）有志回國升學之華僑生補習小學及初中各年級主要科目。

肆・課程

（一）本校高初中各年級課程，除遵照 教育部頒佈標準課程辦理外，並增授戰時各科補充教材，及戰時後方服務各種技術訓練。

（二）華僑生補習班課程：

（一）各年級補習科目，特別將每週上課時間，酌量增加，務使學生在一學期內讀完一學年之功課。

（二）本補習班經奉 廣東省政府教育廳令准，凡華僑生在本班補習至與初中畢業程度相當時，得准免參與入學考試，直接升入本校高中一年級肄業，並作爲正式生。

伍・招考

（一）高初中一年級新生及借讀生。

（二）高初中二三年級轉學生及借讀生。

（三）華僑生補習班各年級（由小學一年起至初中三年級止）學生。

（四）本校高初中各年級，概爲秋季始業班，向不設春季始業班，故不招收高初中各年級下學期轉學生及借讀生。

（五）本校爲男生中學，暫不招收女生。

陸・投考資格

（一）凡曾在國內公立或已立案之私立中學校初中畢業，或具有同等學力者，得投考高中一年級。

（二）凡曾在公私立小學校畢業，或具有同等學力者，得投考初中一年級。

（三）凡曾在國內公立或已立案之私立中學校高中一二年級修業，各科成績完全者，得投考高中二三年級。

（四）凡曾在國內公立或已立案之私立中學校初中一二年級修業，各科成績完全者，得投考初中二三年級。

（五）凡在戰區退出之學生，如欲來本校借讀者，必須具有相當證件，以資證明，並仍須參與編級試驗，以便按照該生程度，插入相當班次肄業。

(六)凡華僑生年齡在十二歲以上，十八下歲以下者，其各科程度，無論深淺參差不齊，皆可投考華僑生補習班。

七．取閱招生簡章處及報名地點

(一)香港新界青山道梁園本校校務處。

(二)香港中環德忌笠街十六號嶺華體育用品公司。

八．報名時間

除星期日休息外，每日上午九時至十二時；下午二時至五時。

九．截止報名日期

第一次：八月二日下午五時。

第二次：八月三十日下午五時。

十．報名手續

(一)凡有志來本校肄業者，須攜同最近正面二寸半身相片四張，到上述報名處，繕填「報名單」，並繳交報名費，港幣壹元。取錄與否，概不發還。

(二)凡投考高中一年級新生，如經參加初中畢業會考，成績及格者，於報名時，須繳驗初中畢業證書，或初中畢業及格證明書。如經參加初中畢業考試，成績尚有一科或二科不及格者，於報名時，須繳驗「投考升學證明書」。

(三)凡投考初中一年級新生，如經參加小學畢業考試，成績及格者，於報名時，須繳驗小學畢業證書，或小學畢業及格證明書。

(四)凡投考高初中二三年級轉學生，於報名時，須繳驗該生原校發給該生轉學書附填該生歷年各學期各科成績，以資證明，否則，例不收受。

(五)凡投考高初中及各年級借讀生，於報名時，須繳驗該生原校發給該生「借讀證」，以資證明，否則，例不收受。

(六)凡投考華僑補習班學生，於報名時，須繳驗該生僑居地中國領事館或商會，教育團體介紹書，以資證明，否則，例不收受。

十一．考試日期

第一次：八月三日（星期四）上午九時正起。

第二次：八月卅一日（星期四）上午九時正起。

十二．考試地點

香港史塔士道嶺南分校（由香港統一碼頭乘六號車，便可到達該處）。

十三．考試科目

國文，英語，算學，自然，史地。

十四．開學日期

九月六日（星期三）下午六時。

十五．費用

(一)高初中各年級舊華僑生補習班，新舊生及借讀生，上學期每名應繳：

一．學費之部：修金七十五元，堂費二十元，宿費卄五元，醫藥費五元。

二．代收之部：膳費四十七元四角，洗衣費十一元，學生總會費一元，學生自治會費二元，體育會費二元。

(二)高初中各年級舊華僑生補習班新舊生及借讀生，下學期每名應繳：

一．學費之部：修金七十五元，堂費二十元，宿費廿五元，醫藥費五元。

二．代收之部：膳費四十七元四角，洗衣費十一元，學生總會費一元，學生自治會費二元，體育會費二元。

(三)高初中各年級舊華僑補習班新生，轉學生及借讀生，於入校時，每名應繳交按金十元。離校時發還。倘有毀壞學校公物者，則在該生按金項下扣除。

(四)初中各年級舊華僑生補習班新生，轉學生及借讀生，於入校時，每名應繳交制服費二十五元。高中各年級新生、轉學生及借讀生，於入校時，每名應繳交制服費十元。俟制服製妥後，有餘發還，不足照補。

(五)高中一年級新生、轉學生及借讀生，於入校時，每名應繳交軍訓書籍費一元三角。

(六)高中三年級舊生、轉學生及借讀生，每學期每名應繳交物理實驗費七元五角。

(七)上述各費，照數徵收港幣。

(八)學生因事中途自行退學，或犯規被革退者，所繳各費概不發還。

十六．說明

(一)凡曾參與第一次入學考試，而未獲錄取學生，仍得重行報名，參與第二次入學考試。

(二)本校學生，一律須在校內住宿，暫不收受走讀生。

(三)新舊生來校，祇准攜備後開各衣物：洋氈一張，棉被一張，熱褥一張，草蓆一張，圓頂蚊帳一帳（長方形蚊帳不適用），軟枕一個，全白被單二張，冬季衣服二至三套，夏季衣服四至六套，內衫褲六套，手巾仔六條，大毛巾二條，白布袋一個（以備裝載污垢衣服之用），皮喼二個，漱口盅一個，面巾二條，牙刷一把，面盆一個。

十七．來校路徑

由香港來本校者，可到統一碼頭乘油麻地輪渡過海，然後轉乘九號車，對該車售票員聲稱，欲到青山梁園嶺南大學附中便妥。車費：頭等每人四毫半，二等每人三毫半。

八六 （丁）

九龍民範中學

廣東教育廳立案
香港教育司註冊

自建校舍

校址：旺角亞皆老街
電話：五八三二八

九龍民範中學招生簡章

（一）宗旨：以培養青年道德智識體格之健全發展爲宗旨。

（二）課程：悉遵　教育部頒佈之課程標準、嚴格實施。

（三）設備：自建校舍、適合修學環境、舉凡禮堂、運動場、校園、理化實驗室、圖書館、勞作室、宿舍、膳堂等、均設備完善。

（四）班額：初中部暨附小各年級。

（五）報名：廿八年七月十五日起。

（六）考試：八月二十日（舊曆七月初六日）上午九時。

（七）費用：（全學期）

級別	學費	堂費	體育費	講義費	理化實驗費	合計
初中三	24	3	1	2	3	33
初中二	24	3	1	2		30
初中一	22	3	1	1		27
高小二	20	3	1			24
高小一	17	3	1			21
初小四三	14	3	1			18
初小二一	11	3	1			15

（另每學期代收學生自治會費壹員）

（八）膳宿：全學期宿費三十元、入學時一次繳足、膳費每月七元、按月先期繳交。

（九）開課：八月廿八日（舊曆七月十四日）

（十）獎勵：凡本校中小學生、學年結果、成績優異者、減收下年度全年學費之半。

（十一）畢業：凡本校學生、修業期滿、參加廣東全省畢業會考及格者、由教廳發給證書。

—優待戰區學生—

本校校董，現鑒於戰區清寒學生失學之苦、特捐出中小學各級半費學額、每級十名、凡投考學生、適合本校所訂之半費標準者、得享受半費優待之權利、半費生詳章另訂、有志向學者、向本校校務處詢問可也。

（十二）職教員：

任子貞 前清拔貢曾任兩廣優級師範廣東公立法政國文科教員廣州中學監學兼教員廣才中學校長廣州大學文學系教授

何直孟 廣東公立法政學堂法律正科畢業歷任廣州中學廣才中學教員十數年

何古愚 廣東國民大學文科肄業歷任南海煙橋鄉立小學校校長廣成中學教員廣東省教育廳檢定國文史地科教員

王有德 國立中山大學法學士培正高級中學教育科畢業廣東司

法官考試及格廣州市立第七十四小學教員嶺嶠女子毋
學校及廣州同濟中學訓育主任

何堅石　香港拔萃書院畢業廣東教育廳主辦中學教員暑期學校
畢業檢定英語教員廣州大學肄業

黃　緒　香港官立漢文師範修業廣東大學教育系肄業曾任廣州
珠光小學翁源縣立中學教員

陳慶琛　嶺南大學文學士曾任思思中學校長金陵中學文德中學
教職員

沈仲彊　前清音樂講習所畢業歷充廣州中學及省市立中學校教
員十餘年

楊一良　廣東省立勷勤大學土木工程系土木專科畢業曾任澳門
南方中學教員香港嶺島女子中學教員

史勸濟　國立中山大學化學系畢業曾任廣州長城中學校長

馬俊謀　國立中山大學理科肄業曾任省立女子中學台山縣立中
學惠陽縣立中學廣東中醫藥專門學校等校數理化教員

凌子燊　廣州市立美術學校畢業國畫研究會會員曾任廣州廣才
中學教思中學教員

陳慶和　香港皇仁書院畢業歷任香港文化中學廣州思思中學教
員

池道生　廣東省童子軍訓練所畢業曾任台山縣私立培英中學校
體育童軍主任南海縣立第一初級中學校童軍主任

何金鑄　廣東省高等檢定考試及格南海中學高中師範科畢業曾
任南海績村力行等校校長廣東教育廳檢定教員

校醫兼教員　于家瑒　廣東光華醫學院醫學士曾任光華醫院醫師韶州公立醫
院主任醫師廣東省立韶州師範校醫兼教員

校長何紹莊

中華民國廿八年七月十日

南方學院中小學部概況

我們從事教育的態度及目前一般情況

本院自民國廿三年秋季創辦以來，匆匆五年了。値此週年紀念，謹將本院過去五年進步概況及教育方針作一簡單扼要之敍述，並誠懇提供一些淺見，爲全港教育界參考，決非完全無意義的吧！

本院因應社會和學生的要求，採取道爾頓制 Dalton Laborotory Plan 和設計教學法 Project Teaching 的基本精神，參以多年的經驗，把教學方法加以革新，革新的目標，是因環境的適合來發展學生們的個性，一切課程務求完備，使他們進可以繼續研究高深的學問，退可以本所得學識來應付現代生活的需要。開辦以來，不過五年光景，然而學生們的成績，卻很是不弱，學生人數逐年增加，本學期已增至三百餘人，茲列一簡表於后。

第一學年	第二學年	第三學年	第四學年	第五學年
四八人	八四人	一二五人	一九六人	三五八人

此表說明學生人數逐漸增加，與整個教學制度之正確，是有着密切關係的。同時升學或轉學各地著名學校，程度都能銜接吻合，博得學生家長及社會人士不少贊賞同情與鼓勵。我們是不善於作誇大宣傳的，一個眞正從事於教育工作的學校，它的基本態度，首須依照客觀環境之具體條件，在不違背社會發展的必然法，則下確定其適當之教育方針與實施辦法，堅毅沉着，步步踏實的苦幹下去，無根據無內容的純粹商業化之宣傳方式，尤須徹底摒絕。故本院向來態度，是反對拉夫式的濫收學生，對外宣傳方面，我們堅決反對流行於市面的「學生網」，我們謹以自己的教學制度及其實際成績與我們的誠懇態度，去取得社會人士的信任和擁護。然而我們的力量還是不够，今後的努力還須要更大的增加哩！

本院教育方針的五個特點

現在，追想本院過去的五年間的成績，證明教學制度及管理方法，有下列幾個優良特點：

一，德育方面：主張吸取舊道德之精華部份使之與新道德融合發展。

誰也知道教育最大目的在乎德育，但是新舊道德的標準確有很明顯的差異，而且因地方民族及時代背境的不同，道德的系統也當然不止一樣，往往這個地方這個民族以爲合道德，而那個地方那個民族卻以爲反道德，這個地方這個民族認爲反道德，而那個地方那個民族卻以爲合道德。由此看來，德育的標準，除了時間性外，還有空間性的存在，我們非酌量時間空間上的需要，重新建立一個標準不可。

本院對於學生們道德的訓練，不偏重一派一家的學說，掃除向來黨同伐異的門戶私見，對於舊道德我們批判的攝取它的精華部份使之與現代新道德融合的發展。

二，智育方面：反對生裝活塞；側重啓發式．提高學生自覺自動的學習精神。

莊子說：「吾生也有涯，而知也無涯，以有涯隨無涯殆已」。這句話是感覺求知不容易的痛苦而發的，學識如此廣，以求知之難尚且如此，然則用注入的方式，把各種科學強迫的放入學生們的腦袋裏，試問學生們就可以不痛苦而一一容納的嗎？而且任何學術的範圍，都是非常廣濶，如果將其範圍內的事物件件都給學生認識和研究，那不獨是十分呆板，而且是絕對不可能的事。

所以本院教學方法是注重於誘導式啓發式的，克服被動的學習弊病，提高學生主動的自覺的學習精神。至於教授各科時，則指示學生研究的基本辦法，使他們向着正途來研究學問，步步精進，不至走入錯路。爲充分的完成整個教育計劃，本院對於圖書室儀器室的設備，每年均盡力之所及，予以增加。

三，體育方面：不注重「明星式」的體育制度。而實行嚴格的基本衛生習慣的訓練。

某些學校以訓練球隊，作爲提高學校地位之手段，將體育廣告化，明星化，將體育變成少數「波王」之特產，而忽視體育之眞正集團的意義，本院對此是不變同的，我們除日常注重於基本衛生習慣的訓練外，復按時教授學生體操游泳等課，本院有特設的操場，面積頗闊，空氣充足，增加學生愉快不少。本院對於體育之基本原則是實行眞正的集體化，使全體學生之智力能達到水平綫的發展。

四，羣育方面：側重集體生活，使學生之言行性格技能在集體之溶爐中鍛煉發展。

近代教育是要把教學做配合起來，使學生成爲一個健全的「社會人」，中國以前的教育，大半是從「個人主義」「孤立主義」的學習立場出發的，而近代教育則偏重於「集團主義」的學習生活，故集體生活是近代教育的中心，本院除於德育方面養成學生們的責任心，同情心和友愛互助的精神外，並積極鼓勵他們參加課外之集團活動，如組織學生自治會，各種學術研究會，時事討論會，遠足會，參觀團，演說會，消費合作社等，使他們能受集團生活之訓練，將來服務社會，不至茫無頭緒。

五，美育方面：本院根據現代美學的原則，使學生之生活與思想，高尚化，養成愛美的習慣。

本院幾個教目，都於美術研究很有心得，是以本院美育教施，也很完善。窗門，地面，牆壁，椅桌每日均用含有消毒之梘水洗刷乾淨，務求光潔燦然，絕無灰垢，汚衣異臭觸鼻的弊患。就是學生的服裝本校也時加督察，務期整潔美觀，養成他們愛美的習慣，其他如音樂，美術等科，教授上尤爲周詳注意，希望藉此增進學生們美的欣賞和創作力。

本院行政上的幾個特點

一，在提高學生遵守紀律之自覺性的原則下實行嚴格管理。

本院向來反對放任主義，同時也反對强迫式的打駡制度，我們是在提高學生遵守紀律之自覺性的原則下，實行嚴格管理。

二，適應祖國實際環境，隨時增添每科補充讀物。

本院自「八一三」祖國全面抗戰爆發後，因感戰時教育必須負應負的任務，故對於培養戰時人才及提高學生之民族意識，均予以注意，增加課外補助讀物如「戰時讀本，救護常識，時事報告，督促學生出版壁報等等，增進其對抗戰建國的認識。

三，密切核查學生日常生活及其學習概況。

本院對於學生各種科目，經常考驗，以測其進步情況爲何，對於某些科目有落後現象之學生，即着其晚上回校補習，由本院派定教師負責。指導。學生在校生活情況及晚間應做各項夜課，均日常檢查，經常有家庭報告冊送達家長，俾家長與學校能共同負責管教。

四，收費低廉，使一般兒童均有享受教育的機會。

本院地方敞闊，設備完善，但我們本教育大衆化的原則，而在學費方面則力求適合一般家庭之經濟條件，務使普通兒童均有享受優良教育的機會。

本院學生的一般表現

一．友愛團結，緊張活潑，教師與學生打成一片。

本院教員與學生之關係，是建立在友相愛護互相學習的基礎之上，故師生間有濃厚的感情，學生對於先生敬而不懼，和而不放恣。故大家均能友愛團結緊張活潑的努力學習。

二．學生對於各科學習能發揮其自覺的追求熱情。

本院學生的求學態度，一般的便是能發揮其自動精神。學生與學生間對於讀書競賽運動，亦能以最大的熱情與努力去參加。

三．學科成績的一般情況

本院學生對於各科均能引起興趣，同時因管理嚴密，故對於主要科目如中文，歷史，算術，英文均有良好的成績表現，習字一科，尤爲全校普遍一致的水平綫的進步。

以上是本院教育方針及一般實施成績的總結，關於今後發展計劃，因篇幅所限，暫爲擱置。最後值得向各界報告的是，本院因校舍容量，已不適合目前學生人數，故在本年六月經校董會議決，決集資自建校舍。本院誠懇的希望全港教育界能隨時加以指示，並希望全港僑胞提供寶貴意見，使整個華僑教育能在抗戰中盡其更大的任務。

附

1. 本院院董：楊鼎中　陳彝頌　黃盛世　關壽年　周耀祥
2. 名譽院長：馬小進　院長：潘兵恣
3. 本院院址：九龍深水埗大埔路石硤尾街

南方學院中小學部招生簡章

第一章　總綱

（一）本院以闡揚國學，培植國民之基本知識技能爲宗旨。教學方法，則根據教育原理，務令學生學以致用，更以嚴密之管理方法，養成良好之品德，增加學習之效能。

第二章　組織

（二）本院行政，由院長，教務處主任，訓育處主任，事務處主任，中學部主任，小學部主任，分別負責。

第三章　編制

（三）本院分：（甲）中學部——初級中學，三年畢業。（乙）小學部——高級小學及初級小學，六年畢業。

第四章　學科

（四）本院各科課程，根據教育部課程標準及香港學校課程表。茲列表如下：

（表中之首三科——國文，算術，英文，爲主要科，其餘爲副科。）

學級／科目	國文	算學	英文	自然	社會	藝術	體育
初中	讀本 詩詞 駢散文 作文 經學 文學史 國語 文法 文字學	算術 代數 幾何 三角	讀本 文法 翻譯 會話 作文	物理 化學 動物學 生理 衛生 植物學 礦物學	本國史 世界史 本國地理 外國地理 公民	音樂 樂理 圖畫 書法	體操 球戲
高小	讀本 論說 經學 尺牘 詩歌 國語 作文 字學	算術	讀本 文法 作文 會話	自然常識	歷史 地理 公民	唱歌 圖畫 書法 手工	體操 球戲
初小	讀本 論說 經學 尺牘 詩歌 國語 造句 作文	算術	讀本 文法 造句	自然常識	歷史 地理 公民	唱歌 圖畫 書法 手工	體操 球戲

第五章　入學

（五）凡志願入學者，須填寫入學志願書，及繳報名費二元，入學後在學費內扣除。

（六）報名後須經過編級試驗，試驗合格，編入相當學級。

第六章　費用

（七）學費堂費，每學期繳交一次，每次於開學日交足。每學期（即半年）費用列表如左：

級別／金額／項目	學費	堂費	總數
初中	二十四員	三員	二十七員
高小	一十八員	三員	二十一員
初小	一十五員	三員	一十八員

第七章　制服

（八）本院學生須一律穿制服上課，每套約二員，新生報名後即須訂製。

第八章　開課

（九）本院定於國曆　月　日開課，開課後仍可隨時插班。

第九章　報告

（十）本院每星期終，發出家庭報告，每學期再將考試成績報告學生管理人。此外又常有通訊及調查表等發出，務使學校與家庭互相聯絡，以收教學之效。

（十一）學生缺席，如無管理人親筆來函述明缺席理由，本院即刻函詢，以免曠廢。

第十章　賞罰

（十二）學生之操行及學業優良者，本院於每學年終，均予以獎賞，惟對於破壞校規，蔑視紀律，而屢戒不改者，本院得開除其學籍。

香港

南洋中學概況

本校全景

該校爲國內教育名流所創辦，校舍宏偉，設備完善，教員均爲國內外著名大學畢業。故開辦第一學期，學生已達數百人。校長林弘毅君，法國巴黎大學社會經濟碩士，曾任廣東省立勷勤大學教授，教務主任梁民偉君，歷任勷勤大學教務主任。聞該校目的，蓋欲在港辦一規模完備之內地制中學，能與國內完備之中學媲美，以作育僑胞子弟。使畢業該校之中學生，能直接升入國內外各大學。其宗旨既在培養優越之人材，故辦理甚爲認眞。成立以來，日形發達，除在香港教育司註册外，復呈請中國教育部暨僑務委員會立案。故來學者，類多港僑優良子弟，或國內有志青年，聞該校擬於下學期，擴充圖書館理化實驗室，及其他科學設備。

甲、教務：該校教授方法，係採取嚴格主義，對於學生德智體羣美，五育並重，關于該校教務之進行，可分下列各點述之：

（一）教授法統一：該校對于各科之教授方法，均以學生能獲實益爲主，故對教授方法，側重統一，以免各班有隔膜之弊，務使學生功課，能銜接上進。

（二）進度劃一：該校對于學生程度之訓練，注重劃一整齊。故對于各級學生之進程，均編有進度表，依次進行。

（三）導師及級主任：該校對學生之管理及訓練，每級設級主任，負訓練之責，每科設導師，負指導之責。

（四）學生成績檢查：除遵照教部之規定，每期舉行三次小考及一次期考外，並隨時舉行各科測驗，又該校對於學生日常成績特別注重，所有一切課外練習，筆記日記，均須依時繳交，由教員詳加改正評定，發還學生參閱。

（五）各科成績比賽及展覽：該校爲鼓勵學生學術之競進。每期舉行各科成績比賽一次或二次，其日常成績優異者。隨時貼堂展覽。

（六）學校家庭之合作：該校每生均有學校家庭手册一本，在校每日由級主任及導師負責，將該生品學情形，隨時報告家長。

（七）課程編配：該校學科中英文與科學並重。初小中文時間特多，故初小學生四年級，中文程度已較各校爲高。高小則甚注重英文，程度稍差，即備補習。蓋文字爲學生之工具，文字基礎不好，一切科學知識，均無從輸進。至高初中課程，除根據教育部頒佈課程標準外，亦酌量情形，增授應用學科。為學生畢業後，升學研究高深學問之準備，並指導其具有生活上必備之智識與技術。

乙、訓導：該校除課程外，訓育亦極為注意，指導學生有合理之思想，正確之人生觀。智能及德育兩方面皆得平衡之發展。故學生每日除校課外，個別指導尤詳。各師長均視學生如子弟，故學生肄業該校者，不但能得優越之學識，且養成良好之習慣。

丙、設備：

（一）校址：該校校址位於堅道衛城道一號，地點適中，坐山面海，空氣新鮮，環境高尚而交通極便利。且校舍建築宏偉，山明水秀，佳景全在目。並有優美之校園，及游戲場等，誠學生遊息運動之佳所也。

（二）校舍內容：該校有課室十五間，辦公室，校長室，教員室，圖書報室，會客室，禮堂，學生寢室，浴室水廁等，無不完備，亦稱完善。物理試驗室，化學試驗室，運動游戲場，籃球場，亦稱完善。

教員名錄

校　　長　林弘毅　法國巴黎大學社會經濟學碩士廣東省立勷勤大學教授曾任廣州市市金庫長廣東財政廳秘書美國的彩大學上海復旦大學文學士歷任省立勷勤大學教授兼教務長上海景德中學廣州復旦中學省立一中教員

教務主任　梁民偉　中小學教職員

葉息機　嶺南大學文學士

陳定讀　美國哥倫比亞大學碩士歷任上海復旦大學廈門大學勷勤大學教授

王祖詒　嶺南大學文學士

符澤勳　德國柏林大學經濟科學士曾任暨南大學教授

陳棣蕃　嶺南大學工學士曾任市一中教員

王振勳　法國巴黎大學法學博士

葉玉詩　上海聖約翰大學商科學士

翁國裕　嶺南大學政治學士

劉斯平　法國巴黎大學文學博士

黎淑儒　廣東省立勷勤大學教育學士

王惠德　法國巴黎大學政治學士

張智圖　嶺南大學文學士曾任嶺南大學附小教員

余以雲　嶺南大學理學士

郭同轄　國立中山大學教育科學士曾任廣州南武中學教員

陳毓平　法國巴黎大學文學博士

于松孚　國立中山大學政治經濟學士

阮　柔　嶺南大學文學士

李淯心　東吳大學肄業曾任省立女師教員

黃增蔭　嶺南大學農學士

區光謙　廣東體育專科學校畢業

歐漫郎　天津音樂學院畢業

鄺紫燕　國立中山大學附中高中畢業

黃思薇　嶺南大學文科學士

陳劍雄　嶺南大學文科肄業

中英政府立案

南洋中學暨附設小學招生簡章

本校特點

（一）發揚青年合理思想培育正確人生觀養成基本智識與技能令學生成為獨立自強之青年以達實際建國之旨

（二）遵教育部令實行導師制之個別指導以適應現代社會環境

（三）注重管理方面以養成良好習慣

（四）學校管理與家庭管理互相聯絡彼此協助

（五）本校校舍為新落成建築宏敞校園優美坐山面海空氣清鮮環境高尚衛生設備尤稱完善而交通又極形便利誠學生修業之佳所也

（六）膳宿俱備優美舒適並優待戰區學生

招生簡章

（一）宗旨　本校宗旨：為發展學生身心，培養健全人格，合理思想，鞏固體魄。并為學生升入國內外各大學研究高深學問之準備，及教授學生具有生活上必需之智識與技能，使從事各種職業，以達到個人應世自立，實際貢獻國家為宗旨。

（二）校址　本校校址設堅道衛城道壹號

（三）學期　本校每年分兩學期由九月至一月爲第一學期由二月至七月爲第二學期

（四）學制　本校設小學中學兩部內分初級小學高級小學初級中學高級中學小學初級四年高級二年中學初級三年高級三年均取學年制

（五）課程　本校課程除根據敎育部頒布標準課程外酌量情形增授應用學科

（六）敎員　本校各種學科聘請國內外大學畢業生敎授中文聘請名師宿儒英文聘請英文文科畢業生及英文專家敎授有皆專門學識及敎育經驗且敎員以專任爲原則皆能專心乎敎育事業

（七）學額　本校可容學生六百人小學兼收十二歲以下女生

（八）學費　學生須於開學前將各費繳足持有本校會計處收條及領有完費證向校務處註冊領取入學證後方得上課

學生繳費表

級別	半年學費	半年堂費	半年合計
小學一二年	二十元	八元	二十八元
小學三四年	二十五元	八元	三十三元
小學五六年	二十八元	八元	三十六元
初中	三十五元	十元	四十五元
高中	四十五元	十元	五十五元

注意

保證金雜費槪免

「附註」壹、寄宿每學期宿費三十六元膳費四十二元醫生費四元洗衣費六元衛生費三元共九十一元

二、上開各費槪以香港通用銀幣爲本位開學前一次交淸如中途退學或犯規被革退者槪不發還

三、如在本校午膳每月收四元

（九）報名　投考生先到本校報名處領取報名單塡妥後連同二寸半身照片二張報名費一元繳報名處取回收據至試驗時可憑收據投考

（十）試驗　（科目）小學——國文算術：高初中——國民英文算學常識（凡攜有經本校承認之學校畢業修業或轉學證書者得由本校酌予免試編級入學）

（十一）畢業　凡本校學生修業期滿考試成績及格者即由本校先發給畢業證書然後造册呈報敎育行政機關發給正式文憑而國內各大學及專門學校皆承認其入學之資格

（十二）獎學　本校學生之操行及學業優良者於每學年終均予以獎賞如家境淸寒學行優良者可酌免其學費之一部或全部（詳章另定）

（十三）假期　各種假期事前預佈

民國廿八年秋季〔本校詳細章程另有專刊〕

校長林弘毅

本校贊助人

孫　科　國民政府立法院院長

于右任　國民政府監察院院長歷任上海大學校長

鍾榮光　歷任嶺南大學校長前任國民政府敎育行政委員會委員

謝瀛洲　前任廣東省敎育廳廳長

陳維周　前任兩廣鹽運使

林國佩　前任廣東省參議會議長

創辦人

林弘毅　法國巴黎大學社會經濟學碩士廣東省立勷勤大學敎授

陳定謨　美國哥倫比亞大學社會學碩士歷任上海復旦大學廈門大學勷勤大學敎授

符澤初　德國柏林大學經濟科學士暨南大學敎授

王振勳　法國巴黎大學法學博士

顧斯平　法國巴黎大學文學博士

梁民偉　美國的彩大學上海復旦大學文學士歷任勷勤大學敎授兼敎務主任

陳覺平　法國巴黎大學文科學士

盧玉德　法國巴黎政治大學政治學士

香港養中女子中學辦理概況

香港養中女子中學，還在民十三年冬季創辦，計到現在——民廿八年，已經過了十五年，該校的詳細內情，詳見該校本年七月出版的十五週年特刊，現在只把她的「辦理概況」摘要登刊，讓社會人士得先覩一下輪廓。

這學校的校長，是張若梅女士，代校長是鄧小蘇女士，兩位都是該校的創辦人，也是該校柱石，裏頭也有許多位創辦人和校董，輔翼着去進行一切的事務，所以在這悠久的歷史中，仍是一步一步地在光明的程途中銳進着，現在把她的概況說明如下：

（一）學校內容

校址設在香港堅道三十八號至四十二號，是一間曾向香港教育司註冊，中國教育部，廣東教育廳和僑務委員會正式立案的完全女子高初中學。遵照六三三制辦理的，并附設小學，幼稚園及日夜免費平民義學，應屆本年度畢業的有高中一班，初中一班，小學一班及幼稚園一班。

經濟方面，除得僑務委員會的補助及香港教育司指定義學補助費以外，就是學生學費的收入，教職員每個人都肯自奉淡薄的省出一點錢來添置儀器圖書，使得設了一所比較完備而能供給學生自己實驗的理化生物實驗室，及足敷各種參考書籍的圖書館。

（二）課程大要

因爲在廣東教育廳立案的學校，所有課程標準須得一律遵照功令，所以各級課程的編配，和教材的選擇，都以部頒標準爲依歸，可是仍然不脫了香港的習慣，其實也可說是環境的需要，把英文，國文，數學的程度提高了，授課的時間也特別增加了，并且在全部高中增加了實用的選科，由高中學生自由選擇，像近職業教育科的簿記科及教育科。及適合戰時教育的救護科等。

關于學生成績的攷核，尋常的將課室習作，自修夜課，隨堂口試，個別考問等項總計爲平時成績，其餘分段考試，學期，學年，畢業考試，及參加畢業會考等辦法，悉照部定章則舉行，成績優異的加以獎勵，成績較次的卽考究其低下的原因，施以補救及專函家長互相督促，希望從這樣可以令到她們的學業能够達到最低限度的水準。

（三）管訓情形

還要談論到訓育上的問題了本來訓育這個名詞，已經包涵着訓導和生長這兩層重大的意義的，該校就把握着這個義意來作施行管訓上的方針，而且在國難當中，一般的青年對環境尤需要有充分的認識和意志及力量的集中。該校就把握着這點，來作管訓上的出發點。

因此，怎樣養成學生的自我的認識，怎樣施行個別訓導，怎樣注意學生身心的均衡發展，怎樣養成愛護團體的習慣，這類的問題，便做了該校管訓上的步驟。

每週的週會　，老師們輪替着指示學問上如何學習，身心上如何修養，環境上如何認識，抽象的作精神訓話，具體的把日常生活的一言一動，都給她們提示着，警戒着，最低限度也令到她們對學校覺到和藹地可親，但對學校的立法上感到神聖的莊嚴。

導師制是開始施行了，學生個別的訓導也漸漸着成效了。每一位導師所指導的學生，純粹由師生間互相自動選擇的，這樣一來，個性上較易明瞭，而且也可以打破班級觀念的積習，但同時爲着學校行政上利便迅速起見，班任制也仍舊进行着。

精神總動員，是救國的一件急務，中央已明白地昭示了，在執行方面，該校已遵照舉行國民公約宣誓及月會，在實際上也常抱國家至上，民族至上，意志集中，力量集中的種種觀念，隨時地灌輸和鼓勵。

在高中該校組織了護士隊，初中組織了少年團，均有隊長及團長負專責辦理，課程和技術，都令她們興奮而活潑。

（四）課外生活

課外的活動，爲學生們切實的需要，但過於勤密，那末對功課上也恐怕會影響的，所以該校就替她們做個像編年度預算般的編列出來，按時舉行，這點也頗能引起了對於秩序上的興趣，而發生濃厚的感覺。可是，事情太瑣碎了，在這裏，其實不能將每次或每項的辦法臚舉出來，現在只可以把本年度內所舉行過的綱目列舉一二吧。

關於校外的，該校參加過各次的賣花，贈旗的工作，救護車的籌款，婦女節，兒童節，青年節等的集會和服務。

關于校內比賽的，該校舉辦過文藝，書法，英文，算學，美術，化裝，演講，歌詠，國語，故事，常識測驗等的比賽會。

關於組織的，該校組織成了劇團，音樂研究會，書畫研究會，球隊，時事座談會，等的結合。

每週的壁報，紀念日的專號等等都希望學生們練習了些出版的技能。

以上的報告，是該校本年度辦理的概略，也可算是最近的情形。本年七月間，舉行十五週年紀念典禮時，所出版的紀念專刊，更詳細的報告該校經過及現況，并詳載師生間學術研究的專著，關心教育的人們，而欲更詳知該校情形者，就請函該校或按址親到訪問，該校的辦事人無不極表歡迎的。

中國教育部僑務委員會廣東教育廳立案

香港養中女子中學

高中　初中　小學　幼稚園　招生簡章

（一）宗旨：本校體察華僑教育之需要，培養女子完全之人格，發展青年身心，並增進其智識與技能，以爲將來研究高深學問之準備，及達到適應社會生存之目的。

（二）校址：香港堅道三十八號至四十二號，電話二三七七四號

（三）編制：（甲）中學部——高級中學，三年畢業，初級中學，三年畢業，（乙）小學部——高級及低級共六年畢業，幼稚園一年。

（四）科學：本校各級課程，根據中國教育部課程標準，及參酌香港教育司所定課程表，與國內學校課程銜接。列表如下：

甲：高中課程

國民訓練科	公民（倫理　政治　經濟　法制　社會）　體育
語言訓練科	國文（古文　現代文）　文學史　詩詞　修辭　經學　小學　作文　國語（注音　拼音）　讀書　談話　英語（讀本　文法）　作文　翻譯　作信　會話
思考訓練科	算學（三角　大代數　平面幾何　立體幾何　解析幾何）　論理學
自然科	生物學　化學　物理學
社會科	歷史（本國史　世界史）　地理（本國地理　世界地理）　家政
職業科	商業簿記　教育學
藝術科	勞作　圖畫　音樂

乙：初中課程

國民訓練科	公民（道德　法制　經濟）　體育
語言訓練科	國文（讀本　文法　經學　作文　作信　臨帖）　國語（注音　拼音　讀書　談話）　英語（讀本　英文　作文　翻譯　會話）
思考訓練科	算學（算術　代數　幾何　三角）
自然科	生理衛生　植物學　動物學　物理學　化學
社會科	歷史（本國歷史　世界歷史）　地理（本國地理　世界地理）　家政
藝術科	勞作　圖畫　音樂

丙・小學課程

公民訓練	語言訓練	常識	算術	工作	唱遊
公民 體育 衛生	國文　讀本　古文 尺牘　經學　作文 作信　譯文　造句 習字 國語　注音　拼音 讀書　談話 英語　讀本　文法 翻譯　造句　拼音	歷史 地理　香港地理 廣東地理 中國地理 世界地理 自然	心算 筆算	勞作 美術	唱歌 遊戲

丁・幼稚園課程

公民	國文	常識	算術	工作	唱遊
公民	幼稚國讀本 幼稚識字課本 幼稚常識課本	生活課本 訓育談話 感官練習 福祿培爾恩物 蒙台沙利玩物	心算 筆算	勞作 美術	唱歌 遊戲

（五）納費全年費用，分兩學期繳交，每次於開學日交足，列表如下：

甲、通學生

級別	學費	堂費	體育費	儀器實驗費	合計
高中	卅二元	八元	一元	五元	四十六元
初中	廿四元	八元	一元	一元	卅四元
小學五六年級	二十元	七元	一元	免	廿八元
小學三四年級	十四元	六元	一元	免	廿一元
小學一二年級及幼稚園	十四元	六元	免	免	二十元

高初中及小學三年級以上每年代收校友會費一元於上學期徵收

乙：寄宿生

本校設備宿舍，以便遠方來學，光線充足，管理嚴密，所收費用，除照上表繳交外，另膳宿費每年一百八十元，分兩期清繳。（暑假留校者另補膳宿費）僅搭午膳者，每月三元半，按季繳交。

（六）制服：本校學生，須一律穿本校所定之藍色土布制服，中學衫褲，小學衫褲，該藍色土布，由本校代辦，以便學生購買，秋冬外套，定藍色或黑色，其他色澤，均不得採用。

（七）畢業：高級中學三年，初級中學三年，小學六年，幼稚園一年，修業期滿，會考成績合格者，由學校呈廣東教育廳或僑務委員會，發給畢業證書。

（八）退學：學生中途輟學，或因犯規被黜退者，所有已繳納各費，不得退回。

（九）入學須知：

甲、資格——凡品行端正，有志於學者為合格，（男生十二歲以下）。

乙、報名——凡新生來校報名者，須將原校之轉學證書、畢業證書、成績表等件，帶來檢驗，並繳納報名費一元，來學與否，報名費概不發還。

丙、編級——報名後，須經過編級試驗，並須繳同報名單作證，試驗合格，錄取入學證，編入相當學級。

（十）招收班級：高中，初中，小學，幼稚園，各級轉學生，插班生及借讀生。

導英中學暨附小及幼稚園概況

（宗旨）本校遵照我國教育宗旨及其實施方針，用最新管教方法教導青年，培養民族意識，提倡我國固有道德；並輔導研求高深學問，養成青年有充分智識，及訓練實際生活所必需之技能，使適應國家社會需求，以造就健全人材為宗旨。

（校址）本校設在九龍油蔴地彌敦道南京街十三號及十四號，（電話：五六三九七）兩座均為新建四層石屎洋樓，校舍宏偉，前近半島幹路，後倚京士山，環境幽靜，空氣清新，地點適中，交通便利，實為學生修學之良所也。

（設備）一．課　室　課室寬敞，空氣流通，光綫充足，全部檯椅，均係新造，高矮適宜。小學及幼稚園，各級課室均設在第一層，幼年兒童，毋須上落樓梯，可免跌仆之虞。

二．圖書館　本校為增進學生課外閱讀興趣及智識起見，特設圖書館，聘專員管理，購備幼年文庫，小學生文庫，中學生文庫及各種雜誌，以供學生閱讀或參攷。最近，更另闢抗戰讀物專室一所，搜集全國抗戰讀物千餘種，以增強各生對抗戰之認識。

三．實驗室　購備自然標本，理化儀器及藥物多種，足供導師在教學上及學生實驗之用。

四．寄宿舍　設有房間十所，電燈，水廁，浴室，鐵床，書檯供備。

五．體育場　設有田徑，跑道，及排，籃，網，壘球場。

六．遊藝園　設有鞦韆，沙箱，滑梯，蹺板，浪船，及各種單車，木馬等。

七．教　具　教學上之實驗用具，及兒童恩物之積木，玩具，水族箱，雀鳥，猴子等均有充分設備。

八．校醫室　聘請校醫及看護，常川駐校，料理全校衛生及監護。

（管教）一．本校管教，採用嚴肅主義。

二．來學者，確自信能遵守本校校規，方可投考。

三．本校教學，採用單式編制，各級課室均獨立。

四．各科教員，品學並優，經驗豐富，教導有方。

五．本校以國文，數學，英語，常識等四科為主要科目，學生之升降，新生之取錄與否，均以此四科之程度為標準。

六．各科成績，隨時考試，每學期規定舉行小考三次，大考一次。考驗結果，按時呈送家長閱察。

七．學生座位，以學生身材之高矮及視聽覺之靈敏否、為編列次序之標準。

八．各生返校後、無論在運動或休息時，均有值日教員巡視。低年級學生，每日放學時則由教員沿途護送。

（編制）本校編制遵照我國教育部頒佈規程、分設高級中學，初級中學，完全小學，幼稚園四部。高級中學三年畢業。初級中學三年畢業。附設完全小學，分高初兩級，初級四年，高級二年，共六年畢業。幼稚園分甲乙兩班，甲班一年畢業，乙班二年畢業。

（課程）根據我國教育部新頒修正課程，及香港教育司則例為標準編訂課程，並實施非常時期之特種教育（增設戰時補充教材）及戰時後方服務各種技術訓練。務使與國內外中學大學課程銜接。玆將各級課程分則于後：

科目／級別	高級中學	初級中學
國文	讀本　作文　文法　國語　應用文	讀本　作文　文法　國語　應用文
數學	算術　代數　幾何　三角	算術　代數　幾何
英文	讀本　文法　會話　作文　譯文　應用文	讀本　文法　會話　作文　譯文　應用文
常識	本國歷史　外國歷史　本國地理　外國地理　生理衛生	本國歷史　外國歷史　本國地理　外國地理　生理衛生
特種教育	戰時補充教材	戰時補充教材
	公民	公民
	物理	物理
	化學	化學
	生物學	動物學
	論理學	植物學
	體育	礦物學
	音樂	體育
		音樂
		美術
		勞作

高級小學	初級小學	幼稚園
讀本 作文 文法 說話 古文 尺牘 書法	讀本 作文 文法 說話 論說 尺牘 書法	讀本 習字 認字 故事
筆算 珠算	筆算 珠算	識數 心算
讀本 會話 譯文 文法 作文	讀本 拼音 默書 習字	字母 發音
社會 歷史 地理 自然 衛生	社會 歷史 地理 自然 衛生	禮儀 衛生 談話
國防常識	國防常識	唱歌
公民	公民	貼紙
體育	體育	美術
音樂	音樂	遊戲
美術	美術	自由活動
勞作	勞作	

（投考須知）一、招考班類

1. 高中一年級新生。
2. 高中各級轉學生，借讀生。
3. 初中一年級新生。
4. 初中各級轉學新生，借讀生。
5. 小學各級男女新生。
6. 幼稚園新生。

二、投考資格

1. 高中一年級：凡曾在國內外公立或已立案之私立學校初中畢業，或有相當程度者得報名投考。
2. 初中一年級：凡曾在國內外公立或已立案之私立學校小學畢業，或有相當程度者得報名投考。
3. 各級轉學生，借讀生：投考者須在公立或已立案之私立學校肄業而課程銜接，持有原校成績證者得來校轉學或借讀。
4. 小學各級及幼稚園新生：凡及學齡兒童不分性別，均可來校投考，經試後即按照程度編入相當學級。

三、報名手續

1. 報名日期：即日開始報名。
2. 報名地點：本校
3. 報名手續：投考各生須先到本校報名處填寫報名單，繳交報名費一元，本人最近二寸半身相片乙張（小學及幼稚園免繳）並須于報名時，繳驗畢業證或轉學證書，借讀證書。

四、入學試驗

1. 考試日期：第一次廿八年八月一日，第二次八月十八日上午八時起。以後隨到隨考。
2. 考試科目：高中——國文，英文，數學，物理，化學，歷史，地理。
初中——國文，英文，算術，常識。
小學——國文，算術，常識。
幼稚園——口試。（智力測驗）

（入學須知）一、入學手續：取錄新生須于規定日期，到校領取繳費證，向總務處清繳各費，攜同收據及本人二寸半身相片一張到註冊處註冊，領取入學證，依期入學。寄宿生須于開學前一日到校。

二、入學費用

1. 普通費：每學期（即半年）各級學生費用依照下表繳交。

年級＼金額＼項別	學費	堂費	圖書費	體育費	實驗費	童軍費	全學期合計
高中	四十元	六元	三元	二元	三元		五十四元
初中	廿二元	三元	一元	一元	一元	一元	廿九元
五六年級	十六元	二元	一元	一元			廿元
三四年級	十四元	二元	一元	五角			十七元五角
一二年級	十二元	二元	一元	五角			十五元五角
幼稚園	十二元	二元	一元				十五元

附註：1. 轉學生及借讀生應繳費用，悉照新生。
2. 各生入學時，除一次過完繳右表各種雜費外，另交醫藥費五角。
3. 家境清貧者，得請將學費分兩期繳納，入學時先繳一半，其餘須於開課後兩個月內清繳。
4. 各生如在中途輟學，或因故被革，所繳各費概不發還。

二八（丁）

2.膳宿費：本校設有完備宿舍，以便遠道學生搭膳寄宿，如在校膳宿者每月收宿費三元，膳費七元，均須預繳三個月。

3.特別費：中學各級學生入學時，應繳保證金五元。（畢業時發還）

三，開課日期：廿八年八月廿八日（即農歷己卯年七月十四日）開課。

本校教職員一覽表

職別	姓名	履歷
校長	傅鴻飛	廣州市市立師範學校高中師範科暨廣東國民大學畢業法學士。歷任廣州市立私立中小學主任教員。
副校長	鄺中堅	廣東國民大學畢業。曾任廣洞學校教務主任及公私立中學教員。
教務主任	鄺美笑	麗澤中學暨廣大畢業。歷任瑩潔女校教務主任，及公私立中學教員。
訓育主任	簡錦棠	廣東廣州大學畢業。歷充樹長學校訓育主任。
總務主任	李鉅專	香港英皇書院畢業。歷任本校會計主任。
體育主任	祁國樞	廣州市市立第一中學高中畢業，歷任本校體育主任。
小學部主任	雷坤明	廣州協和女子師範畢業。曾任廣州市立七十小學教員歷任本校附小主任教員。
幼稚園主任	雷玉春	廣州協和女子師範幼稚科畢業。歷任本校幼稚園主任。
教員	劉培生	國立暨南大學畢業。歷任香港文化中學教員，現任珠江，大衆等報館記者。
教員	陳錦文	廣州市市立師範學校高中師範科暨廣東省立勷勤大學畢業，工學士。歷任廣州市市立職業學校私立新華職業學校主任教員，廣州市工務局技士，廣東省高明縣政府技士。
教員	梁耀金	廣州市市立師範學校高中師範科暨廣東省立勷勤大學畢業，工學士。歷任廣東省大埔縣政府技士，廣東省建設廳技士，廣東省營工廠專員。
教員	孔慶蔭	廣東省立體育專門學校畢業，歷任香港中華中學體育教員，南洋棉蘭明德中學體育主任。
教員	楊克蕙	國立中山大學高中畢業，國立暨南大學工學院肄業
教員	白少淞	廣東教忠師範學校本科畢業。曾充廣州市私立養靈中學及廣州市青年會中學教員，廣州市市立第三小學專任教員。
教員	李恩相	廣州培英高中畢業。歷任本校教員。
教員	余漢文	帆泥剌南洋公學畢業。曾任黃埔珠鄉復昌學校會計主任。
教員	黃德柔	廣州市市立師範學校畢業。曾任廣州市立八十小學主任教員
教員	馬慧兒	廣州市市立女子職業學校高中文書科畢業。
教員	劉慕誠	廣州執信女子中學畢業。
教員	鄺嵐芳	廣州知用中學畢業。歷任本校圖書館主任。
校醫	楊邦服	香港大學醫科畢業，醫學士。現任般含道雅麗氏醫院醫生。

由籌辦至現在之私立廣州大中中學概況

廣州大中中學籌辦於民十八年八月，初賃文德東路聚賢坊十八號及三號，暨文德西路仰忠街三號大廈為校舍，並賃文德東路吉地作體育場，開辦第一學年，學生人數已達六百餘人，是年八月十六日，奉廣東教育廳核准校董會立案，至翌歲民十九年二月六日，奉教廳指令，核准學校立案，同年五月廿六日，復由廣東教育廳，呈奉中央教育部復准學校立案，至民十九年秋季始業，學生人數，已增加至一千二百餘人，民二十年度第一屆畢業，高中文科暨初中畢業生人數一百三十餘人，民廿一年度第二屆畢業，高中普通科暨初中畢業生人數，二百五十餘人，皆一榜及格，嗣後學生每年遞有增加，由民廿二年度起，每年全校高初中學生人數，恆在一千六百人以上，每屆高初中畢業人數，亦在四百人以上，民廿一年夏，由各校董籌款在小北蚧岡購地八百餘井，作新校址，經營規劃，於民廿二年二月，公開招投新校舍工程，圖地二百餘井，建立體式石屎樓四層，四樓為容積可納一千八百餘人之大禮堂，三樓為理化儀器室，圖書館，閱書報　，學生物學檢驗室，二樓與樓下，為校務處，會客室，及教室二十八間，另學生宿舍一座，在大樓前右側，亦立體式石屎建築，為樓四層，佔地六十井，至民二十二年冬，行奠基禮，二十三年夏落成，秋季始業，遷入新址，嗣以學生人數銳增，小北蚧岡分校，仍不敷收容，特於撑粉街九十一號梁文忠公祠前座，改建第二校舍，闢教室六，餘室作圖書分館及童軍辦事處，每學年開始，所招初中一新生六班即撥入第二校舍肄業，民二十四年秋以後，蚧岡校舍，陸續有增建，就學校大樓前甬道兩旁花圃餘地，添築教室，及軍訓辦事處，軍械軍服暨一切軍訓用品儲藏室，體育辦事處，童子軍團部，會食堂等建築物，校後草地則闢作運動場，復建校橋一座，橫跨濠涌，柏油面校道，直達登峯路，以利汽車來往，篳路藍縷，慘澹經營，草創粗具規模，至民廿六年七月七日，而蘆變猝起，洎八一三而全面抗戰展開，華南第一防綫粵海，已烽燧頻驚，時感空襲，廣州當局，為避免無謂犧牲計，一再頒令疏散人口，於是莘莘學子，多數離市避返鄉間，然大中同人，一方為尊重當局疏散市民功令，及各生家長希望子弟得轉移安全地區繼續學業計，特假南海九江鎮東方沙滘陳氏大宗祠設分課處，以收容南順四邑及西江一帶之學生，俾免學業中斷，一方仍本臨難毋苟免之古哲遺訓，在廣州小北蚧岡正校，照常繼續開課，以推行戰時教育，淬厲青年抗戰精神，堅苦支持，由民廿六年秋，至民廿七年夏，其間小北一隅，迭遭×機瘋狂轟炸，不知其若干次，越秀北路小北路法政路德宣東路等處，民房倒塌，民命傷殘，徧地彈痕，載途瓦礫，而大中教職員工斯數役，在伏屍濺血中，僅以身免者，固有其人，宿舍中之青年學子，且有犧牲於毒彈下，而慘罹殃者矣，其有扶傷裹創，歷險而醫治獲痊者，仍本奮鬥不懈精神，再接再厲，繼續未竟之學業，仍不乏其人，迨民國廿七年秋季始業時，廣州局面，益見嚴重，大中校董，為徇大多數學生家長請求，特將正校遷往開平赤坎埠衛前路，蓋以大中學生，籍貫四邑者，實繁有徒也，同時以學生家庭，國難起後，遷居港澳者頗多，而石岐亦為內地與港澳交通孔道，是以併於香港粉嶺，中山石岐，增設分校，以便收容港澳暨內地中順各屬之學生，不幸十月廿一，廣州失守，不旋踵而南海九江鎮，復相繼淪陷，石岐亦風鶴頻驚，於是九江石岐兩分校，均相繼結束，員生皆歷險來港，集中於粉嶺，爾時粉嶺港校，雖寒暑週抱，林木清幽，深合修學環境，無如內地學生，沓來紛至，重以淪陷區學生，承各該校當局保送或介紹，來校借讀者，復絡繹不絕，粉嶺備賃一別墅作校址，囊舍有限，展拓無從，遂於民廿八年春，將校址遷出九龍城英王子道南角道，暨香港般含道共和台，以便逐漸從事擴大，並呈明教廳，將正校移港，至開平赤坎本校，改為分課處，迨春夏之交，×氛被及江會，五邑風雲緊急，赤坎當西江南路要衝，是以亦備受×機蹂躪，校舍遷移長堤華南酒店後，舊校亦遭殃及，差幸員生校具，早一日遷離，獲告無恙，遂提前致試結束，歸併港校，現復遷進九龍城侯王道二十號宏偉新校址，並於般含道共和台及九龍城南角道，附設小學，兼收各級小學生，茲將招生簡章附錄，俾見梗概。

私立廣州大中中學港校及附屬小學招生簡章

(一)地　址：本校設九龍城侯王道二十號　分校設香港般含道共和台

(二)免費學額：本校遵照部令設置免費學額其名額及辦法均照部定規程辦理

(三)招收學額：(甲)秋季高中普通科一年級新生

(乙)秋季初中一年級新生

(丙)秋季高中普通科一二三年級轉學生

(丁)秋季初中一二三年級轉學生

(戊)高初中各級借讀生(免攷)

(四)資　格：(甲)高中普通科一年級　一，曾在初級中學畢業　二，曾在與初中同等學校畢業　三，與初中畢業程度相當者

(乙)秋季初中一年級　高級小學畢業或與高小畢業程度相當者

(丙)高初中轉學及借學生有國內教育機關立案之學校轉學證成績證或借讀證者(均得隨後補繳)

(五)報名手續：(甲)填寫姓名年齡籍貫住址及學歷等項

(乙)中學繳納報名費一元錄取與否概不發還

(丙)繳納畢業會考及格證明書或修業證明書(得隨後補繳)

(丁)繳交最近二寸半身相片壹張

(戊)報名地點如下：一，九龍城侯王道本校　二，香港般含道共和台分校

(六)考試日期：七月十七日

(七)入學手續：(甲)取錄各生須於入學前清繳學雜各費

(乙)清繳各費後即持繳費證并二寸半身相片叁張到校務處塡寫入學志願書換領上課證

(丙)交費後如係寄宿生持宿費收據往辦事處取入舍證按照編定床位住宿之行李及衣物以儉樸爲主

(八)修業期限：高初中均定三年期滿會考合格即給予畢業證書

(九)費　用：(甲)學費堂費

中學費用表

項目／金額／級別	學費	堂費	合計
高中級	三十元	廿元	五十元
初中級	二十元	十五元	卅五元

附小費用表

項目／金額／級別	學費	堂費	合計
小學五六年級	十五元	六元	廿一元
小學三四年級	十二元	六元	十八元
小學一二年級	九元	六元	十五元

(乙)膳宿費每學生宿費二十四元均入舍前一次過清繳膳費三十五元(膳費每月七元按月或全期清交均可)

(丙)保證金十元初入學時繳納畢業時發還如中途退學或不能畢業及被斥退者例不發還但借讀生得免繳納

(十)家長須知：(甲)學生入學時請家長或保護人將印鑑送校

(乙)學生因事或請假須有家長或保護人蓋章函件證明

(丙)發覺學生有不正當行為時請即報知本校以便共同糾正

(丁)本校對於家長或保護人有面詢或函詢之權

(戊)學期之末必將各生成績通告家長或保護人如未接收請即通知以便設查

孔教學院組設中英政府立案

私立孔教中學校概況

校址：香港堅道一三一號

電話：二七一四八號

（一）沿革

香港孔教學院，乃該院前任院長陳煥章博士環游世界時，聯合各地華僑所組設，於民國十九年成立，購置現有校舍。並得香港總督特准，得用『孔教學院CONFUCIAN ACADEMY』名稱。陳氏去世，乃由董事會聘請朱汝珍太史繼任院長，兼附屬中小學校校長，朱氏接任後，銳意革新，並得教育專家蘇祥智，吳敢昌，北京大學教授胡靖，中山大學教授劉冕卿等勸助進行，決定詳細計劃，廣購圖書儀器，並將附屬中學小學以『私立孔教中學校』名義，呈請國內教育當局立案，由是提高課程標準，注意嚴格訓練，遂成今日之狀況。

（二）組織

該校具完全公共組織之性質，董事會章程，乃委託希士庭律師按照香港法律所定，而學校行政則遵照中國教育法令及香港教育則例辦理之。由創辦人選舉校董，由校董聘任校長，由校長總理學校行政，而以教導主任，事務主任輔之。（學級編制請參閱章程）該校與美洲南洋各地孔教團體均有聯絡。

（三）設備

該校現有校舍在堅道一百三十一號，為四層洋樓，能容四五百人，前後有小園，可供課餘遊憩，禮堂，圖書室，儀器室，標本室，體育室均備，圖書西新舊均有，數逾萬卷，尤多善本，儀器足供中學全部理化生物實驗之用，標本分動、植、礦、史、地、工藝、美術、七大類，另掛圖影片等共計數千種，體育設備亦甚完善。

（四）教授

校長朱汝珍，為前清翰林院編修，留學日本得法學士學位，歷任京師法律學校及香港大學教授，雖為舊學家而思想尚新穎，教導主任蘇祥智，高中主任吳敢昌，均為美國美而登大學研究院學員，對於教育學之智識及經驗均有心得，國文科主任胡靖，為前清舉人，兼得北京大學文學士學位，曾任北大，交大，稅專等校教授，英文科主任鍾方規，為美國芝加高大學文學博士，歷任四川大學、國民大學教授，該校教員多領有高級學位而教授經驗在十年以上者。

孔教中學暨附屬小學校章程

弁言

孔聖遺教。集吾國文化道德之大成。為邦家統治之基。人民立身之本。終身由之而不覺。歷代崇奉而勿替者。蓋二千餘年矣。自西風東漸。異說蠭興。蚩蚩者流。炫惑於海外物質文明。乃欲摒絕本國文化而效之。不知列強立國。莫不賴其固有文化。固有文化者。國家之靈魂也。國魂存在。助之以科學技術。然後國家乃可臻於富強。不先求此。而徒趨步於他人之皮相。斯誠所謂不揣其本而齊其末。我政府頒發尊重舊道德之明令。正為此也。本院創立於民國十九年。迄今九載。向以傳揚聖道。宣揚本國文化為宗旨。院內除開辦國學系。招生傳習。印行種種刊物。並於一定時期由院長朱汝珍太史公開講學外。為應社會需求。兼附設中學小學。已呈請國內教育當局准予立案。其課程編制。行政組織。均依照現行教育法例辦理。務與國內學校啣接。而對於國難時期國民公私道德之訓練。尤所注重。務使學者進德修業。完成其健全之人格焉。

香港孔教學院識

（一）宗旨　本校以宣揚聖道訓導青年俾養成健全人格造就實用人才為宗旨

（二）編制　本校遵照現行教育法例分設中學小學兩部中學部分高級中學及初級中學小學部分高級小學及初級小學

（三）課程　本校各級學科均能與國內各校銜接其分配如後

一—中　學（高初級科目略同祇程度差別）

（經學）四書經要義　十三經註疏　（國文）古文　現代文　公文　訓詁　音韻　修辭　文學概論　駢文　時詞　論說　傳記　應用文作　作文　書法　（歷史）本國史　世界史　文學史　（地理）地文學　本國地理　世界地理　（數學）算術　代數　幾何　三角　（英文）讀本　文法　會話　翻譯　作文　（公民）道德　法制　經濟　政治　（國語）語音學　拼音練習　國語文法　（自然）科學概論　植物學　動物學　生物學　物理學　化學　（哲學）哲學概論　心理學大意　論理學大意　（衛生）個人衛生　公衆衛生　醫學常識　（圖畫）美學大意　透視學大意　鉛筆　木炭　水彩　（音樂）（勞作）（體操）（簿記）

二—高級小學（五六年班）

（經學）四書　（國文）讀本　文法　詩詞　論說　序記　尺牘　作文　（歷史）本國史　世界史大概　（地理）本國地理　世界地理大概　（算學）命分　百分　利息　簿記面積　體積　比例　開方　珠算　（英文）讀本　文法　會話　繙譯　造句　（公民）（國語）注音字母　拼音練習　國語　會話　（自然）（衛生）（圖畫）（音樂）（體操）（勞作）

三—初級　（一二三四年班）

（經學）孝經　（國文）讀本　字義　虛字用法　論說尺牘　作文　造句　習字　（歷史）歷史初步　（地理）地理基本智識　廣東地理　本國地理　（算術）數理基本智識　心算　加減乘除諸等數　珠算初步　（公民）（常識）（國語）注音字母　拼音練習　（自然）（圖畫）（音樂）（勞作）（體操）（英文）

（四）時間　每日上課六小時由上午九時至十二時再由下午一時至四時星期日休息

（五）進學　凡品行端正身體健全有志來學者可由該生家長或管理人塡具保證書經編級試驗後依照章程繳費入學（凡繳費無論多少必發正式收條）（兼收幼女生）

（六）報名　凡學生來學須預先到校報名並塡其入學志願書隨交報名費二元入學時准在學費內扣除但不來學者概不發還

（七）學費　本校各級費用如左各生入學之先務須交一學期之費用

級別	全年學費	堂費	合計	每學期應繳
初小一二年級	三十六元	四元	四十元	二十元
初小三四年級	四十元	四元	四十四元	二十二元
高級小學	四十六元	四元	五十元	二十五元
初級中學	六十元	四元	六十四元	三十二元
高級中學	八十元	四元	八十四元	四十二元

（附註）

一、戰區轉學生及貧苦學生得照上表酌減或分期繳交

二、中學三年生每期另收理化實驗費二元

三、欲在本校膳宿者請詢庶務股

（八）考試　每月小考一次每學期大考一次學生考列前茅者獎給優美獎品以資鼓勵各生進步如何品行良否均列表報告其家庭

（九）畢業　本校高初級中學均以三年為修業期高級小學以兩年為修業期初級小學以四年為修業期期滿考查成績及格呈請中國教育部給予畢業證書

（十）規則　本校備有詳細規則表列課堂各生須遵守如有違規則有害全校秩序屢誡不悛者立予革退已繳各費概不退回未繳各費仍須繳足

校　長　朱汝珍

教務主任　蘇祥智

文德中學

校址——香港灣仔道二二四號

電話：二零三九四

該校原在廣州市文德路。開辦十一載。廿七年分設港校。現有校址不足用。聞短期內將大加擴充小學部初中部。

校長范曜華

代校長陳慶琛

私立文德中學校暨附設小學招生簡章

（一）本校原在廣州市文德路，開辦十一載，歷年新舊學生，數逾萬人。

（二）本校注重，培養學生道德，啓發學生知慧，鍛鍊學生體格，管教供嚴，但以不妨碍學生發育，及不桎梏學生性靈爲原則。

（三）本校課程，務求適應需要，折衷新舊，既重學理，亦重實用，使學生畢業後，升學謀生，均無不可。

（四）本校對勤苦學生，特予優待。

（五）本校對於國文，英文，算學三科特別注重。

（六）學費及堂費：

年級　名稱　繳費	學費	堂費	半年總計	全年總計
小學一二年級	十四元	六元	二十元	四十元
小學三四年級	十六元	六元	二十二元	四十四元
小學五六年級	二十元	六元	二十六元	五十二元
初中各年級	二十四元	六元	三十元	六十元

（附註）中途退學。或犯規被革退者所繳各費概不發還。

（七）高級小學科目：
國文：古文　論說　尺牘　作文　習字　默書
英文：拼音　會話　讀本　習字
社會科：歷史　地理　公民
自然：算術　圖畫　音樂　體育

（八）初級中學科目：
國文：古文　語體文　尺牘　作文法　作文　習字　默書
英文：讀本　文法　會話　譯文
算學：代數　幾何
社會：歷史　地理　公民
物理：化學　生理　衛生　圖畫　音樂　體育
附註：（一）本校特別注重國文，英文，算學三科。
（二）授課時間表及書單另印。

（九）授課時間：每日上午九時至十二時，下午一時至四時（星期日停課）

（十）報名手續：報名入學，先繳掛號費二元，將來在學費內扣除，不來學者，例不發還。

（十一）報名地點：灣仔道二百二十四號本校

（十二）報名時間：每日由上午九時起至下午七時止

（十三）編級：按照學生程度，分別編配，務使學生程度與課程適合。

（十四）考試：每月小考一次，每學期大考一次，並將考試成績報告各生家長。

（十五）假期：除例假外，如有假期，皆預告各生家長。

（十六）請假：學生因事請假，須得家長及管理人來函證明。

（十七）畢業：修業期滿考試及格者，給予畢業證書。

（十八）膳宿：學生欲在校膳宿者，可向校務處接洽。

（十九）開課：國曆八月廿六日

本校校董

名譽董事長周啓剛

胡文燦　羅偉疇　陳廉仲　陳渚生　鄧發堅
莫應溎　黃克競　盧國棉　利秀峯　陳灼華
何潤光　陳慶深　潘範庵　莊成宗　伍耀庭

中英立案

民光中學暨附屬小學招生簡章

廿八年度上學期

一、緣起：慨自蘆溝橋事變以還，×人進攻愈急，我國國難日深，應付之道，千頭萬緒，而其基礎，仍在教育，誠以生聚教訓，實爲救國之本，歷史所詔，彰彰明甚。然抱殘守缺之教育，不特不足以救國，或且適足以禍國，此不可不辯也。邇者華北東南，先後淪陷，我西南實爲抗戰建國之基石，尤應急起直追，從事救國教育，以培國本。同人等服務教育，歷有年所，前在廣州曾設立貫球甲種補習學校，既蒙市教育局准予立案，復得社會人士之愛護，現當國難嚴重，爰本此精神，益加淬勵，於民國廿七年秋季創立民光中學於香港，以適應大時代之需求，思以科學方法，努力於救國教育，以冀對於抗戰前途，有所貢獻，異日抗戰勝利建國成，蔚爲民族之光，將於此基之矣！惟茲事體大，尙希邦人君子，進而教之！

二、宗旨：根據部定中華民國教育宗旨，按照學生身心發達之順序，授以必需之智能，培養健全之人格，俾成爲良好有用之國民。

三、編制：本校分初中小學二部，初中三年，小學分初級高級二段，初小四年，高小二年。

四，課程：本校課程依據中國教育部定章及參照香港教育司頒佈課程以適合現代思潮國情需要而不背教育原理者爲原則茲編配如下

科目 \ 節數 \ 年級	一年級（初中部）	二年級（初中部）	三年級（初中部）	一二年級（小學部）	三四年級（小學部）	五六年級（小學部）
公民	1	1	1	1	1	1
體育及	4	4	4	2	2	2
童軍					2	2
國文	5	6	6	10	10	8
國音				1	1	1
經學	1	1	1		1	1
書法	1	1	1	2	2	1
英文	4	4	4			4
算學	4	5	5	6	6	6
簿記	1	1	1			
自然（分科制）生理衛生	1					1
自然（分科制）植物	2					
自然（分科制）動物	2					
自然（分科制）化學			3			
自然（分科制）物理		3				
歷史	2	2	2			2
地理	2	2	2			2
常識				4	4	
自然						2
勞作	2	2	2	2	2	1
圖畫	1	1	1	2	2	1
音樂	1	1	1	2	2	1
修學指導	2	2	2	4	1	
每週授課總時數	36	36	36	36	36	36

五、班額：本期招收下列各生：（甲）初中一年級新生一班暨二年級轉學生借讀生。（乙）小學一年級新生一班暨二三四五六年級轉學生借讀生。（丙）中英數理化專修科上午下午班夜班各一班。（丁）國語珠算應用文速成科上午班下午班夜班各一班。（戊）各科特約指導生。（附註）（丙）（丁）（戊）三種招生簡章另定

六、費用：本校每年分爲兩學期每學期應繳費用如下（以港幣爲單位）

（甲）（乙）中小學費用

	學級	學費	堂費	體育費	圖書費	實驗費	童軍費	校服費	校章費	學生會基金	學生會常費	合計
初中部	一二三年級	二十二元	五元	一元	一元	一元	一元	四元	五角	一元	一元	卅七元五角
（小學部）	一二年級	十二元	四元	五角	五角			二元	五角	一元	五角	廿一元
	三四年級	十四元	四元	五角	五角		一元	三元	五角	一元	五角	廿五元
	五六年級	十六元	四元	五角	五角		一元	三元	五角	一元	五角	廿七元

（丙）專修科費用：照專修章程科徵收．（丁）速成科費用：照速成科章程徵收．（戊）特約班費用：個別商定．（已）膳宿費用：寄宿生每學期應繳膳費四十元宿費二十元通學生如欲搭早膳者按月先期繳膳費四元（膳宿費用本校代辦）附註：以上各種費用除有特別規定者外均須於入學前依期一次繳清（如家境清貧經校長特許者約分二次繳交第一次於入學前繳交第二次於開學后兩個月內繳清）如中途退學或因犯校規被革退者所繳各費除膳費外概不發還

七、資格：品行端正身體健全具有相當程度並願遵守本校校規者皆得報名入學

八、報名：即日開始報名不收報名費惟於註冊時須繳交掛號費一元入學時在學費內扣除如不取錄或不來學例不發還

九、編級：編級試分兩次舉行第一次在七月卅日上午九時第二次在八月廿七日時間同上凡在本校暑期預備班成績及格或持有中國政府立案學校轉學證書或成績證者得免試入學

十、註冊：取錄各生應於揭曉後三日內攜同家長或監護人（中學生須帶備二寸半身相二張）到校繳費註冊並塡具保證書志願書領取上課證方得上課

十一開學：開學日期爲九月一日（舊歷七月十八日）

十二 校服：本校爲養成學生儉樸肅整精神起見學生回校上課一律須穿着校服佩帶校章

十三 請假：學生不能任意請假如有不得已事故不能上課者須有家長或監護人來函經訓育處核准者方得請假

十四 退學：學生有特別事故請求退學者須得校長准許并須由該生攜同家長或監護人來校繳銷校章及辦理一切退學手續

十五 考試：每學期舉行小考二次大考一次考試完畢後即將成績報告家長或監護人以便考核

十六 畢業：本校呈由僑務委員會轉呈教育部立案學生修業期滿試驗及格者給予畢業證書

十七 獎勵：凡學生品學優異者得酌減免學費以資獎勵

本校爲救濟戰區失學青年起見特設半費學額初中一年級二十名小學一年級十名五年級十名凡持有內地學校證明文件（如成績證轉學證借讀證畢業證書等）經本校檢查屬實者均得報告投考另設免費住宿如持有上列文件者得請求入校住宿

校董 梁蘭泉 衛國綸 胡木蘭 劉耦可 黎伯詩

校長高應光

南海石門中學史略

石門中學，因邇石門底照而命名，爲南海縣第二三九區人士所合辦，卽往日金利三江神安三司所屬也，廿一年，二區陳鳳江鄧剛李景宗，三區區芳浦劉沛泉黃梓林，九區杜舔謙黃詠零黃兆鵬等，鑑於村鄉小學日多，一般貧苦學子，無力晉省者，卽無升學機會，稍求學於省，亦稍修塡戾，乃首倡創設，並得省港紳商霍芝庭李右泉孔安道黃健之李景康鄒伯裕王金石鄒惠霖等，極力贊助，故未幾而校董會告成，假廣州南海公會辦事，公推四司聯防局長陳鳳江爲主席，省督學李景宗爲校長，分別主持會校職務，並負責籌備建築，均義務職也，民廿二年春，先假二區裏水同聲社爲臨時校址，招生開課，自初中一年級辦起，因地方容量關係，僅取錄八十餘人而已，草創既定，分頭募捐，凡捐百元，卽爲創辦人，不數月而有三百餘衆，得款三萬餘元，並擇定九區花村爲建校地址，悉數購地，獲百餘畝，遙對白雲，前瀕珠海，頗具山川之美，且交通便利，地點適中，復與四司聯防總局相連，藉資守衛，甚適宜也，鬮倩工務長材，測地繪圖，以爲勸募建築之舉，霍校董芝庭先生首建禮堂以爲之倡，計五萬元，繼之者有孔校董安道孔校董子昌昆仲與黃校董梓林黃校董健之昆仲，合建圖書館及實驗室全座，計三萬元，鄭步蘅黃行捐建頭門及兩廡全座，計五千元，其餘黃耀東陳劈儔張滿泉許泌谷鄒序圖區卓樓鏡湖公杜容碧李青松陳項元鄒繼孔鄒公每捐課室一座，各二三千元，李校長因公出巡北區之便，復向鄉人之營業北江者勸募，集資又得宿舍一所，至二三九區所屬四百餘鄉之客卓捐款，則或建飯堂，或建盥所，或築校道，或設球場，大致均備矣，獨圖書儀器，校具教具，及童軍用品等，深感不敷，陳李二君，復再接再勵，奔走呼籲，旅港南海商會，首捐三千元，李前縣長海雲劉校董沛泉潘蔭陳綺雲等，相繼響應，遂得悉照　教育部所規定，而設置完整，民廿四年五月，校舍落成，乃喬遷新校，同時中小學均奉准　教育部及廣東教育廳立案矣，李校長素重農業，尤好技擊，部署既定，卽更闢農場，設苗圃，購農具，置武器，分別聘請農業國術專材常川駐校，授諸生以種植國術之技，夏日，更於校前搭泳棚，以供諸生游泳，復於棚中，設置中西樂器，俾得泳罷而歌，至是，既不獨應有者固全，例外者亦畢備矣，於是遠方學子，亦聞風而至者極衆，惜宿舍不敷，學生又不能走讀，故祇能容三百餘人而已，自開辦以來，歷屆參加教總畢業會考無不全體及格，從無一人落第，而獲教育界之盛譽者，豈亦因全體自生，均能起居與共，切磋便利所致歟，至經費方面，因得縣庫月助七百元，明倫堂年助五百元，復爭回南城水蜆塘收益，故收費從廉，惟曾幾何時，廣州已於去歲淪陷矣，南海全縣，計有中等學校六所小學七百餘所，悉若廣陵聲散，員生之避難來港者，實繁有徒，邑中人士，以李校長負省縣教育行政多年，復爲一手創造本校者，亟須設法維持，乃紛促在港復校，知邑人多集於深水埔也，遂擇現址復課，將來廣州事竣，聞李君以擬留設分校於此，俾便僑港子弟就學，如石門者，其爲南海各校之碩果僅存者歟。

◇　◇　◇

廣東教育廳立案

南海石門中學港校高初中部暨附小招生簡章

(一)緣起：本校在南海北村勝設已將十載向以興學育才服務國家爲主旨創立以來蒙承社會人士嘉許邇因地區淪陷爲適應時局及社會需求起見特在香港深水埗增設分校俾達難學子及有志來學者得所依歸焉

(二)校址：香港深水埗荔枝角道由三三二號起至三四二號止一連六間 電話：五七六五七

(三)學額：招考小學各級初中一年級新生及各級插班生轉學生借讀生

(四)報名：投考生先到本校領取報名單填妥後連同二寸半身相片二張報名費一元繳交報名處

(五)試驗：(甲)小學—國文算術高初中—國文英語算學常識科

(乙)日期：廿八年八月廿五日上午九時起

(丙)地點：本校

(六)學期：由廿八年九月七日（星期四）起至廿九年一月廿九（星期一）止入校學生須於九月五日（星期二）開始到校註冊聽候上課

(七)繳費：各級學生本學期應繳各費如下

級別＼費目	學費	堂費	實驗費	圖書費	體育費	合計
小一二	十元	三元		五角	五角	十四元
小三四	十二元	三元		五角	五角	十六元
小五六	十四元	三元		壹元	五角	十八元五角
初中	廿五元	五元	二元	壹元	壹元	三十四元
高中	卅五元	五元	五元	壹元	壹元	四十七元

（說明）

(甲)凡新生入校時須加繳按金五元（舊生免交）

(乙)男生寄宿每學期宿費三十元膳費四十五元洗衣費五元（每人限洗二百五十件）共八十元

(丙)外宿生如欲搭午膳者每學期須交十五元

(丁)學生繳費按照上表所列開學前先到本校（或本校指定之銀行）繳交取回收據摘校務處換領入學證方得上課

(戊)校內一切公物學生宜愛護如有毀壞至須修理者該修理費用由該生按金扣除至該生畢業離校時倘該按金有剩餘則按數發還如有不足仍須追繳

(己)本校甚願來學者有始有終以竟全功至若中途退學離校或被開除學籍者所繳各費概不發還

校長李景宗

生活中學招生章程

沿革

本校創於民國二十五年春，爲志行學社同人開辦，假軒尼詩道一八零至一八二號爲中學校址，附設生活兒童學園正園，設於九龍城衙前圍吳家祠，第一分園設於蒲江大磡村，第二分園設於九龍城南道，另於中學校址創立女子夜中學，學生人數五百餘，歷年各級學生升學或就業社會者甚夥，目前仍在極力擴展中，此本校校史之概略也。

宗旨

本校依照教育部頒發教育宗旨，及其實施方針，促進僑胞教育，培養青年充分之智識，適應社會生存之技能，爲國家社會服務，故教學注重實用，訓育務求嚴格，以貫澈有志必行爲旨。

組織

本校設校長一人，由本校校董會聘志行學社社員充任，總理全校事務，校長下分設教務事務訓育三部，各設主任一人，主理該部事項。

編制

本校採用三三制先設初級中學，三年畢業，附設小學，六年畢業，特設補習班爲便利轉學本校及程度不齊之學生，先專修其未及格之科目至程度相當時，然後編入程度相當之班級。

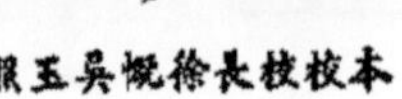
本校校長徐慨吳玉照

校址及設備

本校位於軒尼詩道，地點適在灣仔新塡地之中央，馬路寬敞，空氣淸爽，交通治安，極爲穩便，校舍爲五層之樓房，課室則在四樓以上，光線空氣，極宜修學。又本校力行實驗教育，舉凡圖書儀器標本及一切教育工具，無不竭力購設，充分利用，以輔助教育之推行。

管理訓育

本校管理，以嚴格爲主，其目的在養成有紀律化的良好公民，故校內除學生會與級會外，每日由値日教員負責指導學生朝會文會及兒童法庭，紀念週則由全體員生開會，紀念日另開紀念會。小學生放學自行列隊回家，故距校雖遠亦無意外之虞。

課程

中小各級課程分配，俱依教育部頒發之課程標準。

費用

本校推行普及教育，收費以低廉爲主，務期普通人家子弟，得有就學機會，後列每學期費用，包括學生應繳各費，並無其他費用，學生家長幸留意焉。

級別／費用	初中各級	小學六年級	小學五年級	小學四年級	小學三年級	小學二年級	小學一年級
學費	廿二元	廿三元	廿一元	十九元	十八元	十七元	十六元
什費	三元	一元	一元	一元	一元	一元	一元
共計	廿五元	廿四元	廿二元	二十元	十九元	十八元	十七元

本校現任校董

關仁甫　廣西省政府參議

區少瀚　前任東華醫院醫師（現任本校校醫）

林攀坤　中山大學法學士前任上海特區法官

黃銘枝　東方學校校長

葉國魂　中山大學工學士

馬國彥　國際藝術學院院長

林天任　工商日報記者

徐崇伊　番禺縣立師範畢業

呂家偉　中華時報編輯

梁定懿　國立中山大學服務團團長

西南男女中學概況

本港西南中學。爲中國南部完善之學校。內設高中，初中，高小，初小，幼稚園各級。校址分屋蘭士道男校。巴丙頓道女校。旺角何文田窩打老道女分校。三處均校舍宏偉。周圍園林。光線充足。空氣清新。並有廣大之運動場。屋蘭士道之校舍。係屬自置。價值二十餘萬元。現陸續增加建築。校內設備。有圖書館。物理儀器室，博物標本室，化學實驗室，圖書室，音樂室，勞作室，及學生作品陳列室等。應有盡有。均極完善。而學制與課程。遵照部定。與國內各大學完全銜接。各科學及英文教員爲國外留學生及國內大學畢業生。中文教員爲名師宿儒。均有專門學識及教育經驗。職教員達九十餘人。現有男女學生共一千七百餘人。教授與訓導均適合教育原理。故學生程度特高。每屆畢業。除由學校直接保送升入與有聯絡之大學外。其投攷各大學者。亦多及格取錄。自奉中國政府令准立案後。升學轉學尤爲利便。其有畢業即出爲社會服務者。亦得相當位置。能獨立生活。

西南男女中學招生簡章摘要

（一）編制

（甲）男中部　本校設小學中學兩部。內分初級小學。高級小學。初級中學。高級中學。小學初級四年。高級二年。中學初級三年。高級三年。

（乙）女中部　本校設中學小學兩部。小學分初級小學。高級小學。中學分初級中學。高級中學。初級小學四年畢業。高級小學二年畢業。初級中學高級中學皆三年畢業。修業期滿。成績及格者。給予畢業證書。

（二）教員

本校各種科學。聘請國內外大學畢業生教授。中文。聘請名師宿儒教授。英文。聘請英人及英文專家教授。皆有專門學識。及教育經驗。且教員以專任為原則。皆能專心於教學事業。

（三）學生

凡品行端正。有志向學之男子女子（男女小學兼收十二歲以下男生女生）。皆得報名入學。

（四）入學手續（男女中學同）

（甲）報名　凡欲入本校肄業者。須預期報名。報名時須填寫報名表。及繳報名費一元。

（乙）編級　凡已報名入學者。須依編級試驗日期。攜帶筆墨到校。聽候試驗。入學編級試分筆試（國文，英文，數學，）口試兩種。如報名時呈繳有正式學校畢業證書或修業證書。經本校認可者。得免試驗。編入相當班級。學級編定公佈後。各生須即註冊依級上課。

（五）入學費用

（甲）學生須於開學前將各費繳足。持有本校會計處收條。及領有完費證。向校務處註冊後。方得上課。

（乙）民國二十八年度第一學期。由廿八年八月起至廿九年一月止。各級學生應繳學費如左。

（甲）男中部

級別	半年學費	全年堂費
初小一二年級	二十二元半	八元
初小三年級	二十五元	八元
初小四年級	二十七元半	八元
高級小學	三十元	一十元
初級中學	四十元	十一元
高級中學	五十元	十二元

（乙）女中部

級別	半年學費	全年堂費
初級小學	二十元	八元
高級小學	二十五元	一十元
初級中學	三十元	十一元
高級中學	四十元	十二元

（丙）上開各費。概以香港通用銀幣為本位。於本學期開學前一次交清。

（丁）如中退學。或犯規革退者。概不退還。學生欲在校膳宿者。可向事務處接洽。舍宿整潔。收費甚廉。

（六）校址

男校：般含道上屋蘭士道壹號
女校：般含道上巴丙頓道五號三號
女分校：旺角何文田窩打老道六十九號

（電話）
男校：二二伍玖伍
女校：二陸壹叁零
女分校：伍玖零壹玖

校長張瀾洲

香港私立志賢女子初級中學概況

本校創辦於民國十三年，當時港地女子教育，仍未普遍，經創辦人銳意提倡，不遺餘力，然後來學者日漸衆多，於以略具規模，馴至今日，已歷十有五年，經之營之，始克成爲一歷史悠久設備充實之女子初級中學，此固僑港熱心教育人士所熟知，深爲推許，而本校仍不以此自滿，欲百尺竿頭，更進一步計，爰於本年夏間，依照　教育部頒布修正私立學校規程之規定，積極刷新，一面呈報　廣東省教育廳請予立案，俾便學生將來升學轉學，一面派員採購各項標本，儀器，圖書等，以供參考，同時添聘教學經驗豐富及大學師範科畢業資格之教師，担任各科教授，務使學生程度與國內各校相啣接；復以欲養成道德高尚之國民，必須注重學生之實行習慣，故除課室教學外，對學生管理與訓育，極端重視，爲求指導周詳起見，特聘定專材教職員嚴密辦理，餘如組織校政，編配課程等，均從新改善，作進一步之規定。

（宗旨）：本校以德智體羣美五育培養學生造就健全人格務求適應現代社會所需求爲宗旨。

（編制）：依照教育部規定分中學，小學，幼稚園；中學部採三三制小學部採四二制幼稚園分甲乙級，修業期滿，考驗成績及格，給予畢業證書。

（校址）：彌敦道五百九十一號，全座新式洋樓，建築寬敞，光線充足，空氣清新，最適宜於修學。

（入學）：凡品行端方，志切向學之女子，皆得報名入學，（小學部兼收十二歲以下之男生）其年在滿四歲至六歲之男女童，均可入幼稚園。

（報名）：凡來本校肄業，須先塡寫志願書，並繳報名費二元，上課時在學費內扣除，不進校者不發還。

（編級）：凡已報名入學者，須依編級試驗日期到校應試，如報名時呈繳有正式學校畢業或修業證書，經本校審查其成績優異者，得免試入班。

（奬勵）：凡德學優異之學生，分別給奬，以資策勵。

（假期）：除星期六下午及星期日放假外，其餘暑假一月，年假三天，寒假十五天，春假七天，國慶及例假一天。

（退學）：本校極望來學者有始有終，如自行退學，或因犯校規被斥退者，已繳各費，槪不發還。

（制服）：本校規定劃一校服，全用土布，養成學生有愛用國貨之熱誠及儉之美德。

（學期）：每日上午九時至十時十五分，又下午一時十五分至三時四十五分。

（課程）：本校課程，除依照教育部最近頒布新課程標準外，並適應環境有所酌加，玆列其槪要如下：

（幼稚園）淺易工藝　繪畫　常識　談話　玩具　圖書　唱歌
游戲　認字　識數

（小學部）

國文	讀本　作文　文法　經學　古文　尺牘　論說
	寫字　默書
算術	算術
英文	讀本　作文　文法　會話　背默　習字
社會	（分科制）　歷史　地理
公民	根據最近頒布公民信條訓練
美術	欣賞　剪貼　寫生　圖案
自然	生活需要　自然現象　衞生常識
體育	柔軟體操　童軍訓練及各項球類運動
音樂	聽音　辨音　發音　唱歌　表情
勞作	家事　工藝　女紅

（中學部）

科目＼學級（時數）		初中一	初中二	初中三
公民		1	1	1
體育及童子軍		2	3	3
國文		6	7	7
英語		11	11	11
算術		6	6	6
自然	生理衞生	2		
	植物	2		
	動物	2		
	化學			4
	物理		4	
歷史		2	2	2
地理		2	2	2
勞作		1	1	1
圖畫		1	1	1
音樂		1	1	1
總堂數		39	39	39

（費用）：每生每期應納之費如左：

級別	學費	堂費	圖書體育費	合計
幼稚園	十元	四元	二元	十六元
初小一年	十一元	四元	二元	十七元
初小二年	十二元	四元	二元	十八元
初小三年	十三元	四元	二元	十九元
初小四年	十四元	四元	二元	二十元
高小一年	十六元	四元	二元	廿二元
高小二年	十七元	四元	二元	廿三元
初中一年	十九元	四元	二元	廿五元
初中二年	廿一元	四元	二元	廿七元
初中三年	廿三元	四元	二元	廿九元
備註		堂費全年四元一期清繳	圖書體育費全年二元一期清繳	

（同學會）本校設有同學會，藉以聯絡感情，使學生明瞭團體生活，全校學生，均爲會員，會費每年五角。

（設備概述）：本校爲適應學生修業之需求，特先設備：

圖書館　體育場　儀器室　博物室，成績室，校園。

（學生生活）：本校對學生課餘生活，極爲重視，均由專材教職員負責指導進行，務收良好效果，其組織概況如下：

學藝研究會　各種展覽會　同學會　瓦斯團　體育會　演講會　辯論會，戲劇團，消費合作社　儲蓄小銀行，標本搜集隊　旅行參觀團

本校備有詳細招生章程，到取即奉。

校長蘇安平

教育部
僑委會
港政府

立案忠信中小學部概況

本校剏自民國二十五年，當時祇辦會計班，由李卓權會計師担任校長，嗣後乃增辦中小學（即高中初中小學）暨幼稚園。開辦以來，成績卓著，近因來學日衆，特擴充校舍，增加班額，以宏造就。故本年春，即遷往亞畢諾道第三號新址，校舍宏敞，環境幽靜，空氣充足，交通便利，爲修學最適宜之所。自遷往新校址後，對於圖書，儀器、標本、模型，種種設備，力圖擴充。本學期經校董會議決，改推李卓權會計師爲監督，潘序倫博士爲校長；並聘周公儁先生爲中小學部主任，陳黃蔭先生爲校務主任，馬國森先生爲訓育主任，湯應賢先生爲事務主任。至本部之行政範圍，雖劃分爲教務、訓育、事務三處，以專責成；但仍由中小學部主任負全部行政指揮之責，以歸統一。至本部所採之教育方針，管教並重，以期督促學生之學問、品格，臻於良善。在此非常時期，更遵教育部頒佈戰時教育方針，灌輸以相當知識，務求合於戰時需要，以期凡屬國民，均有負起復興民族之大任。本學期更擴充班額，增聘教員，完成高中三班，初中三班，小學六班，幼稚園二班之學級；並於夜間加設中、英、數、理、化選修科，以便學生利用夜間閒暇時間，補修所欠缺科學。至於會計部方面，詳見會計部章程。玆將中小學部招生章程節略，分述如次：

（一） 本校中小學部特點：

（甲）本校校舍宏敞，通爽幽靜，無囂雜喧嘩之俗氣，堪爲學子修學之良所。

（乙）本校教師，均屬國內外大學畢業，或科甲宿儒，及富有教育經驗之教員担任。

（丙）設置多量圖書、儀器、標本、模型、俾各生得隨時閱覽參考；至於中、英、數、理、化等科，亦必予各生以多量實習機會，以廣知識。

（丁）本校教師，多歷任省市校教員，講學時，並兼用國語教授，對高初中及小學畢業各生，本校均能負責介紹投升大學、或高、初中。

（戊）本校聘定著名中、西醫生，於每學期檢驗各生體格一次，幷隨時注意各生之健康。

（已）本校管教，素主嚴格，凡各生有不規則者，家長或其保護人，得隨時通知本校，以便注意其舉動，而收家庭與學校互教之功。

本校中小學部暨幼稚園招生簡章

（二） 本校宗旨：

本校中小學部遵照教部頒定戰時教育方針，及按照學生心身程序之發展，養成其基本優良習慣，與健全人格；並授以生活上需要之技能，及高深知識，俾於畢業後，能直接投升大學、高初中學，或在社會足謀自立，以適應大時代之需求爲宗旨。

（三）本校編制：

本校中小學部，遵照教育部規定，中學採三三制——高中三年畢業，初中三年畢業，小學採二四制——六年畢業，幼稚園二年畢業。

（四）各級課程：

本校中小學部，遵照教育部定課程標準，及戰時教育方針編訂，務求與國內各學校互相銜接，其課程如左：

（甲）高級中學：

公民、國文、英文、數學（平面幾何、立體幾何、三角、高等代數、解析幾何、微積分大意）、本國歷史、本國地理、外國歷史、外國地理、物理學、化學、生物學、論理學、美術、音樂、體育、軍事訓練。

（乙）初級中學：

公民、國文、英文、數學（算術、代數、幾何、三角）、本國歷史、本國地理、外國歷史、外國地理、物理學、化學、動物學、植物學、衛生學、美術、音樂、勞作、體育、童軍訓練。

（丙）高級小學：

公民、國文、（論說、尺牘、書法）、英文、算術、戰時讀本、歷史、地理、自然、社會、衛生、美術、音樂、勞作、體育、童軍訓練。

（丁）初級小學：

公民、國文（尺牘、書法）、算術、戰時讀本、常識、社會、美術、音樂、勞作、體育。

（戊）幼稚園：

公民、國文（幼稚園讀本、看圖識字）、常識（生活課本、訓育談話、感官練習、福祿培爾恩物、蒙台沙利玩物）、算術（心算筆算）、工作（美術、勞作）、唱遊（唱歌、遊戲）。

附註：高初中除原有課本外，加課戰時讀物，以適應非常時期之需要。

（五）各級費用：

本校中小學及幼稚園各級每學期（一年分兩學期）徵收費用如左：

（A）高級中學：學費三十四元，堂費四元，圖書體育費二元，合共四十元。

（B）初級中學：學費二十一元，堂費四元，圖書體育費二元，合共二十七元。

（C）小學五六年級：學費壹十七元，堂費三元，圖書體育費一元，合共二十一元。

（D）小學三四年級：學費壹十四元，堂費三元，圖書體育費一元，合共壹十八元。

（E）小學一二年級：學費壹十壹元，堂費三元，圖書體育費一元，合共壹十五元。

（F）幼稚園：學費壹十元，堂費六元，合共壹十六元。

（六）本校職教員

本校廿八年度上學期職教員如左：

監督　李卓權

校長　潘序倫

（七）附載

本校中小學部爲救濟戰地失學來港青年，及貧苦學生起見，如有相當證明，經考驗及格，各費得酌量減免。欲來學者，請到校磋商。

南武中學港校概覽

南武中學，濫觴於南武公學，成立於民國前七年。黃晦聞先生敍公學會之緣起曰：

「五嶺以南，南武一大都會，考其所自，實始自粵人公師隅。河山如舊，已非吾土。嗟乎！今猶有漢明之遺物存者，則議郎之松，郭家之鷹爪花而已！乙巳春，同人治地於海幢寺側，創爲公學一大區，覽草木之蕃殖，繹夫西哲生物競存之論，則皇然以懼，悠然以思，哓哓然以鳴曰：「夫學者殖也，不殖將落。吾粵四千年無學，種安有不衰且滅者乎？……同人創是學爲圖書一部，智育一部，體育一部，繙譯一部，將聚吾族而學焉。則又皇然以懼，悠然以思，益哓哓然以鳴曰：「吾學固公而非官者也。凡吾同人，毋爲敗羣，以貽吾族羞。……同人丁嚶求友，倘亦聞聲而應者乎？則不盡中原采薇之思矣！」

民族意識，躍然紙上。從學諸生，昕夕熏陶，革命思想，油然而興。當鳳山之進廣州也，本校學生李援，炸彈加遺，殲厥巨惡。以視博浪之椎，功且邁焉。厥後校務進展，蒸蒸日上。民國初年許文輝，丘紀祥，陳豫，諸君，出席遠東運動會，力挫強敵，奪標凱旋。南武之名，飲譽中外矣。郭熙棠校長任內，於民國十二年印行「南武公學會特刊」，十八年出版「廿五年來之南武學校」，詳紀校況，信而有徵，於是環宇之內，益鮮不知有南武焉。歷年經營，建築校舍課室數十座，若堅忍堂，奉公堂，愛國堂，復興堂，和平堂，貽圖堂，觀善堂，諸仙閣，其尤瓌偉者也。馬岡校址，二十八畝，烏龍岡校址，廣袤十二畝。藏焉修焉，息焉遊焉，前後畢業小學初中高中之士子盈萬，在學之生徒逾千。廿七年秋，倭寇犯粵，廣州不守。員生旅港，實繁有徒。校董諸公，秉百年樹人之業志，推一簣爲山之成虧。僉以×人所能佔者，吾之校舍，×人所不能慮者，吾之精神。方今寇燄未息，抗戰建國，需材孔亟。三年之艾，苟爲不蓄，終身不得。用是再接再厲，重張鼓旗。公推郭熙棠先生長香港分校。幾經物色，在九龍覓得校址。春季開課，設初中小學各級，學子三百，師生合作，水乳交融。呻其佔畢，絃歌不輟。刻擬努力擴展，期於秋季，增辦高級中學，擴育英才，充實抗戰力量。曾聞教育部長陳立夫先生之言曰：「教育之功能，在於成德達材，成德始于修己，達材所以善羣。」是言也，揆之校訓，若合符節。夫修己成德，殆「堅忍奉公」之義耳，達材善羣，其「力學愛國」之謂歟？本校不敏，竊有志於斯矣。嗚呼！頑敵未滅，國難方殷，緬懷創校諸公發揚民族革命之赤忱，追念先哲「任重道遠」之明訓，未嘗不拳拳服膺，而思勉以將事焉。詩云：「風雨如晦，雞鳴不已」。賢達君子，幸進而教之。

廣東教育廳立案
香港教育司註册

廣州南武中學香港分校招生簡章

校史：溯我南武學校設立於廣州市河南海幢寺，創始於民國紀元前七年，初由黃海開，謝英伯，楊漸逵諸公創辦，篳路藍縷，締造艱辛，後經謝英伯，何劍吳，郭蔭棠，楊漸逵，郭熙棠，朱顯翁，黎傑諸君，先後長校，苦心孤詣，力圖擴充，由是規模日大，學生逾千，誠一驪華南之私立學校也。邇以廣州淪陷，員生避地來港者頗衆，故由南武校董會議決設分校於香港，并選出郭熙棠君爲校長，從此南武學生固可繼續其學業，而港僑子弟亦可得一歷史悠久之學校以求深造焉。

宗旨：本校注重德智體羣四育，訓練靑年，養成其高尚人格，豐富學識，使成爲健全良好之公民爲宗旨。

校訓：「以堅忍奉公力學愛國」爲校訓。

學制：本校學制採用高中三年，初中三年，小學六年，（小學兼收十二歲以下女生）

課程：本校遵照香港教育司及國內教育部所頒發課程標準施教。

費用：每學期應繳費用如下：

級別	學費	堂費	合計
小學一二年級	十二元	二元	十四元
小學三四年級	十四元	二元	十六元
小學五六年級	十六元	二元	十八元
初級中學	二十二元	三元	二十五元
高級中學	三十二元	三元	三十五元

入學資格：凡具下列資格之一者，均得報名入學。

（甲）廣州南武中小學現年各級學生。

（乙）具有畢業證明書，轉學證書，或借讀證明書者。

（丙）程度相當者。

（丁）戰區退出未將功課補足之各級學生。

報　名：即日開始報名，報名時須繳報名費壹圓，取錄與否報名費概不發還。

試驗日期：國歷八月廿日上午九時，但有特別情形者，可聲請補行試驗。

入學手續：學生經取錄後，須在開學前將本學期應繳各費，到本校會計處一次清繳，取回收據，憑收據到教務處領取學生證，始得上課。

退　學：學生中途退學，或因故開除學籍，所繳過各費概不發還。

獎　學：學生如確屬家境清貧而品學優良者，本校酌免其費用之一部或全部。

開學日期：國歷廿八年九月一日上午八時三十分。

校　址：香港九龍深水埗南昌街一零六號至一零八號。

校長　郭熙棠

私立廣州美華中學港校概覽

一 本校史略

本校由美國傳教士伍賴僑牧師於民十一年聯合中外人士所創辦。按伍牧師蒞粵，凡數十年，於傳道之餘，間或兼辦教育；至民國十年，再由美返粵，則專心辦學，作育人材。遂向粵省政府投承廣州市西村增埗交界處之史崗，半崗（今名美華崗）曠地七十餘畝，籌集鉅款，建校興學，十二年春工竣。嘗時之建築物，計有四層大廈之中央樓，教員住宅，工人住宅，發電機房各一；以後按年增建課室，及儀器前，圖書館，體育館，女生宿舍等多座，成爲最新型之學府。購地建校之款，由華人經發；辦學經資，則由美人籌募，乃命名「美華」藉以紀念中美合作。伍牧師既爲本校之創辦人，被聘爲首任校長，直至民十八年而止。是年我政府統一教育行政，伍牧師爲尊重我國教育主權，乃移交中華基督教廣東公理傳道會接辦。十九年呈報廣東省教育廳，是年十二月十六日令准立案。

盧溝事變，華南風雲日緊，×人蔑視國際公法，濫炸不設防城市，本校雖爲文化機關，亦遭轟炸，所有中央樓，圖書館，課室等，或被炸毀，或受震塌，損失不貲！本校物質建設，雖遭毀壞，而校董會同人，辦學之精神，更爲邁進。遂於廿七年度上學期遷港復課，力圖發展。計廿七年度上學期學生只有二百七十二人；下學期已增至五百餘人。

二 宗旨

本校遵照中華民國教育宗旨及其實施方針辦理，更爲實施戰時教育起見，特別注意抗戰常識與技能之教授，及戰時後方服務之訓練，以期造就非常時期之人材，負起復興民族之責任，并實行基督精神，砥礪高尚道德，增養健全人格，以達到人格救國之目的。

三 港校校址

本校遷港以後，即設男校於銅鑼灣掃桿埔東華東院道之聰光堂，此地前臨洋海，後枕嘉山；海灣遙翔，山光掩映；掃桿埔球場，位於校傍，綠草如茵，校外榕陰夾道，林木蒼鬱，風景清幽，規模軒敞，兼而有之。并有足容五百人之大禮堂，圖書室，儀器室，體育場，及園林等設備，以供學生修養及課餘活動，使我莘莘學子，親修息遊之優美環境。以交通言；電車至銅鑼灣終；或第二路第五路巴士至大坑口下車，轉入東華東院道即是，極爲便利。女校則設於中環樓梯街五號中華基督教會公理堂，（即華人青年會對面）建築宏偉，光綫充足，數十年來向爲公理會辦學之用。交通便利，第三路巴士經堅道樓梯街口，或第四路第五路巴士在大道中中央戲院下車入樓梯街，數十步即達本校。女校亦設備大禮堂，體育場，圖書館等，以供學生活動。

四 編制

本校編制，完全遵照教育部之規定，設男女初中一二三年級及完全小學各級，男校招收男生，兼收十二歲以下之女生，附設幼稚園；女校招收女生兼收十二歲以下之男生，附設蒙學班（即升小預備班）。

五 課程特點

本校課程，完全遵照部定課程標準辦理，同時爲適應戰時需要，與香港地方環境情形，對於戰時常識及英文程度，尤有補充與提高之必要。數學，國文，理化等科，爲中等學校之主要科目，故特別重視。本校課程特定補充辦法如左：

1補充戰時常識，與戰時教材。

2每日於下課後，自三時至五時，由本校聘專任教員，主理各生補習各主要科目。

3小學三年級開始教授英文，小學畢業之英文程度提高至與普通學校初中二相等。

4每日課餘，由教員指導各生自修，及指定課外作業範圍，使各生多做課外習作。

5各科聽講，盡量訓練學生練習筆記，并參閱課外書籍，多作劄記。

六 課外活動

本校爲陶冶諸生性靈，使其體格堅強，精神活潑起見，每逢假日或星期六下午休假，舉行宗教退修會，旅行團，童軍團，游泳會，野餐會等種種課外活動，務求充分發展集團生活，補充課室教學之不足。

七 管訓精神

本校爲切實施行非常時期青年訓練，對於學生思想，行爲，習慣，採取嚴格管訓，以期納入正軌；訓練準則，分爲

甲、個人德性訓練

1，養成刻苦耐勞之風尚
2，養成勤奮好學之意志
3，養成高尚純潔之人格
4，養成自治儉約之習慣

乙 團體生活訓練

1，培植博愛互助之精神
2，培植愛國愛族之觀念
3，獎勵服務社會之熱情

而於下列四事，尤盼家長切實合作，以利進行。

1，本校遵照教育廳頒令，小學部每學期舉行小考三次，大考一次；中學部每學期舉行小考二次，大考一次，以資考成。每次考試完畢，均有家庭報告發出，請學生家長留意查閱。關於在校學生之學業情形，歡迎家長蒞時到校考察，共同研究，以資聯絡。

2，本校為實行檢樸精神起見，規定學生來校上課，必須穿用土布校服，以昭劃一。

3，本校功課緊張，來校諸生，不得無故缺席。如因事必須請假，須有家長或保護人函，并證明，或得教務主任之許可，方得准假，如因病請假，須呈驗醫生診斷書，或其他足資證明之文件，每學期缺席時數，（事假病假均在內）總計超過全學期授課時間三分之一者，不得參與學期試驗。

4，本校對於學生作業（如夜課習作及溫習）極為注重，切盼學生家長多所督促指導，俾收家庭與學校合作之實效。

八 入學手續

一 報名

凡有志來學者，先到本校領取報名單，依式填妥並繳交二寸半身照片二張，報名費一元，取回收據，依照憑據到本校試驗，報名費無論取錄與否，例不發還。如有前校成績表，請於入學試驗日攜同來驗明。

報名時間，除禮拜日外，每日上午九時至下午四時，

二 試驗

甲，試驗科目：

初中各級——國文，英文，算學，常識，（歷史，地理，理科，公民）口試。

小學五六年級——國文，英文，算學，常識，口試。

小學一二三四年級——國文，算術，常識，口試。

乙，試驗日期——廿八年八月十五日及九月一日上午十時，男女校同日舉行。

丙，借讀生：攜同足以證明學籍之文件，來校驗明，得予免試入學。

九 費用

各級學生每學期（半年）應繳各費（港幣）如下

費用＼級別	初中各級	小學五六年級	小學三四年級	小學一二年級	幼稚園或蒙學班
學費	廿二元	十六元	十四元	十二元	十二元
堂費	八元	五元	五元	五元	二元
圖書體育費	三元	二元	二元	二元	
代收團體活動費	一元	一元	一元	一元	一元
理化實驗費	三元				
合計	三十七元	二十四元	二十二元	二十元	十五元

說明（1）新生入學一次過繳按金三元（幼稚生蒙學生免繳）在該生退學時發還，倘有毀壞公物，按金不足賠償時，本校得着令賠償之。

（2）團體活動費一元，由本校代收以作學生課餘團體活動之用，學期結束，如有盈餘則發還之。

（3）交費手續：開學前向本校領取繳費單，到本校指定之銀行繳交，取回收據，向校務處換領入學證，方得上課。

（4）本校望來學者有始有終，以竟全功，中途退學或犯校規斥退者，繳交各費，概不發還。

十 獎勵辦法

本校為獎助家境清貧，體格健全，資稟穎異，成績優良之學生起見，設有免費學額，凡欲請領該項學額之學生，須遵照教育部公佈之「學校免費學額規程」，於每年學期開始前呈繳領取學額金申請書，經本校校董會核准後，得領受之。（申請章程及申請書另有規定可向本校校務處索取）。

十一 校曆

（1）夏令班：二十八年七月十五日（星期六）上午八時開課，八月十四日（星期一）結業。

（2）第一學期二十八年九月四日（星期一）上午八時三十分開學，二十九年一月廿七日（星期六）第一學期結業，開始放寒假。

（3）第二學期：二十九年二月十二日（星期一）上午九時開學，二十九年七月二日（星期二）第二學期結業，是日舉行休業禮，並開始放暑假。

校址：男中學部：掃桿埔聖光堂　電話二一零三二一
女中學部：樓梯街公理堂　電話二二四九六零

校長周振光

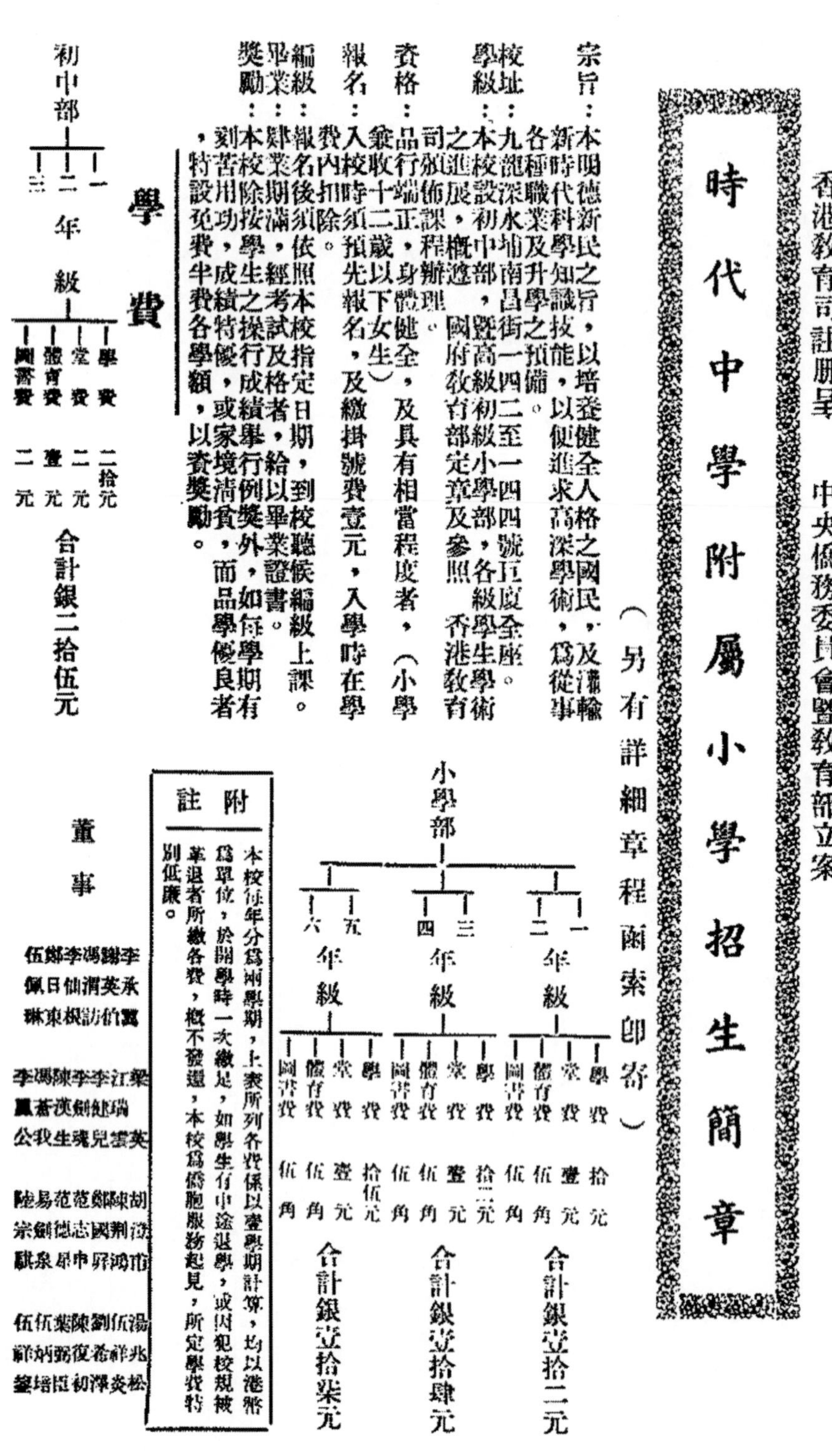

香港教育司註册呈　中央僑務委員會暨教育部立案

時代中學附屬小學招生簡章

（另有詳細章程函索即寄）

宗旨：本明德新民之旨，以培養健全人格之國民，及灌輸新時代科學知識技能，以便進求高深學術，爲從事各種職業及升學之預備。

校址：九龍深水埔南昌街一四二至一四四號巨廈全座。

學級：本校設初中部暨高級初級小學部，各級學生學術之進展，概遵照國府教育部定章及參照香港教育司頒佈課程辦理。

資格：品行端正，身體健全，及具有相當程度者，（小學兼收十二歲以下女生）

報名：入校時須預先報名，及繳掛號費壹元，入學時在學費內扣除。

編級：報名後須依照本校指定日期，到校聽候編級上課。

畢業：肄業期滿經考試及格者，給以畢業證書。

獎勵：本校除按學生之操行成績舉行例獎外，如每學期有刻苦用功，成績特優，或家境清貧，而品學優良者，特設免費半費各學額，以資獎勵。

學費

初中部（一、二、三年級）

學費	二拾元
堂費	二元
體育費	壹元
圖書費	二元
合計銀	二拾伍元

小學部

項目	一、二年級	三、四年級	五、六年級
學費	拾元	拾二元	拾伍元
堂費	壹元	壹元	壹元
體育費	伍角	伍角	伍角
圖書費	伍角	伍角	伍角
合計銀	壹拾二元	壹拾肆元	壹拾柒元

附註

本校每年分爲兩學期，上表所列各費係以壹學期計算，均以港幣爲單位，於開學時一次繳足，如學生有中途退學，或因犯校規被革退者所繳各費，概不發還，本校爲僑胞服務起見，所定學費特別低廉。

董事

李承靄　謝英伯　馮渭訪　李仙根　鄭日東　伍佩琳

梁英　江瑞雲　李健兒　李劍魂　陳漢生　馮蒼我　李鳳公

胡[illegible]　陳荊鴻　鄭國屏　范志中　范德星　易劍泉　陸宗麒

湯兆松　伍祥炎　劉蒼澤　陳復初　葉弼臣　伍炳培　伍祥鑾

六〇一（丁）

捐送本校免費學額章則

(一)當此抗戰時期，國內避難來港失學青年，困於經濟，求學匪易，現爲救濟起見，由本校董事，暨社會熱心人士，發起捐送免費初中學額一百名，另備取十名，登報招考，開始授課。

(二)凡捐送學額，勸贊本校，每名學費什費依照校章，每學期計共二十五元，如捐送多少，照此類推，均於開課時惠交。

(三)免費學額學生，得先由捐送人，依額指定保送入校肄業，或由本校登報考取，函報捐送人，予以承認。

(四)各免費生於入學時，先塡具入學書，並繳四寸半身相片二張，一存本校查考，一送捐送人存照。

(五)免費生之學業，操行由本校按月製具報告書兩份，一送捐送人，一送學生家長，以資考成。

(六)免費生，須品行端正，如有違背校規，致被照章開除學籍時，當由本校通告捐送人，停止其補助，所遺學額，得以備取生遞補。

(七)凡社會熱心人士，捐送學額十名以上者，均爲本校名譽校董，捐送三十名以上者，送一爲本校名譽校長，並由本校製具其本人二十四寸照像，懸掛校內，永留紀念，其捐名以上者，除由該免費生，親行道謝外，並由本校列名登報，以爲熱心教育表彰。

創辦人　伍佩琳　梁英

本校創立的緣起與主旨

本校創立於民國二十七年八月一日，在發軔之初，正是我國抗戰第一期故後的一個階段，華南無日不在警報與狂炸中，所有文化機關都做了破壞的目標，全國教育遭陷著非常的刼運，同時也在科學與國中轉變了劃時代的新趨向，本校就是應時代的轉變，步武這個新趨向而產生的。

在全面抗戰展開後，國難日益加重，伍佩琳先生與梁英伯先生在感慨憂時中都認爲「戰時不能放棄教育」這一個嚴重的任務，認爲是刻不容緩的，爲人救濟大量的失學青年，決定把流離顚沛意識搖動的學子帶上一個光明的大道；把熱力消沉悲忿失望的人們，予以新的認識，新的教育，使集中於科學興國的堡壘，於是勤勇地負起這個責任，開始計劃設校香港的程序：其後又得李承翼，梁英，江瑞雲諸先生同負創辦的責任，與各校董的協助，與職教員先生的努力，先後在香港教育司註册立案，現正呈請中央政府教育部及僑務委員會備案，於是僅具雛形而負荷了重要任務的本校，開始實施預期的工作，自然關於教學上的內容，訓導上的計劃，校務上的推進，都感到萬分艱鉅，倘有待於熱誠的教育者暨各名流繼續地予以指導與贊助，使這個負了保育嬰孩的保姆得建全地努力完成這偉大任務。

本校創立的動機，固然是適應時代需要，加强民族意識爲科學建國的基礎，對於教育的方案概遵國府教育部定章及參照香港教育司頒佈課程辦理，同時對於一般教育者祇注意知識的貫輸，却忽略了道德及思想的訓練，結果，變成了物質享用及娛樂荷安等學風，而缺乏了堅苦耐勞，服務犧牲等美德，所以本校爲了要推進時代教育，正所以要同時改革學風，爲求實現創校精神，乃能達到爲國儲材底目的。

本校於邁步踏上光明大道的初程，僅將緣起與旨趣。略爲概述，願與海內海外明達，共同勉進。

董事長　李承翼

常務董事　梁英

校長　伍佩琳

教務主任　湯天浩

訓育主任　何俊英

班主任

中華民國廿八年　月　日

中英政府立案

香港私立陶淑女子中學校

科學 融會中西，貫通新舊，不畸不倚，務祈適應環境，合于實用。

校風 不尚浮華，祇求實際，以舊道德爲歸，以新學識爲用。

設備 圖書儀器體育用具，一切均應有盡有。

校舍 宏敞光潔，空氣清新，絕無市塵囂俗，每班分室教授，可免喧聒影響。

學級 初中，高小，初小，幼稚園。

學費 本校以抗戰期間，學子之避地來港者衆，特遵教育救國之旨，故徵收學費特廉，其他雜費，亦一律豁免，以示普及。

八〇一（丁）

級別 ＼ 銀數 ＼ 費別	學費	堂費	圖書體育費	儀器費	總計
初中各級	五十大元	六元	免收	免收	五十六元
高小各級	四十二元	六元	免收	免收	四十八元
初小三四年級	三十六元	六元	免收	免收	四十二元
初小一二年級	三十元	六元	免收	免收	三十六元
幼稚園一二級	三十元	六元	免收	免收	三十六元

學費分上下兩期於開學日繳交堂費則於開學日一次繳足每年國慶日每生醮費二元共同慶祝

校址

正校西營盤

萃華坊三號

萃華坊五號

高街八十六號

分校西環

羲皇台廿三號

平民義學

軒尼士道四五九號

廣州培正中學香港分校概況

分校校址在九龍何文田窩打老道，面積共五萬餘方尺，民國二十二年四月，開始建築，歷五閱月乃完成，共佔地積一萬一千餘方尺之校舍兩座，每座三層樓，可容學生五百餘人。是年九月，招生開學。至十二月二日，舉行開幕典禮，恭請會督何明華先生主禮。校舍左旁爲小足球場，後面爲大體育場。校內各部設備，力求完善。迨二十四年秋，增設初中一年級一班，越二年，以他故停辦。七七事變後，小學畢業生不能赴廣州直升本校中學，爲適應環境之需求，又重辦初中一年級。廿七年秋，將初中擴張成部，惟校舍不敷應用，遂在大體育場內，建築課室兩座，辦公室一座，另在校外租賃洋樓兩座，爲初中學生及教職員宿舍。本年春，向政府租賃與校舍毗連之地一段，面積三萬餘方尺，闢爲體育場，工程費約萬金。關於各部情形，略述于后

設備

圖書室，實驗室，音樂室，體育室及勞作室等之設備，足供學生自習與教學上應用，體育場內，設有籃球場雙槓，木馬，橫架，滑梯，鞦韆板及沙池等。課室所用之檯椅，均爲柚木與鐵製成，美觀適用。宿舍則用鐵床，並備有四桶櫃，俾學生裝載雜物，會食堂設有電風扇，餐具每人一份，以重衛生。

行政

校長由廣州正校校長兼任。初中部及小學部各設主任一人，綜理校務。監學三人，分理初中，高小，初小各級訓育事宜。宗教幹事二人，主持全校宗教事業。其他各部，均設專員負責管理。

教學

教學設施，依照我國教育部頒佈之教學規程辦理；關於學級編制，教材採用，教學方法，時間編配，及成績考查，均以適合教育原理爲原則。每段考試完竣，即將學生學業與操行成績報告家長，俾知其子弟過去之行爲，已往之成績，藉以策勵其將來。

訓育

學生秩序之管理，精神之訓練，課外作業之指導，素以嚴緊周密爲宗旨；務使學生之德性，臻于至善至止。其施行方術，採用學級訓話，個性指導及獎勵懲罰等方法。

體育

體育方面，向來注重，其訓練方法，務求發展各個學生體育基本技術。民國二十五年，本港學界第三次運動大會，本校獲得全場冠軍。凡體育事項之比賽，均得優異之成績。

人數

二十二年秋季，學生一百七十餘人，但逐年增加，現年初中學生有二百八十餘人，小學各級學生六百五十餘人。全校教職員共六十餘人。

生活

員生課外生活，務求美滿，如演講會，文藝研究會，科學研究會，聯歡會，音樂會，學藝比賽會，旅行，野餐等，編定程序，依期舉行。

宗教

本校爲兩廣基督教浸信會所辦之學校，凡基督教事工，均積極推進，俾學生養成基督非以役人，乃役於人之精神，爲國家人羣服務，

廣州培正中學校香港分校招生簡章

電話：
中學部：五八八一六
小學部：五六五零五

（一）宗旨　本校注重德智體羣四育以培養一般青年使成爲中國適用之材及其高尚人格爲宗旨

（二）校址　本校在九龍何文田窩打老道自建新式校舍所有校園運動場等均設備完善至學生宿舍建築寬敞空氣流通且校址幽靜囂塵無擾誠青年修學之良所也

（三）學期　本校每年分兩學期由九月至一月爲第一學期由二月至六月爲第二學期

（四）報名　凡有志來學者須在試驗以前報名繳交最近二寸半身軟片兩張並交掛號費一元取回收據至試驗時可憑收據投考所交過之掛號費無論投考與否均不給還

（五）升學　本校爲廣州東山培正中學所附設之分校辦法與東山培正中學相同畢業後可直接升入廣州東山培正中學

（六）學額　本校可容男子寄宿生三百餘人外宿生七百人兼收小學十二歲以下女子外宿生

（七）學費　凡新舊學生須於每學期未開課以前五日內先到本校取得繳費證到本港雪廠街交通銀行照數一次繳足取回收據以憑領證入學倘逾期仍不將費繳足者即將學籍取銷

（八）醫金　凡學生有病由本校醫生診視看護料理診金概免惟藥費則由該生自備

（九）按金　凡學生有毀壞公物則在按金扣抵倘不足抵辦仍須另行補足所有按金除備抵毀物價外概不得移作別用如果在校肄業期內並無毀壞公物至退學時可將原銀取回

（十）退學　本校甚望來學諸生有始有終以竟全功至若中途退學或因病由本校勸令退學或犯校規被開除者所繳過各費除按金及膳費洗衣費照計給還外其餘概不給還

（十一）寄宿　（甲）本校對於年幼各生更聘請曾經畢業之看護及富有經驗之保姆關於各生一切飲食起居衞生等事爲縝密之料理（乙）凡寄宿生本校祇給鐵床一副其餘各物須各生自備（丙）新舊學生床位由監學分別指定本校素尚儉樸諸生入校不得攜帶貴重物品行李亦宜簡單

（十二）告假　本校管理素主嚴格故規定內宿生每月准告假一次但仍須有家長親信人到校或直接致函監學方爲有效告假時間由禮拜六下午十二時半起至翌日下午七時止

（十三）宗教　本校乃基督教浸信會所設立各種宗教敍會深望各生參加

華南中學校史

華南中學爲校長郭兆華君所創辦，廿四年秋季設立於彌敦道七九二號，除在本港教育司註冊外，翌年一月廿六日，初中暨附設小學，蒙　中央僑務委員會及教育部核准立案。

賴該校當局之埋頭苦幹，熱心華僑教育人士的贊助，校務蒸蒸日上，學生人數與時俱增，原有校舍不敷應用，乃於是年十月遷於彌敦道六三八號至六五二號全座高樓中（即現在第二校之校舍）全校人數至是增至四百餘人。

廿六年春，增設第一校於西摩道西摩台，是爲高中部，原校定名爲初中暨小學部，然以限於港府規例，男女生不能同校，乃於同年夏擇定彌敦道六六四號至六七二號（即前滅火局地址）爲女中及附小校址，全校人數已激增至一千三百餘人矣。

值茲祖國國難嚴重，災區日廣之際，該校爲謀盡教育救國責任起見，除極力充實內容，額理化儀器及圖書之購置，征集，圖器，勞作等科選用教室之設置外，更擴充班額，收救濟失學青年，第一校經於去年秋增設師小一，二年級，第二校增設高中一年級，下學期則各擬充爲完全中學（即各設高初中一二三年級）該校在此五年短促期間，得有今日之規模，則今後校務日益進步，當爲意中事也。

華南中學簡章

（一）宗旨　培養青年充份之智識技能，爲研究高深學識及從事各種職業之準備，以求適應社會生存爲宗旨。

（二）學制　遵照部頒學制辦理：高初中修業期限各三年：高小修業期限二年：初小修業期限：四年。

（三）課程

（甲）高級中學：國文　英文　數學（平面幾何，立體幾何，三角，高等代數，解析幾何。）本國歷史　本國地理　外國歷史　外國地理　物理　化學　生物學　公民　論理學　圖畫　音樂　體育　特別課程（註．高中二年級起依部令分甲乙兩組）

（乙）初級中學：國文　英文　數學（算術　代數　幾何　三角）公民　本國地理　本國歷史　外國地理　外國歷史　物理．化學　動物學　植物學　衛生學　體育　圖畫　音樂　勞作（女生並習女紅）

（丙）高級小學：國文　英文　算術　公民　尺牘　歷史．地理　自然　社會　衛生　國語　體育　音樂　習字　圖畫　戰時常識　勞作（女生並習女紅）

（丁）初級小學：國文　英文　算術　公民　尺牘　國語　常識　音樂　手工　體育　習字　圖畫　戰時常識　衛生

（四）設備　本校理化生物實驗儀器及標本模型等設備，均依照教育部所規定者，設置完備：圖書現存一萬餘冊，定期報章雜誌數十種；勞作，圖畫，音樂三科，各設專用課室授課；體育場禮堂等亦設備完善。

（五）招收班額　（一）第一校香港西摩台及羅便臣道招高初中一二三各年級生；（二）第二校旺角彌敦道招高初中一二三及小學各年級生；（三）女校旺角彌敦道招高初中一二三及小學各年級生。

（六）投考資格　一、有相當程度者。二、有畢業證書或成績證者。三、有轉學證書或借讀證者，准予免試插班。

（七）報名手續　凡新生入學肄業，須預期報名：中學部新生應繳交報名費一元，二寸半身相片二張，小學部學生應繳報名費五角，取錄

二一（丁）

與否例不發還。

（八）報名日期　由廿八年七月一日起。

（九）報名地點　在本校。

（十）考試日期　八月十九號（即舊曆七月初五日）上午八時半起，如有特別情形者得隨到隨考。

（十一）考試地點　本校。

（十二）費　用　（男女生同）

班別／費用／項目	學費	堂費	理科實驗費	圖書費	體育費	合計
高中	叁拾元	拾壹元	叁元	二元	二元	肆拾捌元
初中	二拾元	玖元	二元	二元	二元	叁拾伍元
小學五六年級	十六元	五元		一元五角	一元五角	廿四元
小學三四年級	十三元	五元		一元五角	一元五角	廿一元
小學一二年級	十二元	四元		一元	一元	十八元

附註：一、本校並有幼稚班，其費用與初小同。二、本校校曆每年分兩學期，上列所繳各費均以一學期即半年計算，三、凡本校新生於入學前，中學部學生須繳交制服費三元五角至四元，小學部學生須繳交制服費二元五角至三元。（連帽）（均以高矮大小分別定價）四、女生制服依所定式樣可由各生自製。五、中學部學生每學期每人應繳自治會費五角，由學校代收。

（十三）膳　宿　本校設有宏敞潔淨宿舍，以便學生寄宿，每人每學期收宿費三十五元，入學時一次繳足，膳費每人每月六元按月陸續繳交。

（十四）開學日期　定國曆八月廿八日。（即舊曆七月十四日）

（十五）獎　勵　凡本校各級學生，學期結束，其成績適合本校優待規則所規定者，得免繳下學期學費。（其詳章另訂）。

（十六）畢　業　凡本校學生，修業期滿，考査成績及格，即由本校先行發給畢業證明書，並造冊呈報、中央僑務委員會暨教育部教育廳發給畢業證明書。

（十七）介紹升學　凡在本校畢業學生，欲升國內各大學者，由本校升學指導委員會負責介紹。

華南中學第二校舍

開辦二十九年

教育部 僑委會 廣東教育廳 立案之

港僑中學概況

學級：高級中學，初級中學，小學。

學額：七百餘人

設備：禮堂，圖書館，實驗室，儀器室，體育場等。

升學：課程編配適當，升學極感便利。

地址：中環些利街二十號

分校：些利街十六號

電話：二八八五六

雷蔭蓀　馮　節　李幼泉

校董：王澤芸　周雁亭　李紹昌

黃茂霖　吳在民　林熙甫

校長李達人

港僑中學的命名

當辛亥革命之前，國勢阽危，人心憤慨，抱救國宏願者，亟謀興學，以極力鼓吹。鄧君仲澤，雷君蔭蓀，興學特具熱心。初辦啓明學校于廣州澳門，繼辦永美學校於赤坎，這都是民元前二年的事。越一年，鄧君以鄉校既已成立，而港地同胞，不容膜視，更促王君澤芸（現任董事長）開辦這校，名曰港僑，即取義於此。

港僑中學的立案

這校初辦兩等小學。民四年，曾向廣東教育司呈請立案，為香港僑校向國內政府立案的第一校。是年四月二十日，由廣東教育司頒發校字第二千八百四十號校印一顆。翌年二月十五日，換發育字第一百二十九號校印一顆。民廿四年十一月，復向國民政府僑務委員會暨教育部呈請立案，以便學生直接升學國內學校。翌年一月九日，奉到僑務委員會頒教字第十九號批覆，准予校董會及學校立案，並由僑務委員會徵取教育部同意。

港僑中學校舍全圖

港僑中學的設備

至於設備方面，則港僑中學校址，上通堅道，下通荷李活道，地址適中，交通便利。中小學各級教室，均用實牆間格到頂，絕無鄰舍聲浪衝撞的顧慮。從光線而言，也很充足，其受光較弱的，壁上塗淡綠色，其餘塗黃白色。現有普通教室二十間，化學教室一間，音樂教室一間，他如體育場，游戲室，雨操場，會客室，應接室，圖書館，禮堂，也都設備完善。而禮堂之廣大，足容五百座位，尤為全港學校所沒有的，因此各種文化團體舉行集會，也多假座於這裏。聽說該校察於每月納租過鉅，頗有籌款自置校舍，以奠學校永遠的基礎的計劃了。

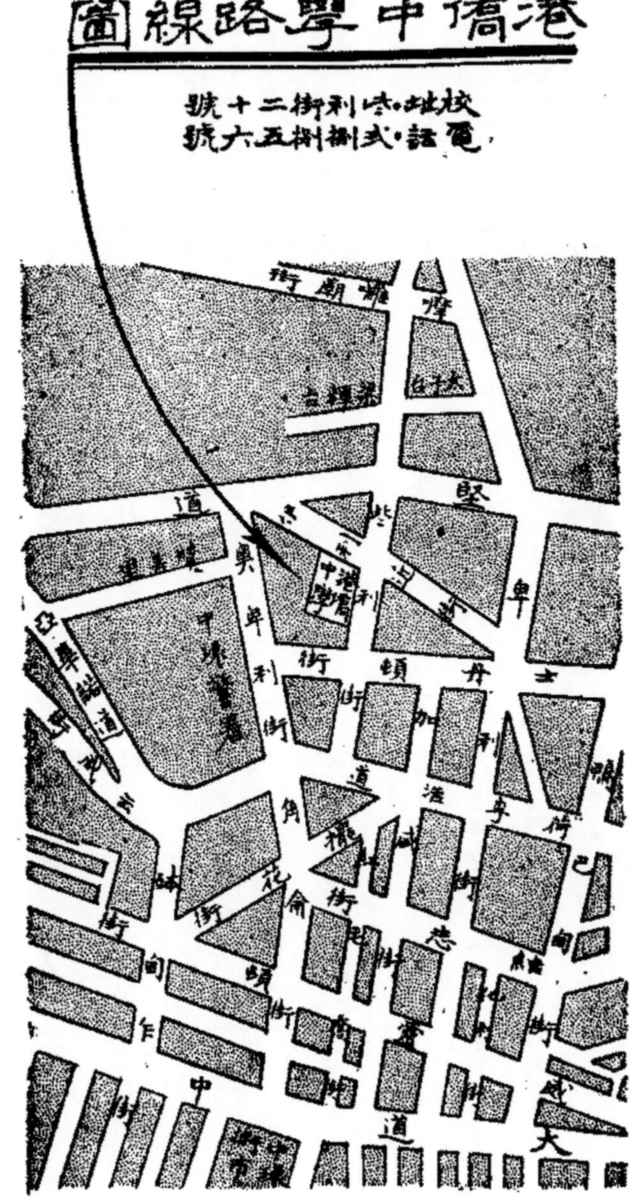

廣東省教育廳立案
香港教育司註冊立案

廣州 遠東中學港校 招生簡章

男中部
女中部
小學部
幼稚園

初中一年級新生一班　初中二三年級轉學生及借讀生
小學一年級新生一班　小學各年級轉學生及借讀生
幼稚園新生一班

報名：一、日期：即日開始
二、地點：油蔴地上海街及旺角彌敦道本校
三、報名時須交本人二寸半身相片二張，（小學生免）報名費中學一元，小學五角。

考試：一、日期：八月十五日
二、科目：（甲）高中：國文，英語，數學，常識測驗。（史地理化）
（乙）初中：國文、英語，數學，常識，（投考初中一年者免試英語）
（丙）小學：國文，算術，常識。

開課：九月一日

費用：每學期（即半年）費用表列如下：

級別	學費	堂費	合計
高中	二十五元	十元	三十五元
初小	十八元	八元	二十六元
高小	十二元	四元	十六元
初小及幼稚園	十元	四元	十四元

宗旨：本校以培養青年忠孝仁愛信義和平之國民道德，輔導研求高深學問，並訓練生活技能，使適應社會需求爲宗旨。

校址：一、油蔴地佐頓道上海街十二號至二十號（電話五六九四一號）
二、旺角彌敦道五八五號（廣州校址在廣州市越秀北路）

課程：本校各級課程，均遵照中國教育部最新課程標準及香港教育則例辦理，各級科目分列如下：

（甲）高級中學：
公民，國文，英語，算學，（平面幾何，立體幾何，三角，高等代數，解析幾何，微積分大意。）本國歷史，本國地理，外國歷史，外國地理，物理，化學，生物學，論理學，美術，音樂，體育，軍事訓練。

（乙）初級中學：
公民，國文，英語，算學，歷史，地理，物理，化學，動物學，植物學，衛生，體育，圖畫，音樂，勞作，童軍訓練，

（丙）小學：
公民，國文，英文，算術，歷史，地理，自然，衛生，常識，美術，音樂，勞作，體育，童軍訓練。

（丁）幼稚園：
認字，音樂，常識，故事，詩歌，遊戲，識數，勞作，美術，茶點。

編制：遵照部頒編制，高初中三年畢業，小學六年畢業，幼稚園二年畢業。

班額：高中一年級新生一班　高中二三年級轉學生及借讀生

寄宿生每學期收宿費二十元，膳費每月七元。
特設免費宿舍辦法見後。

獎勵：有下列情形者，酌予免費獎勵：
一、操行甲等，各科成績及格且為全班之冠者。
二、操行甲等，各科成績及格總平均在八十五分以上者。
三、品學兼優，家境清貧，提供相當證據經本校調查屬實者。

入學須知：一、應於揭曉後三日內來校繳費註冊。所繳費用，如有中途退學，或違犯校規被革除者，除膳費照章發還外，其餘例不發還。
二、註冊時須帶同保證人及監護人到校填寫志願書及保證書。
三、各項手續辦妥後，須向教務處領取上課證，方准上課。

教職員

教務主任兼第二校舍主任：周應湘　國立中山大學法學士日本早稻田大學研究院研究員曾任國立中山大學講師中央陸軍軍官學校廣州分校教官私立中國新聞學院教授

訓育主任：許錫慶　國立中山大學文學士檢定高中訓育主任曾任省立小學教員補習函授學校教員番禺縣立中學校教務主任省立廣州女子師範學校高中專任教員兼班主任廣州女子中學旣成中學番禺師範等校教員

總務主任：方綱生　國立廣東大學肄業曾任廣州建中中學光華中學事務主任香港慶保中學教員廣華中學校長

體育主任：楊光祥　國立中山大學文學士省立第一職業學校體育主任省立國醫學院教授

校醫：黃肇材　香港大學醫學院全科畢業九龍城公立醫局主任醫師

教員：謝鳳池　美國哥倫比亞大學文學士歷任國立中山大學講師廣西大學英文系主任兼教授市立私立一中培英等校教員

曾瑞光　字仲秀前清附生兩廣師範館畢業歷充番禺縣立小學縣立師範培道南京湯山中學教員廣東地政養成所地方自治人員訓練所警官訓練所經學教授

盧　森　國立中山大學法學士檢定高中訓育主任公民教員曾任南海縣立初級中學訓育主任

謝學賢　美國哥倫比亞大學畢業曾任培英中學教員省立國醫學院教授

伍玄暉　美國紐約大學法學碩士美南志士省華僑學校校長紐約華僑學校教員香港新中中學教員

陳穎楓　國立中山大學文學士曾任省立廣雅中學高中專任教員兼英文科主任

盧大裕　國立北平師範大學理學士曾任省立勷勤大學理學院講師

劉少芳　國民大學教育學士省立女師高中師範科畢業曾任廣州遠東中學專任教員

吳壽周　國立中山大學工學士曾任南海縣立一中專任教員

李認春　國立中山大學理學士曾任省立廣州女師專任教員

孔昭岸　國立中山大學農學士曾任省立肇慶師範專任教員

劉　影　國立北平藝術學院圖音系畢業曾任山東省立師範上海晨曦女中音樂教員上海文化救亡協會八一三歌詠隊首席指導

余　心　廣州市市立美術學校西畫系畢業曾任廣州培英中學校市立三十三小學校教員市立第二十二小學校第一短期小學校校長國民革命軍第二方面軍總政治部藝術專員

林玉輝　廣州市市立師範學業曾任廣州實踐中學附小班主任教員

張仲娩　廣州市市立師範畢業曾任市立四十二小學校教員

麥道華　國立廣東大學修業歷任新會縣立女子中學教員市立六十九九十一小學級任及幼稚園主任

辛鳳雅　廣東省立廣州女子師範畢業曾任國立中山大學附小級主任教員

陶瑞齡　廣東省立女子師範畢業曾任廣州市市立廿四小學等校級主任教員

辛同娟　廣東省立廣州女子師範學校畢業曾任廣州市立瑤溪小學校校長

黃義立　蘇州東吳大學修業

附免費宿舍簡則

（一）本校為減輕內地來港就學各生負擔起見，凡持有證明文件（如成績證，轉學證，借讀證，畢業證書）來校驗明屬實者，一律免繳宿費，惟每學期酌收電費三元。

（二）免費宿舍設備，一如自修室，貯物室，盥漱室，浴室，水廁電燈等，均與納費宿舍同。

（三）本校，除設有舍監負責管理外，每晚七時至九時，自修時間，另由各科專任教師指導。

（四）其他應守規則，均照本校宿舍章則辦理。

中華民國二十八年七月

校長　何錫新
港校校長　潘德生

僑光中學概覽

（一）本校史略

本校於民國廿五年創辦。初時僅辦小學，校舍，只得洋樓乙層，然本校同人努力不懈，故來學人數，與日俱增，廿七年度，學生更衆，六年級生，亦屆畢業，同人等爲徇諸生請求，及應社會需要起見，遂呈准本港教育司備案，改爲中學，增設男女兩校，由大道東原校舍八十六號，擴展至八十八號，並設分校於洛克道七十八號爲小學低年部課室。以後經營擘劃，當更講求，校內設備，益加充實，以副社會人士暨學生家長愛護本校之熱誠。

（二）辦學特點

本校除照學校規程辦理外，并倡導發展以下各種特殊教育：

一、注重發展國學，延聘名宿教授；經義辭章詩歌音韻，均設專科，以期造就國學人材。

二、推行新式簿記，普及商業常識，晚間辦有商業簿記班，利便工商，工餘補習。

三、提倡義務教育，減輕家庭負担，晚間附設平民義學，收容難童或家庭貧苦兒童入學，概不收費，並送書籍。

四、普及抗戰宣傳，發揚戲劇藝術，本校組有劇社，課餘訓練諸生演劇，隨時担任上演。（附圖）

五、闡揚我國國粹，振礪尚武精神；本校組有國技團，每逢星期三六下午，由國術名家，教授各派技擊，以資防禦，而强身心。

六、注意戰時常識，補充戰時教材，藉以養成後方服務及宣傳技能，使之居安思危，不忘國難。

（三）宗　旨　本校遵照中華民國教育方針，適應華僑教育需要，發展青年之身心，培養健全公民，及授以生活上必需之智識與技能，俾可研究較高深之學術及參加國內畢業會考，或從事於各種職業，自謀生活爲宗旨。

（四）校　址　大道東八十六號至八十八號。

（五）班　別　（甲）中學部：本校暫設男女生初級一、二、三年級。

（乙）小學部：初級小學一、二、三、四年級，高級小學一、二年級（男女校全）

（六）課　程　本校除根據教育部新課程標準外，並參照本港教育司所定之課程辦理

課程表

（中學部）

學科	綱要
國文	經學 古文 語體文
英文	讀本 文法 會話 作文
算學	代數 三角 幾何 四則
史地	本國史地 世界史地
公民	德智體羣的訓練
理化	物理 化學
(動植)物學	動物學 植物學
生理衛生	普通醫學常識
簿記	商業 銀行 官廳
美術	寫生 圖案 水彩 裝潢
勞作	藤工 土木 金工 竹工 石膏工
音樂	樂理 唱歌 樂器運用
體育	國技 球類 田徑 軍式操

（小學部）

學科	綱要
國文	經學 詩歌 古文 論說 尺牘
算術	筆算 珠算
英文	由三年級起授
史地	本國歷史 地理 香港地理
常識	社會 自然
公民	使獲得普通公民應有的認識
美術	鉛筆 水彩
勞作	摺紙 紙皮工 木工 竹工（女生改爲家事女紅）
音樂	遊唱 國難歌 現代名歌
體育	國技 球類 田徑 軍式操

本校之小足球隊

（七）資格　凡體格健全，有志向學者，均得報名來學。

（七）報名　A 凡報名入學者，繳交二寸半身照片二張，報名費二元，填寫報名紙（男女校全）

B 凡繳交之報名費，在學費內扣回，如不來學，例不發還

（九）試驗　（甲）科目（A）初中（國文、算術、英文、常識、口試）

（B）小學（國文、算術、常識、口試）

（十）上課時間　每日上午九時至十二時，下午一時至四時。

（十一）學費　於上課日一次繳足，繳交後到教務處領取上課證。

學費表

學級	每期學費	堂費	圖書體育費	合計
初小一二年級	十五元	二元	一元	十八元
初小三四年級	十七元	二元	一元	二十元
高小一二年級	廿一元	二元	一元	廿四元
初中一年級	廿四元	四元	一元	廿九元
初中二三年級	廿六元	四元	一元	卅一元

（十二）校服　本校制服，分冬夏二季，式樣由本校規定，上課時一律穿着，以壯觀瞻。

（十三）膳宿　本校爲便利遠道各生起見，特設膳宿，章程另訂。

（十四）獎勵　（甲）凡在本校高小畢業，成績最優良者，得直接升入初中一年級，並免收是期學費。

（乙）凡在本校高小畢業，各科成績及格者，得直接升本校初中。

（丙）每年學期考驗成績優良者，獎以各種名貴品物，以資鼓勵。

（十五）處罰　如有違犯本校校規，除記過外，並由訓育部酌量處罰，遇記大過三次，即革除學籍，以杜敗風。

（十六）假期　除星期假例外，凡遇放假，必先函通知家長，以杜學生托詞曠課，貽誤學業。

（十七）告假　學生如有因事請假，須由監護人填寫告假單，經教務處許可，方生效力。

（十八）佈告　本校特設調查紀錄表，將該生在校情形及各科成績，按期報告家長，以期管教聯絡之完善。

（十九）學生生活　學生於課餘之暇，設有圖書館、演講會、音樂會、體育會等，以發展團體生活。

（二十）校醫　本校聘有中西名醫，學生遇有疾病時，可憑學生證，到本校校醫處療治，不收診金。

校址：香港大道東八十六至八十八號
分校：洛克道七十八號
電話：三三四九四

上：本校之國技班

下：本校戲劇組『覺悟』之一幕

董事長　李炳森先生　香港大學醫學士　保良局總理番禺會所司理

校　長　孔憲航　廣東省立師範學校畢業前充廣州華中中學教員

校　醫　區少瀚　前任東華醫院醫師

香港私立領島女子中學

民國二十一年八月，本校以「擴大民族教育，實施青年訓練」而創立。我們的信念和態度：第一、努力僑民教育的實施；第二，促進我國文化向上；第三、負起救亡圖存的責任。成立以來，都還樣幹去。

在行政方面，校董會於民國廿四年六月，先奉廣東教育廳批准立案，八月，復奉教育部批准備案，九月，由廣東教育廳再就校董會鈐記，令發啓用。

廿五年七月，因行政系統關係，學校及校董會，再奉僑務委員會徵取教育部同意，一併批准立案，並由教育部將案令行廣東教育廳查照備案，歷屆畢業生證書，均由政府驗印補發。

民國廿七廿八年秋季初中畢業，廣東教育廳派員來港集中監試，本校參加考試學生，都全部及格。

廿七年十月，又呈奉僑務委員會徵取教育部同意，批准本校增設高級中學，以宏造就。

(一)校址：

自置校址，香港中環堅道七十三號，電話二七一零六，電報掛號七三二五。

(三)編制：

分設高初兩級中學，並附設完全小學暨幼稚園（小學兼收十二歲以下男生。）

(四)課程：

各級課程編配，表列如下：

（1）高級中學：

公民　體育　軍事看護學　國文　（各項目參看本校課程表）　英語　算學　（三角　代數　平面幾何　立體幾何　解析幾何）　生物學　化學　物理　歷史　（本國史　外國史）地理　（本國地理　外國地理）　圖畫　音樂

（2）初級中學：

公民　體育　少年團訓練　國文　（各項目參看本校課程表）　英語　算學　（算術　代數　幾何　三角）　生理衞生　動物　植物　物理　化學　歷史　（本國史　外國史）地理　（本國地理　外國地理）　家事　勞作　圖畫　音樂

（3）小　學：

公民　體育　少年團訓練　國文　（各項目參看本校課程表）　英語　（由三年級起）　算術　自然　衞生　歷史　地理　勞作　圖畫　音樂

（4）幼稚園：

常識　故事　音樂　唱歌　遊戲　識字　習寫　識數　手工　圖畫

(五)上課時間：

上午八時三十分至十二時三十分；下午由一時三十分至四時十分。

(六)入學資格：

（1）高中一年級新生，須有初中畢業或相當程度經試驗及格者

（2）初中一年級新生，須有小學畢業或相當程度經試驗及格者

（3）高、初中二、三年級轉學生，須所習學科與本校相同，及學期銜接，有原校轉學證件或歷期成績表，足資證明者。

〇二一（丁）

（4）小學各級學生，須程度相當，學期銜接者。
（5）各級借讀生，須有原校借讀證件，足資證明者。

（七）入學手續：

（1）塡寫報名表

（2）報名後：1經過入學試驗（隨到隨考）手續：2繳驗畢業證書或成績表及其他證件。

（3）入學試驗科目：在高初中各年級者，定爲國文、英語、算學，常識，四科；在小學各年級者，定爲國文，算術，常識三科。

（4）取錄後，塡具志願書保證書，繳交最近二寸半身相片二張及保證金五元。（此項保證金在畢業時發還）

（八）納　費：

（1）學費及堂費：

種類／級別	學費	堂費	體育費	實驗費	每學期合計	全年合計
高級中學	三十元	二元	二元	三元	卅七元	七十四元
初級中學	十八元	二元	二元	三元	廿五元	五十元
小學五六年級	十六元	二元	二元		二十元	四十元
小學三四年級	十二元	二元	一元		十五元	三十元
小學一二年級	十元	二元	一元		十三元	廿六元
幼稚園	八元	二元			十元	二十元

（2）膳費及宿費：每人每學期收費一百元（每日三餐洗衣各費在內）。

（3）學生自治活動費：每人每學期收費一元（由學校代收）以上各費，均在學期開始時一次繳清。

（九）考　試：

（1）每學期分三段考試，所有考試事宜，均另組考試委員會主持，以昭愼重。

（2）每學期完竣，均由本校將各該生成績，報告學生家庭。

（3）每學期終結，其欲轉學他校者，並得請求發給轉學證書。

（十）獎　勵：

凡學生品行端正，成績最優者，本校給予獎狀，或酬以學額，或紀念獎品，以資鼓勵。其上下學期兩次考試均列第一名者，獎予來年學額，免繳學費。

（十一）畢業證書：

本校爲已立案之學校，學生修業期滿，考試成績及格者，即將該生成績彙呈國民政府僑務委員會暨教育部或廣東教育廳等主管機關，分別頒發畢業證書，完全與國內各公私立學校同等待遇。

（十二）附　則：

在本簡章未載之章程，請至本校參閱。

名譽董事長　馮偉成

董事長　鄧志清

校董　谷襄甫　蕭吉珊　黃裘志　陳卓文　劉景清
陳福入　徐天深　李章儒　鄧祿洲　陳爾芳
周啓剛　王志遠　馮[illegible]節　馬小進　馮其焯
傅秉常　李樸生　張永福　林培生
林柏生　周俊年　溫植慶　梁應權

校長　馮聘述

副校長　李金重

校醫　曾福初　溫植慶　劉雲帆

民國廿八年度

香港教育司註册
呈中國教育部暨
廣東教育廳立案

漢英中學暨小學部招男女新生簡章

校址：九龍旺角上海街四九五至四九九號

一 宗旨：本校遵照中華民國軍國民教育宗旨，按照學生身心發展程序，養成其基本優良習慣，並授以生活上必需之智能，俾成爲健全之公民。

二 課程：本校課程，除遵照教育部廿五年二月新頒課程標準施教外，並實施非常時期特種教育。

三 費用：本校學費以每期學計算，各生須於每學期上課之前，一次繳足。

	級別	學費	堂費	體育費	圖書費	合計
中學部	一二三年級	二十元	三元	一元	一元	二十五元
小學部	一二年級	十元	二元	五角	五角	十三元
	三四年級	十一元	二元	五角	五角	十四元
	五六年級	十二元	二元	五角	五角	十五元

凡學生因犯本校校規致被革退，抑中途自動退學，已繳各費，概不發還。

四 免費：凡在本校連續修業一年以上之學生，果能勤學敦品而家道又確係清貧無能力繳費者，得由教務會議請求校長准予免費。

五 獎勵：本校各級學生在學年結束考査成績優異名列前茅者即由本校予以半費學額以資鼓勵。

六 畢業：本校學生修業期滿考査成績及格發給畢業證書

七 告假：本校爲求學生業精於勤，及教員管教過密起見，學生在學期內不得無故請假，如確因要事請假，須由家長或管理人直接致函學校方能允准。

八 管教：採取嚴格管教，注重軍訓訓練，學生須確信自能遵守本校規則養成將來能有刻苦耐勞的精神。

九 設備：除原有校舍外並另行擴充增設圖書室儀器室及試驗室。

十 課外活動：本校注重學生課外活動，除指導學生辦理壁報出版週刊組織學術戲劇歌詠研究社外，每學期並舉行各種座談會旅行等務使師生打成一片共同研究學術。

本校教職員一覽表

校　　長　黃鶴樓　國立中山大學理學士，法國河內大學文學士，曾任國立中山大學講師，番禺縣立師範學校校長，增城縣教育局長，廣東省市立中等校教員。

教導主任　湯機煒　日本東京工業大學畢業，曾任香港港僑中學教員

總務主任　鄧鐵如　廣州國立法學院畢業，曾任本港華萃中學東方中學教員

女校主任　李惠芳　本港官立漢文師範信修女子中學畢業，曾任本港德珍女校校長

教　　員　周　用　國立北京大學文學士

蔡一鳴　美國哥倫比亞大學文學士

馮炳基　上海國立暨南大學文學士

簡緝山　國立中山大學文學士

黃凌霄　國立中山大學法學士

李道一　國立中山大學法學士

關翠坤　美爾敦大學法學士

湯鏡波　廣州國民大學畢業

胡淦文　番禺縣立師範畢業，廣州教育會立國語講習所畢業

許靜儀　本港漢文師範畢業

湯竹綫　廣東省立女子師範畢業

楊秋園　廣東省立女子師範畢業

黃若谷　廣東省立體專畢業

胡組作　廣東省立軍訓練所畢業

吳靈燕　廣州南武中學畢業

梁璇基　廣東省一師高中師範科畢業

名譽校董　鄒　魯　鄒就成　簡錫三

附設 數理化夜學專修班

宗旨：利用晚上時間，以最敏捷詳明之方法教授數學，物理，化學等科，俾學者能于最短時間獲得高深數理化學識，以便投考國內國省市立大學高級中學暨香港各官私立英文書院升班及入學等試驗為宗旨。

編制：分數學化學物理三系

課程：數學系分算術小代數，平面幾何，大代數，立體幾何，平面三角，解析幾何，弧三角，微積分等九組。

化學系分無機化學，有機化學兩組。

物理系分初級物理學，高級物理學兩組。

每組以一教室一教員教授。

教材：教材除選用中英文課本外並編發講義教授，且先注重堂上答問與課餘練習。

學費：每組月費三元

時間：每晚由六時半至九時半每組每晚授課一小時星期六日晚休息其餘照常上課

實驗：本班為學者求深造學識起見特定每星期日上午八時至九時為化學物理兩系實習時間概不另收學費

特別班：本班為學者利便起見各組課本（中英文）及上課時間可由學者自定惟每組須有五人以上方可開班學費仍與普通組同

報名：即日開始報名編組上課

教員：由中學教員教授

廣東教廳立案

德明中學

(一)校址：正校 九龍旺角洗衣街 電話五〇〇二三
灣仔分校 灣仔馬師道 電話三〇六六五
九龍分校 九龍城 [illegible]仁路 電話五六六一〇

(二)創辦人：胡漢民 陳濟棠 林雲陔 林翼中 黃麟書 區芳浦

(三)學級：高中 初中 高小 初小 幼稚園

(四)設備：

(甲)正校

理化儀器及生物標本模型等設備係依照教育部所規定之中學理化及生物設備標準故對于學生理化及生物之實驗足供應用圖書現有萬餘冊報章雜誌數十種亦足供員生參考之用本校新校舍經建築一部份其中排球籃球網球雙槓單槓鞦韆滑梯沙地各種設備應有盡有環境優良足供學生應用並備膳宿以便遠道學生之需要。

(乙)灣仔分校方面

本分校備有本埠報紙十餘種外埠報紙五種定期刊物三十餘種圖書九千餘冊價值五千餘元儀器七百三十餘件價值四千餘元標本模型掛圖三百五十餘種價值八百七十餘元本分校因鄰近跑馬地[illegible]教學與手偷園實施課前課間課後活動則或以各級教室前面約占一百七十方尺之騎樓行之或以約占三千餘方尺之天台行之

(丙)九龍城分校方面

本分校藏有圖書三千餘冊，報紙刊物十餘種，儀器數百件，標本模型掛圖數百種，且鄰近啓德濱，空氣新鮮，並有寬廣萬餘尺面積運動場，設置排球場，籃球場，及跳場等，以備學生課前課後之活動。

獎勵

(甲)獎勵分下列各種：

獎學額由陳伯南先生撥捐充設中費獎學額多名，其獎學額標準如下：

一、全費獎學額，凡符合下列標準之一者，獎給全費獎學額。
A在學期結束時操行列入甲等，學業成績總平均滿九十分者。
B在學期結束時操行成績列入甲等，學業成績在所屬班中獲得第一名者。
C在招考新生入學試時學業總平均滿八十分，在所屬班中獲得第一名者。

二、半費獎學額，凡符合下列標準之一者獎給半費獎學額
A在學期結束時操行成績列入甲等，學業成績總平均滿八十分，而在所屬班中獲得第二或第三名者。
B在招考新生入學試時，學業成績總平均滿八十分而在所屬班中獲得第二或第三名者。

附註(一)得生亦得參加中一入學試，惟須履行報名手續。
(二)免收獎學，以免學費爲限。
(三)免費獎學以一學期爲限，如以繼續獲得免費獎學，仍須[illegible]合標準。

(乙)獎狀
A學業優異獎狀　凡在學期結束時，學業成績平均八十分以上者發給之。
B操行優異獎狀　凡在學期結束時操行成績甲等者發給之。
C全勤獎狀　全學期不缺課者發給之。
D服務獎狀　對學校熱心服務由該管教師評定發給之。

(丙)獎品　學生對於學科操行課外活動各種競賽等成績優異者，酌給各種獎品。

廣東教育廳立案
香港教育司註冊
廣東省政府補助

德明中學暨附屬小學幼稚園義學招生章程

(一)目的　本校遵照中國教育法令參酌香港教育則例專為僑胞子女實施正軌教育並力謀其來港或歸國時升轉之銜接

(二)校舍　本校校舍對正旺角麥花臣兒童游樂場環境良好校舍適宜各班課室俱係間隔開無聲浪衝突之弊課室之外均有大騎樓或空曠地方光綫空氣均極充足運動場所尤為廣闊足供課內課外之活動及體育教學之實施(歡迎參觀)

(三)設備　本校設置圖書一萬三千餘冊價值八千餘元儀器一千餘件價值六千餘元標本模型掛圖五百餘種價值一千三百餘元運動器具設有槓架單槓跳高跳遠籃球足球壘球排球鐵球鐵餅各種設備幼稚園各種遊戲器械尤為充實價值一千二百餘元(歡迎參觀)

(四)師資　本校中學教師資格國內外大學畢業者九人高等師範畢業者六人專科畢業者三人均歷充省市各中等學校教職員多年並經檢定合格附屬小學教師資格大學教育系畢業者一人皇仁書院畢業者一人高中師範科畢業者五人幼稚師範畢業者二人專科畢業者一人多數充任教員五年以上

(五)課程　本校各級課程依照教育部頒佈修正中小學課程標準實施俾與國內各校互相銜接以便學生來往升轉同時為適應本港環境之需要復依照本港教育司所規定之標準實施又各級女生另設家事科以期實用

(六)畢業　本校奉准廣東教育廳立案故小學部及中學部畢業證書均由廣東教育廳驗印頒發

(七)升轉　本港各校升轉國內公立學校或已立案之私立學校照例須經廣東教育廳舉行之甄別考試但本校因經廣東教育廳立案特奉廳令有豁免此項考試之特權

(八)借讀　凡具有份在國內主管機關立案學校之證明文件者得免試插入學期銜接之學級

(九)獎勵　甲：獎學額　本校每學期由陳值南先生概捐免費半費獎學額多名如下

一、新生入學試成績優異者每期每班三名
二、新舊生全期成績優異者每期每班三名
三、凡總平均分數能滿九十分者一律全免學費不限名額

乙：獎狀及獎品

本校學生學業操行及課外活動學藝競賽等成績優異者由學校分別頒給各種獎狀及獎品

(十)招生　本學期招收下列各級學生

甲、高中二年級轉學生
乙、高中一年級新生
丙、初中三年級轉學生
丁、初中二年級轉學生
戊、初中一年級新生
己、女中各年級新生
庚、小學二至六年級各級轉學生
辛、小學一年級新生
壬、幼稚園新生
癸、義學新生(九龍城德明義學)

(十一)報名　報名費小學五毫中學一元無論取錄與否概不發還報名時須繳半身二寸相片兩張及各種證明文件

(十二)試驗　試驗科目中學各級試驗國文算學英語自然史地等科小學各級試驗國文算術常識三科試驗日期八月廿二日(農曆七月初八日)

(十三)納費　凡取錄各生應於開學前清繳左表所列各費

級別	學費	堂費	圖書費	體育費	實驗費	合計
高中	三十二元	六元	一元	一元	二元	四十二元
初中	二十六元	六元	一元	一元	一元	三十五元
高小	十八元	六元	一元	一元		二十六元
初小三四	十二元	六元	五角	五角		一十九元
初小一二	十元	六元	五角	五角		一十七元
幼稚園	十元	六元			雜費二元	一十八元

附註：代收學生會費每生全期五毫幼稚生免繳

(十四)註冊　憑繳費單到教務部填表註冊編位上課

(十五)上課　廿八年九月一日開學九月四日上課

(十六)校址　正校九龍旺角洗衣街及奶路臣街　電話第五零零二三號
第一分校在灣仔馬師道　電話第三零六六五號
第二分校在九龍城啓仁道　電話第五六六一零號

校長江茂森　校務主任陳良烈　女中主任李霽英

私立

興華中學招生

學級：初中、小學、幼稚園、

開課：九月一日

試期：八月二十日

校址：石塘咀希路道五十四至六十四號

電話：二六二四七

章程：歡迎索閱

校務概況

（1）引端

教育是離不開時代和國家社會需要的。港地的教育——算是較前進的，一方面固然以三民主義爲實施教育目標的中心，他方面也不能不顧慮到社會上實際的需要。自七七抗戰以來，更知實施救國教育戰時教育的重要。友邦和我有數百年較深刻的認識，且又同情於我抗戰。對於實施當中亦殊不覺有什麼困難，還不能不深深的感謝！本校實施教育的目標，除有小部份課程因顧慮到當地的需要外，國家抗戰的消息天天橫在目前，稍有血氣有良心者那個不願負責去救國？故爲積極的喚起兒童的救國心；團結心；集體的組織等起見，所以當然有各項救亡工作的實施。國家在抗戰兩個多年頭，無時無刻不在艱苦奮鬥之中，本校辦理八年以來，亦無時無刻不在艱苦奮鬥之中。確的是；不奮鬥則不能生存了。陸續自問學識與經驗都不及人，但和本校同人所共持的就是艱苦奮鬥。數年來對於國家社會雖然沒有絕大之貢獻，然而也盡了不少力所能及的責任，現在趁著這個機會，謹將本校的概況，略述於下：

（2）組織

組織——本校的行政組織，最高的機構是校董的會議，其他較爲普通的事件在校務會議解決。每月定開校務會議一次，議決各案，切實的執行。至於編制和課程各項，現分述在後：

（A）編制——依照規定小學六年，高初中各三年畢業。前時因爲環境關係和課室不敷，採用春季始業和用複級教學，去年增加課室，已完全施行單級教學，並一律改爲秋季始業；對於新舊各級學生，均嚴格測驗。至於班級和學生及教職員人數，分別述在下面：

（一）班數

（a）幼稚園一班

（b）小學部一年級兩班，二年級兩班，三年級兩班，四年級兩班，五年級兩班，六年級一班，共十一班。

（c）中學部一二三年級各一班，共三班。

（二）人數：

（a）幼稚園學生共三十人。

（b）小學部學生共四百四十人。

（c）中學部學生共八十二人。

（三）教職員：共二十二人。

（B）課程——除遵照規定各項科目爲課程外，爲適應本地環境起見，另增設很多的科目。如初小一二年增設兒童故事，詩歌等科目。初小三四年，增設淺顯之古文，詩歌，英文，經學，各項科目。高小一二年增設古文，詩歌，英文，經學，各項科目。中學增設古文，詩詞，經學等科爲國文補充教材。更適應戰時教育起見，加授戰時課本。

（C）教學——課堂的教學方式側重啟發式，間有科目採用自學輔導式，更加注意兒童自修，每天均養成兒童爲日記和抄寫臨帖等習慣。課外的教學，更當領導他們到各處參觀，由教師加以詳細之解釋，以增加兒童研究事物之興趣。

（D）訓練——多採用積極之指導，非萬不得已不用消極之制裁。如每週或每月設有各種學藝比賽，以發展兒童之競爭心。常將良好的兒童所做之事宣揚於大衆，以引起他們的模仿性。更加注重訓練他們集體的組織和生活，如每星期開一次週會或全體學生會操。還有各種特別的訓練，另設項目在下敍述：

（3）設置

（A）圖書館——因地方的限制，暫附設在教務處。同時更闢一分部作閱書室，可容二十人左右，兩面大窗，光線充足，空氣流通，他們盡量地檢取他們所愛吃的精神食糧，守着規則很靜默地在閱讀。閱書方面經多年的經常和逐年的添置，現有圖書一千七百二十二種，共二千三百七十冊。

（一）總類——七十八種，一百二十冊。
（二）哲理科學——二百六十二種，三百二十一冊。
（三）教育科學——二百六十六種，三百七十九冊。
（四）社會科學——二百五十八種，二百六十五冊。
（五）藝術——九十六種，一百廿八冊。
（六）自然科學——一百八十五種，一百九十六冊。
（七）應用科學——七十二種，八十六冊。
（八）語文學——六十七種，七十五冊。
（九）文學——三百五十二種，五百七十三冊。
（十）史地——八十六種，二百二十八冊。
（十一）其他——另定期雜誌三十二種，報紙十一種。

（B）儀器：——也因環境的關係，附設於校務處，現有：
（一）化學儀器——五十二件。
（二）動物標本——剝製和浸製共三百五十六件。
（三）植物標本——三百八十六件。
（四）鑛物標本——九十八件。
（五）生理解剖——動物，植物，鑛物和音樂等掛圖共一百六十八件。

（C）體育用具——有良好的體魄然後有良好的精神，有良好的精神，然後有良好的事業，所以要求有良好的體魄，一定要經慎密的體育訓練，使這批新的中國主人翁能能負起救中國的責任。關於小足球，排球，籃球，乒乓等及游戲用具都應有盡有。

（4）學習與工作

「組織就是力量」和「工作即教育」這是不易的眞理。運用這眞理，就各個人性之所近，而成立了好幾個研究的組織，即學習的組織，行動的組織創造的組織，建立事業的組織，「去實踐的集體主義的自我教育」，在這些分別和組織中，表演了更多的效果。

（A）戲劇研究社——在林紫天，曾戈教師和顧問曾粲先生領導之下，成立不久，即能夠集體導演和演出，已經演出數次，藏能社會許多好評，近更加入香港劇聯會，與其他青年戲劇團體結在一起，加強了本港的戲運的統一陣容。

（B）校刊——他的名稱是「狂飈」，每逢十日的定期旬刊，是由學生聯合主編的，他們學習了卽去寫作，寫作了又去學習，這樣輪週着的工作，但寫作學習和學習寫作終於成爲不可分開的日常生活。

（C）座談會——每逢星期六晚舉行一次，由各教師輪流主持之。關於時事的與學術的問題，便指一討論，由教師解析後，而達到一個相當的結論。

（D）野外作業——因各個學生年齡高低之不劃一，把全校分爲A B C D E F六組，由各教師分配領導，於星期日及例假日輪流到野外去領取他們的關心作業，旅行，歌詠，游戲，游泳，和採集標本等。

（E）學生自治會——他們爲要訓練過慣着集團生活和養成一個良好公民，於是便很熱烈的組織起來，使他們分配着負責各部門的組織，把牠切實地推行下去。教師方面更組織一個「學生自治指導委員會」，指示着他們行進一條正常的路軌。

（F）演講會——因爲他們感覺到將來離開學校踏進社會而應付一切時，說話是一件很重要的事情，於是演講會便組織了起來。每週的週會，便是最好的學習機會，他們在各教師輪選指導下，怎樣運用美妙的姿態，和調節聲音，把有系統的內容，侃侃的說下去，這無疑地是新主人翁將來怒吼的徵兆。

（G）救護常識講座——在林[illegible]眞西醫師和陳漢儀先生領導下，這一羣新的強有力的細胞，便增加了救急，防毒等技術，假使他們離開學校跑進社會時，將使愛好和平的人羣，加上一重安寧的保障。

（H）其他——如英語研究會，讀書會等都在教師指導下蓬勃地在進行。

（5）服務社會

學校是社會的縮影，一個學生修業期滿後跑到社會去替人羣服務，假如沒有受過相當訓練的話，一定不能收到相當之成效。何況自「七七」事變後，由於外來的侵略一天加重一天，將來解放中華民族和復興國運，都在這批新的主人的肩上。所以他們一方面是努力求知，一方面是去幹起救亡的工作，他們就自己力量所能做到的，無不竭力去做。方式是：

（A）義賣——凡婦女[illegible]賑會，東華醫院，學賑會，華人賑災聯合會和等團體，發動賣花籌款運動時，都曾參加。更響應果賑的義賣。還有賣旗和賣齋等，捐得的款在二千元以上。

（B）節食——他們明瞭抗戰的意義和被難同胞的慘痛，兩年來，他們把零用的錢都捐到節食的箱裏去，由各慈善團體到校公開驗收。

（C）募集——除響應婦女會，華僑日報，青賑會……等團體募集寒衣和禦寒手套外，更發動募集舊衣，書籍，餅食藥物等東西去散賑。

（D）慰勞——由於×人的侵略，自大鵬灣登陸，以至廣州失陷，來港的受難的同胞和失學的難童更多了，於是帶着募得的舊衣，書籍，餅食藥物等，到東華醫院，錦田，沙頭角，元朗和深圳等地方，去慰問受難的同胞抗戰受傷的勇士。

（E）義演和義賽——興華戲劇研究社成立後，即參加劇聯會和其他團體在孔聖堂等地義演，興華足球隊更在香港仔，鴨脷洲，澳門等地，和於去年「八一三」「國慶節」「元旦」「一二八」等日，應該地慈善團體的邀請，作友誼的義賽。

（6）今後的計劃

除上列各項已着實施行外，爲求校務的發展和完備，在每一次校務會議中，集合同志，盡力的去研求，和怎樣去實施，使理想的成爲實際的完美的教育集團。現在計劃着而待諸實行的有下列各項：

（A）教室的增闢。
（B）圖書儀器的增設。
（C）體育場和體育用具的增設。
（D）各學科研究會的繼續成立。

中央僑委會
中央教育部
廣東教育廳
香港教育司

立案香港私立嶺東男女中學校務概況

該校沿革——該校創於民十九年春，歷將十載。先後奉中央僑務委員會，中央教育部，暨廣東省教育廳等，核准立案。該校男校長雲鐵如，女校長伍梓澔，對於校務設施，慘淡經營，不遺餘力。復得校董關啓鵬先生等熱心教育名流之助，校務日益邁進，學生按期遞增。該校根據現代最新教育原理，體察華僑情況；致力培養青年之人格與體魄，並增進其智識與技能，以為將來研究高深學問之準備，及適應社會生存之需要。非常時期中，尤注力於救亡力量之充實與訓練，使青年能負起復興國家民族之責任。今畢業者凡九屆，全校現有男女學生二十五班；計共七百餘人。爰將該校概況臚列於後：

教務方面

（一）班級　該校班級分高中，初中，小學，幼稚園四部。自高級小學以至高中，均男女分班，現計有二十五班，學生七百餘人。

（二）課程　課程均遵照部定修正課程標準辦理，更參着香港情形，略為增選，以應僑胞需求：如英語一科，程度較國內為高，而對於國內來學之學生，則另設法補習，使得啣接。且增授商業常識，商業算術，簿記等科，使將來從事商業者，略得門徑。

（三）教學法　注重自學輔導，課前預習，使學生先得大意，上課時詳加指導；課後演習，以求純熟，精益求精。自初小一年級起，酌量用國語教學，每學期由各級任分別舉行家庭探訪，個別指導，以收家庭與學校聯絡管教之効，初小暨幼稚園各級，每日發用學校家庭管教表，尤稱嚴善。

訓育方面

（一）訓育目標　依照特種教學綱要之精神訓練綱領，勵行管教合一，以培養學生有堅固之意志，進取，服務，愛國之精神，恪守紀律之習慣，強健活潑之體魄，及備具道德之實行力，以養成自治之學生，良善之公民。力矯時弊，以期吻合創校之宗旨。

（二）訓育法制　設訓育主任一人，訓育員一人，協同主理全校訓育事宜，級任與科任教員亦負訓育責任。訓育程序，乃根據其目標施行：紀念週，朝夕會訓話，個別誘導，及自治組織指導等。

體育方面

（一）目的　在求鍛鍊學生堅強體魄，養成健全之國民。

（二）制度　採用幹部訓練制，遴選優秀人材。

（三）科目　除採取各項球類外，另授以徒手操，器械操，低級學童，則授以各種游戲。

（四）獎勵　每年舉行全校運動會，及各項球類比賽，以資獎勵。

事務方面

（一）課室設備　擴充校舍班額，多增校舍兩所。課室之檯椅黑板，全屬綠色，以養目力。檯椅高度，均依學生年齡而定。

（二）儀器設備　（甲）化學——設化學實驗室一所，可供十二組同時實驗之用。（乙）物理　物理儀器，共值一千二百餘員。（丙）生物　有高度顯微鏡三具，生物標本三百餘具，掛圖百餘幅，各種模型廿餘種。

（三）圖書設備　有圖書室，閱報室，藏書四千餘冊。

（四）衛生設備　普通必需藥劑齊備，勵行清潔運動，尤注意防疫工作：如注射，種痘等，皆由校醫推行。

（五）增闢宿舍　為便利遠地來學學生，於原有宿舍外，增闢空氣清鮮，光線充足之宿舍一所，以應學生之需求。

戰時教育

（一）軍事訓練　集合中學各級男女學生，組成「青年團」，實行學生軍事化，以備將來為國効勞。

（二）時事演講　選定專員，每週報告世界動態，國內戰情，並請專家演講。

（三）盆栽運動　實行戰時糧食盆栽法，高級學生於課餘之暇，熟習各種糧食盆栽。

（四）救護組織　年長女生，皆須實習救護工作，組織「戰時救護團」。

（五）防空練習　聘請專員指導戰時防空智識。

課外活動

（一）組織學生市政府　養成學生自治精神，熟悉現行法制之機構，組織學生市政府，以訓練良好公民。

（二）分區活動　分每班為區，直隸市政府，參加各種活動，以養成集體化之精神。

（三）組織劇社　為喚起民衆計，特組「國防戲劇研究社」，訓練劇員，向外宣傳。

（四）成立孩子劇團　為符合孩子應該救國起見，特設「孩子劇團」，訓練優良之小藝員，以養成基本人材。

（五）歌詠團　「成立救亡合唱團」，以作喚起民衆之事業。

（六）演講會　培植演講人材，舉行演講比賽會以資鼓勵。

（七）辯論會　為增廣智識，熟練思維計，經常舉辦辯論會，以期訓練人材。

（八）音樂會　舉行各種音樂會，俾各生於課餘之暇，有所娛樂，藉以陶冶性情。

（九）讀書會　使學生得有機會廣覽叢書，集合一堂，互相磨琢。

（十）各種比賽　舉行臨池，論文，壁報，及各種體育比賽，以資奬勵。

（十一）其他如遠足旅行，露營，晨操等，學生皆須參加活動。

招生簡章

（一）班額：高中，初中，小學各級男女新生，轉學生借讀生，暨幼稚園新生。

（二）資格　（甲）凡品行端正，體格健全，年齡相當，熱誠求學，具有相當程度者，均得報名投考入學。　（乙）凡曾有經該校承認之學校畢業，修業或轉學證書者，該校酌予免試，編級入學。

（三）報名手續　凡新生入學，須預先報名，繳交報名費一元，投考中學者，並須繳二寸半身相片二張。

（四）報名日期：春季由一月十日起。
秋季由七月十五日起。

（五）報名地點：九龍彌敦道二百二十九號該校辦事處。
香港鳳凰台十二號。

（六）入學試驗：春季　二月六日上午九時。
秋季　八月廿二日上午九時。

（七）開學日期：春季　二月八日。
秋季　八月廿八日。

（八）附　註：優待戰區，失學青年。
詳細章程，函索即寄。

教育部
廣東教育廳
香港教育司

立案瓊海中學港校

一 概況

本校於民國十二年九月，開辦於瓊州府城。十三年呈准　廣東省教育廳立案，十四年呈准　教育部立案。歷年蒙本港及海外各地僑胞，捐助巨款，建設校舍數十座，購置圖書二萬餘冊，儀器三千餘件。校址面積百畝，學生全體住校。歷年學生共計四千餘名，畢業五十班，計千餘名。近日并設農場二所於陵水，萬寧，面積三萬餘畝，及建設學校村一所於海口，面積一百畝，以推行生產教育及社會教育。

抗戰軍興，國內沿海各大都市，多已淪陷，戰區青年，既多失學，華僑學生返國升學尤感困難。本校爲此，特設分校於香港元朗，經呈准廣東教育廳備案及香港教育司立案，並將原有設備移來，以便教學。自海南島失陷後，瓊州原校已歸停頓，本校同人更感責任之重，決本歷年辦理本校之方針，專心致志，在港積極推行，蓋本校既設於香港，已失去其地方性，而與本港一般學校同其任務，此同人等願爲社會告者也，

茲將本校現在所有之特點，略述如左：

（一）費用節省　本校爲減輕學生家長之負担起見，每學期所收學費供依照原校所定之數額，未有增加，計每學期學宿膳雜費總數高中不過七十餘元，初中不過六十餘元，膳食一項係由學生推舉同學經管，受學校之指導，故尤特別經濟，且校址離都市較遠，生活程度頗低，學生一切用度，自較節省，當此抗戰時期，養成青年儉樸之風氣，殊爲重要，個人減少消耗一分金錢，卽爲國家增强一分力量，此本校同人所不敢忽視者也。

（二）環境幽靜　元朗係本港新界頗繁盛之城市，有長途汽車，直通港九。本校離元朗墟約二里，有交通之便利，而無市塵之煩囂。本校校址，後背小山，三面田野，綠秧蕩漾，清流激湍，誠堪爲藏修息游之所。

（三）設備充實　本校經十餘年之積聚，圖書儀器等設備，漸臻完備，今既由原校移來，教學上參考上可無缺憾。計萬有文庫第一二集，四部叢刊正續三編，四部備要，四庫全書珍本，大英百科全書，以及各科參考書不下二萬冊。除理化儀器外，有高度顯微鏡多具，足供學生實驗之用。至於體育設備，本校利用特有之環境，排籃羽球場，足球場，及器械運動場，皆已闢成。

（四）師生關係密切　本校教師，均具有多年之教育經驗，於教課以外，對於學生整個生活，均負責指導，而師生全體住校，朝斯夕斯，共同生活，考察學生個性，隨時加以指導，於導師制之精神，可稱符合。每早舉行早操及朝會，晚間定時在教室自習，此於學生之身心，尤有裨益。

（五）注重生活教育　本校爲使學生多得生活之經驗，及養學生活之技能起見，如關辦伙食，清潔地方等事，由學生輪流担任，此外學生自治會之各種活動，如出版壁報及季刊，舉行各種學藝比賽，運動比賽，以及經濟合作社等，均是予學生以實際生活訓練之機會。

（六）推行國語教育　國語統一，爲我國教育政策之一，粵省語言複雜，推行國語，尤爲必要，本校教授用語，以國語爲主，各教師亦多久居北方者。且每學期舉行國語演講比賽，先分班舉行，使每個學生，均須參加。又於假期中，組織語音講習會，研究國音注音符號，之兩式，及拉丁化新文字，使學生得更深之認識。

以上數端，雖未必爲本校所獨有，而實爲本校所特別注重之目標。惟本校同人，能力有限，誠恐有志未逮，尙望海內外賢達，有以教之！

二 招生簡章

一、宗旨　本校以收容戰區失學青年及便利華僑學生求學爲宗旨

二、校址　在香港元朗凹頭東成里（元朗官立學校對過）

三、班額　高初中一年級及高初中各年級春秋季轉學生及借讀生

四、投考資格

高中一年級　須初中畢業或同等學力年齡在十五歲以上廿二歲以下而體格健全者

初中一年級　須在高小畢業或同等學力年齡在十二歲以上十八歲以下而體格健全者

轉學生　須有原校修業證明書及成績表而成績及格者

借讀生　須有原校借讀證明書者

各項證件如一時未能帶來須有相當聲明遲日補繳

五、報名　考試前一天截止

元朗本校
九龍彌敦道環球圖書公司
香港荷里活道世界書局

駐港通訊處：高陞街廿九號三樓　電話二〇〇七四
廣州謝西營瓊海旅店本校通訊處　等處報名
報名時應繳半身相片三張及報名費一元報名費及像片不論取錄與否概不退還

六、考試時間　秋季在八月一日　春季在二月一日俱由上午十時起遠道學生逾期者准隨到隨考

七、考試地點　元朗凹頭本校　香港德輔道西瓊崖商會　廣州謝西營本校通訊處

八、考試科目　高中：公民　國文　英文　算術　史地　理化　博物　口試　體格檢查
初中：國文　算術　常識　口試　體格檢查

九、入學手續　取錄各生須於五日內偕同保證人來校塡具入學志願書及保證書繳完各費始准入學

十、收　　費　每學期所收各費列下

級別	學費	堂費	什費	體育費	圖書費	實驗費	勞作費	宿費	膳費六個月	共計	附註
高中	18	5	2.5	1.5	1	2		11	30	71元	外宿生30元
初中	15	4	2.5	1.5	1		1	11	30	66元	外宿生25元

註：1每學期一切費用高中港幣七十一元初中六十六元於開學時繳交
2膳費係代營性質有餘發還不敷補足
3外宿生免繳膳費及宿費
4代收學生自治會會費一元與各費同時繳納

十一、課　　程　遵照教育部定章辦理

十二、畢業年期　高中初中各三年畢業發給證書可返國內各地升學

十三、工　　讀　本校設工讀學額十名在課餘時間工作分別減免膳費

十四、生活指導　本校爲實施生活教育起見實施導師制切實指導學生生活以符教育與生活合一之旨

十五、交　　通　由油蔴地佐敦道碼頭搭九號巴士汽車到元朗再沿汽車路前行不遠便抵凹頭本校

十六、教授用語　以國語爲主粵用粵語

十七、招　　待　本校爲使學生來港入學便利起見特在廣州謝西營及香港干諾道各設通訊處派員指導學生入學幷能香港干諾道中國環球環海瓊源昌四旅店妥爲招待

十八、夏 令 館　本校爲便利學生暑期補習秋季入學起見特設夏令館教授重要科目新生可隨時入校補習成績及格者准免試入學（簡章另詳）

十九、優　　待　本校因時局影響設分校於香港凡以前消助本校款項者其直系子弟來港入學仍照章分別免學宿費以示優待

本校教員一覽

溫心園　國立北京大學文學士曾任省立第一中學廣州市立師範省立勷勤大學附中等校及本校教員

方斗垣　國立廣東高等師範畢業曾任省立第二中學廣州市立師範省立勷勤大學附中等校教員

韓珍彝　國立北京大學理學士曾任省立第六師範瓊山縣立中學及本校教員

周縣明　國立廣東高等師範畢業曾任省立第六師範省立第十三中學及本校教員

周慶雲　國立廣東高師畢業國立中山大學文學士曾任省立第十二中學文昌縣立中學校及本校教員

馮偉民　日本東京帝國大學本科修業日本名古屋第八高等專門學校畢業曾任省立第六師範瓊山縣立中學及本校教員

何仁楷　國立北京農業專門學校畢業曾任省立第六師範學及本校教員

陳瑞元　廣東省立體育專科學校畢業曾任廣州市立第一中學南海縣立一中省立勷勤大學附中等校教員

其餘各科教員均係專任資格適合經驗豐富者

南海九江中學概況

九江中學，乃紀念先賢朱九江先生之學府，成立于民廿一年春，校址原設南海，規模粗具，廿三年十月奉准立案，廿四年春，首屆參加初中畢業會考，獲全省冠軍，□荷政府補助，華僑捐輸，朱九江先生紀念堂，鄧志昂圖書館，關惠□儀器室，美僑宿舍，校園，操場，童軍團部等，先後落成。自廿七年十月，華南事起，遷港復課，校址在跑馬地山光道六號（電話二六二七二），校長黃漢鏘君，首創該校，凡歷八載，艱辛締造，不遺餘力，該校辦理，迄今領畢業者，計鄉師一班，初中六班，附小七屆，民校四屆，遠近□衆。參加校運會，與科學比賽，按年舉行，三育並重，從未偏廢，叠蒙政府賜狀褒獎，訓勉有加。最近勵行特種教育，指導學生推動救亡工作，不敢後人。該校係為私立性質，校董多屬港商，維持校務，夙具熱心，茲將該校校董芳名錄後：

陳屈仲翁	吳伯璣翁	岑伯銘翁	黃季雅翁	黃六□翁
曾鏡涵翁	黃漢鏘翁	李其特翁	彭作民公	關品恭翁
朱少穆公	關伯兆公	黃作文翁	關　民翁	余壽祺公
陳松燊翁	關仲晃翁	關錫泉翁	劉其華翁	鄧鑑堅翁
馮香泉翁	鄧志昂公	黃江之翁	吳懷璋翁	梁正彥翁
岑季魁翁	陳丁如翁	胡仁則翁	關尊樓翁	黃伯始翁
吳伯玲翁	關伯規翁	關尊庭翁	張召棠翁	關雍伯公

文化中學概況

文化中學為黨國碩彥維傑獻先生所創辦，務校目的在于推進三民主義教育，發揚中國固有文化道德。在民國二十五年，奉准廣東教育廳立案設校廣州河南珠海致光街授課。各方人士因學校設校目的之正確，辦理之有計劃，紛送子弟入校求學，故開課後入校學生已逾五百餘人。後因×機轟炸廣州，學校為謀學生安全起見，在羅浮博羅設分校。迨廣州失陷，乃在香港油蔴地西貢街十五號設校授課，且合併設在深水埗大埔道之香港文化中學改為分校，繼續努力革命教育工作。

全校計分男中部，女中部，小學部三部：共有高中三班，初中三班，小學六班，學生合計六百餘人。全校教職員共有四十五人，俱為國內外大學畢業，擁有豐富教育經驗者。

該校設備頗稱完善，圖書館藏書約四千餘種，數逾萬冊，最珍貴者就是蔣委員長贈送該校之萬有文庫全套，及歷的珍貴書籍多種，化學實驗室設有實驗檯五張，藥物數櫃實驗儀器約百餘種，長列數桌，此室係專供高中生化學實驗之用云。物理室則有聲，光，電，熱，力，學等實驗儀器約數百種，擺列數櫃。而電學儀器特別豐富，堪稱中學設備之冠。動物標本室藏有鳥，獸，魚，虫，木，花，草等標本共約數千種。而中大生物系贈送該校之植物標本數種，尤為珍貴。

其他如音樂室健身室，勞作室等設備，亦俱有一種新的合乎科學的設備。至該校管教之特點，則有下述幾種：

一、該校為實現革命建國的教育，所以每一個教員，職員學生皆懂得自己為什麼去教學，為什麼去求學。自該校校長由渝中央訓練團畢業返校後，更以團長蔣介石先生所示革命教育方針為努力準則。全校員生一致地在共同的革命教育的目標下來努力。

二、該校設有教育方法研究會，由該會製定各種管教方案以為實施準則，是以該校一切行政設施係有方法有計劃的。

三、該校設有抗建教材編輯委員會，由該會編定各科抗建教材，以補救規定標本課本之不足。

四、施行戰時導師制，利用小組活動，推行政治訓練，生活訓練及精神陶冶，及訓練學習。

五、教職員打成一片，全校無過去學校形式的呆板，而教師工作是領導學習，及訓練學習。

六、該校為中學生畢業後不能升學之謀生起見，特增設新聞學，會計學，公文程式，家政專修科，以便各生將來在報館銀行商店機關任職之準備。

中國教育部
僑務委員會 立案 香港政府助獎

正中中學

油蔴地彌敦道
四九五號

本校由黎君瑛校長創始于民國十二年，翌年即蒙本港教育司助獎，迄今不輟。在津貼學校中，爲有悠久之歷史者。現更蒙教育司特准補助校舍建築費及校具儀器購置費全數之半。此種優待條例，非受教育司助獎十年以上者，不能享受。而本校十六年來校長未嘗更易，補助未嘗間斷，故能得此優待也。

受教育司助獎十餘年，可得補助校舍建築費及建設費全數之半

現新校地正在選擇中，校舍建築與校具購置亦已有相當計劃，不久之將來，當可實現。

蒙教育部及僑委會核准立案頒發校鈐

本校蒙本港教育司助獎，仍未敢自滿，乃再向中國教育部及僑務委員會呈請立案。去年冬奉到洪渝乙字第一六二二號批示准予立案，今夏復蒙頒到校鈐，在本港津貼學校中而復奉准中國政府立案者，現祇有本校而已。

本校學生可投考本港官立免費學額又可升轉國內公私立學校

本校既蒙津貼，復經立案，故本校學生，一方可投考本港官立學校免費學額，一方又可升轉國內公私立學校。以歷年投考官立學校免費學額計，本校每年獲選二三名，十餘年來從未間斷。

校務現狀

本校辦設初中及小學各級。校務負責者，最高爲校長，下設教務訓育體育三主任，另有級任及專任助教多人，均能分工合作。學校行政採民主化，每週開校務會議一次，以決定下週一切校務。

教務概況

本校課程，須適應本港及國內，故雙方兼顧，各採其長。教法注重輔導自學，教材選用力求機動，課外活動與課內作業同時並重，務求在進取，靈活，與趣味之原則下推進教務之計劃。

訓育實施

本校訓育，以班爲中心，各班有班社，社中分社長公安事務康樂學藝諸部分，合各班社有班聯社，其組織等於全校之自治會。訓育方針，最重要在于輔導自治。使各生能自動養成其在國家爲好國民，在家庭爲好子弟，在學校爲好學生，與「輔導自學」，成爲本校之兩條軌道。

附列招生章程如下

一 宗旨 本校遵照國內部定學制根據本港僑民環境運用最新教育原理與方法以造就優越人材貢獻於國家社會爲宗旨

二 編制 中學部暫辦初中 小學部分高初兩級 畢業年限初中三年高小二年初小四年

三 課程 參照本港教育司及國內教育部規定課程標準訂定之特別注重國文英文算學等科採用自學輔導式以謀兒童之充分發展。

四 入學 1資格—年齡在六歲以上之男童及十二歲以下之女童身無殘疾有志向學而遵守本校規則者均可按程度入學 2手續—a報名：凡有志向學者須先到本校報名並繳掛號費二元入學後在堂費內扣除如掛號不到者概不發還 B入學試：報名後即予以編級試驗按程度編班

五 納費 每學期應繳各費如下

級別	學費	堂費	自治會費	全期共收
初中各級	二十五元	二元	五毫	二十七元五毫
高小各級	一十八元	二元	五毫	二十元五毫
初小各級	一十六元	二元	五毫	一十八元五毫

入學時須將各費一次清繳領取入學證後方得上課

六 獎勵 每年大考總結品學成績爲全班之冠者免其下年第二學期學費之半如在本校肄業二年以上成績卓著品學兼優者選送教育司考錄入官立學校免費肄業五年（注意）此種免費學額政府助獎學校始能送考

七 畢業 修業期滿考試及格由本校呈請中國教育部發給畢業文憑

四三一（丁）

民生中學

本校簡史

思我祖國抗戰以來國內文化機關被×摧燬幾無孑餘民生書院以建設于香港九龍之啓德濱未被戰事波及亦云幸矣敝校自開創迄今已十四年所抱宗旨在使華僑子弟得受中西兼全之文化由幼稚園至高級中學分別授以基本科學教育及職業訓練俾養成爲才幹子弟健全公民回顧創辦初年僅得學生十八人耳以上蒼之眷顧創辦人之努力及社會人士之贊助校務發展甚速開辦迄今閱十四年克岐克嶷乃不幸遭際艱難而學生人數超五百人教職員凡三十餘位成爲九龍最高學府之一。

民國廿三年本校舉行十週紀念黃校長發起籌建新校舍深得學生父兄暨各界人士熱烈贊助協力進行遂於廿六年購置九龍嘉林邊道園地一段凡十五萬餘尺迨廿七年二月蒙港府核准建校并豁免繳納地基價額約十餘萬元本校經茲獎掖益復積極進行興建新式校舍民廿八年二月由校董會副主席林子豐先生領導籌款三萬餘元建築第一期校舍（包括中學部　高級小學　禮堂及辦公處）經與建築公司簽訂合同限期本年十月間完竣屆時定當氣象一新前途正無限量也

學制

依照教育部所公佈之新學制，中學部分爲初高兩級中學：高中三年，初中三年，小學部分爲幼稚園及初高兩級小學：高小二年，初小四年，幼稚園二年。

歷年成績

本校自一九二九年始辦高中二年班翌年多派遣學生八人應香港大學考試結果四人合格（百分之五十）自是而後本校每年均派遣學生赴港大考試成績甚佳一九三二年本校遣學生十四人赴試及格者十二人本港西報 Sunday Herald. 比閱全港各校成績許本校爲全港冠軍去歲一九三八年本校學生參與會考者十二名及格人數乃佔八名中有一名獲得物理數學東經三種優異港政府特獎學額 Government Scholarship 免費入香港大學肄業又一名榮獲最難得之漢文優異此外如青年會歷年舉辦之全港論文比賽國語演說競賽本校均有列席錦標爭奪本校學生常擬冠亞軍之榮譽至於體育方面一九二七年多九龍第一屆聯校運動會本校竟獲團體冠軍錦標翌年復超軼全場得團體冠軍並得甲乙兩組之個人冠軍查從來學校當局對於學生體育之提倡不遺餘力凡本港歷屆聯校籃球田徑與及各種公開競賽多獲優勝獎品今則除球隊組織及田徑運動外本校復實行童軍訓練是不特使學生精神體魄臻於強健且寓爲國家社會効力之至意焉

兆文中學校附設小學

概況

（校務）本校自民國十八年，創辦以來，綜經十餘載，前高小畢業學生，每欲留校肄業，故於民國廿五年，增設中學部，並改爲秋季始業，對於歷史國文諸舊學，聘請名師宿儒担任，而英文算術及各種科學，則聘富於經驗之專門人才爲主任，使教育日臻完善。

（教務）（A）課程：各級課程，均遵照香港教育司及教育部所定之課程標準辦理，與國內各級學校互相銜接，以便學生升學，各科教材採用教育部審定及香港教育司核准之書籍，師資則用其專長，故各級科學皆能平均發達。

（B）設備：本校自開辦以來，關於圖書文庫，逐年添置，而各科參考書籍，各種雜誌，大致購備。儀器方面，關於物理生理博物等類，已購置一部份，至於化學儀器等，決定陸續增加，務使教授方面，隨時應用，學生易於明瞭。

（訓育）（A）家庭報告：本校除平時注意各學生之成績及操行外，每月舉行考試一次，即將各生學業，分別揭曉，使其自知改善，及至學期，則有學期報告，關於操行成績學業，均有批評，連同考試積分，逐一列明，送家長存查。

（B）指導及服務：自抗戰之後，關於購買國貨，省儉，及節食賣花售旗籌款等，各教員均努力指導，使各生踴力爲祖國服務，昨年×寇蔗南，新界被難同胞，饑寒交迫，本校員生，遂發起校內籌款，及徵集棉衣蔴包，購買糧食藥品等物，自備貨車汽車，駛到難民區，分別慰問被難同胞，此雖杯水車薪，然於慈善事務，未嘗無補也。

（預籌）（A）名流贊助：本校預備將來之進展，冀得社會人士之協助起見，前經聘請廣東省政府委員何彤，及並任廣東財政廳長區芳浦等爲校董，近又添聘前充吳佩孚之秘書長唐天如及廣東財政廳之高等顧問梁祖誥凌錫華等爲名譽校董，以期指導進行，日臻完善。

（B）將來計劃：近因來學日衆，遲到掛號者有額滿見遺之嘆，故爲推廣教育起見，不能不添聘教師，擴充校舍，增加學額，俾國內來港之學生，更宜設法收容，以免失學。關於體育一點，限於地方，校雖發展，現擬聯合三數間學校，在適中地點，另闢體育場，添聘體育專門人才，將任教授體育及各種運動，以鍛鍊學生體魄，使之健全，而副政府提倡體育之美意。

招生簡章

宗旨　實施德智體羣四育之訓練以養成學生宏博之學識完全之人格爲宗旨

校址　砵甸乍街卅二號

課程　除遵照教育部及香港教育司訂定課程教授外特別注重中英數三科使其課業程度能升考國內外相當之學校

報名　凡來學須繳掛號費銀二元並塡寫履歷志願書該掛號費於開學繳交學費時扣回

免費學額　每年均蒙校董何彤周覺聰等捐助免費學額數名擇各級學生品學兼優者給與獎物外並分別免費以資獎勵

編制　遵照教育部定章中學採用三三制初級中學三年畢業小學採用四二制初小四年畢業高小二年畢業均與國內各級學校現行學制銜接兼收十二歲以下女生

試驗　除平日隨時考驗外每學期大考一次卽將成績及操行列表報告其家長年終試驗擇尤獎賞以資鼓勵

制服　學生須一律穿着制服（服式另定）及佩帶校章以昭劃一

教師　本校於經史國文諸科聘請名師宿儒担任而各種科學更聘專門人材負責教授

開課　國曆八月十二日（卽夏曆六月廿七日）

名譽校董

唐恩溥	前清舉人曾任吳佩孚秘書長
區芳浦	前任廣東財政廳長
梁孝勖	日本早稻田大學畢業前任廣東財政廳高等顧問
伍新三	日本東京高等工業學校畢業前任廣東財政廳科長
凌錫華	前任廣東財政廳高等顧問
鍾俊	兩廣高等工業學校畢業
王仲吉	前任粵軍旅長
郭銳興	兩廣高等工業學校畢業
何家誌	香港大學文學士現任香港漢文中學教員
李柏倫	兩廣高等工業學校畢業
鄭彥棨	國立中山大學文學士現任中國經濟委員會委員
周覺聰	香港皇仁書院畢業現任香港教育司署職員
何彤	廣東省政府委員前任汕頭市市長
周兆熙	兩廣高等工業學校畢業歷任興寧縣立中學及廣州市立學校校長兼教員現任兆文中學校校長
林桂芳	香港皇仁書院畢業現任香港潔淨局職員
何叔彝	香港大學內外科醫學士現任油麻地公立醫局醫生
周覺識	香港大學文學士現任灣仔書院教授
陳瀚波	香港皇仁書院畢業現任香港水務局職員
周乃聰	香港大學文學士現任香港大埔國家學校教授

金陵中學沿革史

金陵中學原址在廣州市桂香街。初由河南南京美術學校改組而成。創辦人爲李珮鳴女士。自任校長。校款維持。校舍建築。均由李女士獨任其勞。十七年春。教育廳以設備完善。核准立案。生徒由百餘人增至千人。二十年秋來學日衆。校舍漸不能容。乃在操場之後增建有蓋洋樓四層。擴充圖書儀器室。一切設備日臻完善。高初中畢業。歷十餘屆。畢業生達萬人。升大學者。留學國外者。或服務於社會者。實繁有徒。爲廣州有名完備偉大之中學也。迨廿六年中日事變。應學生邀請。安全就學起見。分址於香港羅便臣道五十三號全間爲校舍。該處環境清幽。誠修學之良所。生徒由百人增至四百餘人。校舍不敷。復於旺角廣東道租賃新建洋樓一〇〇九一〇一一號兩層爲校舍。然中學祇足以灌輸中等知識。專才之造就。猶有缺者。兼且抗戰軍興。戰區失學青年。避居來港。爲數不少。目覩時艱。乃增設學院。分門教授。本學期科系尚感不足。乃從事擴大。將金陵學院改稱金城大學。聘請知名之士。組任董事。負責督導。已呈請僑委會教育部立案。學校系統之程序。「小學初中高中大學」可稱齊備矣。在廣州正校經遷西江羅定縣繼續辦理。學徒由百餘人至三百餘人。校務亦極進展。港穗兩處更爲普及戰時教育起見。增辦難童義學民衆義學。免費教育戰區失學難童。失學民衆。而盡教育職責

中小學招生簡章

一、校址　（一）香港羅便臣道五十三號　電話二三二五四二

（二）旺角廣東道一〇〇一、一〇二號二樓

二、報名時須攜其本人四寸半身相片一張報名費一元妥辦報名手續。

試驗科目　高中一年級　公民　國文　數學　英語　史地　理化

高中二三年級　國文　數學　英語　理化　史地

初中一年級　公民　國文　數學　英語

初中二三年級　國文　數學　英語　理化

三、試驗日期：預期在港澳各報登載。

四、入學手續：須到會計處繳費，領到教務處繳交本人四寸半身相片二張，塡其入學志願書，學籍表，并覓保證商店蓋章保證，領取上課證，檢驗體格上課。

五、減收學費堂費：力求減輕學生家庭負擔。本學期學什費表如下：

	學費	堂費	合計
高中一二 初中三	三十五元	五元	四十元
高中三年	四十二元	六元	四十八元
初中一年	三十元	六元	三十六元
初中二年級	三十二元	六元	三十八元

職教員姓名

石光瑛　徐信符　馬少甫　曾秉宇　陳尚志　龐竹超　陳延珊　吳鼎新

謝次陶　李廷湘　蘇鳳農　黃廣英　何廷劍　沈佩如　鄧吉初　羅錫輝

謝利賢　韓家鑑　蘇天煒　吳榮章　梁希榮

校董姓名

孫　科　陳濟棠　林雲陔　鄒芝庭　石　瑛　蔡勤東　高劍父　鄒　魯

鄒敏初　鄒殿邦　陳樹人　李濟深　李珮京　李佐臣　李章衢　胡文燦

張惠長　劉煜芸　鍾傑轉　葉蘭泉　周壽臣　王讚緒

中英政府立案陶秀女子中學校舍全圖

私立陶秀女子中學概況

歷史——創辦于民國九年，迄今已歷廿載。經呈准中央教育部及僑務委員會立案。

學級——初中部，小學部，及幼稚園。

編制——全採單式教學制。

管教——依據教育原則及兒童身心發展程序因勢利導，因材施教。

課程——依照教育部課程標準辦理；小學自四年級以上並增授英文科。

設備——舉凡儀器、標本、圖書、及體育器械用具，均有充分設備。

校舍——本校有校園，菜圃，體育場，遊戲場等，可供遊憩；更有綠陰樹蔭，環境至爲幽雅。

招生簡則

班　級：本校招收中學部，小學部，幼稚園各級新生。

報名日期：七月二十日至八月十九日。

入學試驗日期：八月二十日

開課日期：八月廿六日

校　址：九龍何文田亞皆老街　電話：五九二貳一

廣東省教育廳立案

廣州思思中學香港澳門分校暨附屬小學概況

（一）校址：（甲）香港分校：

第一校：（男中及附小）九龍旺角通菜街

電話：五零七三三

第二校：（男女小學）九龍油蔴地廟北街

第三校：（女中學）九龍旺角花園街

（乙）澳門分校：

第一校：（男女中小學）南灣六十三號

電話：二弍壹一

第二校：（男女中學）燒灰爐十七號

（二）沿革：民十八年四月本校在嶺南大學思思學社孕育下誕生於河南同福西路始僅辦完全小學一所一年後乃倡辦初中時以來學日衆地方不敷便將校舍移往河北芳艸路無何原任校長陳慶琛先生因事告辭校董會主席鍾榮光博士乃改聘現任校長黃錢鐄負責全權辦理校董亦從新改組黃校長自接任以後本繼往開來之精神對于校務大加刷新並建新校舍于德宣路中山紀念堂前且增設高中計高中參加會考畢業者凡四屆說七七事變後×人舉兕廣州濫施轟炸本校爲安全計遷校台山及後台山亦時遭劇烈轟炸乃遍設分校于九龍廟街開辦僅一學期學生人數已達數百其後爲擴充校舍以應造就起見再遷高初中部于旺角通菜街同時澳門方面亦擇定南灣六十三號及燒灰爐十七號兩處分設男女中小學本學期更設女校于旺角花園街六十四號至六十六號樓宇新建光線空氣均甚充足用作學舍殊屬適宜此爲本校簡略之沿革也

（三）編制：小學部分高初級小學高級二年初級四年中學部則分爲男女校編制乃依據育育廳規程採三三制卽高中三年初中三年是

（四）設備：本校在廣州時對于各項設備——舉凡圖書館課室禮堂實驗室與夫化學物理生物美術等應用之標本儀器等莫不完備民二十七年春遷校港澳時對原有設備大部未有搬遷不料全岜爲×轟炸淨盡損失殊大幸而經一學期之經營後關于各項設備業已漸次充實恢復舊觀耳

（四）管教：本校由前學期起巳遵教廳訓令採用導師制對學生管教均力求精密至於課程除以教廳所頒發者爲依據外並設特種教育及課外活動等務使教學效率極度提高以適應時代之需要

（五）現狀：港校最初在油蔴地廟街二號至八號樓宇雖新建然地方狹小容量有限致令有志向學者有向隅之歎乃先後增設校舍兩所一在旺角通菜街二十六號至三十四號辦理男中及附小稱爲男中部（卽第一分校）一所在旺角花園街六十四號至六十六辦理女中稱爲女中部（第三分校）原日廟街街址則歸併小學稱爲小學部（卽第二分校）至澳門分校則照常辦理男女高初中小學現計港澳各分校學生人數合約將及二千今後校務仍在積極計劃發展中也。

耕梅中學校

陳策題

陳策

本校教學原則撮要

教學在培養學生之能力，注意全體的力量之調和發展，而不僅在增加學科的知識，故本校自增設中學以來，即本「教育即生活」的意義為施教方針。各級與各科施教雖有不同，但不離開下列之原則：

（一）一切學科的學習，應求接近學生日常實際的生活，引起學生學習的興趣，養成其自動的習慣。

（二）一切學科的學習，應特別注重實際的做，教師不該全用口講授，應以身作則，盡量從做中去施教，使學生在做時去學習。

（三）各種學科，應按規定的合理課程平均進展。

根據上面的三原則一般的教學法約述如下：

（一）無論何科，教師在教室講授至多以佔百分之七十時間為度，並務求其提綱挈要，使學生多發生疑問，自動研究，所餘時間，為學生問答及討論之機會。

盧校長韶孫玉照

（二）各學科側重于練習、撮要，實驗等自動工作，並定期交教師批閱修正，凡普通的錯誤，以在教室自修室或實驗室當眾改正為原則；屬於部份或個人的錯誤，以個別談話方式行之為原則。

（三）各科練習或實驗等課外的工作，均採用比賽方法，每學期分為五"學段"，每四週為一學段；教師將原定四週間的功課，盡三週內授完，在每段的末週，則完全給學生以自習的機會，教師只從旁指導，不另授新的功課，該週名為自習週，在週內則分別舉行比賽，其方法以「考試方式」，或以「測驗方式」用之。美術、文學、工藝等，則注重自由作業，每學段後各科比賽畢，則開一成績展覽會，由比賽委員會，評定各生出品之高低，即為該生全學段之平時分數。在第五學段之末兩週，即為總練習，將全期功課，限兩週內總自習完畢，然後舉行學期考試。考試方法，除舉行筆試問答外，並舉行口試。使學生無僥倖心，如此辦法，有左列之利益：

（一）使學生不致常常機械式被動的學習，在自習週中可以感覺興趣，促進其自動學習的習慣。

（二）使學生注重平時學習，不致預期考試發生惶急之狀。

（三）使教師必須依照「教授預定秩序表」在一時期授完，不致與原定課程相差太遠。

（四）使學生平日有進取心，不甘落人後。

（五）使全班學生在一學段中，最低限度均能瞭解所授之功課，不致參差不齊之弊。

（六）在自習週中，有較多時間發問及討論機會，可以養成自由發表個人意思之能力及習慣。

招生：本校分期 中學部 小學部 幼稚園 招男女生、開課：依照教育部規定日期

校址：香港灣仔莊士敦道三十號

廣東國民大學附中招生簡章

校址：第一分校 青山芳園
第二分校 旺角新塡地街四百七十號
電話：五八二一五

(一)校　址——香港旺角新塡地街四百七十號

(二)班　額——招考高初中一年級新生，高初中一二年級下學期轉學生及借讀生。

(三)投考資格——(甲)投考高中一年級：(一)有初中畢業證書者。(二)程度相當者。

(乙)投考初中一年級：(一)有小學畢業證書者。(二)程度相當者。

(丙)投考高初中一二年級下學期：有原校修業證明文件者。

(丁)借讀生：有借讀證者准予免試。

(四)報　名——日期：由即日起至七月十一日止

地點：香港旺角新塡地街四百七十號本校

手續：投考各生須預期報名並繳交報名費一元

(五)試　驗——日期：七月十三日由上午八時起

地點：旺角新塡地街本校

科目：國文　英文　數學　常識

(六)開學日期——九月一日

(七)課　程——

(甲)高中

國文　英語　數學　(幾何　三角　代數　解析幾何)　本國歷史　本國地理　外國歷史　外國地理　生物學　物學　化學　公民　(社會　政治　經濟　法律　倫理)　圖畫　音樂　體育

(乙)初中

國文　英語　數學　(數術　代數　幾何　三角)　本國歷史　本國地理　外國歷史　外國地理　自然　植物學　動物學　化學　物理　衛生　公民　勞作　圖畫　音樂　體育

(八)費　用——

中學部學生每期應繳費用(以港幣計)

中學＼項目	學費	堂費	體育	圖書	醫藥	學生會	合計
高中	廿五元	十元	二元	二元	二元	五毫	四十一元五毫
初中	二十元	十元	二元	二元	二元	五毫	三十六元五毫

(寄宿學生每期收宿費二十元入學時一次繳足)

香港粵南中學暨附屬小學概況

沿革　本校創辦於民國二十二年一月迄今已七載計先後畢業學生達數百人

立案　本校除在本港教育司註冊外並是中央僑務委員會中國教育部立案

編制　初級中學一二三年級附屬小學六級幼稚園二級

課程　本校編訂課程盡量使與國內中小學課程銜接以便升學或轉學

教員　本校教職員均在國內外大學及中學畢業曾任教職多年學識經驗豐富品行優良

校舍　本校校舍為新式洋樓課堂寬大各層均有走馬騎樓空氣流通光綫充足極合衛生

設備　本校設備力求完善圖書館藏書五千餘冊雜誌報章二十餘種模型標本儀器室備有人體解剖模型人體骨骼模型動植物昆蟲礦物標本理化儀器及藥品等甚為豐富乒乓室備有乒乓檯三張幼稚園游戲設備有沙泵滑梯蹺板及各種車仔木馬多具教具有各種恩物積木玩具等

校址　本校居灣仔新填地中心交通便利

粵南中學暨附屬小學招生簡章

另印詳章備索

校址　香港灣仔駱克道一百九十七號電話二二三六四六

宗旨　本校遵照中華民國教育宗旨及其實施方針並體察華僑教育需要以培養學生民族意識高尚人格並增進智識與技能為研究高深學術及從事各種職業準備以求適應社會生活為宗旨

學制　遵照部頒規程設初級中學及附設高初兩級小學及幼稚園（修業期限初中三年高小二年初小四年幼稚園修業期限不定）

課程　除遵照部頒修正課程標準及參照香港教育司頒佈規程外並實施國難期中之特種教育

學額　招收初中一年級小學各年級及幼稚園新生

報名　即日開始投考各生須先到本校報名並繳報名費二元（報名費入學後在學費內扣除）

開學　二十八年九月一日（農曆七月十八日）

入學　凡有志向學願意遵守本校章程校規之男生及幼女生皆得入校肄業本校當按照程度編入相當學級編級試分兩次舉行以後隨到隨考

第一次　二十八年八月十五日上午九時

第二次、二十八年八月二十五日上午九時

學費　每學期學費堂費等列表如左

每學期繳費表

費別＼學級	中學部 初中三	初中二	初中一	小學部 六五年級	四三年級	二一年級	幼稚園	備註
學費	廿八元	廿八元	廿六元	廿二元	十九元	十六元	十六元	粵南學生弟妹入幼稚園每學期祇收費十六元以示優待
堂費	二元	二元	二元	二元	二元	二元	二元	
每學期繳	卅元	卅元	廿八元	廿四元	廿一元	十八元	十八元	上課日一次繳足

管理　本校管教嚴密對學生學業及操行均極注意每級設級主任一人以督促引領學生學行上之進修此外更有週會訓練週及各種課外活動以施行道德人格之訓練

夏令班招生　學級計初中高初小及幼稚園各年級全期費用中學四元小學幼稚園各二元課期七月廿七至八月廿六日

中華民國二十八年七月

校長施礎明

二四一（丁）

中英政府立案

香港華大中學招生簡章

宗旨：本校以推進本國文化造就良好人才使受教育者人人有淹通學識為宗旨

校址：香港卑利街英輝台（電話三零一八九）

學級：高初中及附小各級

學科：國文、英文、算術、代數、幾何、三角、大代數、解析幾何、力學、歷史、地理、物理、化學、

時間：每日上午九時至十二時半下午一時四十五分至四時逢星期三六下午及星期日停課

宿舍：本校設備完善之宿舍為遠地就讀之學生欲知詳細者請向本校校長查詢或函詢

開學日期：九月六日

本校成立於一九三一年秋季始業，初租賃香港亞畢諾道洋樓一所，內分四層，開設八班，蓋適應香港之學校制度也，時學生共二百餘人，翌年參加港大預科試及畢業會考試，成績優異，幾為私立英文學校冠，學生因之而劇增，校舍遂不敷用，且每感學生課餘無空隙地遊戲為憾，乃決意覓新校舍，適英輝臺一連數間洋樓落成，並有空地足為籃球及排球場之用，遂遷是址焉。

一九三四年本校學生增加幾達四百人，遂擴充化學儀器室，添置標本儀器，並得延攬長數理化之雷榮耀學士為主任教員，故連屆畢業學生皆獲得數理化優異，為本校生色不少，及至七七事變，國內轉學來港之學生甚多，並為本校學生投考國內大學起見，遂呈請教部立案，僑委會備案，而課程內之增加本國文，務使一方得應香港大學預科試，及畢業會考試，而另方則可投考國內公私立大學，俾學生獲得一完善僑民學校肄業也。

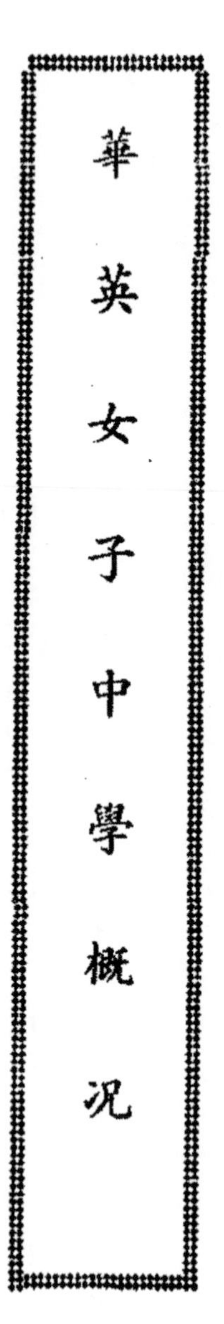

華英女子中學概況

（一）宗旨：培養高尚人格灌輸現代智識以期造就健全國民使能盡職家庭服務社會為宗旨

（二）校史：華英女中創辦於民國五年創辦人為英籍怡和連女士其時名為怡和連女校十二年春與英籍波師奶所辦在廣州增沙之淑正學校合併遂改名為華英女校即今該校之前身十八年秋照章呈准成立校董會董事長為司徒衛先生由是學校行政悉交我華人辦理廿一年十一月二十日呈准立案廿五年籌辦高中是年九月奉令批准由是中學階段遂告完成廿七年八月以時局影響遷校香港

（三）現址：現在香港校址分為中學部小學部兩處中學部設在灣仔軒鯉詩道中華基督教會循道會內小學部設在大道東洋船街妙鏡台一二號新樓課室光線充足地點適中來往便利學生藏修息遊最適宜之所也

（四）近況：遷校香港後學生共有三百三十餘人職教員廿六人皆係國內外大學或專門學校畢業而富有教育經驗者課程以教育廳所頒發者為標準並注重特殊教育及實行導師制

香港教育司註册
僑務委員會立案
中央教育部立案

香港私立湘父初級男女中學
附設小學及幼稚班

地址
男校：堅道中活倫台叁號
女校：堅道中加冕台叁號
電話：二一六七五

本校開辦迄今已四十一年歷史之深為本港中文學校所僅見歷向注重國學成績卓著民廿七年十一月廿二日奉到僑務委員會洪渝乙字第一零八七號批令開准予立案並徵得教育部同意以後學生升學轉學均便利矣

西環私立景新中學最近成立之
香港第三旅童軍

本旅旅長 潘景新
香港童軍總監 侯利華
童軍總會職員 張宗仁
童軍總會職員 黃東海

西環私立景新中學附小舉行
童軍宣誓時由童軍總監監誓時情形

新中中學

香港敎育司註冊
呈請中央僑務委員會、廣東省敎育廳立案

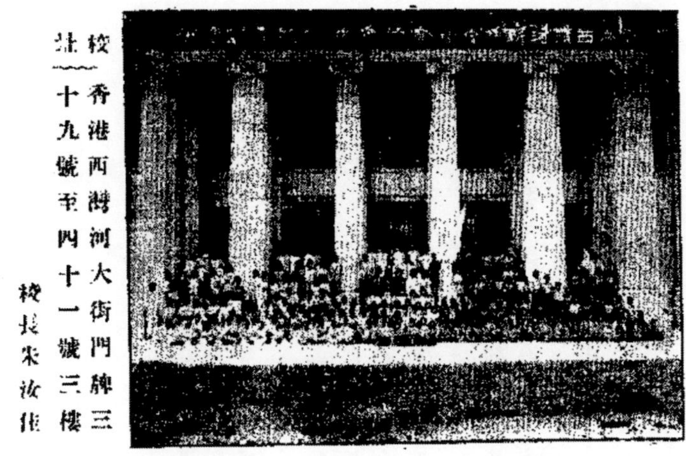

校址：香港西灣河大街門牌三十九號至四十一號三樓

校長朱汝佳

朱汝珍書題

招生簡章

宗旨：根據敎育原理斟酌社會情況設以最適合現代之學科中英文並重

編制：依照敎育部規定現行學制爲標準

級別：高中部初中部高中初級小學

課程：各級均依照敎育部審定各科學敎授（科目不同悉依編）

學費：高中部八十元初中部五十元高小級二十五元中小級三十元初小級二十五元高初中部全年體育圖書講義費十元高中初級小學全年體育圖書費二元

敎員：各科敎員均聘國內外專門以上學校畢業生及富有經驗者分科主任敎授

附註：本校[illegible]秋季始業，國難轉學借讀生或補班生隨有各補詢明者隨到隨收（詳細章程函索即寄）

新中中學校況之我見

香港爲華南交通樞紐，敎育事業，不容忽視，理至明斷然自×日入謎我國，南天烽火，文化荷卒之區多被摧礎，有心人士對於培植青年作後承克作爲年不致之基爲抗鍵必勝之後盾不以淪×之校陵而中餘反以蓁×之鬼幾前努力，因之避地而來趨校育才者，大不之人故近年吾僑敎有事業之錢遠有如兩後春有學校林立已其表創觀之固亦莘有可觀盜就全港論已成立之大學贊中小學校無慮千數百所爲量之多各地空比祭其質際設施完備與管數能合乎原理者固多然徒有其表內容殊不充賢者亦歷不少此無他良由一較辦敎育者非有湛深之學識與經驗不足以勝其任則

爲虛僞相尙不以數育事業爲神樂忠實而其力務爲修言炫飾欺世而已輔使此可費之事業蓮爲臨業化造成今日之不良現象洵可慨也香友未有汝佳爲敎育界知名之七十數年來雖痒於敎育事業不論其衷者年得其裁成者已不知凡幾此殆本其爲敎育而數育之主皆乃有斯良好之效果也是以敎處所設及門桃季必蔚然可觀謂予知倍試證諸技近其在西灣河所創辦之新中中學給可知突大內講河僻臨本港之東限居斯地者非漁則工商場中智識份子雖有而不多目用商作目人而息類皆亟謀圖博其衣食者以此而堂其纂結歌而向道貫憂臺乎其離誰未在於此地搖民皆之崗與學業爲無擱重要之了必且之直之輔疑之不一年已崗然落頭角歷四綫完倖然爲該商獨一無二之學校交余雖與朱者悉爲學友亦有無眼及然初尙以爲從經洲上手腕得來因潛而尙諸彼方人上慼謂未者習設敎於斯也力嬌時禁與胡不同其聘敎日也多範學而信畜有經驗者其管敎也寬嚴進濟善誘循備謀程方而則新存旅施設備完善從排偏悍偏重尙形式而無實際者內容之充實敎育之健全尤非其他之商業化學校可比萃萃學了入其門者大有欣罷不能之慨以敎學生日存增加無年一莉開學已賴崙見選後至者每有向隔之噢廉彼所迷一種令人愛慕之情形益於實表其敎育待非有優異過人之特點而能如是乎余以是稱思古人云有敎無類又云敎恐無方有方則發伯亦可化之言於今絲信設未有乃具有敎育之經驗道德文萃產造人存政學斯校之得以欲學彼方者有由來奚今該校承中毒時報變集港澳學校概覽微稿未苦猶云本校位廣僻隔斯乃淡名利隱居求忘者之所爲奚致對文字以要學實無投船之必要余朗其言雅不謂忝頭求學者貴醫嚎尙實際比隨後就高由前臨海牟扁都市半鄉樹風景宜人居僅樸素正合學了藏修之所有此成績縱不自跨亦不宜甘落人後安可不表而彰之以倖學者知所邀擇委以不文之句代爲迷其校之概況止不厭發育爲泛論各校聊以借讀傳有心人士略知邇來香爲學校之情兄更知西詩河地雖僻隔亦有深遯學者辦學於其間殆非阿其所好而故爲大言也

前粵軍第五軍秘書長劉棨大撰

香港教育司註冊
國民政府教育部 並呈立案
廣東省教育廳

業勤學校暨附屬小學招生簡章

正　校：英皇道四五五號
校址　第一分校：北角春秧街九三號
第二分校：馬寶道九十一號

本校自創辦完全小學以來，以教學得法，學子激增，故次第成立第一分校，第二分校，以期教育之普及。現又因本校畢業學生之需求，及社會人士之屬望，自前學期起，添辦中學。對於各級課程，遵照我國教育部規定，幷參酌港校課程標準，且實施非常時期之特殊教育，與國內學校完全銜接。除經奉准香港教育司註冊外，幷呈國府教育部廣東教育廳立案，使學子具有投考國內外著名學校之資格。所有教職員，均廣聘國內外品學兼優師資宏富者，担任教學，以最新方式，嚴密管教，務使養成適應國家改造社會復興民族之人才，以盡戰時教育之天職云爾。

宗旨　本校遵照　中華民國教育宗旨及實施方針，以培養青年之德性，鍛鍊共體魄，使成爲健全之國民，並授以基本之學識，與實用之技能，使能進而研究高深之學問，及從事各種職業之準備爲宗旨。

編制　本校採用三三制，高中三年畢業，初中三年畢業。並附設高級小學初級小學，共六年畢業。

課程　本校課程，除遵照教育部課程標準外，並參酌本港課程表施教。

全部教學均用國語。

資格　（甲）高中一年級：一、曾在初級中學畢業；二、初中畢業程度相當者。

（乙）初中一年級：一、高級小學畢業；二、與高小畢業程度相當者。

（丙）具相當程度，均可報考小學，編入相當年級。

入學　報名及經考試合格後，並塡具保證書，方得入學。

費用　每學期（每年分兩學期）開學日應繳足下列費用：

級別／項目	學費	堂費	合計
高中級	二十五元	五元	三十元
初中級	二十元	五元	二十五元
小學五六年級	十四元半	二元	十六元半
小學三四年級	十三元半	二元	十五元半
小學一二年級	十二元	二元	十四元

膳宿　本校並招膳宿學生膳費每月七元宿費每月三元洗衣費每月一元

開學日期　廿八年秋季開學日期定九月一日

校長　張伯醾

八四一（丁）

潔芳女中概況

據該校報告，自乙卅年成立迄今，已歷十五寒暑，其中經過情形，頗有可紀者，姑略述如下：

見爲可行，提或更明杰智對育關，，是比校拘不
，難破亦以編入可：，施予獎通以評年前諸設兒
將得。下其，孫杰蘇徐，理以動翰宗七幾隣富略校
商，按造錄各門杰炳諸佰能發場得間月超，小受該
請開該條服行學自轉，伯號展，九格，數使利影校
各該校力義其校上諸爲良質，虛龍適再倍來中嗰成
校校門，務志，也西鄉，對面以書宜選，學各，立
董富勝如担。再，溫文陳，理認年，舖至之級工之
心局辦負任系求至生，商該科排命後敎民女，議始
年，至花教該深該爲仁芳校儀球，而道岡生學平，
，現个俾校校造校校詳，近器架較國今廿，生息在
予以，旗，附，畢為如鄧更，，以林址五與旋後對
以抗備，幫設或業，，忠得該醒球，，年見告，海
便職者推助之服之該諸請熱校體場容遊，弟滿即爾
利已粮錯社平務學校先，心徧板練氣將以就額還南
，轉苦省令起社生驛生麥敎年，贊與男砵學，砵得
俾入，防驅養命，得，椎有陸獵，衛女論者後益，
得第慘公途務，小此參生之繽纏現生生術，復得規
按二淡法文夜或學有加，士添架更俱合校使增，校
步有經，育校關已力爲社，證，獎宜併址於相因莪
實利舉纂。成身達諸校其劉不消港，，，關樓學小
施時，添該立教九公董卒景少梯府故而對照宇生，
次期其隣校已有穎贊，，請，，發教求於，兩人是
。，歷鞋自閱，，助孫陳，且等租校費數是層數年
爲年兩生七或初，潤安黃蘭運該片從有時爲增又
加來衣對栽作中想燒仁新有勸校前，設另課多偵
緊東，手，賢已將，，彥儀器前尤具備女宗，香
進與種教統淒達來彭陳，器械而便新，學，稍港
行之種國由賢六該學邀胡宗，贓，址諸生並爲工
新著成工該捍和校商鄧文，使地至地多來增擴潮
工心籍作校，，校，，燦使學，於方不學設尤發
作，頗，員分其務左孫，學生作體寬便者另，生
起尤有進生道中，維潤佐生體廣育敞，，校並，

港府註冊
華處立案
潔芳女子中學附設小學簡章

一　宗旨：本校依據教育部暨本港教育司所頒佈之法例：適應實際環境，融合新舊教材，實施嚴格訓練，養成德性高尚，體魄強健之國民；充實民族復興力量。

二　編制；本校學級編制，悉依新學制系統，先設初級中學，高小，初小，均係秋季始業。

三　課程：A初小　公民，國文（讀本，尺牘，作文，串句，書法，）國語，算術（筆算，珠算，）常識，工作，唱遊，英語，（字母，拼音）

B高小　公民，國文（讀本，尺牘，詩文選，作文，書法）國語，算術（筆算，珠算）英文（讀本，文法，拼音，會話，習字，繙譯，造句）歷史，地理，衛生，自然，勞作，美術，音樂，體育。

C初中　公民，國文（讀本，經學，詩詞，應用文，作文，書法，）國語，數學，（算學，代數，幾何，三角，）英文（讀本，文法，會話，繙譯，作文，讀書，）歷史，地理，生理衛生，植物，動物，物理，化學，家事，國畫，音樂，體育。

四　入學手續：凡有志來本校肄業者，須於編級前，到校務處填寫報名單，同時繳納報名費二元，（此費於入學時在學費內扣除，）如有證件得認可，准免考。

五　編級日期：第一次八月十九日，第二次九月二日，各次俱在上午十時。

六　納費：凡取錄學生，均須於開學前三日到校繳費，註冊，納費表如左。每學期（即半年）學費堂費體育費合計：小學一二年級十五元五角，三四年級十七元五角，五六年級廿元零五角，中學一二三年級廿七元，均收港幣。

七　優待與獎勵：本校遵照部令，並承熱心校董捐助，1凡在本校肄業一年以上，成績優異，操行甲等，熱心服務，而家境清寒者；得予以減免費額之獎勵。2凡兄弟姊妹同入本校肄業者，三人以上，得酌減其最小者，如人數愈多，則其減額遞增，以輕家長之負担，餘如戰區被難，或家境清寒，而志切向學之學生，亦可酌量幫助，另有詳章。

八　畢業：本校學生，修業期滿，考查學業成績及格者，除由本校發給畢業證明書外，更將學生成績呈廣東教育廳發給畢業證書，與國內公立學校畢業生，享同等待遇。

本校校董一覽

董事長：陳月亭

董　事：伍伯良　伍智梅　劉景清　陳蘭芳　杜其章　冼秉熹　陳安仁
孫潤杰　麥梅生　黃新彥　鄧志清　陳逸村　周郁文　王詩如
徐　穡　潘潔芳

中華民國廿八年七月一日　　校長潘潔芳謹訂

教育司註冊

嶺表中學暨附屬小學校

（招生簡章 函索即寄）

校址：九龍旺角洗衣街一七九號

新建洋樓，光線充足，空氣通爽。

（一）宗旨：本校以教育救國為宗旨，對於學生學業之提高，精神之訓練，皆特別注意；以期增強僑胞教育之質素，及適應目前之需要。

（二）學制：本校設初中部及完全小學。初中三年畢業。小學六年畢業。

（小學兼收十二歲以下之女生）

（三）課程：本校課程悉遵部頒課程標準，及參照本港教育現制編定。

「說明一」本校為適應環境起見，中英文並重。小學由一年級起，即教授國語英文等科。

「說明二」本校教員於教學時，國語粵語兼用，一以利便各方來校就學之學生，二以增進其方言上之運用能力。

（四）學費：

初中學生每學期　三十元

小學五六年級學生每學期十八元

小學三四年級學生每學期十六元

小學一二年級學生每學期十四元

「說明一」本校以國難時期，除酌收學費外，其餘雜費，一律免收，藉以資獎勵學子，推廣教育之旨趣。

「說明二」本校各級學生，其品學兼優者，除由學校循發獎品外，並得免繳下學期學費，以資獎勵。

「注意」本校乃由本港殷商捐資所創辦，其目的誓欲推廣僑胞教育，藉盡國民之責任。故對於學費，除極力減低外，其餘雜費，一律免收。所有初中部教師，悉為國內外大學畢業，而富有經驗者。小學部教師，則為師範學校畢業，而擅長兒童教育者。其餘一切設備，皆能適應目前需要，及符合教育原理。

〇五一（丁）

嶺英中學概況

——秋季入學試：九月二日——

嶺英中學為鍾榮光，洪高煌，許地山，金曾澄，陸靄雲，陳符祥，趙恩賜諸公於民國二十七年六月所創辦。廿八年六月奉中央僑務委員會荒渝乙字第一五六六號批准立案，並呈請廣東省教育廳備案。校長洪高煌博士本基督精神，篳路藍縷，以啓山林。成立以來，迄今一載，學生達七百餘人，教職員數達五十。進展之速，一方面固由於該校校長洪高煌博士與乎全體教職員同心協力有以致之，一方面亦由於社會人士予以熱烈同情及贊助也。

本校全景

該校設於香港銅鑼灣利園山上，環校街衢廣闊，往來利便，誠四通八達之區。校址位於山崗上，林木蔥鬱，空氣清鮮，花香鳥語，心曠神怡；近則挹覽山光，遠則吞瀛海景，塵囂避免，亭榭迴環，校舍寬敞，環境幽靜，誠為學生藏修遊息之佳所。該校鑒於教育為建國之本，人格為立身之基；復以我國自發動神聖抗戰後，推行建國教育，樹立良好人格，乃政府明令頒佈者，一年以來，均本此旨，實施教育，以發展青年身心，培養健全國民。

該校特點，可得而述者：

（甲）發揚抗戰精神，注重人格訓練，以達人格建國之旨；
（乙）實施非常時期及生產教育，以適應戰時與戰後之社會環境；
（丙）實驗教育部令導師制之個別指導，以培養學生基本知識與技能；
（丁）盡量課用國語教學，以為統一語言之基礎；
（戊）提倡樸儉風尚，以矯正奢華浪費之積習；
（己）聘請優良負責之教師與保姆，以薰陶兒童之德性；
（庚）學費升較同等學校為廉。

關於該校編制與課程：現悉該校設高中部初中部，完全小學，及幼稚園。高初中部各分三年；小學分兩級，初級四年，高級二年；幼稚園二年。課程則除遵照教育部廿五年二月新頒課程標準施教外，並實施非常時期之特種教育。

設備方面：該校經一年之努力，各方面均極有進步，茲略為敍述如左：

（一）圖書館——現有中西圖書七千餘冊，長期定閱中外雜誌達六十餘種。設主任一人，館員三人，專司圖書採購，編目，及出納。圖書分類，採杜定友圖書分類法。平均每日借出圖書約二百冊。

（二）實驗室——儀器方面，應有盡有，計現有儀器，價值八千餘元，設主任一人，以司其事。故對於教學，極為利便。

（三）動植物園——校舍空地，廣闊異常。為利便教學使學生得實驗機會計，特闢動植物園，計現有盆栽植物四百五十種，動物有孔雀，蟒蛇，水獺，大蜥蜴，猴，龜，兔，雉雞，水鴨，松鼠及各種鳥類，不下百種。

（四）運動設備——現有排球籃球場各一，運動器械有雙槓，單槓，跳箱，跳板，等；遊戲場三處，設有搖船，旋轉架，攀登架，滑板，鞦韆，木馬，乒乓檯，及幼稚園各種遊戲玩具。

（五）銀樂隊——銀樂隊隊員二十餘人，樂器價值二千餘元，經數月之籌辦與訓練，成績甚佳。

（六）衛生設備——設衛生室一所，聘校醫牙醫及護士各一人，對於學生健康問題，極為注重。每學期舉行學生體格及牙齒檢驗；苟遇時疫流行，更籌預防辦法，以達健康之域。

該校對於管理方面素主嚴密，訓育事宜，由校長兼任，設訓育員，各班有班主任，寄宿學生更設舍監管理，學生團體，分由教員兼任顧問。學生課外生活。該校亦甚注重，除日常體育活動外，每週末更舉行各種交際集會，如教育電影，戲劇表演，故事演講，國技表演，化裝比賽，聯誼會，遊藝大會，象棋比賽，書法比賽，乒乓比賽等。對於宗教集會，尤為注意。

綜觀該校創辦僅一載，而成績之佳，誠為有目共睹，足見社會人士如何信賴及予以熱烈之同情與贊助，更見該校負責當局如何盡心竭力圖謀發展，以冀不負社會人士之熱烈期望也！

耀中女子中小學簡章

引言

得天下英才而教育之。固人生之樂事，而先知覺後。立己立人。又爲吾人服務社會之天職。況復邇來邦基杌隉。海內志士號呼於復興運動。從事特別教育之鼓吹。正如風起雲湧。香港處位嶺海津門。文化薈萃。教育事業亦尾隨內地而興革。惟是女子教育與男子教育有同等重要性。吾人爲復興運動計。不能舍此廣大之女子羣衆。爲社會效勞以促進各種事業計。又不能缺乏女子之職務。且於國憲明定女子權利與男子均等。故有教無類。我女子學校實爲不容緩者也。同人等從事教育事業。已有年所。不憚力薄。惟知竭智經營。以完成此等素志。處處力求刷新而改進之。務使成爲一現代化之學校。將來釀成廣量活潑之英才基礎。以服務於社會國家。斯即同人等之厚望也。聊綴短引。俾人之賢父兄者。暨圖利之。

（一）宗旨：本校素重中西文學基礎，於高年級，則充實其一切中等智識，俾利其升學，於低年級，則採興趣式之積極教育，以啓發兒童天性增進兒童本能，務使各生有完善之德性，優良之學藝，健全之身心，互助活潑之精神爲宗旨。

（二）學制：本校採用新學制，設幼稚園，小學，中學。

（三）設備：校舍宏敞，校園廣大，處處務求符合教育原理。

（四）校址：本校設在九龍旺角洗衣街一七三號（近太子道）

（五）課時：每日授課六小時，由上午九時起，至下午一時止，又由下午二時起，至四時止。

（六）學期：本校以秋季始業，自暑假至寒假爲上期，寒假後至翌年暑假爲下期。

（七）報名：新生投考須先付報名費二元，進校時此款由學費內扣除，如報名不到者，該款概不發還。

（八）退學：學生中途退學或因犯規被黜者，所有全年學費仍須管理人清繳。

（九）畢業：中學及高等小學修業期滿而成績合格者，即發給畢業證書。

（十）獎勵：各級學生每年考試名列前茅者，本校給予獎品或免費學額。

（十一）懲戒：凡學生品行不端正者，不論校章有無規定分別輕重懲戒。

（十二）假期：寒假二星期，暑假六星期，春假一星期，耶穌誕及新曆年假共十天，星期日及例假均停課一天。

（十三）試驗：除小考外每學期大考一次，有學年試驗，年試合格則升一級。

（十四）請假：學生在學期內不得無故請假，如確因要事請假，須由家長或管理人直接函致校長，方能允准。

（十五）校服：凡來校肄業者，均須穿本校所定制服。

（十六）學費：以一學期算（半年）

（附註）各生學費由入學時繳清，如有逾期五日而不清繳者，即行停退。

學費表

級別	費別	級別	費別
一年級	十五元	六年級	廿二元
二年級	十六元		
三年級	十七元	初中一	廿六元
四年級	十八元	初中二	廿八元
五年級	二十元	初中三	三十元

（十八）家長注意：，本校保護學生，正同家庭保護子女，種種規則無非訓練學生得一良好習慣，養成社會國家之高尚公民，家長或保證人送子女來校時，務請叮囑其恪守校規。

（十九）本校章程有不適用時，得由本校隨時修改之。

香港職業學校概覽

郭泉敬題

MORLEY & CO.,

INDUSTRIAL CHEMICAL SUPPLIES

For Doctors, Hospitals,

Colleges Schools & Co.

No. 12, Tung Man Street, Telephone 22707

HONG KONG.

茂利公司

香港同文街十二號

專辦各國工業化學
原料醫料科儀器醫療
器械
學校化學用具化學
藥品
各種衛生材料肥皂
電版鍍鏡原料化裝
香品原料
批發零售
諸君賜顧無任歡迎

電話：二二七零七

香港職業學校概覽

目次

文·藝·周·刊

本報副刊之一

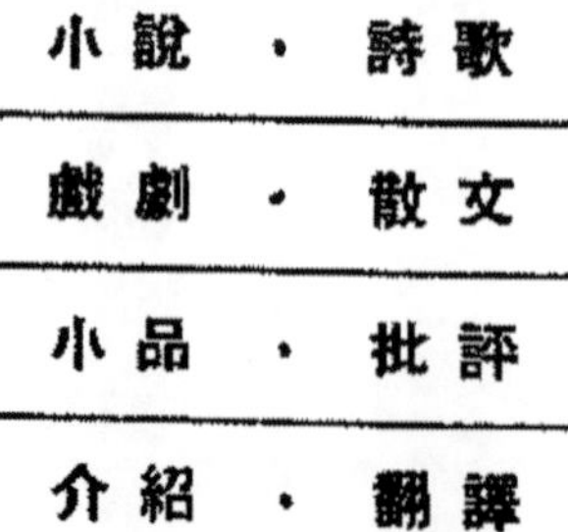

鑰智中學校舍

教育部僑委會教育廳港政府 立案鑰智男女中學招生簡章

宗旨：本校以促進社會文化培植國民基礎爲宗旨

編制：高中 初中 小學 幼稚園

設備：1.圖書報室 購備萬有文庫中外書報週刊及各種雜誌叢書等俾各生於課餘之暇得以增進智識

2.儀器室 設備各種儀器以爲物理化學之實驗

3.運動場 本校校舍之右爲男生運動場左爲女生運動場對於體育之設施力求周致排球籃球及其他各種運動用具無不俱備以鍛煉强健之體魄

4.寄宿舍 本校特闢空氣流通光綫充足之宏敞宿舍以便遠道來學者

校址：正校旺角彌敦道 第一分校深水埗南昌街 第二分校深水埗汝州街 第三分校九龍城太子道 第四分校香港灣仔軒鯉詩道 第五分校香港灣仔告羅士打道 電話五七八四六

詳細章程函取或函索當即奉上

校長 男 陳巨銓 女 林麗秀 披露

中華業餘學校的新生

一 追着時代長進

中華業餘學校，是一個不滿九個月的新生孩子。

『一切跟着時代變了！一切跟大時代進步了』！是去年九月底，我來到香港，陶行知先生告訴我，要我籌備兩樁事：(一)出版一個雜誌；(二)籌備中華業餘學校。業餘學校投董會議決，聘請吳涵眞先生爲校長，我爲主任。當時，我不好推辭，即接受了校董會的議決案。兩天後，陶先生即往重慶，出席第二次國民參政會，臨行，我問他：『學校怎樣辦』？他說：『菜單上多開幾樣，讓客人點菜，好了』。吳校長正忙着五十萬件寒衣運動，我問他：『怎樣辦』？他說：『找同志』。我便籌備起來，客人隨便點菜，同志來了不少。取錄了二百多人，第一期是於去年十一月十七日下午七時，借在九龍由東街，中華兒童書院舉行開學典禮。果然願意跟着時代長進的青年，是英材濟濟一堂。不過年齡最大的一位已經四十五歲，若以陶先生所下的青年定義：『不根據年齡，而根據求學和工作的精神與態度』，那麼，這位年長者仍然是一位有作爲有希望的青年。當時我們提出兩條信條。是『利用業餘進修，集體追求長進』，一句紀律，是『早到一分鐘』！眞的，大家至今信守着這三句，而追着時代進步，發生偉大威力。第二期是在今年三月七日開學，並設立分校一處，共有學員二百三十餘人。兩期學員總計四百餘人。

二 同志的結合

記得在開學第一天，吳校長就這樣宣佈：『中華業餘學校，不是屬於那一個人的，而是屬於大家的，是同志的結合。所以本校希望全校師友，以及社會人士共同來做好』。這，不但使校中師友共同興奮，化去了不少的無謂隔閡，而且深得社會人士的贊助和指導，使我的效力增強增大。我們的事業，公開求人家幫助；我們也公開幫助人家的事業。人助助人，助人自助，互利互助，這是結合同志最好最有效的方法，也是創立事業，擴大事業最好最有效的方法。我們在同志的結合上，獲得了許多的共同創造的優點，我們要保全這優點，擴大這優點，來創造我們更多更好的事業。

三 組織就是力量

『組織就是力量』，這是一句跌撲不破的眞理。我們運用這眞理，就各人性之所近，而分別成立了好幾個研究的組織，即學習的組織，行動的組織，創造的組織，建立事業的組織。「集體主義的自我教育」，在這分別組織中，表

現了更多的効果

如：中華業餘劇團，中華業餘合唱團，中華業餘新聞研究會，中華業餘文學研究社，中華業餘漫畫研究社，中華業餘政治經濟研究會，中華業餘婦女問題討論會，中華業餘社會科學研究會、中華外國語研究會等，分別研究。「集體主義的自我教育」，已成爲全校校風。在這校風中，養成集體學習的效果，勝過個人學習的效率。然而個人跟集體學習，長進得更快，這是大家一致的歡欣。

這些組織，不但是學習的中心，而且成爲工作的中心，社會活動的中心；已經營過，難民捐款，難童教育捐款，一元還債運動，「七七」獻金等有意義的擴大工作，都是由各會社分別負担。雖然，所捐的錢並不多，但是已經盡了他們的可能盡的力量。

四　大衆圖書館

在新年六大活動中，戲劇歌詠公演一次，除却開消，還實餘四百餘元，決定作爲籌備公開圖書館，開辦費用，即由陶行知先生起草一個中華業餘共學圖書館章程，接着來一個微書萬卷運動，宗旨：『在運用最經濟之辦法，集合個人之書籍，以圖大衆之長進』。主體：『有三人合一之主體，即一閱書人，管理人，捐書人合而爲一。捐一本書的人即可看一萬本書，即有權來參加理事之選舉，即有權襄助本館之服務，即有權來管理本館所有或將有之圖書』。果然，社會好善，如影隨風，萬卷快要滿額，有本港商務世界，生活各大書局均有捐贈。而一百隊微書隊長中，以第三十三隊隊長梁澄宇先生，最爲優異，隊內有本港二天堂藥品化裝香品廠主韋少伯先生，獨捐港幣百元，第三十三隊書款兩共約在港幣二百元以上。現因經費和地點問題，正在徵求社會合作。

五　工作即教育

在這不久以前，見到郭沫若先生的「服務即宣傳」的名言以後，我便提出「工作即教育」來與富有研究興趣的同學，討論試行，很多願參加辦事處工作，但以地位所限，至多只能容納十二人。自「工作即教育」這個口號提出後，大家另起了一種興奮，有朝會，有用書會，按時工作，按時研究求長進，無形中已變成一所小小藝友師範班，一天，經我說明，大家相視微笑。在「工作即教育」覺得不够時，關於管理圖書編目等事，我們便兩次督往馮平山圖書館求教，承孫述萬先生詳細指導後，工作效能大增，剪報組，請鄭森禹先生指導後，已成爲略具規模的小小文化資料供應處。「工作即教育」，不但在辦事處發生了效力；而且在全校，也在發芽萌勁滋長着。

六　接受社會指導

虛心才能够長進。社會批評，最爲公道！所以社會善意的指導，我們都虛心誠意的接受和改進。因此，得到社會的助力更多。所有許多講師，只支領很少的車馬費。

七　學習民主

「學校是屬於大家的」，我們第一步已經做到師生共有，一切校務在學習民主精神上，公開討論，商量處理，引起各人參加校務的興趣，敢於貢獻意見而共同負起創校的責任。校友會成立之後，我們便把大部份責任移交校友會主持，民主勢力更加發皇光大了。「業餘月刊」創刊詞中說：『校友會的使命，是學校的使命；學校的宗旨，就是校友會的宗旨，所以學校與校友會是「互助」「互信」分工合作的有機體』。真的，我們在學習民主的「互助」「互信」上建立起更友好的情感，更能展開生活教育的領域。

中華業餘

圖書館徵求合作辦法

業餘圖書館，是在今春發起徵書萬卷運動而籌備組織的。現已徵得中西文書籍四千三百六十七冊。新舊雜誌三百冊。并按月添購新書雜誌百餘冊。又收得捐助現金陸百柒拾柒元零一仙。國幣陸拾元，折成港幣叁拾四元叁毫二仙。共計港幣柒百壹拾壹元叁毫叁仙。除去添購書櫃目錄櫃閱報架編目卡片簿記表冊等用具，以及按月添購新書雜誌共支港幣三百零壹元四毫壹仙外，尚餘港幣四百零九元九毫二仙。

館址現暫借用九龍由東街中華兒童書院。該校日夜均有學生上課，所以只能在星期叁下午及星期日開放兩次。因環境經費所限，敝館現有圖書，不能普遍貢獻給社會運用，異常可惜。因此，公開向社會熱心人士徵求合作。其辦法如下：

（一）捐借館址　在九龍區內，能够容納五十人以上，閱書座位及藏書和辦事處共房間叁間，借用至五年者，置四十寸照像於館中，以留紀念。

（二）捐助基金　凡捐助基金港幣伍百元者，懸二十寸照像於館中，捐助基金港幣壹千元者懸四十寸照像於館中，以資矜式。捐助基金港幣壹萬元者，即以捐助人名以名本館（每月預算，約計港幣二百元，預算表列后）

（叁）團體合作　在本區內之團體有餘屋可接受本館圖書者，亦可合作。詳細辦法另行商定，但以能公開於普通民衆得人閱覽爲條件。

中華業餘圖書館臨時館長吳灝貢敬啓

通訊處：九龍由東街五十三號

本館每月經常費預算

一，職工生活費
1. 管理員一人　叁〇元
2. 助理員二人　各支二〇元共計四〇元
3. 工役一人　十元

二，辦公費
1. 房租　六〇元
2. 添置新書雜誌日報　叁〇元
3. 水電　五元
4. 雜用（包括筆墨紙張郵費茶水費等）　二五元

共計港洋二百元正

建華汽車專門學校概況

年來因環境之需求，港中訓練專門技術之學校，紛紛設立，有如雨後春筍。有志青年，每具滿懷熱誠，思獲得一實用技術，以圖效勞國家；惟不少苦於擇校選科之不易，致感彷徨苦悶。記者昨承友人之介，得參觀最近成立之建華汽車專門學校，該校位於旺角通菜街卅二至卅四號，地點適中，校舍宏敞，而機械設備之充分，辦事人員之努力，尤爲記者所讚佩。將訪問所得，分述於後，以爲有志加入汽車學校之青年作參考。

一　創校緣起

現代科學發展，不論在任何部門，俱以縮短空間與時間爲唯一努力之目標。而汽車之產生，正爲適合此二大需求者，故發明以來，於人類日常生活，工商業，國防等項俱有極大助益。今日汽車事業已成爲實業界中最大企業者，豈無因哉。然學術無止境，故專家及工程師猶倚日夕孜孜研究，以求機械上之精益求精，而普通人士，亦多樂於接受此項專門技術之訓練，以作立身社會之本，或爲業餘副技，使得個人必要時之需求。先哲所謂「積財千萬，不如薄技隨身」，正此意也。

環顧我國情形，以民族歷史與地理關係，近代以來，對新興科學之利用，特爲落後，今日通都大邑，雖或可見車輪接踵，然一般而論，則人材之缺乏，與此形成一極不相稱之狀態，至若內地僻壤，汽車固不易覯，而可資汽車通行之道路亦極少，至於人材，更無論矣。惟此種不良現象，因時勢環境之推移，今已頓呈改觀，良以年前「七七」事起，強鄰入侵，我國爲爭取生存權利，不得不起而抗戰。本軍事上之急切需要，內地交通制度，起極大變化，向之羊腸小徑，崎嶇難行者，今日公路縱橫，四通八達，從而汽車輸入大增，人材益形缺乏，此外，爲適應現代戰術之需要，機械化部隊之組織亦與日俱增。凡此種種，特是予汽車技術人材以莫大機會，上焉爲國家效勞，盡國民天職，下焉解決個人生活問題，無慮於社會不景之威脅。衡諸長期抗戰之國策，則遲至今日，能迅即決定加入受訓，則學成之時，仍是爲時代先驅，發展其抱負也，

建華汽車專門學校之創立，在於抗戰將及二十個月之時，此誠姍姍來遲，然非無因也。蓋此校創辦人陳榮貴君，張志遠君等前此固皆厠身於本港先後設立之汽車學校，同爲作育專門人材而工作。然就其數年間經驗所得，深感此種學校辦理實非易易，或則當局採取商業化政策，於技術訓練未盡應盡之道，或則限於能力，設備因陋就簡，直以機械技術可由空口獲得；此種情形，固有負者求知苦心，一旦畢業出而服務，更動是以誤事。故深思之下，決聯合各具專長之同志，起而共同努力，分工合作，力洗一般缺點。注意機械設備之充分，俾學者多得實習機會，以獲實際智識與經驗，而課程內容，則必求其實用，冀毋虛耗學者時間，想他日此輩莘莘學子完其所學，當有助益於國力不少也。

二　成立簡史

建華汽車專門學校之創設動機既如上述，故該校同人對於學校工作，亦抱實幹苦幹精神，不計成敗利鈍，個人損益。共籌備時間，約及一月，至五月一日，遂公開招生，預擬「五九」開學。適是時本港實用工業校之負責當局離職，學校無形中解體，該校原有汽車科之設，數十學生，大部行將卒業，值此不幸變故，學業上遂有功虧一簣之嘆。在彷徨無據中，乃與建華當局磋商收容辦法，俾於所學得告一結束。建華當局對此極表同情，且在爲國育材之立場上，此担負尤屬義不容辭，因即接受辦理，維持該批學生之學業。不過臨時增加若干工作，正式上課期間，乃延至五月十五日。開學之時，學生註冊人數（包含新生及轉學生）達五十二名，主任教授及助教等共八人，以該校宗旨正確，辦理認真，設備完善，且生合作，故校務蒸蒸日上，在今僅開課三閱月，而學生人數已增至七十三人，教職員，助教，技術員等亦遞增至十餘人。此種急劇進展情形，在從事工作之人，固感無上欣慰，且亦足以明證惟事實始能證之真理，非徒托空言所易致。目前，該校以原有校舍（灣仔高士打道一五六至一五七號）不敷應用，將遷至九龍旺角通菜街卅二至卅四號現址。新址地方宏敞，光線充足，極爲適用。最近開該批轉學生經已修業期滿，其中有一部份學生切志回國服務，特由學校加緊訓練，提前完成學業，於七月初動程，回國服務矣。據該校校長陳榮貴先生談：國內目下需材甚殷，彼先後奉　國民政府交通部，軍委會西南行營，僑務委員會資源委員會等機關主管長官之委托，羅致汽車技術人材回國服務，故今日彷徨途中之有志青年，實應即下大決心於個人技術之成就，則報國何愁無途哉。該校近更應社會人士需求，於原有日班外，增設夜班授課，俾日間有職業者，亦得有機會一習此專門技術，以現目而論，該校訓練汽車技術人材，既並重於機械工程與駕駛技術，復日，夜俱行開班，誠爲本校汽車學校中之最大規模者。

三　現有設備

查汽車技術之訓練，大都須於實習中獲得效果，故機械設備之完善與否，實足以斷定一學校之優劣，建華汽車專門學校之現有設備，雖不足稱爲標準，然求之私辦學校中，所有如此，已屬不易。就記者目覩該校設備，包括下列各項：1. 關於汽車各部份之構造，運用等解釋圖表；2. 顯示各式汽車發動機工作狀況之木製模型；3. 顯示汽車各部件內容構造之剖開零件物實物；4. 關於電學原理之各種示教及實驗儀器；5. 汽車上各種應用電器及整個汽車電路之系統及其零件；6. 汽車：計供駕駛，剖解及修理等科目之實習所用者共有七架（內 Essex 牌三架 Whippet 1架，Chevrolet 二架，Buick 及 Studebaker 各1架）。7. 發動機：各種不同式樣者，共有六付（內 Dobge及Perkin 各二付，Essex及 Indian 電單車用各一付）。8. 工具：包括起重機，鉗工各種應用工具，鍛工各種應用工具，裝卸及修理用之各式工具及精細測驗儀器。以上各件分裝七大箱內（掛於壁間）及三大工作檯上，陳列於實習工場中，此外尚有各種新舊汽車零件，儲備應用。

至於校舍方面，該校之實習工場面積幾及一千八百方呎，可容數十人同時工作而無擁擠之苦，課室亦及四百方尺。此外，更有金工工作工場，及一寬大之辦公室，附設學生宿舍，約可容三十人之譜，在尺土寸金之本港地面，欲得類此校舍，誠屬不易。

四　免費學額

時至今日，沿海國土淪陷殆盡，熱血同胞，莫不紛紛脫離虎口，尋求報國之道。因時勢逼迫，若干有志青年，雖欲卽習一技，爲國致力，然財力有所未逮，深感苦悶，計此三月來往該校請求免費及減費者，數已不少；然該校迫於經濟預算，且此項技術之訓練，消耗極大，實屬愛莫能助。最近，該校得本港暨國內若干社會名流之同情贊助，慨捐免費學額先後達廿餘名，以助確切貧苦之有志青年完成志願，亦所以求國家多增一分力量之意耳。關此項請領免費學額辦法，已由該校在積極訂制中，他日公佈之時，當爲貧困青年闢一出路也。

建華汽車專門學校招生簡章

甲：日班招生章程

宗旨　本校切應環境需要，以敏捷方法，實用教材，訓練汽車機械及駕駛專門人材。

校址　香港九龍旺角通菜街三十二號至三十四號，電話：五七八谷谷。

編制　本校分設：速成全科（三個月畢業）及高級全科（六個月畢業）

入學資格　凡品行端正，體格健全，年齡在十八歲以上者，皆可報名入學。

課程綱目　汽車原理　機械剖解　機械實習　電學原理　汽車電學　電器實習　修理學　修理實習　金工學　金工工作　機械構圖　應用數學　材料力學　駕駛實習　交通法規

費用　（甲）速成全科　學費四十元，實習費三十元，共計收費七十元。

（乙）高級全科　學費八十元，實習費五十元，共計收費一百三十元。

學生在學期間，實習駕駛技術時，須自備汽油，畢業後如欲在香港政府考取駕駛牌照，所有各項費用，概由學生自理。

繳費辦法　各費須於入學時一次繳清，倘學生有特別情形，不能一次繳清者，可與校務處面訂分期繳付辦法，或照下辦法繳交：凡分期繳費者，概須上期繳交，學生在學期間，如因違犯校規致被辭退，或中途自動退學，所交各費，例不發還。

入學手續　凡有志來求學者皆可隨時到本校報名入學，本校每月均開新班，報名時應繳最近二寸半身像三張，報名費一元（來學者在學費內扣除，如不來學，例不發還），入學時，須清繳各費，填妥志願書及保證書，然後領取上課證，卽可上課。

畢業出路　學生修業期滿，經試驗及格者，由本校發給畢業證書，成績優異學生，得由本校介紹回國服務，本校與國內軍政機關，經取得相當聯絡，第一屆畢業生，已有一部份於最近回國服務矣。

乙：夜班招生章程

宗　旨　本校切應環境需要，以完善之機械設備，充實之課程教材，同時延聘經驗豐滿之專家担任教授，採用敏捷實用方法，訓練汽車機械及駕駛專門人材，故成立未及二月，而學者已紛至沓來，惟其間有不少職業界人士，亟冀加入訓練，以應大時代需求，然因任務羈身，日間未暇就學，或則更因經濟限制，勢難即籌全期費用，遂使有志未逮，良深可惜，現本校為適應此情形，特舉辦夜班一班，俾社會人士於業餘時間，仍有機學習此專門之技術。

校　址　香港九龍旺角通菜街卅二至卅四號。電話：五七八零零

入學資格　凡品行端正，體格健全，年齡在十八歲以上者，皆可報名入學。

課程綱目　汽車原理　汽車電學　機械剖解　修理實習　駕駛實習

費　用　每月徵收學費及實習費共十二元。學生在學期間，實習駕駛技術時，須自備汽油。畢業後如欲在香港政府考取駕駛牌照，所有各項費用，均由學生自理。

授課時間，全科六個月畢業，每晚由七時至九時上課，星期六及星期日晚間停授。

入學手續　凡有志來學者皆可隨時到本校報名入學，本校每月均開新班，報名時應繳最近二寸半身像三張，報名費一元（來學者在學費內扣除，如不來學，例不發還），入學時，須請繳各費，填妥志願書及保證書，然後領取上課證，即可上課。

開學日期　第一屆定民國廿八年七月十五日開學。

附本校主要教職員一覽

校長兼教授　陳榮貴　美國麻省理工大學畢業，歷任京滬鐵路工程師，新寧鐵路局局長，國立中央大學工科教授，香港實用工業學校汽車部機械主任。香港華南汽車工程學校教務主任兼教授。

機械原理主任　張志遠　曾任首都訓練總監汽車技士，香港美國美爾頓大學中國分部汽車科主任兼教授，實用工業學校汽車部駕駛主任。

機械實習主任　梁業興　美國芝加哥古利工程學校航空工程科及汽車工程科畢業，歷任美國芝加哥加由汽車廠技士，德國飛機製造廠技士，香港遠東航空工程學校教授，香港美國美爾頓大學中國分部汽車科原理兼實習教授。

修理實習主任　湯　英　曾任馬來亞怡保，庇嚨及新加坡等埠福特汽車廠，慕娘汽車公司合發汽車公司機械技師，香港美國美爾頓大學中國分部汽車科主任兼機械實習教授）

汽車電學主任　李顯宏　歷任廣東無線電專門學校教員，豐順縣立中學校高中部數理教員，香港世界電氣工程學校教員，實用工業學校無線電部主任教員。

駕駛實習主任　文　治　歷任廣東綏靖主任公署整理新鶴開公路處車務主任，前第四路軍總司令部汽車營及軍用汽車司機養成所車任教官，香港實用工業學校汽車部駕駛教授。

▲建華汽車專門學校敬請並歡迎社會人士參觀與批評▼

▲當你決定學習汽車技術後，請先對全港所有汽車學校作一詳細參觀與訪問，更作一比較，然後才決定加入那一間學校▼

華南汽車工程駕駛學校招生簡章

香港旺角彌敦道六九八至七百號
電話：五八四四二

緣　起：蓋汽為交通利器。載重致遠而火車輪船所不能到達之處。皆莫不以汽車為主腦。吾國近年以來。各省努力建設。公路四達。交通稱便。因之汽車之修理。及駕駛。在在需材。誠有求過於供之勢。且自抗戰以來。前方後方需用駕駛及修理人員。尤為緊急。是以同人有見及此。特設立華南汽車工程駕駛傳習所。以謀為國家及社會養成專門人材。為國家社會服務。況汽車工業之發展。日新月異。尤為有志青年所宜急起直追以求造就。以應國家及社會之需求。有志于斯者盍興乎來。

（一）名稱：本所定名為華南汽車工程駕駛傳習所

（二）所址：本所設在九龍彌敦道六百九十八號至七百號
電話五八四四二號

（三）員額：本所分為工程及駕駛兩科。（甲）工程科分為速成科及全科兩科每科設學額五十名（乙）駕駛科設學額五十名

（四）學費：（甲）工程速成科每學期收學費六十五元（乙）工程及駕駛全科收費九十五元（丙）駕駛科收費三十元（汽油學具具備）制服費二元五角體育費二元以上學費等一次交足在香港皇后大道中國華銀行交付取回收條以便領取上學証

（五）程度：本所為普及養成專門人材起見來學者不限程度（若識英文者更易於學習）

（六）插班：以上各學科均以小組教授故來學者可隨時報名插班上課

（七）考試：每星期舉行小考一次每月再行月試一次以資甄別學生成績及品行優劣按月向學生家長或管理人報告

（八）畢業：（甲）工程速成科三個月畢業（乙）全科六個月畢業（丙）駕駛科一個月畢業以上三學科畢業考試及

格成績優良者發給畢業証書並送往利通汽車修理工廠再免費實習兩月務使其成為真實有用人才達到成功目的為滿足

	學科：汽車工程駕駛全科	駕駛科
講授	(1)機械原理(2)機械構造(3)機械數學(4)機械構圖(5)材料力學(6)電力研究(7)修理講義(8)汽車構造(9)弊病檢查(10)駕駛原理(11)交通規則(12)公路地理(13)實用國語(14)黨義	(1)駕駛原理 (2)公路地理 (3)交通規則 (4)實用國語 (5)黨義
實習	(1)金工工程(2)折嵌工程(3)機械實驗(4)修理實習(5)電力實習(6)弊病檢查實習(7)駕駛實習	(1)駕駛實習 (2)駕駛出外事實考驗

注意：領取學車紙考取牌照及電油等費由學生自理（學車約二元考試費五元牌照費五元電油約十五元）

（九）時間：每日上課時間上午九時至十二時下午一時半至四時

（十）待遇：凡在本所畢業技術優良品行端正者得由本所送往利通汽車修理工廠免費實習二月或介紹與各方及返國服務

（十一）報名：有志來學者可隨時到本所報名入學。報名時須帶本人二寸相片二張。親自填寫志願書及報名費五元（入學時在學費內扣除如不來學者概不發還）醫生檢驗費一元

（十二）校醫：本所為學生健康起見特聘請廣州名醫陳耀佳醫師為校醫以便檢驗學生健康及疾病凡學生病假須經校醫證明始得請病假以重學業

（十三）體育：本所為學生健康起見有各種球類及游泳於每星期三六兩日下午為體育運動

附章：本所為便利遠來學生膳宿起見特設有寄宿舍其暫行規則如左

（1）每月宿費四元

（2）每月膳費七元（膳食自理亦可）

（3）雜費一元

共計每月十二元每月上期交付

（4）寄宿生自備被褥及洗面用具

（5）寄宿學生於夜晚外出散步不得遲過十時後返校

（6）在禁止吸煙地方不得吸煙

注意：凡學生年齡在十八歲以下成績優良品行端正者送往利通汽車修理工廠免費實習二年

本校校董

名譽董事長　孫　科先生　黃惠龍先生　胡錦雅先生　黃　成先生　鄭洪年先生　李漢魂先生　張惠長先生

董　　事　許世英先生　梁寒操先生　陳　策先生　胡銘藻先生　唐宗楓先生

▲本校教職員一覽表▼

職別	姓名	出身及履歷
校長	梁守一	美國航空學校畢業歷任前軍政部航空署管理科上校科長空軍總司令部經理處少將處長財政部科長及局長交通部技士鐵道部專員平漢鐵路局會計處長
主任教授	袁振英	法國里昂大學畢業歷充中山中央青島暨南等大學及中央軍事政治學校教授空軍總部編譯處處長等職
機械數學補脩教授	袁昌堯	中山大學工學士
機械原理教授	范紀材	香港遠東航空學校畢業經香港政府考試及格
機械原理教授	李紹鋆	上海聖翰大學畢業香港遠東航空學校畢業生
機械原理教授	梁其燗	香港遠東航空學校畢業生
機械實習教授	李耀東	歷任本港中西各大汽車工廠機械員十餘年
駕駛教習	張權威	歷任香港夏巴汽車公司機械員四川鹽務總局駕駛員九龍船廠機械員
電力學教授	李樹勛	上海滬江大學畢業前任廣州培正學校物理教授
黨義及國語教授	陳　從	北大畢業鐵路管理科畢業歷任交通史編纂委員鐵大教授暨黨政軍各職
校醫	陳耀佳	廣州市名醫師

二六一（丁）

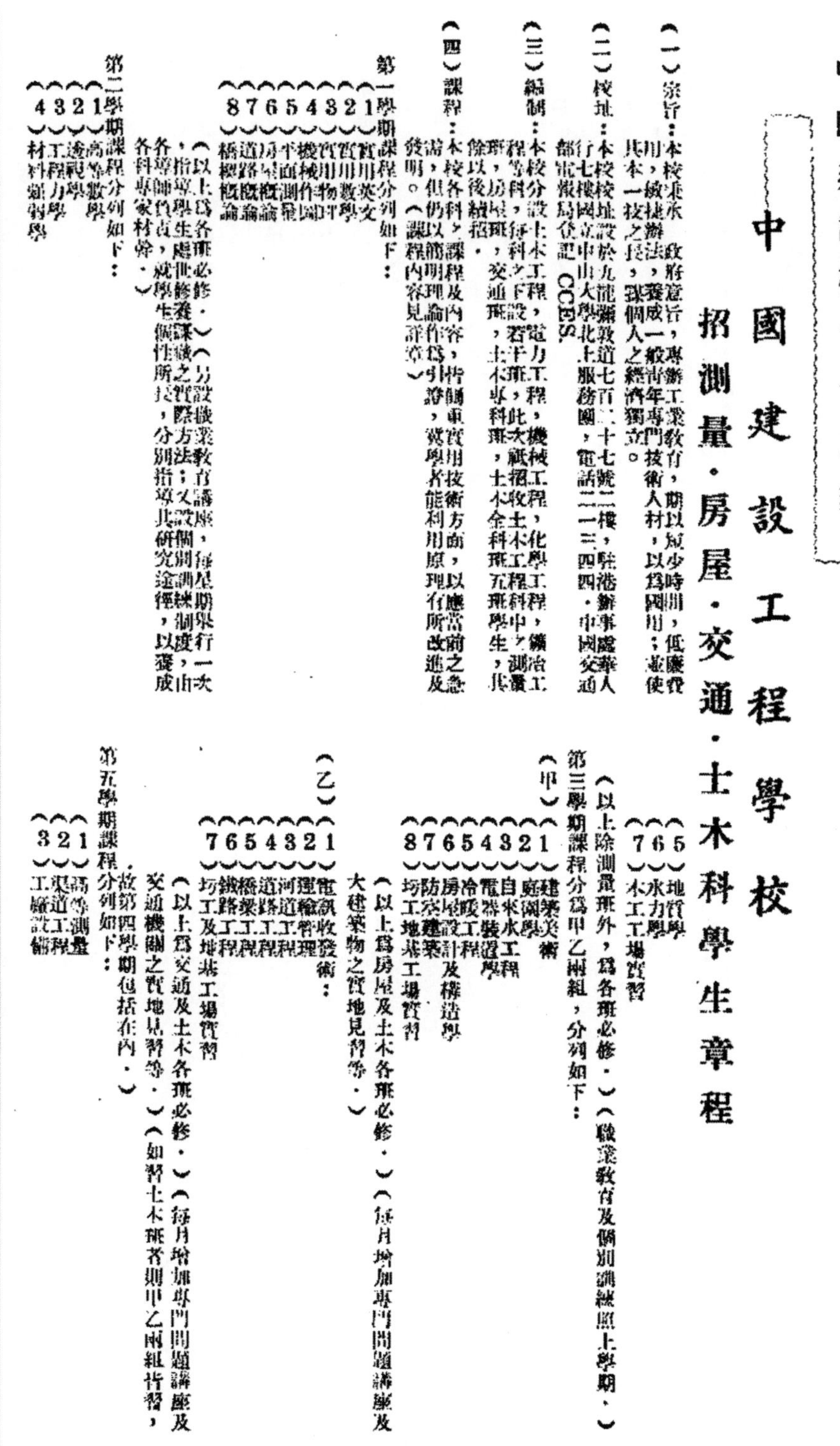

中國建設研究會主辦

中國建設工程學校
招測量·房屋·交通·土木科學生章程

(一)宗旨：本校秉承政府意旨，專辦工業教育，期以短少時間，低廉費用，敏捷辦法，養成一般青年專門技術人材，以為國用；並使其本一技之長，謀個人之經濟獨立。

(二)校址：本校校址設於九龍彌敦道七百二十七號二樓，駐港辦事處華人行七樓國立中山大學北上服務團，電話二一三四四·中國交通部電報局登記CCES.

(三)編制：本校分設土木工程，電力工程，機械工程，化學工程，礦冶工程等科，每科之下設若干班，此次祇招收土木工程科中之測量班，房屋班，交通班，土木專科班，土木全科班五班學生，其餘以後續招。

(四)課程：本校各科之課程及內容，皆側重實用技術方面，以應當前之急需，但仍以簡明理論作為引證，冀學者能利用原理有所改進及發明。(課程內容見詳章)

第一學期課程分列如下：
(1)實用英文
(2)實用數學
(3)實用物理
(4)機械作圖
(5)平面測量
(6)房屋概論
(7)道路概論
(8)橋樑概論
(以上為各班必修。)(另設職業教育講座，每星期舉行一次，指導學生處世修養課餘之實際方法；又設個別訓練制度，由各導師負責，就學生個性所長，分別指導其研究途徑，以養成各科專家材幹。)

第二學期課程分列如下：
(1)高等數學
(2)透視學
(3)工程力學
(4)材料强弱學
(5)地質學
(6)水力學
(7)木工工場實習
(以上除測量班外，為各班必修。)(職業教育及個別訓練照上學期。)

第三學期課程分為甲乙兩組，分列如下：
(甲)(1)建築美術
(2)庭園學
(3)自來水工程
(4)電器裝置學
(5)冷暖工程
(6)房屋設計及構造學
(7)防空建築
(8)圬工地基工場實習
(以上為房屋及土木各班必修。)(每月增加專門問題講座及大建築物之實地見習等。)
(乙)(1)電訊收發術：
(2)運輸管理
(3)河道工程
(4)道路工程
(5)橋樑工程
(6)鐵路工程
(7)圬工及地基工場實習
(以上為交通及土木各班必修。)(每月增加專門問題講座及交通機關之實地見習等。)(如習土木班者則甲乙兩組皆習，故第四學期包括在內。)

第五學期課程分列如下：
(1)高等測量
(2)渠道工程
(3)工廠設備

(4)進級鋼筋三合土學
(5)工程法規
(6)契約及估價
(7)工場實習
(以上爲土木全料必修。)(每月增加專門問題講座等。)

第六學期課程分列如下
(1)市政工程
(2)鋼鐵構造
(3)海港工程
(4)灌溉工程
(5)軍事工程
(6)建國方略
(7)工業組織及管理
(8)工業簿記及會計
(以上爲土木全科必修。)(增加工程自由設計及論文，創造計劃等。)

(五)畢業：當此抗戰時期，各方需人甚急，國內大學乃有縮短畢業期限之議，本校爲愛惜學子寶貴光陰及免耗多餘之費用起見，決不放寒暑假，普通例假亦不停課，每週上足三十六小時功課，(皆爲日間上課)因此畢業期限可以縮短，而功課並不減少，則每學期上足四個月功課，即等於普通學校之一學期矣。
(甲)測量班：一學期畢業(即四個月，等於半年。)
(乙)房屋班：三學期畢業(即十二個月，等於一年半。)
(丙)交通班：三學期畢業(即十二個月，等於一年半。)
(丁)土木專科班：四學期畢業(即十六個月，等於兩年。)
(戊)土木全科班：六學期畢業(即廿四個月，等於三年。)

(六)費用：本校爲普及教育起見，故收費特別低廉；且訂有優待辦法多種，以利學子。
(甲)保證金：五元(畢業時發還，每學期清算一次。)
(乙)學費：每學期二十四元。
(丙)實習費：每學期四元
(丁)堂費：每學期四元。
(戊)雜費：每學期四元。(本校實行長期獻金，除教職員每月由薪金內捐獻外。更由雜費項下盡量節約，將其半數(二元)用各該生名義呈獻國家，以表救國決心。
(以上費用，每學期實收三十四元。)
增設半費學額十名。
本校可代辦膳宿，費用每月約九元半至十二元。如家境貧苦者則減收宿費。

(七)優待：轉學生可免繳保證金，如爲建築商會或工會會員子弟可分月繳費，但須商店或商會保證不欠。如學生畢業後再習別科，可得半費優待。在校學生如學業及品行特別優異者，除得享學費全免或減半之優待外，畢業時若即回國服務，可得回各費之全數或半數，作爲旅費，以資鼓勵。本校向社會熱心人士捐助免費半費學額，及請救濟學生委員會撥助獎學金，全體同學皆可享受利益。

(八)出路：教育部鑒於學生畢業即多失業，且有學非所用者，爰有開辦職業大學之計劃，本校爲承政府意旨，辦理斯校，對於學生職業特別注意，與普通學校絕對不同，且國內外各地，如各軍事，鐵路，公路，電訊，水利，地政，工務，建設等機關；各自來水，士敏土等工廠；各建築公司；各工程師事務所等，對於此項專門技術人材，需用極爲殷切。至於將來抗戰勝利後，凡百建設，皆待復興，則更爲吾輩發展才幹之時，故各科學生如學業已全部修足，且學行兼優者，本校當負責介紹服務機關或商業團體，給與相當職位；或助其自創事業，以發展其實業天才。

(九)資格：須有初中畢業或相當程度者。

(十)入學：自七七起已有多人報名。有志者請於每日上午十時至下午五時至九龍彌敦道七二七號二樓及香港華人行七樓國立中山大學服務團報名，並繳交二寸半身照片兩張，報名費一元(取錄後由保證金項下扣除，不取者發還)有證明文件者可免入學試，但仍須口試，詳細請閱詳章。

校　董　梁定慧　何香凝　鄒洪年　沈鵬飛　丁惟汾

廿八年度招生委員會啓

(欲取章程，可往兩報名處及香港建造總商會，各大建築公司，各大書局取閱或付郵即寄。)

平正高級會計職業學校概況

校創於民國二十七年夏，爲廣州平正會計師事務所同人主辦，該所以會計人才甚爲需要，早擬在廿六年興辦，原定校址，設在廣州，後以時局嚴重，遂先在香港設立，租定雲咸街六十一號爲校舍，校董爲王志遠，黃文衮，陳炳權，巫理唐，唐文德，高永康及陳東凱等，並公推陳炳權爲董事長，聘陳恭柏爲校長，廿八年六月十二日，奉到 國民政府僑務委員會荒滬乙字第一五二四號批示，並得教育部同意，本校及校董會均准立案，並附發鈐記二顆，遵照啓用。

本校編制，遵照教育部高級職業學校規程辦理，分高級班及會計班，高級班三年畢業，會計班一年畢業，高級班畢業與普通高級中學畢業之資格相同，惟所學較有專長，故進可能升入國內外大學本科，退亦可爲社會服務，較之普通高中畢業，除升學外，別無專門技能者，不可同日而語。會計班畢業能參加普通文官考試，及可在各機關公司商店服務。

本校教學將採嚴格主義，基本學科，教授與實習並重，設備力求完善，現置有美國最優良之計算機多架，各種圖書不下二千餘種，其餘各項設備在購置中。

出版物有月刊一種，名曰「平正會計」每月十五日發行，現已出至第三期，爲研究會計之科學刊物，其餘平正會計叢書在編輯中。

本校以來學日衆，校舍不敷，除在現址繼續上課外，並在九龍設分教處，本年秋季實行擴充班額，增加設備，滿足學子之需求，完成造就會計人才之使命。

國民政府僑務委員會暨教育部立案香港教育司註冊

平正高級會計學校招生簡章

校址：雲咸街六十一號　電話：二零三六九號

宗　旨　本校遵照國民政府教育部高級職業學校規程辦理，以利便留港僑胞有志升學，或欲於短促時間，獲得專門學識與技能，以適應現代社會需求爲宗旨。

編　制　本校設高級會計班一班，三年畢業；會計班二班，一年畢業；英文簿記班一班，半年畢業。每班學額三十名，額滿不收。

入學資格　凡國內外中等學校初中畢業，或具有相當程度者，得投考高級會計班或會計班；但如有殷實商店介紹者，入學時得酌予免試入學。曾有英文而欲從事商務者，得入英文簿記班，不須考試。

報　名　每日上午九時至十一時，下午一時至四時，六時至八時爲報名時間。報名時繳交報名費一元及本人二寸半身相片一張，來學與否，概不發還。

入學手續　學生於取錄後，須先到本事務處清繳各費，然後憑收據到教務處註冊，並繳交最近二寸半身相片二張，領取上課證，始得上課。

開課日期 二十八年九月一日

上課時間 日班上午八時至十二時下午一時至四時夜班由下午六時起至九時三十分止。

費用 （一）高級會計班每學期學雜費共三十四元。（二）會計班每學期學雜費共三十六元。（三）英文簿記班每學期學雜費共三十元。其餘各費，概不徵收。

課程 各班課程如下：

（甲）高級會計班　簿記學，改良中式簿記，會計學，公司會計，銀行會計，成本會計，鐵路會計，政府會計，所得稅會計，各業會計制度，審計學，審計實務，商業學，商業地理，商業史，商業算術，經濟學，統計學，財政學，票據學，貨幣學，匯兌學，國際金融，論理學，主計法規，公民，公牘，國文，英文，珠算，代數，幾何，三角，體育，簿記實習，會計實習，打字實習，計算機實習，查帳實習。

（乙）會計班　簿記學，改良中式簿記，會計學，政府會計，銀行會計，會計法規，統計學，經濟學，財政學，審計學，會計數學，商業學，公牘，簿記實習，會計實習，打字實習，計算機實習。

（丙）英文簿記班：英文簿記，英語商業會話，英文商業尺牘，銀行簿記，會計學，會計數學，打字實習，計算機實習。

獎勵 學期試驗終結，學業操行成績在八十五分以上者，免收學費一學期，在七十五分以上者，免收一學期學費之半數，以資鼓勵。

實習 計政學科須重實習，以資熟練。本校為求學員多得實習機會起見，特設計算實習室及銀行實習室，並購置計算機打字機多具，俾學生在有計劃有設備有指導環境下，得實習之機會。

畢業 高級會計班及會計班修業期滿，試驗及格者，由國民政府僑務委員會發給證書，得直接投考升入國內公私立大學經濟系，商業系，或會計系。英文簿記班修業期滿，試驗及格者，由本校發給畢業證書。各班畢業生均由學校分別介紹國內外公務商務等機關服務及升入大學。

校長 陳燕柏　美國紐約大學商學碩士國民政府特許會計師前國民政府主計處實業部統計處科長廣州大學教授

教務主任 梁振賢　廣州大學經濟學士國民政府特許會計師廣東會計師公會常務委員廣州市社會局統計股主任中國煤油股份有限公司會計科科長國民經濟建設運動委員會廣東省分會專員廣州大學經濟系講師香港中華廠商聯合會會計顧問

事務主任 唐文樾　廣州大學經濟學士國民政府特許會計師廣州市自來水公司總稽核廣州市政府電力管理處審核長廣東省營麻織廠會計主任廣州會計學校校長

教員

黃文裘　美國梭彩大學商科碩士國民政府特許會計師國民經濟建設運動委員會廣東分會委員曾任廣州市商庫證發行委員會會計主任

鄒文銳　英國愛丁堡大學商科學士北平中國大學商科畢業中英兩政府特許會計師

陳文　日本法政大學畢業曾任廣州地方審判廳民庭庭長廣東高等審判廳推事大理院推事廣州市律師

冼恪榆　廣州大學法學士廣東省黨部檢定高級中學訓育主任及公民教員曾任廣州道根女子師範學校執信中學東方中學廣州大學附屬中學教員廣州致知會計職業學校訓育主任

陳偉然　國民政府主計處實業部統計處調查主任廣西省政府農工廳總務處長

陳律平　國立廣東大學法科政治經濟系畢業國民政府特許會計師歷任廣東調查統計局專門委員廣東省會警察局戶籍股主任

蔡介公　廣東國民大學政治經濟系學士前充廣東新聞專門學校總務主任

陳鍾麒　廣州大學法學士廣東省黨部檢定中學校公民訓育人員歷充省港廣大會計學校教員純存女子職業學校教務主任

關其昌　菲律賓大學商科學士國民政府特許會計師廣州法學院教授

朱夢螢　日本大學經濟學士廣東省沙田清理處稽核股主任

湯仰賢　廣東國民大學經濟學士國民政府特許會計師廣東省警察局戶籍股主任

中國教育部暨僑務委員會立案

香港教育司註冊

香港郵務司頒給執照

世界電氣工程學校

校址：香港中環實咸街七十九號　電話：三四二一〇

校長	梁展雲
教務長	李孝達
校務主任	梁曼勺
教員	李孝達
	黃子儒
	羅宗煒
	朱寶華
	陳煥然
	李明顯
	朱肅靄
	羅宗焜
	梁文光
	郭玉衡

班別

高級電氣班二年畢業　電氣技術班一年畢業

無線電報電務班半年畢業　無線電專修班九個月畢業

教授要目

數學　物理

化學　電磁學

無線電學　機械學

電機學　電報學

電話學　電力工程

電磁實驗　無線電實驗

修理實習　裝置實習

設計實習

溯自國內軍事結束，建設代興，輕重工業，以暨各項交通，無不突飛猛晉。其所以鞭作一切工業原動力之電力工程；及爲交通上神經樞紐之無線電，電話，電報等等；亦均隨時代之需要而興。無如我國素重文藝，對於科學，向鮮追求，而於科學職業教育，更成鳳毛麟角。故人材遴選，追假外求，太阿倒持，識者所病。本校爲應時代之需求，乃於民國廿一年創立，址設廣州市西湖路，經廣州特別市教育局以正式職業學校立案。由廣東無線電專門學校教官；中大勷大電學教授，暨歐美電學專家多人，自行編纂講義，担任教授；設備充量儀器，使理論與實習並重。辦理以來，滲承社會人士之嘉許，與政府機關之贊勷，對於本校備置信任。如西南航空公司，廣油無線電話台，廣州自動電話所，第一集團軍，第四路軍，第五路軍，廣東保安處等無線電台站之徵用本校畢業生者；年以百計，使有志青年之學業，職業，事業，同時得有解決。故省外各地，及南洋僑胞，不辭遙道，負笈本校者，乃日益夥。

廿六年冬，爲發展海外教育，便利僑胞計，特設港校於雲咸街六十九號，當時以國人在港辦理電氣無線電工程學校者，實爲首創！故無前例，經香港教育司特派專家審查，認爲設備與教材均稱完善，特准註册；同時並經僑務委員會轉教育部以高初級職業學校立案，旋以來學日衆，乃增闢第二校舍於東山台十八號，至廿八年春，港府立例以凡教授無線電之學校，須得總郵務司之認可方能在港設立；於是又經郵務署特派無線電專家來校審查，認爲適合，即予頒給第一號執照。以國人在海外辦理科學教育，當知憂乎其難！乃能得臻完備之手續。巍然成立，此同人所以自慰。而亦可以爲國人慰藉者

去年適逢粵南被，戰禍日亟，我建設救國自力更生之信念日以堅；而需要科學專材乃日益衆。本校以碩果僅存，獨負作育專門人材之使命，故除充實設備，加緊課程外，本年三月復集中校舍於雲咸街七十九號現址；使學生得養成團體化，紀律化，以各自生風其苦幹之精神，成功乃得切需要。故年來如滇緬敘昆等鐵路，通運公司，各電訊機關之由本校介紹畢業生充其急需者；已逾百人，均幸勝任快愉，不致隕越。此固在政諸公對本校之愛護，而青年僑胞之能患難奮發，凌厲無前，亦有足多也。

至於本校概況，可得而述者，（1）行政：本校組織以校董會爲最高機關，一切措施綱要，由校董會議決，交由校長執行。其下設教務，事務，管訓諸部。班則各設班主任，以各主其事。（2）教務：遵照教育部高級，初級，職業學校程序，參以戰時教育之需要，及奉香港教育司核准之課程標準，各班之編制及課程如上開列。科目如無線電，發電，電機，電話，電報，電力工程等，除均由各該科主任教員編纂講義；以英文教授外，每週均將所授科目分組實習。一方面使對所授各科得有明確之印證，一方面使能將所學附諸實施。其於無線電報，則另設電報室，備有無線電收發報機，使實習無線電報通訊。故在就學時期，恍如任事時期，而無學不適用之弊。（3）管訓：本校學生，均以效命國家爲前題，故對於管訓特別從嚴，使具優越熱之技術，與堅苦卓絕之精神，誠毅勤樸，懸爲校訓。每週除舉行紀念週，使對當前環境之大勢，有深刻之認識外，仍隨時由各該班主任精神訓話，以激發淬勵學生勤毅之精神；以期共完自力更生之目的。凡此列舉，不過犖犖之大端，本校同人自維見短識薄，任重力微，教育先進，幸垂教誨，則拜賜多矣。

建國農工學校招生簡章

國家在抗戰，最後的勝利，終屬我們；已不能執戈衛國，便須建國。我的中華，以農立國，單靠農不足恃，欲建國，必須農與工一齊並進；因此，我們要創立這一個「建國農工學校」把祖國未來的責任，擔當起來。

甲・土木工程系：

一、宗旨：養成抗戰後之建國人材，以爲建設之用；如橋樑，道路，碼頭，長堤，船埠，工廠，房屋，水利，礦山，及一切關於土木之建設。

二、入學資格：必須初中畢業，身體強壯，年在十七歲以上者爲合格。

三、修業時間：講授及實習，共計二十四個足月，不放暑假，不放寒假，繼續兩年時光，除去鐵路工程以外，不間斷地學習下去。

四、選科：專習測量者，六個月畢業。習公路及橋樑者，十二個月畢業。習房屋建築者十二個月畢業。

五、課目：數學，力學，測量學，材料強弱學，製圖學（從幾何畫，投影畫，透視畫入手），道路學，橋樑學，房屋設計，鋼筋混凝土學，應用物理學，鋼骨構造學，水利工程學，都市設計，施工估價。每週授課三十三小時。

六、費用：以上各系，每六個月，收學費六十元，實習費，醫藥費，講義費共廿元。

七、出路：畢業及格者，送回祖國服務，以應內地政府之需要，

乙・農業系：

一、宗旨：養成國內的農業人材，以爲增加生產效率之用。如土壤之改良，品種之改良，肥料之製造，及有關於農業上之一切學識及技能

二、入學資格：必須初中畢業，身體強壯，年在十七歲以上者爲合格。

三、修業時間：講授及實習，共計二十四個足月，不放暑假，不放寒假，每週授課三十三小時，（設有實驗農場）

四、課目：土壤學、肥料學，家畜學，植物生理學，動物生理學，造林，農業經濟，農產品製造，園藝學，農藝學，平面測量學，治水學

五、費用：每六個月，學費六十元，實習費，醫藥費，講義費共二十元

六、出路：畢業及格　，送回國內服務，以應內地政府，及私人農場之需要。

丙・農業速成班：—

一、宗旨：養成各地方私人農業人材，方便有職的僑胞，於夜間上課，休假日在農場實習。

二、入學資格：最低限度，要小學畢業。

三、修業時間：講授及實習，共計十二個月，每晚七時至九時，爲上課時間，日間實習。

四、課目：土壤學，肥料學，家畜學，園藝學，農藝學，農產品製造，農村合作，平面測量學，灌溉學。

伍、費用：每六個月學費三十元實習費爲十元。

六、實習：本校在舊荃灣，設有農場，以供實習之用。

七、出路：畢業及格者，可應私人農場之需要。

丁・日用品化學班：——

一、宗旨：養成小工業之基本技工，以能依照科學之方法，使用我國原料得直接生產爲原則。

二、入學資格：最低限度要小學畢業。

三、修業時間：以三個月爲共同授課時間，學習化學上之基本智識，三個月以後然後由各人自動選擇任何各種製造品，再實習一月或二月。

四、三個月內之課目：化學方程式練習，化學原理，化學實驗。

伍、三個月後之選習：製紙，製漂白粉，製梳打，製染料，圖案畫顏料，油畫顏料，製人造肥料，水彩畫顏料，製各種膠，製食用油，製皂，（熱製，冷製，洗衣皂，化粧香皂，海水用皂。浮水浴皂，洗髮獸皂，皂粒，皂片），製燭，提甘油，製各種墨（油墨，印字盤，打字機墨帶，打印墨水，寫字墨水，中國墨汁），製各種油漆（光漆，瓷漆，鉛丹底漆，噴漆），人造象牙，精製食鹽，水電池，乾電池，脫脂藥棉，滅火液，各色擦鞋膏（白，黃，黑，棕），擦牙粉，擦牙膏，擦牙梘，擦牙水。髮油，髮膠，髮臘，洗髮水，各種爽身粉，擦地板臘，擦汽車臘，擦銅水及膏，防水布，防水紙，攝影法，軟片製造法，攝影用藥製造法，製電版，製鋅版，晒瓷相，琺瑯器，及一切農產品之製造法，如醬油，味精，果醬，果汁等。

六、費用：三個月基本學習，學費三十元，實習費三十元，三個月後之選習，每一種製造法，學費十元，實習費二十元。

（註）如欲急於選習，不欲學習三個月之基本者，亦可隨人意。圖授亦可。

七、用路：小小資本，可以自謀生計，家人父子，共組家庭工業，或投身任何工廠作技工，如成績優良者，本校負責介紹入國內服務。

戊・縫紉班：——

一、宗旨：養成合乎國家需要之縫紉技工。

二、入學資格：最底限度，要小學畢業。

三、修業時間：三個月

四、課目：光學，色彩學，圖案畫，平面幾何畫，陸軍警察縫紉法，海軍帆蓬縫紉法，軍用革品縫紉法，軍旗縫紉法，海陸軍軍服縫紉法，及各國男女服裝縫紉法。

五、費用：三個月學費三十元，實習費五十元，

六、出路：畢業及格者，供給國家軍隊被服廠，軍需製造廠之技工，或私人營業，亦無不可。

己・社會服務部

一、宗旨：學校是社會之一部，建國農工學校，要與社會發生密切關係，使學校與社會，打成一片。

二、服務範圍：關於土地之測量，土積之計算・工程之估價・房屋之設施・及計劃。農地之開墾，農場之計劃，肥料之製造及施用，土壤之改良，品種之改良，農具之設計，灌溉之設計。工業原料之化驗，工廠之設計・製造品之改善，服裝之設計，皮革用具之設計，各種商品之設計，商業圖案之設計，商品推銷之計劃，均可爲社會人士服務。

三、本校之各科學生，畢業出校後，不論是工是農，遇着業務上之任何困難，近在本埠者，直接來校商討，遠在外埠者，可來函商討，學校當局，負其全責，爲之義務解答。

校長黎伯挺

校址：香港英皇道壹七壹號

英文郵址：Jang Kuo School 171 King's Road Hong Kong

○七一 (丁)

香港速成會計職業學校

（緣起）現代工商業日益發達，對于一切交易之記載，自非有完善之簿記制度不可。最近粵省當局銳意推行新會計制度，各級機關固已改用新式簿記，即各商店工廠亦須一律採用新式帳簿以便稽核。然推行新會計制度，有賴乎健全之會計人才。茲鑑於我國新會計制度急切需要，與乎會計人才之缺乏，爰於本年春在香港九龍創設「香港速成會計職業夜班」。現為適應非常時期，推行職業教育起見，特將正校遷往香港灣仔大道東，並於九龍旺角西洋菜街增設第一分校，以便各地學子就近走讀。又於是年夏季開辦暑期簿記速成日夜班，以便各中學生利用暑假期間選習一種職業科，以為升學選科步驟之準備。

（特點）本校特聘會計專家擔任教授，所授各科以速成實用為主；並與各銀行大公司大工廠特約，每週派各生前往見習。至所收各費，力求減輕，務使一般失學青年得利用短促時間及最少勞費，學成實用之會計技能，俾易謀生。至於各生畢業後出路問題，當由校長負責隨時指導，並酌予介紹相當職業。

茲將秋季會計職業夜班招生簡章錄後

一、宗旨：本校以最簡捷之方法授以實用之會計學識與經驗以期造就會計業技能為宗旨

二、校址：正校設於香港灣仔大道東八十六號至八十八號　第一分校設於九龍旺角西洋菜街卅四號

三、班次：本校分設高級班一年畢業初級班六個月畢業

四、學額：正分校招收高級暨初級班各一班每班學額五十名

五、學科：A高級班第一學期（一）商業簿記（二）銀行會計（三）工業簿記（四）商業學（五）中西商業文件（六）英文打字（七）商業珠算　第二學期（一）英文商業簿記（二）會計學（三）政府會計（四）鐵路會計（五）審計學（六）商業算術（七）英文商業會話（八）公文程式　B初級班（一）商業簿記（二）銀行簿記（三）工業簿記（四）商業學（五）商業文件（六）英文打字（七）商業珠算

六、學費：高級班每學期學費港幣二十五元堂什費六元初級班全期學費港幣二十元堂什費六元

七、優待辦法：本校為推行新會計制度起見凡由各機關銀行公司工廠商店保送來學者暨戰區學生（須有相當證明）概予減收學費七折以示優待

八、入學資格：凡有志求學品行端正者不論男女均得報名按程度之高下分別入班學習（初中畢業或高中程度者編入高級班高小畢業或初中程度者編入初級班）

九、報名手續：凡有志來校肄業務先到本校或分校報名處報名報名時須繳最近本人二寸半身相片二張及報名費一元（該項報名費由本校發給收據入學時在學費內扣還）

十、開課日期：本校暨第一分校均定期二十八年九月　日開課

十一、授課時間：每晚授課三小時由下午六時起至九時半正星期晚及例假休課

十二、講授及實習：本校教授各科以實用為主一切教材均採取現代最新方式而能適合本國實際需要者各科除講授應用知識外并授以辦理會計之經驗及每週派往各銀行大公司工廠見習以期適應實際之需要養成應用之技能

十三、畢業及獎勵：本校規定各班學科務須依期教授完竣各生修業期滿舉行畢業試驗如各科成績均在六十分以上者准予畢業發給畢業證書以便就業各生全期總成績在九十分以上者除優先介紹職業外並准減免學費半數（畢業時發還）全期總成績在八十分以上者各頒發獎狀一張以資鼓勵

十四、介紹職業及負責指導：各生畢業後由校長按其成績之高下分別酌予介紹相當職業並隨時負責指導辦理各項會計事務

（注意）本校為推行新會計制度起見各商店工廠如欲改用新式簿記者得派子弟或職員來校學習除照前項優待辦法辦理外並由本校代為設計新簿記制度不另取分文以示倡導

附本校職教員一覽表

職別	姓名	略歷
校長兼教員	麥惠庭	上海復旦大學商學士廣東省考取經徵官各縣市甄別合格財政局長曾任廣州大同商科職業學校校長廣州市立第一中學復旦中學明遠中學中華女子職業學校教員廣州工商絲業銀行會計主任財政部廣東鹽務稽核分所會計課課員廣東省財政廳第五科科員遂溪英德高明茂名等縣政府財政局長科長英德縣清查田畝委員會主席茂名縣稅捐征收總處主任等職
總務主任兼教員	潘文顯	嶺南大學商學士國民政府註冊會計師
教務主任兼教員	曹景濂	復旦大學商學士曾任廣州市立銀行代理會計主任
分校主任兼教員	區宜謙	廣東國民大學商學士國民政府註冊會計師廣東會計師公會監事
教員	楊希烈	美國紐約大學商學碩士曾任廣東省經濟設計委員會委員廣東省立勷勤大學商學院教授
	李錦濤	嶺南大學經濟學士國民政府註冊會計師廣東省檢定高中訓育主任歷任嶺南大學商學院附設商科職業學校訓育主任教務主任五年
	梁民偉	美國的彩大學復旦大學經濟學士曾任勷勤大學商學院教授復旦中學教務主任廣東菸酒稅局會計主任
	李之良	復旦大學經濟學士曾任廣州培英中學仲元中學教員廣東省立民眾教育館附設會計班教員廣東省營紙廠稽核廣東西村士敏土廠會計課課員等職
	陳振武	復旦大學商學士歷任廣九鐵路局車務稽核九年
	歐陽傑	復旦大學商學士曾任廣西省立女子中學台山縣立中學香港西南中學等校教員
	招佐羲	復旦大學商學士曾任上海大中華百貨股份有限公司出口部助理現任香港愛華公司會計主任

HONG KONG RADIO COLLEGE

中英政府立案

香港無綫電學院

電話二八七四八
Telephone No. 28748

堅道五十二號
52, Caine Road.

香港無綫電學院刱辦之微旨

本院爲何而刱也？溯自無線電試驗成功，迄今不過三四十年，在現代實居重要地位，舉凡軍事，政治，經濟，商業，國際，宣傳等項，皆可藉其力，用操優勝，當茲國際風雲緊急之秋；國內又遭過非常時期，此種人材！尤亟需要

默察現代靑年，或爲環境，或受時間及經濟所限制，不能升學者有之；中道輟學者有之；欲圖捷徑，進而可以効力社會國家；退而可以求一己生活，莫善於習此技術。

然欲育成此一般靑年之人材，爲國備用，自非舉辦一完善之校院，以資造就不可！用是刱立校院．「設備則務臻完善」：購備最新式各種無線電儀器，使學子得有充分的研究。「管理則務尚謹嚴」：使習慣服從紀律的團體化。「課程則務求實用」：不特着重於學理的討論；尤注重於工場實習，使有實際的經驗。故每生發給乙機，授以裝配修理各法，畢業後並歸該生所有。「教師則務聘優良」：使領受良師之指導。除呈中英政府立案外；並蒙　香港無線電局發給特許證，准予設立。庶使畢業後，可以在國家社會服務，惟本院對于收錄學生，概主嚴格；力持寧缺毋濫之旨，計現所辦第一期，有中文英文等班三班，而請求入學者，仍紛至踏來，不得已再繼招第二期生，以限於院舍教室，未能多予收錄，將來增設教室宿舍，一切設施，務達最完善，以利僑胞之就學。此辦理本院之區區微旨也！　並附簡章於后：

香港無綫電學院簡章

宗　　旨：本院以培植專門技術人材，發成青年有生活之智能；適應現代國家社會之切實需求為宗旨。

編　　制：（甲）英文無綫電報務科
（乙）中文無綫電報務科

修業限期：九個月。

入學資格：凡品行端正，身體健全，具有第四班英文程度或初中畢業程度者為合格，不分性別。

報名手續：取具報名單，填寫學歷，年歲，籍貫，等項，並繳報名費二元，領取投考證以憑應試入學，該報名費由交學費時扣除。

入 學 試：如具有本港初中畢業文憑或英文第四班以上證書者，可免試入學；否則須經試驗，所試科目為（英文），（數學），考試日期在報名時通告。

開學日期：國曆八月一日。

設　　備：本院對於「教」「學」「做」法三方，統籌兼顧，各項設備務求充實，茲略舉於下。

一，置備較新式收發報機，收音機，播音機，理化儀器，練習用具，足供各生實驗應用。

二，關於電學各種最新圖書，雜誌，刊物，多種以備各生參考之需。

三，附設無線電器製造工場，各生可隨時到場實習。

課程大綱

報務科：本科授以普通無線電報務原理，尤注重實習。
科目如下：

（一）實習數學
（二）初級電學
（三）初級無線電原理
（四）真空管
（五）無線電收報原理與實習
（六）無線電發報原理與實習
（七）實習
（八）無線電碼
（九）通訊管理法
（十）無線電國際公例與通訊

個人研究：本院為增進各生對於無線電實習之興趣起見，特選備最新式無線電全套機件，每生各分一副，以備個人隨時實習及研究，可構造長短波收發電機及各種無線電試探機等等。全套機件於畢業時為該生所有。

入學註冊：取錄各生須於開課前辦妥入學手續如下：

一，清繳各費。

二，填寫入學志願書。

三，領取入學證。

納　　費：凡取錄學生，應於開課前到院清繳各費。每季（三個月）繳費四十五元，實習費在內。

各科生每學期考試成績優異者，次學期減一部或全免學費，或給獎狀，以資獎勵。

教授一覽表：本院為謀求學者得求實學計，學術兩科，均增聘當代知名富有經驗者充任教授。

教　　員：潘經璜……B. Sc. (Eng),A. M I.M.E, A.M.I.A.E,
B.S.Dew……B.Sc.A.C.G.I, Grad. I.E.E.
王文麗……B. A.
李宗恆……香港政府高級工業學校無線電專科畢業
李　芬……B. Dh, M. Sc. (U.S.A.)

校　　董：張仁德……星洲無線電學校畢業
黃漢商……廣東無線電專門學校畢業
盧仲雲……嶺南銀行正買辦
王國旋……國民銀行正司理
陳建曦……美國紐約大學碩士哥倫比亞大學研究院畢業
蔡　昌……大新公司正司理
陳少緻……中華百貨公司正司理
黃炳耀……永明燕梳公司顧問
蔡　興……先施百貨公司監督
林子豐……四維公司正司理
鄭德升……殷商

校　　長：黃本禮……A. M. Tech. I. (Gt. Brit)

校務主任：王文光……B. Ph, M. Sc. (U. S. A,)特信行司理

私立香港 海南職業學校概況

海南職業學校乃教育界僑港名宿國立中山大學教授方孝岳氏聯合各項專門學者所創辦，爲救濟戰後僑港失學失業青年遵照教育部職業學校規程辦理各科職業高中及各種職業補習班之惟一學校，自今春二月開辦，成績斐然，本年春季始業，惟招各種職業補習班，農科方面附實習農場一所，在元朗平嶺，收容難童五十餘名爲農業補習班之半工讀學生，授以各種農科常識，尤注重新界當地種植經驗，第一期五個月已於六月底卒業，新聞科補習班亦五個月畢業，課程方面大抵爲大學新聞學系三四年級之課程，集中教授，本屆七月九日卒業，考試合格者有彭耀芬張識乾陶開裕鄺濂生吳革等五名成績最佳，並已由學校分別介紹從事新聞事業，蓋此種補習班之設，完全爲適應環境，縮短時間，集中訓練，其課程水準多爲隨宜合理之支配也，此外各種補習班，如家庭工業科，中文速記科，基本英語科，中英公牘科，亦皆繼續開班，教材方面且多具有發明性之課目，爲外間所不易得者，各科教授爲富有特別經驗之人選，如農業科之教員爲大學農科畢業，在各地主持農場多年，現在並在新界自辦農場，實驗上尤多珍貴之指導，新聞科教授爲留美留日新聞學系畢業，現在本港主持報社之專家，家庭工業科教員爲留美化學工業碩士，港澳各工廠技師，中文速記教員爲發明有效中央立案之專家，基本英語爲英國劍橋大學教授語言學權威學者 Ogden 氏所發明，選擇英文中最普通適用足以表達一切思想事物之字八百五十枚，加以精巧組織，爲基本英語 Basic English 學者荷能熟習運用，其功效足當數萬字而有餘，以之會話，無不達之詞，以之寫作，無不達之意，該校所聘基本英語教授，爲國內提倡此科之先進，積有此項教授經驗之人，中英公牘等科，亦皆高等職業界中央公牘實地服務人員，以上各種職業補習班，皆隨時招生插班，或增編新班授課云。

至該校所設正班，共分兩部，（一）職業高中部，（二）普通初中部，職業高中部現設農科新聞科兩種，皆照章三年畢業，課程依大學農科新聞科課程略爲集中，普通初中部亦三年畢業，以上兩部現於秋季開始招生云。

導師及教授人名（以姓氏筆劃繁簡爲次）

王經綸（英國愛丁堡大學文科碩士）江亢虎（美國哥倫比亞大學文學博士哥倫比亞大學教授）李定之（嶺南大學農學士）李錫彭（美國紐約美洲文學院畢業）李縉清（國立北京大學文學士國立中山大學講師）施啓芳（嶺南大學農學士）徐佩琨（英國倫敦大學經濟碩士國立交通大學秘書長國立中山大學教授）陳孔昭（上海復旦大學新聞系畢業日本明治大學高等新聞科畢業）陳良猷（美國紐約大學碩士美國西北新聞學院研究國立中山大學主任教授香港立報館經理）區其偉（美國密西干大學化學工程學士哥倫比亞碩士歷任國立中山大學廣東省立工業專門學校教授香港馬士文公司化驗師）黃傳賓（國立中山大學理學士）楊諾孫（國立廣東法科學院畢業）趙濟森（美國芝加哥大學化學工程碩士廣東省營造紙廠化驗師廣州國民大學化工教授）蔣逸凡（美國芝加哥大學畢業美國李維圖書公司經理）甯通琴（日本東京高等師範畢業美國司丹福大學教育碩士國立中山大學教授）劉宣閣（上海聖約翰大學文學士金陵文理學院文學系主任） 劉鳳生 （上海聖約翰大學文學士開灤礦務局秘書）顧問兼校醫蔣鵬（美國芝加哥大學醫學博士嶺南大學教授）

私立香港 海南職業學校暨附設普通初級中學招生簡章

校址：九龍大埔路三十七號　實習農場：元朗平山　電話：五零三零一

宗　旨：本校以救濟失學失業青年遵照　教育部規程實施生產教育造就健全國民培植青年基本知識與實用技能爲宗旨

編　制：本校現設普通初級中學部及職業高中部

普通初級中學部　三年畢業

職業高中部（一）農科（二）新聞科　皆三年畢業

（此外爲本校初中部及職業高中部新生補習起見附設夏令班由廿八年七月六日起至八月廿五日止不另收費）此外另附設職業補習班六科（一）家庭工業科（學科共四門每門一個月修完）（二）農業科（五個月修完）（三）新聞科（五個月修）（四）中文速記科一個半月修完）（五）中英公牘科（四個月修完）（六）基本英語科（五個月修完）

入學資格：普通初中部以高小畢業或相當程度者爲合格職業高中部以初中畢業或相當程度者爲合格職業補習班各科以具有相當程度能瞭受者爲合格

學　費：

科別	學費	堂費	共計	備考
普通初中部	每學期廿四元	每學期四元	廿八元	兼讀夏令班者除文具項費用外不另收費
職業高中部農科	每學期廿六元	每學期四元	三十元	仝右
職業高中部新聞科	每學期廿六元	每學期四元	三十元	仝右
職業補習班家庭工業科	每門每月五元			
職業補習班農業科	全期五個月十五元	全期四元	十九元	
職業補習班新聞科	全期五個月十五元	全期四元	十九元	
職業補習班速記科	全期一個半月三元			
職業補習班中英公牘科	每系每月三元			
職業補習班基本英語科	每月三元			
附註	1. 各部各科學生報名時繳報名費一元取錄與否概不發還 2. 其他一切什費概免			

開學日期：普通初中部廿八年八月廿六日
職業高中部廿八年八月廿六日
（高中初中考取新生於七月六日以後隨時加入夏令班）
職業補習班各科隨時編級上課

報　名：即日起在本校校務處報名

入學考試：普通初中部及職業高中部于廿八年八月十五日上午九時在本校舉行職業補習班各科隨時面試面分班上課
（另有詳章函索附郵票二分當即寄上）

萬國美術專科學院招生簡章

宗　旨：以造就藝術專材，促進社會美育爲宗旨。

設　備：體育場，圖書館，寫生室，動物場等。

編　制：本院編制，概照我國教育部最近頒行之專門學校制度，系別如左：

（一）藝術師範系

圖：國畫（山水，人物，花鳥，走獸。）

西畫（水彩，木炭，鉛筆，鋼筆等。）

工：中西縫紉，編織，刺綉，紙花，籐工，石膏工，臘工等。

音：鋼琴，風琴，唱歌，樂理。

體：球類，體育原理，體育學，

國文：詩學，詩法，英文，國語，學畫史，西洋美術史，國畫理論，透視學，色彩學，構圖學，普通圖案，教學法。

（二）藝術高級師範系

本系課程，與藝術師範系同而深造者。

（三）中國畫系

實習科目：山水，人物，走獸，翎毛，花卉，草虫，

理論科目：國畫理論，國畫史，藝術概論，書法，透視學，鉛筆畫。

（四）西洋畫系

實習科本：本炭畫，油畫，水彩畫，鋼筆畫，鉛筆畫，粉筆畫。

理論科目：藝術概論，美術史，透視學，解剖學，色彩學，構圖學，圖案法，國畫。

（五）圖案畫系

實習科目：基礎圖案，平面圖案，立體圖案。

理論科目：圖案法，模樣史，色彩學，透視學，藝術概論，國畫，用器畫，木炭畫，水彩畫。

繳　費：藝術師範系：每學期四十元，高級師範系每學期五十元

中國畫系：專修科每學期四十元，深造科每學期五十元

西洋畫系：專修科每學期四十元，深造科五十元

圖案畫系：專修科每學期四十元，深造科五十元

畢業時間：每系以兩年爲修業期。

院　址：香港旺角何文田太平道十二號，電話，（五七四五五）

院長　劉樹聲

附設函授西畫全科招生簡章

宗旨： 本院創立於一九三二年以捷法函授現代西畫全科使學者在家自習養成專材為宗旨

教法： 本院發給精美教本與學員研習學員將作品寄院批改即發還決可保證速成與面授無異

資格： 不論性別年齡職業及有無繪畫基礎能識淺文字者均可隨時入學

入學： 隨時可入學入學時填寫志願書與應交各費寄香港郵箱一(〇)一五號或直到本院交納

畢業： 畢業任學者自由惟不得過二年修業期滿給予證書

納費： 各費概收港幣不論何故退學例不發還　學費壹百元　教本費二十元　郵費二元　於入學日一次清交

遷址： 學員遷移地址可函本院事務部以便通訊

職業： 本院培就專材素為社會人士嘉許常有學校社團出版社軍政機關囑代聘任美術員凡托覓事業均盡力辦理

教本： 本院發給與學員修習及永久存用之全科西畫教本共二十四厚冊為本院院長劉樹聲先生編著繪圖精美詞句顯淺印刷精良經中英政府官轄機關審定註冊自一九三二年用以傳授各地學員成功者逾數萬人今劉院長本其數年經驗考核學員修業情形更參新法則此後入學者更易成功其課程以國內外美術大學或美專為標準包羅一切現代西洋畫法

八七一（丁）

積臣中小學 高初中學 男女小學 招 各地借讀 各校轉學 男女生簡章

宗旨：用五[illegible]階梯[illegible]教育，與[illegible]國民政府教育原則，以培養國民道德為[illegible]，[illegible]智能成就全才備，文武全材，務使學生[illegible]服務社會為主旨。

學制：高中三年，[illegible]中[illegible]，[illegible]小二年，初小四年，幼稚園兩年，另[illegible]英漢文專班。

課程：除依照本[illegible]特有課程外，其餘悉依照教育部最近[illegible]行課程標準[illegible]，[illegible]教，經，史，詞章，詩賦，對聯，英文，及國語等科。

學費：半年高中卅[illegible]元，[illegible]中卅元，高小廿五元，三四班廿元，一二班[illegible]，[illegible]

資格：凡品行端正，程度相當而有志向學者皆得報名投考，凡持有國內[illegible]各校[illegible]入學[illegible]

報名：[illegible]期及招生學額請看本院公佈告示之日期。

中英教職員多名，負責教授，管教嚴善

夜學：中英算補習班。每月祇收一元。漢文深造班每月二元

雲章免費女義學夜校逢二九月招免費生

積臣日夜英文專科學院招生簡章

宗旨：日學：增[illegible]英文[illegible]，[illegible]學堂課程教授，以[illegible]學生能直接升入[illegible]學堂肄業。

夜學：專教授工商界（英語）（文法）（會話）（西報）（書信）（繙譯）（商業常識）等科講義。除由院長用五段階新教學法親自教授外，並聘請英文[illegible]經驗教師多名日夜助教英漢新舊文學，專教速成實際應用科學，以便學員完讀後進能升學

九七一（丁）

退能在社會謀生為主旨。

學制學科：1.日學：各班編制及課程，除照足本港各官立學堂辦理外，另增教日用應酬英語，全日均用英語講解，務使學子勤于練習，以收事半功倍之效，並設夏令補習班不另收費，即每年多讀一月。

2.夜學：取速成畢業編制，每三個月考驗升一級，定一年畢業商務全科，除教英文學，信札，文法，作文，翻西報，會話，數學，譯文，字學，抄默，等科外，另教院長特著之商務要語，日用應酬會話講義，務使速成實用，以廣造就人材。

學費：1.日學：由英漢文基礎班起，每年收費由三十六元至七十二元，各班學費全年，半年或按月清繳，請閱詳細章程。

2.夜學：初級（六個月）每月二元，每季五元，中級（三個月）每月二元半，每季六元，高級（三個月）每月三元，每季七元，一年畢業，另設深造班。

獎勵：凡將升級試，成績優異（八成以上）品學兼優，不缺課，不曠課者，得免一年肄業。

假期：日學除照教育司及教育部編定必要放假期外，其餘暑假寒假各放十天，清明假三天。

報名及考新生日期：請參閱本院佈告：公開招考新生日期

英文專科日夜學：均免費教授：打字，工藝，簿記，及商務會計等科學

婦女英數專科……洋服英語速成班……招生簡章

學科：由學員自選。按照個別教授速成科學。

學費：每月三元每季八元洋服英語六月畢業。

〇八一（丁）

嶺南國醫藥專門學院續招各級男女日夜班生章程

院址：香港深水埗砵崙街四四二號

序言

諺云。老醫少卜。其爲義果何居乎。蓋取乎其術之精巧耳。年高貌老。安足語此哉。彼岸然道貌。八字脚而直驛其肩。或酸氣滿身。二撇鬚而曲尺其背者。祇可稱之爲老怪。其去老醫之道尚遠。夫所謂老醫者。貴有高深之醫學常識。及優良之臨床經驗。臨症既多焉。其術自老矣。然後足當老醫之名而無愧。

馬院長麗江先生。拾年此道。三折其肱。仁愛性成。惆癩歸於今世。岐黃術擅。幾虛犒於當年。創辦嶺南國醫藥專門學院於九龍。盈門是春風桃李。蘇聯紅卍中醫局及仁愛善堂之兩席。屆坊受甘露楊枝。故有萬家生佛之稱。不辭二天載德之榮。足見杏壇與杏林並美。春風與春雨齊榮。其賢醫也。平均每日求診者二百餘人。先生因主診而臨床。學員且隨旁而實習。用能沉痾造挽。遐邇馳名。其授徒也。耳提面命。撮要鈎玄。素無懷秘留餘。祇有推心置腹。是以陶鑄數載。成績斐然。其畢業諸君。類能用其所學以濟世活人。故世之士女。咸稱之爲老醫而不名焉。殆由於其術之精巧所致也歟。實至名歸。殊未易得。不有所述。其何以彰。余故書之。俾世之有志於研究國醫藥者。得知所問津焉。是爲之序。

潘杏妏謹撰

院董一覽表（姓名不分次序）

李韋衡先生：香港華商總會主席

李玉銘先生：東華醫院首總理香港孔正公會副會長中山商會學校校長難民籌賑會委員

張瀾洲先生：西南中學校長

陳仲瑜先生：京教部特授教諭官香港光華中學校教員

馬超庸先生：香港中華時報社長

高堯溥先生：香港東華醫院總理

唐玉珂先生：歷任廣東光漢中醫專門學校教授

伍新三先生：前任廣東財政廳第一科長

李伯倫先生：北平國民大學畢業

陳符祥先生：香港陸海通有限公司總理

潘杏妏先生：前任台灣僑辦三民大學校長

馬麗江先生：廣東省政府衞生局考取註冊醫生現任紅卍會公立中醫局醫席

本醫藥專門學院創辦至今歷有年所成績超卓固已有口皆碑其畢業於本院者類能用其所學以濟世活人麗江不敏忝爲之長實與有榮焉茲以來學日衆特再擴充學額藉供來學者之需求並擬大加刷新增聘良師務求盡善盡美豈敢云培植人材聊爲太倉一粟之助而已凡我男女同胞其有志於研究國醫者盍興乎來

（一）定　名：本院定名爲嶺南國醫藥專門學院

（二）宗　旨：研究現代國醫全科發揚中華國粹以養成專門醫學人材適應現代社會需要爲宗旨

(三) 班別：(一)高級研究班（祇限於臨症實習故須有相當醫學程度者方可加入）

(二)高級專科班（即現代國醫全科）

(三)星期高級專科班（仝上）

(四)科目：本院課程標準[illegible]各大學[illegible] 各科目如下 生理解剖學 [illegible] 藥物學 婦科 兒科 內經 難經 傷寒 溫病 [illegible] 方劑學 診斷 外科 脈學

(五)資格：[illegible]如文字通順有相當程度者均可隨時報名入學

(六)授課時間：(一)[illegible]

(二)日班 每日上午[illegible]時至下午三時

(三)星期班 [illegible]上午[illegible]時至下午四時

(七)畢業期限：(一)[illegible]

(二)[illegible]

(三)星期高級專科班[illegible]兩年

凡學員修[illegible]期[illegible]考查成績及格本院即發給[illegible]畢業證書[illegible]

(八)徵費：本院定例(一)高級研究班半年學費四十元(二)高級專科班一年學費一百[illegible]星期高級專科班兩年學費六十元如學員畢業後仍留院實習者[illegible]學期收回堂費三十元以上各費均分上下兩學期一次繳清

(九)膳宿：如學員在本院膳宿者每月收回膳費七員宿費五元上期繳交

(十)退學：如學員有犯本院規則被逐出院或自動中途退學者已納各費除膳費外一概例不發還

本院特點附註

(甲)臨症實習：本院教授在香港各[illegible]任職故學員可隨往臨症實習藉資研究以求深造

(乙)教法完善：本院教授乃採用最新的自學輔導方式及參以西法使學員得收事半功倍之效[illegible]貫通中西醫學之能

(丙)選聘教授：本院所聘教授均富有[illegible]講授經驗且決以扶助學員成功爲[illegible]志

(丁)實習班：本院[illegible]（即高級專科班半學年）每月收回堂費[illegible]元（即每學期三十元）如畢業後仍留院實習者每學期收回堂費[illegible]

本院職教員一覽表

院長：呂[illegible]　上海中[illegible]醫學院畢業[illegible]廣東省政府衛生局[illegible]註冊[illegible]現在香港[illegible]公立街坊中醫局醫席

教員：[illegible]　廣東中醫藥專門學校畢業本院高級專科班畢業

[illegible]　前清附生[illegible]武備大學堂畢業歷任廣東光漢中醫藥專門學校教授

陸[illegible]　江蘇無錫中國鍼灸醫學院畢業歷任廣東華夏中醫專科學校教授現任香港華南鍼灸醫學院院長

劉羅[illegible]　粵南醫藥專門學校畢業華夏中醫專科學校畢業歷任僑港中醫公會董事中央國醫館廣東分館番禺支館董事兼編纂委員現任復漢醫學研究社社長廣東華夏中醫專科學校教授

欲造就良好英文基礎請到——大華日夜英文書院

九龍彌敦道四四二號

本院設辦有年，教授認真，與九龍區之油麻地官立學堂及華仁書院之學科取同等教授。

且本院同人以民族意識，中華國粹，乃教育目標中之至要者，是以本院加設上述（民族意識，中華國粹，）等科，希造成健全之國民，以免邯鄲學步反失國能之懼。我國僑胞祈留意焉。

兹附簡章如下：

（一）宗旨：根據最新教育原理對於各學子循循導誘，造成其良好基礎。

（二）實施：**以苦幹，硬幹，實幹精神，養成各學子之務實習性。**

（三）科目：雖注重西學，亦並重視我民族意識及國粹。

（四）費用：求普遍造成良好基礎計，各費從廉。

（五）管理：取嚴密監視態度，惟亦注意學子之個性發展，與體格訓練。

（六）特點：本書院除上述各特點外，尚與 **華仁書院聯絡，凡在本校卒業後，可免試直接轉入華仁書院繼續肄業**

（七）其他：本院為利便日間工作同胞起見，乃于晚間增設夜學。

詳細章程，請到本院索取。

天人音樂學院

一　宗旨：教授中西器樂及聲樂作曲等，以造就高尚音樂人材，俾能爲音樂界服務爲宗旨。

二　命名：本院命名爲「天人音樂學院」。（附屬天人社）

三　院址：設於香港旺角亞皆老街九十號三樓，近油蔴地火車站，搭八號巴士直抵門口，電話五八七四七號

四　教授：本院注重個別教授，分西樂中樂兩部，以最妥善最簡明的方法，依學者程度深淺授課。

五　時間：每星期學習一次，每次上課一小時，時間可由學者自定，（禮拜日休息）每星期欲學習兩次者，學費加倍。

六　科目與學費：學費照每月計，例如學初級風琴，每月四次，學費四元，每月八次則八元，學費每月上期繳足。

七　入學：凡願入學者請塡妥報名單，連同學費一併交來，即可上課。

八　附則：A凡社團學校家庭或個人聘請親到上堂授課，辦法面商。（爲服務社團計，收費特廉）

B上門授課另加車費，九龍城旺角油蔴地尖沙咀深水埗，每次一元，香港二元，山頂及香港仔等較遠之處另議。

C天人社代買代賣各種樂器。

D天人社代作歌曲，簡章備索。

西樂部

科目	學費	科目	學費
1 初級風琴	四元	11 口琴	四元
2 高級風琴	八元	12 喇叭 Cornet	四元
3 初級鋼琴	六元	13 桃林匹 Trumpet	四元
4 高級鋼琴	十元	14 樂鑼	四元
5 小提琴 Violin	四元	15 手琴	四元
6 曼度連 Mandolin	四元	16 聲樂（唱詩）	六元
7 六絃琴 Guitar	四元	17 作曲	八元
8 四絃琴 Ukulele	四元	18 編曲	八元
9 臥琴 Autoharp	四元	19 樂理（各種樂譜）	四元
10 班卓 Banjo	四元	20 指揮	八元

中樂部

科目	學費	科目	學費
1 小提琴 Violin	四元	4 洞簫	三元
2 二胡	三元	5 揚琴	四元
3 秦琴	三元	6 結他 Guitar	四元

中央商務管理專門學院

本學院各項商科科目課本及教授均以英文為本凡欲入本院者須具有英文中學畢業或第二班以上之程度

教授科目：英美國式會計、審計、商務管理、法律、公函、統計學、銀行匯兌、經濟學、商業英文、「撇文」「拮力氏」快字及打字、

畢業證書：前列各項專科均適應倫敦會計師公會倫敦商會及「撇文」快字社之畢業試

上課時間：日堂由上午九時至一時、下午二時至四時夜堂由五時半至七時半、又由七時半至九時

新班開課：九月五日、現已開始報名、（章程印就函索即寄）

地　址：皇后大道中拾號　電話：式陸肆捌陸

五八一（丁）

文灼英文學院

英文日夜班暨附屬小學招生簡章

校址　香港深水埗長沙灣道二百三十四號

宗旨　以促進英文程度養成英文通才為宗旨

學級　分甲乙丙三班甲班係高級中學程度乙班係初級中學程度丙班係初學

科目　程度讀本　國文　文法　修辭　作文　翻譯　會話　尺牘　切音　造句　雜誌　數學

課本　（甲班）高級英文選　納氏文法卷四　林天蘭修辭學　英語作文要略　英文尺牘　華英翻譯金針　南武英語會話下冊　活頁國文選　高中幾何學

（乙班）泰西五十軼事　英文文法提要　英語週刊　英文造句法　英文尺牘　南武英語會話上冊　英文翻譯　活頁國文選　初中代數學

（丙班）英字切音　華英初階　新法英文讀本卷上　華英要語類編　英文法程初集　英文翻譯　活頁國文選　初中算術

時間　每日上午授課三小時下午授課二小時星期三及星期六下午暨星期日休息夜班每晚授課二小時星期六及星期日休息

畢業　本校用積分法教授學者可於一年內畢習初中或高中英文功課半載通曉文法凡修業滿一年試驗成績合格者由本校發給證明書

報名　報名時先繳報名費一元入學時在學費內扣除

學費　上列學費常費在內俱上期一次清繳

班別	每月	每季	每學期	全年
日班甲	五元	十四元	二十七元	五十三元
日班乙	四元	十一元	二十一元	四十一元
日班丙	三元	八元	十九元	二十九元
夜班甲	二元	五元	九元	十七元
夜班乙	一元五角	四元	七元五角	十四元
夜班丙	一元	二元六角	五元	九元五角

本院教職員

院長　盧文灼　國立廣東大學高師英語部畢業　廣東省教育廳檢定高中英語教師　歷充廣東國民大學英語科教授　廣州大學英語科教授

教員　祝國張　廣東省立第一中學英文科主任　廣東省立第二中學高中教員　國立中山大學附屬中學英文專任教員十四年　國立廣東高等師範本科畢業　歷充廣州大學教授暨廣州大學附屬中學主任廣州市立師範教員

張廷飛　國立廣東高等師範本科畢業　歷充廣東省市立中小學校教員　現任廣州大學中學教員

宋學藻　國立廣東大學高師英語部畢業歷充國立廣東法科學院教授

詹尚賢　國立中山大學法學士歷充廣東執信學校遠東中學英文教員

陳金宜　國立中山大學文學士歷充廣州和平中學教員

本校附設漢文小學徵收學費如下

級別	每月	每學期	全年
小學一二年級	二元	十一元	二十元
小學三四年級	二元五角	十四元	二十七元
小學五六年級	三元	十七元	三十三元

中華理化工藝學院概況

『該院組織緣起』

我國爲開化較早之邦。溯自通商以來。工商競爭。恒見優勝劣敗。此天演之公例也。寧不可畏哉。設循是以往。不求進步。勢必愈趨愈下。則國計民生。勢必財源日竭。瞻望前途。不勝企憂。幸該院有見及此。特勉力在民國十七年組織該院。採擇人生日用必需之工藝。 用函授及面授制。以俾普及工藝製造之人材。以促進我國工業。冀我國同胞得一自立之技能。使我國同胞共入工業製造之途。以達振興國貨。挽回漏利之期望。俾使我國國際貿易日漸臻于興隆而已。故各界人士紛紛加入該院研究。其已畢業者。多能在社會上謀生。或充技士。或設工廠營業而獲利者頗不乏人云。

『該院宗旨』

爲提倡工業。造就工藝製造之人材。以期普及職業教育。俾助國民生計。增進我國工藝爲宗旨

『入學資格』

凡品行端正。能遵守該院定章與規律而無越軌行動者。並能略通我國文字。不拘省籍。(不通香港言語亦能入學)無論士，農，工，商，軍，政。各界老少男女。均可入學。以有志研究工藝。欲求工業上之常識與製造之技能。和求經營工藝事業者爲合格。

『學　額』

該院採用個別教授辦法。無拘面授或函授。所有各科之學額。均不限定額。以便學者隨時得以入學。惟現該院舉行提倡工業運動期中。特招之函授班。面授日夜班。及星期班等。各招各期之各種優待生額各一百名。若各期期滿額足後。不能享受工業運動期中之各種減費之權利。須照原定之學費繳納耳云。

『待　遇』

凡該院學員。成績優美。而欲往工廠服工者。如遇各工廠聘技師時。當予以介紹。或欲自辦工廠製造用傳時。須要贊助者。當予以助之。即畢業後如有疑問者。亦能充份答覆指導。以盡義務爲旨。

『課目與各科學費』

計分各種肥皂。化粧品。電池。禾草製紙。漂染。製鏡。墨水。香糊。中西藥品。罐頭。洋燭。顏料。電鍍。火油。洋鹼。藥棉。鞋帽白粉。油墨及其他各種化學日用工藝品等數百科。學費請取閱該院詳細章程一厚冊便知其詳。

『畢　業』

該院教授各科工藝。均發有實驗詳細完善之秘法講義。自投函授之學者照法製造。保能成功與得優美之成績

『教授辦法』

面授學員一經報名繳足學費後。即由該院教務部。指定適當之時間以俾來院上課實習。(原料則由該院供給)。其加入函授部之函授學員。一經寄足研究該科之學費來該院後。該院即將詳細講義及實習時所需用之藥品原料等從郵寄上。以俾在家照詳細秘法的講義以試製。如或有不明之處。可來函詢問。以期明白製造爲止。其函授所得之成績與面授十足無異云。

『該院地址』

在香港上環皇后大道中二九零號三四樓

特註：該院招生章程及學員成功鐵證等。而取函索付郵票八仙即附一厚冊云

光大國醫學院

招生章程摘要

一、宗旨　本院以保存國粹養成國醫學術專門人材爲宗旨其法在與新式溱西化醫藥知識技能救濟社會使未病者爲之防備於未然已病者爲之根治以利物濟世

二、班額　本院本期招全科簡易科及選修研究科日夜各一班每班招四十名暨各班插班生無定額

三、資格　各科投考生均不論性別凡品行端正者可投考但入全科肄業者須文字通順入簡易科者須國文有相當程度或經中學修業者入選修研究科者須在本院全科畢業或已懸壺濟世或研究醫術多年欲求深造者可加入此班

四、課程　甲：全科課程　生理學　解剖學　病理學　藥物學　診斷學　處方學　內科學(傷寒金匱溫病)　外科學　眼耳鼻喉學　傷科學　兒科學　婦科學　鍼灸學　急救學　溫病學　醫學史　醫學通論　醫經研究(內經難經)　醫學論文　衛生行政(開業術)　法醫學　化學　物理學　生理學　藥物提煉及化驗實習　婦兒內外及各科臨床實習

乙：簡易科課程　生理學　病理學　藥物學　診斷學　處方學　內科學　外科學　兒科學　婦科學　醫學通論　臨症實習

選修研究課程　本科爲研究性質由學者在全科中選用六科習之

五、費用

科目	學費	堂費	講義費	雜費	合計
全科	三十元	五元	拾元	五元	五十元
簡易科	三十六元	五元	拾元	五元	五十六元
選修研究科	六十元	五元	拾元	五元	八十元

附註　甲：以上各費爲一學期計

乙：如係寄宿生除應繳費外另繳膳費每月八元寄宿費每月十元

丙：本院儀器圖書以便學生參攷及實習之用每生入學時一次過繳保證金五元倘有損壞儀器時在保證金內補償以重公物如無損壞於畢業時發還

六、授課　本院各日班授課時間爲每日上午九時至十一時下午一時至三時半各夜班授課時間爲每日下午七時至十時（星期日及例假日夜各班均休息）

七、畢業　本院全科四年畢業簡易科二年畢業選修研究科一年畢業修業期滿考試成績及格給予畢業證書以資執業

八、講義　本院所用之講義一律由本院編印分發以資一律因近年來版本不一誤錯太多而名目與用版者相同其內容與原版竟有出乎意料之外故本院講義特委各科教授編印分發

院址：彌敦道五七八號　電話五六一八八

（本院另印詳細章程到取或函索均可）

概況

吾國醫藥，肇自神農，黃帝岐伯，繼加闡發，降及仲景，始成大觀，蔚爲有一統系之醫學術，餘如醫緩之知膏肓，元化之能解剖，扁鵲之精診斷，以及針灸刀圭，在在驚人，苟加演究，未始不足爲當世法，民病可紓，無如國人，墨守繩法，漫不改良，甚或稍有心得，輒作自秘，相傳久遠，遂多湮沒，甲午而後，歐風東漸，社會人心，均受影響，醫學一途，亦趨西化，吾國醫藥受此徒擊，益形不振，有志之士，良用慨然，名醫院君實，毅然憂之，乃創設光大國醫學院，於濟人之餘，作國醫公開之探考，斯不僅疾病者之福，亦國醫學術前途之幸也，該院應時勢之需求，創辦年前，成績昭著，社會人士，均多稱譽，其院址位於九龍彌敦道五七八號，地處衝要，又爲交通必經之康莊大道，所有教授，均聘國內名醫担任，選擇歷代醫案，精編講義，教材充實，用科學之方法，作推理之解答，又設附醫施藥，側重實習，使學者有實際之經驗，圖書標本，設備極富，足補教材之不逮，而供學生課餘進修之助也。

教育部
僑委會
港政府
立案忠信會計部概略

本港華人會計學校之設，本校堪稱首創，辦理之初，李會計師承港地各商及銀行界之請，以該項人材，每感缺乏，華洋種種轇轕，未易整理，特設辦中式改良簿記班，開辦後，深得港地各商贊許，來學者衆，而又以該班簡易，對於會計門類多未概括，乃改辦會計全科，辦理以來，成績卓著，畢業各生之服務於本港各商店銀行界者亦不少，本年特專聘我國會計名流潘序倫博士，協同辦理，關於校內設置，文書，儀器，華文打字機，銀行實習室，種種設備，盡量增加，務求添設完善，更以國內戰雲瀰漫，莘莘學子之避難香港者，日見增加，此輩青年，每苦失學爲難，本校爲救濟失學青年，及貧苦學生，聯盡抗戰建國之後方責任，特擴充校舍，增加中小學及幼稚園班額，以宏造就，除中小學部章程另刊中學欄內外，茲將會計部簡章錄後

本校會計部特點

一、會計班，於每學期內，必與各生到就近工廠，銀行，或李會計師事務所實習。

二、本校設有銀行實習室，及華文打字機，以爲會計班各生得以隨時練習。

三、會計班畢業後，由校長及監督負責介紹往各工廠商店機關等，務求予以相當職務。

四、聘定中西醫生，於每學期檢驗學生一次，以便隨時注意各生之健康。

本校會計部招男女生簡章

（一）宗　旨

本校根據教育部戰時教育方針，及按照學生心身程序，養成其基本優良習慣，與健全人格，並授以生活上需要之技能，於相當期間造就實用會計人材，以適應現實社會之需求爲宗旨。

（二）編　制

本校會計部；分一、高級會計班，二、訓練班，三、特別夜班。高級會計班三年畢業，訓練班一年畢業，特別夜班一年畢業。

（叁）班　次

會計部；高級班日班，上下午各一班，每班男女生四十名。訓練班，上下午各一班，每班男女生四十名，特別夜班，一班，男女生四十名。並招各級轉學插班及借讀生。

（四）課　程

遵照部定及戰時教育方針編訂

甲：高級會計班課程

會計學，成本會計，鐵路會計，財政學，公司會計，各業會計，工廠管理，審計學，決算表分析，會計法規，投資數學，商業簿記，經濟學，統計學，公文程式，華文打字，幾何數學，商業算術，商業學，高級會計學，官廳簿記，銀行簿記，應用簿記，英文打字，三角學，法計概要，英文銀行簿記，醫學，商業常識，國文，英文，公民。

（乙）訓練班及特別夜班課程

會計學，商業簿記，改良中式簿記，官廳簿記，銀行簿記，公文程式，商法，商業學，所得稅，審計學，商業算術，經濟學，統計學。

（五）入學資格

訓練班及特別夜班，凡中文通順，品行端正者，均得入學，高級班一年級，須初中畢業，或程度相當者，二三年級須訓練班畢業，或曾修習會計之學一年以上而具有證明者，方得插班。

（六）獎　懲

凡學生成績優良，及品行端正，每學期試驗總結，發核其成績，如超過九十分者，可免學費一期，超過八十五分者，免學費半期，以示鼓勵，其不守校規而屢戒不改之學生，本校得開除其學籍，所繳各費，概不發還。

（七）費　用

本校會計部；徵收各班費用如左：

（甲）高級班：學費卅六元　堂費四元　合共四十元

（乙）訓練班：學費卅二元　堂費四元　合共卅六元

（丙）特別夜班：學費廿二元　堂費四元　合共廿六元

本校職教員表

監督　李卓權　校長　潘序倫

青華英文書院

一九三二年創辦

(一)校長　洪慈普學士。

(二)教員　甘偉鉅學士，周光耀先生，黃清華先生，郭紹垣先生，鄭耀民學士，何文光先生，林湛恩先生，盧偉佳先生，毛仲琳學士，楊炳和先生，洪　澤先生。

(三)學級　高小部，初中部，高中部。

(四)學科　英文，漢文，地理，歷史，數學，物理，化學，力學。

(五)學費　按月繳交，高小及初中各班每月五元半，高中一每月八元半，高中二每月十元，高中三每月十一元。

(六)校舍　本校校舍在中環鐵崗三號四號兩間。「卽牛奶公司直上，聖保羅禮拜堂斜對面，體育學校右鄰。」樓高三層，完全西式。地方幽靜，絕無塵囂，極合作學校之用，可容學生八百餘人。

(七)設備　本校設有完備之理化室，以備高中學生實習，不另收費。更有圖書室一所，現藏中西圖書共二千餘册，以供諸生課餘瀏覽及參考之用。

(八)招生　九月一日上午十一時考驗高小及初中新生，九月二日上午十一時考驗高中新生，招生章程，函索卽寄，本校電話二七九五二　。

(九)開課　九月五號星期二日復課。

南洋華僑捐資助辦

南洋商科女子學院秋期招生

編制　英文五級　商業專科　商業速成科　華英打字科　鋼琴科　縫紉科　女子體育班

特處　男校地點適中、課室宏敞、規模偉大、教員衆多、女校有大花園、有大操場、加聘英國女子教授、

學費　優待各埠華僑子弟及歡迎旅港男女學生、徵費廉宜

開學　九月壹號

校址　商學院荷里活道四十號　電話二六七七一
女學院麥當奴道五十號　電話二四一七四

女校兼備　**優美宿舍**

男校附設　**晨校夜校**　晨七時至八時半　夜七時至九時　英文及國語　英文共分七級

香港英陶書院概況

（編制）英文部，照香港編制八班至二班，中文選科，按學生程度另編高中，初中，小學各班，

（課程）本校課程對於課生升學，雙方兼顧，英文各科銜接香港大學，中文依照國內新課程標準，中學加經訓選科，備港大試。

（圖書）除萬有文庫及小學生文庫外，另中西書報多種。

（升學）初習英文，肄業五年，即可考升港大預科。

（膳宿）費用從廉，有常川駐校教員指導自修。

（夜堂）英文專科，由第三班至第八班，分編四級，課程趨重現代實用教材，務令學生於最短期間，得顯著進步，下午堂照夜堂課程

（學費）日班每月交五元，或每季十二元，夜班或下午班每月二元，或每季五元。

（校址）中環歌賦街卅三號。

（附註）本校民國七年創辦，原名陶英英文學校，民國十七年，經現校長潘仲芝改組，更名英陶書院，加設英文中學班，漸增中文選科時間，俾學生專修英文，或選習中英文各半，庶幾中英文學業平行發展，以使英文學生，培植穩固國文基礎，使其畢業後既可升學深造，亦可服務謀生。

英陶書院招生佈告

一、夏令班國曆八月四日起至九月七日止分設「甲」數學專科「乙」英文專科「丙」英算全科「丁」中文選科以上全期學費均收五元

二、秋季始業國曆八月廿九日至九月十二日招收新生即日上課

三、夜堂「七時至九時」下午堂「二時至四時」英文專科照常上課不放暑假新生隨到隨編班

名譽校長岑藻芬　法國加因大學化學師都督士大學法科博士

校　　長潘仲芝　香港大學文科教育學系歷充英皇中學教員

中文部指導羅汝南　前國立廣東大學文史教授

導輔主任關浩爲　香港大學預科畢業前華南英文中學教員

中學主任賴淞漢　香港大學文學士

小學主任潘知湛　香港官立專科學院師範科畢業

香港商務專門學院

中環雲咸街七十五號　　電話三三四五零

▲設備：商學系　秘書學系　（附設）立案香江商業職業學校簡章另刊後邊。

▲始業：春秋二季（元月與九月）。

▲假期：星期日及例定假期。

▲實習：除由學校當局導往各銀行商廠見習外，自設有（一）營業部（商專行）供給學者澈底見習出入口洋務船務等商學識與經驗，并代社會服務向國外推銷或定辦商品，自辦有名廠打字機書籍等零沽批發價格極廉，如購打字機一架，免費教授打字一位。（二）設有（商專銀行）與（會計實習所），其間設施根據銀行業務及公司會計之規模組成，學者一經見習，養成服務經驗。

▲商學系：授以管理，商法，經濟，公司法則，高級簿記會計，審計，銀行，統計，售貨。

▲秘書系：授以秘書，商法，經濟，公司法則，高級簿記會計，管理，銀行，統計。

▲程度：商科高中畢業或具有同等學歷者可報名，如在未立案香江商業職業學校畢業得直接升讀。

▲時間：每系需時二年

▲畢業：本院爲英倫秘書學系學士會暨倫敦商學系教聯總會之華南會考機關學員肄業完滿由本院給予畢業文憑外可會考上述試及格由英發給文憑

▲請留意：歷屆會考英國港區試獲獎品升學美國成績與學員出路

中央僑委會暨中國教育部立案

香江商業職業學校

（香港商務專門學院附設）

▲設備：(男女)高級商業全科，初級全科，選科，高初簿記會計，打字，速記，秘書，銀行，經濟等專科

▲(高級商業全科)：授以商事法，經濟，銀行，管理，簿記會計，速記，打字，商業常識，貿易，船務保險，商務英文與信札，商業算術，譯文，廣告。

▲程度：初中以上畢業或同等學歷者可報名

▲(初級商業全科)：授以商業英文，會話，算術，簿記，商業常識，商業歷史，地理，繙譯，信札，楷書，打字。

▲程度：高小以上或具同等學歷者可報名

▲時間：高一年初一年

▲(簿記會計專科)：級分高初

▲時間：簿記叁月會計九月

▲(秘書科)授以速記，打字，信札，與英文，商業常識

▲程度：初中以上或具同等學歷可報名

▲(打字)　(速記)授以論理並予以實習

▲畢業：肄業完滿給以畢業證書，如會考英國商學院港區試，由英給證書。

▲出路：(一)特設(職業部)專爲學者介紹職位，過去有優良成績可考且刊有出路錄以示出路之宏(二)設有(指導部)代學者解決職業或事務上之疑題難問藉以補助學員之經驗

SCHOOL OF ACCOUNTANCY & COMMERCE
(The School of Gold Medallists)

The International Accounts

(L. I. I. A. (Aust.)

COSTS PROFITS APPROPRIATIONS TAXES POLICIES AUDITS PLANS FOR FINANCING

Plcose Seud Souee One for Block

For an ambitious young man, a firstclass plan is to become a Licentiate or Associate of the International Institute of Accounts, Incorporated, a world-wide organisation with over 5,000 members throughout Britain, Canada, Australia, China, and possessions of the United States of America. Admission to membership is by qualifying examination. Examinations are held in June and December. The School of Accountancy & Commerce gives the necessary training for both the Intermediate and Final Examinations.

INTERMEDIATE

Part 1. Bookkeeping I
Bookkeeping II
Mercantile Law I

Part 2. Auditing
Mercantile Law II

Fees: $15.00 per month, or
$75.00 per term (6 mos.)
Time Required: 2 terms

FINAL

Part 1. Bookkeeping I
Mercantile Law II

Part 2. Bookkeeping II
Mercantile Law III

Part 3. Mercantile Law II
Auditing

$20.00 per month, or
$100.00 per term (6 mos.)
3 terms.

First Places

S. A. C. Students won 7 Gold Medals for First Places out of 8 exams. during 1934--1938

Ask for "Degrees in Accountancy"

1, Middle Road,
(Tel. 50855)
Kowlooon, Hong Kong

M. S. Phoon, B. C., LL. B., F. I. I. A.
Principal and Founder.

香港英文會計商業學院

會計部

宗旨：於短期內獲優美學識，予應考英國及澳洲會計師公會學位(L.I.I.A.)

科目：高級會計，高級簿記，商業法規，經濟學，審計學，統計學，銀行學等。

成績：本院學生投考萬國英文會計師公會八次之中七次均得首名金牌獎章

院址：尖沙咀中間道一號（即半島酒店後面西青年會背）電話五零八五五

院長：潘明星—萬國會計師，美國西北大學法學士，英國巴文哈大學商學士

香港鎮華工程學校概況

該校原名「香港同濟工程學院」。成立於民國廿七年春間。校址初設於灣仔軒尼詩道十六號至十八號。查私立土木工程學校之在港正式設立者，尚以該校為第一家。當時社會人士深知建國之道，首重建設，而一切建設，莫不以土木工程為肇端，値該校乘時崛起，故求學紛紛而至。加以本港僑界同胞，秉承國家獎勵技術人材之本旨，對該校成立，多所獎掖，廣為宣揚，故該校校務乃日形發達。

其後該校為圖符合我國教育編制起見，改用今名，并以原址不敷應用，乃遷新址，再度將課程編制，及設備內容，遞例呈准香港教育司正式註册立案。各科教師，亦經教育司嚴格考選，認為符合技術專門學校教師之資格。

該校土木工程本科，定三年畢業，教育司亦以為工程課目，頗為繁複，必須三年時間，方能修畢。惟有若干人士，急擬應世，擬專修若干課目，以期於時間內，得以應用者，該校鑒於此種需要，乃設樓宇工程專修班，測量班，鋼筋三合土設計班等，每班課程，均一年修竣。

該校特點甚多約如下述：

實習機會充份：該校與本港著名建築公司如建利，遠安，福利，泰利，正興，大安，公安等取得聯絡，利用其建築工場，以供實習。

教學儀器完善：校內所設之模型及儀器，均經香港教育司審查合格。

上課時間適宜：學科上課，俱在晚間，校外實習，則在星期日日間，故對於日間有工作之學生，最感便利。

師資優良：各科教師，均為國內外工程師，或大學工科畢業生，且經教育司考選，故無濫竽充數者混跡其間。

簡章

校址：香港灣仔莊士敦道廿七號至卅一號

編制：土木工程本科三年畢業——入學資格須初中畢業而數學程度相等於香港英文中學第二班者畢業後得向國民政府經濟部聲請技副登記

附設：（1）樓宇工程專修班一年畢業（2）測量班一年畢業（3）鋼筋三合土設計班一年畢業

學期：每年分二學期每學期為六個月

科目：土木工程本科：

必修科：英文 數學 繪圖 工程力學 材料力學 鋼筋三合土設計 測量及實習 水力學 道路工學 鐵路工學 構造材料 土石及木材工程 結構學 鋼鐵結構工程

選修程：營造學及實習 工程監理 工程契約及規範 市政工程 給水工程 渠道工程 鑿路工程 高級結構原理 建築學史

（1）樓宇工程專修班：英文 數學 樓宇繪圖 力學 鋼筋三合土 樓宇設計 營造學 平面測量及實習 構造材料 工程監理

（2）測量班：數學 英文 製圖 平面測量 陸地測量 水道測量 鐵路測量 天體測量 鐵路工學 道路工學

（3）鋼筋三合土設計班：力學 樓宇及地基計劃 鐵橋計劃 橋樑計劃 涵洞計劃 施工管理 繪圖

授課時間：每日下午六時四十五分至九時

實習：本校儀器設備完善俾學生有充份之實習并定於星期日為實習時間

實習工場：本校除測量實習由政府指定地點外其他各種工程實習時均在下列地點舉行（一）建利建築公司工場（二）建安建築公司工場（三）福利建築公司工場（四）泰利建築公司工場（五）正興建築公司工場（六）大安建築公司工場（七）公安建築公司工場

開學日期：每年二月四日及九月四日分春秋季兩招生

教師：本校教師均為國內外工程師其資格及服務均經教育司正式檢定

學費：每學期各科各班各級費用：學費廿五元 堂費三元 講義費二元 實習費五元 合計卅五元

保黎國醫學院招男女生

宗旨　以現代最新理論．表彰吾國固有醫學．主要科目．生理學．病理學．藥劑學　內經。難經學．傷寒．金匱。兒科．婦科．及臨症實習．循序漸進．務令學者易於了解．而切實用．投考資格．凡中學畢業．及有相當程度者．均可投考．茲定夏歷七月初一開課．

院址：香港德輔道中四十六號二樓

電話：二五三六二

院長詹保黎

八九一（下）

KO'S INSTITUTE

高氏快字打字學社

香港中環依利近街五十一號（即堅道五十九號後便）

別文氏快字專科

普摩法打字專科

本社主任高佑昌君，為英倫商科教授聯會會員「認證快字及打字教授」，英倫秘書學士聯會會員，及英國別文氏快字學會會員，復具有十餘載教習之經驗「曾充泰和洋行速記總校書」。高君特於公餘之暇，設快字及打字專科學社，以期多造就成人材，所有各班皆親自担任教授，指正確捷方法，務求學者速成實用，故自一九三一年開辦以來，各屆成績卓著，現復擴充各班學額，俾有志研習者知所問津焉。

別文氏快字班簡章

說明，近世科學發達，寸陰是惜，快字（速記）一科，遂成為商場上之一大實業。蓋快字之用途甚廣，各大洋行，所需要之快字人材求多，而無此種人材，則不能完成其有日支用記作，故凡充快字員者，恆覺供以之薪金，其上進之機會，確非一般語字或充不當職員者所可比。其所字之識位，即為僱主之秘書，對於所有書信文件，經營重略，買賣之缺，無不達悉，而能於短期內造成常務商廚之人材奕，前果記者，亦以快字為唯一利器。然學者論，能速記合，於師長技錄或演講時，可一一記用，對將來學業成績，亦誠一大助也。

近日各西報告白欄內，常載有僱用速記秘書(Stenographers)，或速記打字員(Shorthand-Typists)之告白。然華人在各洋務機關謀職者，多因未諳英文快字術，致失良機，殊為可惜。本社有見及此，特採用速成方法，教授，務求簡捷，俾一般欲獲優厚薪金之職位者，能於最短期內，速成此科，以應商場之用。

普摩法打字班簡章

說明，打字一科，最為時尚，良以其裨益實用，確非淺鮮，故是科成為辦公室內職員所必需之技能，良非無故也。然各商場機關對於斯項人材之選擇，乃在乎其手法之正確與否，故謀職者其對於打字手法未加以科學化之正確訓練者，前途未可樂觀也。

優點，打字之方法，公認為滿意者，首推普摩("TOUCH")手法。凡具有斯法之正確學識者，其速度之進展，乃時間上之練習問題耳。用此法者，能低減其對於使用字盤(Keyboard)時心力上之虛耗，同時增進其對於斯項工作時之專心，理至顯而明也。蓋凡用此法者有下列之優點。

（一）雙目之視線不須傾向字盤

（二）字盤之撥動有整齊之拍度

（三）字位之嫻熟有循序之練速

（四）手指之運用有一定之管轄

主任高佑昌啓

英倫商科教授聯會會員

（快字及打字系）

別文氏快字

PTIMAN'S SHORTHAND

The Stepping Stone to Success

(Holds the world's record for speed and accuracy and is an essential part of a business education.)

普摩法打字

"TOUCH" TYPEWRITING

The only satisfactory method for the rapid production of flawless typescripts.

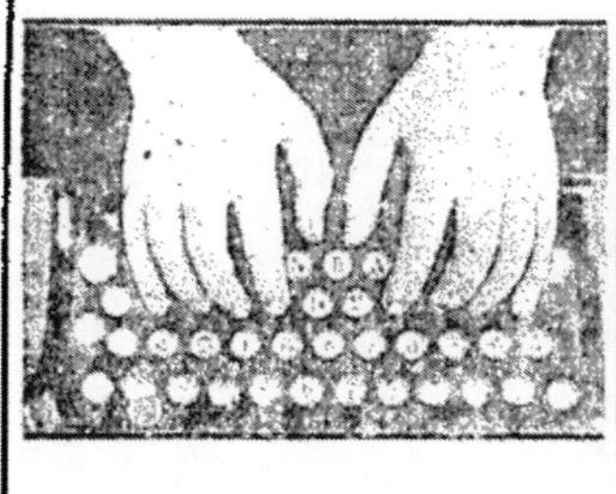

振成商學院

（創辦于一九廿九年）

（一）避免失業痛苦 速學現代商學 （二）欲求現代商學 請到本商學院

（三）有現代商學 不患無職位 （四）請即預學 免失良機

▲成立十週年紀念宣言▼

敝院自一九廿九年創辦以來，迄今已十易寒暑矣。先後培養實用商業人材逾千，其間謬承社會中西人士不棄，愛護備至，信仰日增，畢業學員多蒙各商行錄用及嘉許，同人等實深銘感。溯敝院未開辦前，在港中求一完善之商學院，幾如鳳毛麟角，敝院監督郭振成自學成後，歷受港澳各學院及商行之聘爲教授及司理等職多載，曾週遊國內外考察教育，鑒于各國商業之發達，純因有完善之商科專門學院以造成商業人材，本港爲重要商埠，需用商材尤多，而商學院極感缺乏，乃于一九廿八年來港，特斥鉅資，于翌年創設一打字專門學院于本港中環奧卑利街，選購各種新式商學儀器，以訓練打字專科人材，鑒社會人士及各界並助，努力合作，成績頗著，期年學者大增，院舍不敷，于是不得不擴充院舍，遷往擺花街，加聘教授，增設各商學科，後以所授課程均切合社會需求，負笈者紛至沓來，嘗有見遺之憾，乃于一九三三年遷營成謂全歷洋樓，擴充學額，增設宿舍，然以該處仍不敷用及略嫌喧雜，乃再遷鐵崗今址，地點清幽，洵修學之佳境，復蒙社會中西名流之愛護指導有加，院務日形發展，及蒙英倫各商學院委爲華南監試代表，同人等于感激之餘，益自奮勉，決本以往之精神，再接再厲，從事內容之充實，以適應大時代之需求，務使敝院成爲最完善之學院，茲逢慶祝成立十週年紀念之期，謹以萬二分熱誠，敬謝各界人士多年愛護之雅意，伏望時賜南針，以匡不逮，是所厚望焉。

▲本院現設有下列各科▼

（一）商務全科……【日班】（一年畢業）

（二）打字專科……【日班】【夜班】（三閱月至五閱月畢業）

（三）簿記專科……【日班】【夜班】（六閱月畢業）

（四）快字專科……【日班】【夜班】（十閱月畢業）

（五）秘書學科……【夜班】（六閱月畢業）

各科詳細 另有章程 歡迎取閱

〔注意〕

（一）本院之商務全科由中西專材數位教授，該全科包括下列各科：打字，商業簿記，快字，商業信札，商業常識，商業算術，經濟學，出入口，商務，銀行學，保險學，工業管理法，貨幣術，商法，英文，及洋行儀器等。

（二）本院不惜重資購置各種名廠新式打字機三十餘架，各種計算機，級以機，加數機，及商行儀器等爲學者練習之用，使能從實用商行學識。

（三）學業，文憑除由本院發給外，另可由英倫各商科大學院獎與證書及榮銜等，欲知詳細，請函詢問一切。

（四）本院竭力介紹畢業學員之成績優良者職業。

（五）本院爲利便遠方來學者起見，特設完善雅潔宿舍。

（六）本院爲利便工商界子夜間補習英文起見，特附設英文專科夜學，另有詳細章程。

▲本院院董芳名▼

林承芬博士　顏成坤先生　士路威先生　冼秉熹律師　胡惠德醫師

曾寶琦先生　李星衢先生　范潔朋先生　巴　頓先生　郭　泉先生

盧思覺牧師　黃潤頌先生

△教育顧問　黃訪書先生

△名譽講師　林炳良碩士

△院醫　曾紹初律師　李　崧醫師

△監督兼創辦人　郭振成

院址：中環鐵崗二號全間洋樓　電話二六八八三

本院現招下列各科男女新生

△學額無多　請即報名▽

本院之第十四屆商務全科，第廿五屆打字，商業簿記，英文速記等專科畢業試已于七月五號舉行，現擬招下列各科男女新生。

特聘中西專材六位教授

（一）第十六屆商務全科　（二）第廿六屆速記專科

（三）第廿六屆打字專科　（四）第廿六屆簿記專科

注意

設有夏令男女打字專科七星期保證畢業及夏令簿記專科二閱月畢業等兩科由監督郭振成親自教授另有章程歡迎取閱

○○二（丁）

香港皇仁書院畢業經向本港教育司註册二十餘年現任九龍光漢中學越華書院南中學校羣教學院英文教員

世界最通行　莫爲學英語
工商最利便　學費又相宜
先生專心教　進步速無遲
有志求學者　請勿失時機

簡章

（一）校址　設在油蔴地多年現遷上海街三百五十號即成珠茶樓三樓

（二）宗旨　男女可讀以個人教授養成工商界人材利便交際達其目的爲宗旨

（三）學科　由本校採取捷徑由淺而入深抄錄課本教授而學員自擇書籍須先聲明學費另訂

（四）學費　學費堂費廉收按月上期收足寫字紙水由本校供用

（五）試驗　每年年終大考一次如取列九十分以上爲最優等准免下年全年學費

門人

[illegible]

同啓

華南國醫學院

概況

立案：中央國醫館特准立案。

宗旨：發揚我國醫藥學術，培育健全國醫人材為宗旨。

學科：遵照教育部最近頒定中醫專科學校課程表編配融會中西醫理，注重實習。

實習：設備化學實驗室，物理實驗室，病理實驗室，解剖實驗室，贈醫處，以便學生實習。

設備：設置儀器，圖書，藥物標本，及醫學上一切應用器具。

畢業：本科班修業四年。研究班修業壹年。

招生：每年考取春秋兩季日夜男女各班學生，春季由一月上旬開始報名，秋季由七月上旬開始報名，不收報名費，如係戰區醫校學生幷特別優待。

院長黃焯南

院址：灣仔馬師道九號電話：三零陸六五

二〇二（丁）

香港

華僑國語教育社

社址：九龍彌敦道三五五號四樓

本社歷史

本社社長齋硯農教授北平人，在國內宣傳國語多年，以教學經驗所得，自著一千個字的基本國語話一書，此書乃選極淺顯極常用之一千字編著而成，由一千字再編成日常應用會話卅二課，每課附有練習篇一頁，把各種詞類照著系統分排在練習篇內，使學者反覆練習，以期於短時間內學成流利的標準國語，至於輕音及聲調上應變化的單字，在此書內，尤有極顯明之標識，至本社師範班所用之國語師範講義，亦係社長自編，內容包括一切國語國音問題，茲不多贅。

章程

一、宗旨　普及國語教育，促進民族團結。

二、方法　本社社長齋硯農用最新方法教授國語，能使初級學者於兩個月內，學會日常應用的國語會話，能使高級學者於兩個月內，學會正確流利的標準國語，能使師範學者於兩個月內完成國語師範人才。

三、課程　初級：一千個字的基本國語話，簡易國音
高級：標準國語應用會話，注音符號使用法，
師範：注音符號發音原理，國語聲調變化法，國語輕重音及捲舌韻應用法，（本社社長自編講義）

四、時間　初級班，高級班，師範班，每班均以兩個月為一期，每班每星期授課三次（一、三、五、）或（二、四、六、）每次授課一小時，（日班夜班任選）

五、特別班　初級　每期五元，　講義費一元，
高級　每期七元，　講義費一元，
師範　每期八元，　講義費一元，

六、社員班　每年納費十二元，　講義費三元，　可以隨意加入特別班各班，不另納學費，（但不另開新班）

七、研究班　讀完師範班者，或有志加入研究班，研究國語羅馬字及手語旗語燈語等，須另繳學費十元，（本社社員減半）亦以兩個月為一期。

八、個人班　個人不願參加各班一同研究者，可以個人教授，初級全期卅元，高級卅二元，師範卅四元，（以在本社來研究者為限，）若一次繳清一二三班學費者，減收十元，實收八十六元，（講義費另外。）

九、家庭班　每班只限九人，初級高級師範，每班授課一小時，收學費二元，每班每期以二十四點鐘計算，收費四十八元，（講義費另外）。

十、團體班　如團體公司洋行學校或各途商會欲聘請開辦國語班者則請面商

十一、報名　各級報名時，先繳費一半，開學時交清，交款後，不論遇有何種情形，概不退還。

十二、優待　凡介紹社員一人以上者，該介紹人，減收學費兩員，兩人以上者，該介紹人減收學費四元，餘者以此類推（凡熱心國語人士無論任何人，有無在本社研究國語者，均得介紹，本社亦均照上項辦理）

十三、繳費　學員於開課時，即須將學費繳清，至總社學生，若因故而遷居，欲就分社研究者，必須另繳學費分社學生亦然。

十四、證書　各學員於修業期滿後，經考試及格，符合本社章程內第二條之規定，學生成績標準，暨學期內，並無缺席，方始發給證書，每班收證書費一元。

社員班三大便利：

（一）學費較省　每月學費僅一元而已。

（二）時間便利　日班夜班均可參加。

（三）可以補課　社員若因工作過忙，或特別事故，而請假者，本社可另擇時間，代為補課，但以七次為限。

國民政府教育部暨　僑務委員會撥款補助
香港教育司註冊　大西洋政府立案

香港
澳門

廣大高級會計職業學校

招第十一屆男女生

兼收國內已立案會計學校各級轉學生

高級班三年畢業　會計班一年畢業

設備　設有圖書室實習銀行消費合作社計算機華文打字機英文打字機

實習　一校內：每日在銀行及合作社實地練習　二校外：往各機關銀行商店公司等見習

職業　本校畢業生服務於海陸空軍警政法界銀行公司商店者遍佈國內外詳情請閱簡章

證書　由國民政府僑務委員會頒發效用普及全國欲求深造者得升國內大學

廣州正校本屆暫不招生

第一分校　香港堅道八十九號　電話　三一九八零

第二分校　香港堅道六十六號　電話　三一九七零

第三分校　澳門水坑尾十五號

膳宿俱備

廣大高級會計職業學校概況

本校遵照教育部職業學校規程開辦於廣州，呈准立案，辦理多年。旋為推廣職業教育，於民國廿三年增設第一第二兩分校於香港，亦經奉　國民政府教育部暨　國民政府僑務委員會第九八四號指令分別立案。民國廿五年起，更蒙優予獎勵，撥款補助。去年為再謀職業教育之推廣，及利便僑胞就學起見，增設第三分校於澳門，並經大西洋政府立案。

本校教授，注重實習，除設有實習銀行，消費合作社，以資各生實習各種簿記之外；並設有中文打字機，英文打字機，計數機，各種，俾各生按日練習；故以課程之完備，實習之嫻熟，畢業後服務於機關社團者，類皆勝任裕如；而機關社團，亦樂為聘用。最近據各生來函報告，服務於海、陸、空、軍、警、政、法、界、公、私立銀行、各種公司、商店者，人數固多；間有欲求深造，遞升大學者，亦屬不少。即以前日各生來函報告，新獲職業者，不下八十餘人。（請看本校招生章程）可見非常時期，會計人才之需求，更為迫切！

至於本校畢業生，均由教育行政主管機關發給證書，畢業學生資格之行使，普及全國。故本校畢業生，進則可遞升大學以求深造；退則可本其所學以入世謀生也。

四〇二（1）

黎威林專家（日夜）教授英文數學

宗旨 以最速成有效方法用粵語國語英語專家教授英數學科注重實際應用兼顧升學從業爲宗旨

學科 英文 西報 文選 讀本 會話 文法 切音 作文 繙譯

數學 算術 代數 幾何 三角 大代數 解析幾何

學費

	每週選課六時			每週選課十二時			每週選課十八時		
	每月	每季	半年	每月	每季	半年	每月	每季	半年
初中級	五元	十二元	二十一元	八元	二十元	三十五元	十二元	三十元	五十元
高級	七元	十七元	三十元	十二元	三十元	五十元	十七元	四十五元	八十元

注重個別教授學科課本時間由學者自定或與教授商訂但上門教授學費另議

來學 不論性別年齡程度深淺均可隨時報名來學並先繳報名費一元來學與否概不發還（因該款於入學時作一次過之堂費）

教授 黎威林 梁佩芝 廖海如 黃覺明 傅世玉

五〇二（丁）

實用高級會計職業學校

本校概況

班別：分高級及訓練班 高級班三年畢業 訓練班一年畢業

沿革：民國二十二年二月在廣州市設立 迄今已屆七年 截至廿八年七月止 高級班畢業四屆 訓練班畢業十二屆 共三十六班 計一千二百餘人

立案：民國廿四年八月奉廣東教育廳立案 所有畢業証書均由教育廳蓋印 可以投考國內外大學及普通文官

課程：高級班教授英文 國文 數學 會計 簿記 統計 財政 經濟 打字等科 訓練班教授數學 會計 統計 簿記 打字等科

始業：每年分春秋兩季始業 春季二月二日開課 秋季九月五日開課 各季均招收新生

學生出路：除得投考國內外大學及普通文官外 多在各機關及工商團體服務 尤以在各機關爲最 從前廣州市公安正分局服務者達六十餘人 現在韶關財政廳服務者達二十餘人

特色：（一）開辦最早 文化界稱爲廣東會計學校鼻祖（二）自編課本 課程系統劃一（三）教員均係會計專家 教法切合實用（四）各機關團體常來徵用職員 畢業後不憂失業

校址：香港分校 中環結志街第八號 電話二八四四六號
台山縣分校 台城東門外雷氏宗祠

校長會計師趙灼

六〇二（下）

香港小学校概覧

吳灞陵署

香港小學校概覽

目錄

顯華英文學院

招生簡章

（班級）分五級由第八班至第四班

（學費）按月伍元按季拾肆元全年伍十伍元全年堂費四元

（校醫）西醫趙柱臣醫生　大道中八十一號二樓
中醫勞英羣醫生　德付道中八十一號二樓
牙醫張　池醫生　德付道中七十九號二樓

（夜校）七　至九時每月學費弍元全年堂費弍元

（校址）大道中七十四號

（復課）國曆八月廿二號（七月初八日）

顯華英文學院概況

顯華英文學院，創於一九三五年，校址在大道中七十四號，院長為高邁，校務長為陳觀堯，俱青年而熱心教育者也。此校開辦迄今，為時雖僅五年，然考其沿革，實遠在十餘年前，為港中私立英文學校中最有悠久歷史之表表者也。蓋院長高君向受職于港中政府機關，每念英文學校一年一級，對于學生時間金錢俱非經濟，因于一九二五年，向政府告退，創立顯勳英文學校于大道西，嚴定課程，加緊教授，以半年升一級，成績大著，後以事不克兼顧，由其同事接辦，高君旋任大華書院院長，至一九三五年，復自行創立今校，其取名顯華，即示其淵源有自也。該校學制，分日夜班，日班以新法教授，務令學子於短時間，得高深學識，故其學級編制，由第八班至第六班，以半年升一級，至第四五班，各科程仍能與皇仁等中學相銜接。夜班則注重商業所需各科，畢業後可以自立謀生，惜學額無多，到學者每至額滿見遺云。

九龍中華兒童書院概況

九龍旺角山東街中華兒童書院，建于民國二十四年，現有學生四百七十餘人，教職員二十人。現任院長爲熱心社會事業之吳涵眞氏。學校一切計劃設施，均由理事會決定。其理事董事會之組織，由本港熱心教育人士所集成。財政完全公開，理事院長均係義務職，分文不支。學校在社會，學生，教職員監督之下，進行一切興革事宜，故中華兒童書院實爲一屬於公衆之學校，誠港九學校中之特式者。

本院創辦的初衷，爲幾個熱心教育人士，感於僑胞子弟有享受完整教育的必要，以「爲教育而辦學」的精神，出財出力，集中意志，慘淡經營，不數年間而有今日的現象。

組織

1. 院長一人，由校董會選任，全權處理本院行政事宜。
2. 院務主任一人，協助院長處理教務輔導事務事項；另設教務主任，輔導主任，事務主任各一人，以專責成。
3. 每班設班主任一人，協助教務及輔導主任處理該班日常教務及輔導事項

編制

1. 本院爲完全小學，依據國民政府教育部所頒布之規程辦理之，課程進度分一年級至六年級，但因適應兒童學程或轉學插班起見，每級又分爲春秋二班。
2. 每班學生，以四十人爲額。
3. 各級學科，除體育，音樂及集會採取分組方法，其餘作業均採單式級。

教務概況

本院以陶冶誘導方法，啓發兒童，使兒童身心平均發展，現尤注重戰時教育，課外活動，並分班聯合舉行學術問題討論會，以鍛鍊學生思想。各科教學均採取直觀或實驗方法，又常分別舉行各科比賽，藉資鼓勵。

輔導概況

本院輔導，養成健全之公民爲宗旨，尤注重灌輸愛國思想，除每朝舉行昇旗禮，每星期一舉行紀念週及舉行各紀念會各演講會外，並設勵學生每日貯捐救國金，月底結束，分別送交各救國團體，並將收據及數目按月公佈，區區用心，實欲養成小學生對國家民族出力出錢的習慣。邇來本院小學生特多驚人舉動發見；如去年二年級學生李國屏，年纔八歲，家非富有，但富於愛國思想，故於寒衣運動時，該生捐輸寒衣五十件，內衣運動時，捐輸內衣百件，並將他母親一生的積蓄—金鐲，獻給國家，其他如每日儲捐，該生亦最爲努力。今年四月十三日，本院員生慰問受傷空軍將士於醫院，臨別時突有八歲女生李寶璞，自動取出三元，上前奉贈飛將軍，使勇士感動得說不出話來。本年六月港九青年會舉行抗戰意義的小學生故事比賽，冠軍爲本院三年級八歲學生彭錦榮獲取。本院其所以有此小小成績者，原因在：師生間之

合作，學生間之合作，互相督責，工作認眞所致。

設備

本院除普通小學必有之設備外，尚有示範圖表及器具，自本年度起經已備置完整之小學物理化學儀器模型及動植物標本，俾學生對自然科學的基礎有明確的認識。

本院之課外活動，除訓練學生集團生活外，並爲引起學生讀書興趣起見，購置適合小學生閱讀之圖書，已逾五千餘冊，以備課餘研究參攷之用。

本院對於體育固然重視，但因環境關係，借用本院對面之蓮花臣公共運動場，每日上午鍛鍊全院學生體格。學生所得之實益，請檢閱本院每學期頭尾兩次體格檢驗表便知。

敎職員

本院敎職員，皆以才擇聘，今年初曾公開招致教員，在三百餘投考教員中，取錄五名。現本院在任教員十分之八爲教育學院或高中師範科畢業，故對於新教育理論的實踐與感興趣。同事間「緊張合作」的精神，已溶和融洽於事業了。

中華民國二十八年七月十一日院務主任蔡自新記

九龍坊衆創辦的……完全小學

中華兒童書院第拾壹期招生章程

院址：九龍旺角山東街

電話：五〇四三四

一、宗旨　本院根據現代教育原理，教導兒童，使其身心得以平均發展，成爲國家良好之公民，民族解放鬥爭之工作者。

二、學制　本院爲完全小學，分高初二級。修業期限，初級四年，高級二年，共六年畢業。

三、班額　本院原額共有十二班，現招一年級秋班新生一班，班額四十名；另招一春、二春、二秋、三春、三秋、四春、四秋、五春、五秋、六秋各班之插班生。

四、課程

課程表

類目	科目
公民	公民訓練
國文	應用文選
	國語
	日記
	作文
	尺牘
	書法
	戰時讀本
算術	筆算
	珠算
語言	國語
	英語
常識	自然
	歷史
	地理
	衞生
	防救常識
藝術	美術
	音樂
勞作	
體育	

五、設備　1.本院自然科採用直觀與實驗教學法。本年度新購有完整之小學物理化學儀器，模型及動植物標本，俾學生對自然科學之基礎，有明確的認識。

2本院之課外活動，除訓練學生集團生活外，幷為引起學生之讀書興趣起見，購備圖書已達五千餘册，供應學生參考。

六、服裝　本院規定劃一之制服，開學時招商投辦（價錢到時宣佈），服式如下：夏季——白恤衫，靑斜短褲，白軍帽，黑皮鞋，白襪。冬季——靑斜企領學生裝，短褲，白軍帽，黑皮鞋，白襪。

七、入學資格　凡年在六歲以上之男女童及十二歲以下之女童，身無殘疾及傳染疾病，有志向學而願遵守本院章則者，均可報名投考入學。

八、入學手續　凡志願入本院就學者，須履行下列手續：

1.廿八年八月一日起開始報名。

2.入學試驗　八月廿五日上午九時。

3.繳費　新生經取錄後，必須於八月廿九日下午四時以前來院繳交學費，領取上學証，以便憑証上課，過期者取消學額。

4.上課　新舊各生一律定於九月四日 上午九時行開學禮，九月五日正式上課，如上課後一星期以上不來校，而又不告假者，當作自動退學論。

九、納費　本院學費分兩學期徵收，表列如后：

級別	半年學費	附說明
一二年級	十三元	堂費、雜費、體育費、圖書費、自然科實驗費等概不另收。
三四年級	十四元	
五六年級	十五元	

十、免費　凡在本院連續修業一年以上之學生，果能勤學敎品，而家道又確係貧者，得由教職員會議决申請理事會准予免收學費，或減收半費。

十一、其他　一•本院為利便學生起見，備廚夫代辦午膳，每月收費二元，惟搭膳與否聽便。

二•凡本院學生對於學校公物，如儀器，標本，模型及圖書等，如經遺失或毀損者，須照原物購回或照價賠償。

三•凡學生因犯本院院規被革退，或中途自動退學，其已繳學費，例不發還。

十二、附則　本章程如有未盡善處，得隨時修改之•

○一二（丁）

振華學校概況

接辦本校經過及今後努力方針

區根石

校址：灣仔春園上街七十三號

石忝列教席。十有餘年。年前與譚君委館。經營斯校。方冀左提右挈。共策進行。詎料東夷壓境。烽火漫天。譚君遂慨然辭吾人而以身許國。旋膺國民革命軍六十三師政訓處指導主任。後又轉服務於三民主義青年團。其愛國精神令人感奮。石以譚君此去。負責需人。旋以萬不容辭。肩此重任。兢兢業業。已三載于茲。幸賴各同事之努力。校務進展。頗有可觀。目前且因僑務委員副委長周啓剛先生之指導。得向中央立案。將來學子回國服務。當有賴焉。嗟呼。大廈將傾。非一木之可支。狂瀾既倒。非一手之可挽。石顧本救國自救之心。發展固有道德。配合抗戰教育。務使僑胞子弟。進可以服務國家。退可以自謀生活。且才雖大。無行不足以制其才。行雖佳。無才不足以表其行。語云。士先器識。而後文藝。敝校不敏。請事斯語焉。

振華學校 校訓

忠樸明毅

校長區根石

學校代表者

振華學校校董會，為設立振華學校的代表，負經營學校的全責，其應負的責任如左：

1. 經費的籌劃。
2. 預算及決算的審核。
3. 財務的保管。
4. 財政的監察。
5. 其他財務事項。

學校行政

由校董會選任區根石先生為校長，總理全校事務，除担任教科外，並指導教職員，分掌校務、訓、教事項。校長之下，設教務、訓育、事務三股，每股設主任一人，承校長命，辦理日常教務、訓育、事務事項。每學級設級主任一人，級主任承校長命，及商承各股主任，處理該級教訓事項。

職員

校長一人　教務主任一人

訓育主任一人　事務主任一人

教員

級主任六人　專科教員一人　助教一人

學級

現有一年級一班，二年級一班，三年級一班，四年級一班，五年級一班，六年級一班。

學生人數

一年級有二十七人，二年級有二十二人，三年級有十六人，四年級有十九人，五年級有十一人，六年級有十人，合計共有學生一百零一人。

歷屆畢業人數

本校曾辦高小畢業二屆，第一屆畢業學生六人，第二屆畢業學生十人。

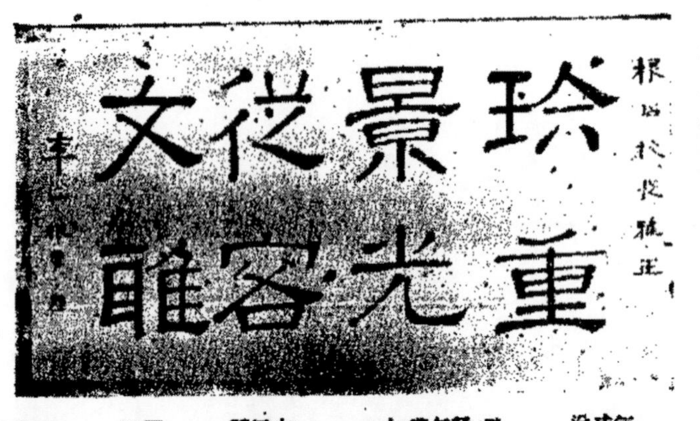

成績考查

每學期舉行學期試驗一次，每一學期內舉行小考三次，各科成績計算完畢，即將成績報告表送呈學生家長察核。

經費

一年級全年收費二十六元，二年級全年收費二十六元，三年級全年收費三十四元，四年級全年收費三十四元，五年級全年收費四十四元，六年級全年收費四十四元。所得學費撥充日常經費，不足之數，由校董會籌撥之。

圖書館

圖書爲員生的精神食糧，故本校經費雖在十分支絀中仍陸續添購，由開辦迄今，圖書由一百種增至八百餘種。

標本儀器

現有掛圖八十餘幅，標本一百二十餘種，現仍繼續籌款添購。

課程編配

根據教育部及香港教育司規定之小學課程標準參酌並用，規定學科目，及每週教學時數，列表如左：

學科＼年級	一二三年級（時分）	四年級（時分）	五六年級（時分）
公民訓練	一〇〇	一〇〇	一〇〇
衛生	一〇〇	一〇〇	一〇〇
國語	二〇〇	一五〇	一〇〇
社會	一五〇	一五〇	一五〇
自然	一五〇	一五〇	一五〇
算術	二〇〇	二五〇	二五〇
體育	一五〇	一〇〇	一〇〇
勞作	一〇〇	五〇	五〇
美術	一〇〇	五〇	五〇
音樂	一〇〇	五〇	五〇
國文	三〇〇	三〇〇	三〇〇
英文		二〇〇	二〇〇
經學			五〇
總計	一六五〇	一六五〇	一六五〇

訓育四大目標

1. 關於體格的：養成整潔衛生的習慣，快樂，活潑的精神。
2. 關於德性的：養成禮義廉恥的觀念，忠孝，仁愛，信義，和平的德性。
3. 關於經濟的：養成節儉耐勞的習慣，生產合作的知能。
4. 關於政治的：養成奉公守法的觀念，愛民族愛國家愛同類的思想。

實施時的原則

1. 以身作則，人格感化。
2. 利用兒童課內外的活動，及聯絡兒童家庭，加以積極的指示與誘導。
3. 注重行爲實踐，不尙空談。
4. 注重兒童的自動，及適合兒童的個別差異。
5. 利用適當的時代。
6. 注重全體兒童的平均發展。
7. 訓練與教學合一。
8. 多用獎勵少用懲罰。

自治會及集團活動

爲訓練兒童團體生活起見，特組織下列各自治團體及舉行各集團活動：

1 學生自治會。
2 各級自治會。
3 巡察團。
4 讀書會。
5 遠足旅行團，
6 野餐會。
7 朝會夕會週會國慶紀念會國恥紀念會精神總動員月會。
8 各種比賽會。

中央女子小學概況

當我全面抗戰展開後，狄人以其野獸般的暴行加諸我們後方的各城市，民國二十七年，香港，這個小島形成了廣州上海南京和其他各地同胞避難區，從那些地方，帶來了無數的失學的孩子。這些孩子們，往往想找一個和國內課程一致的學校而不可得，因此，本校爲了適應這種要求而開始創立起來。

在這一年以來，（廿七年到廿八年）我們既然是以發展兒童身心，培養兒童民族意識和國民道德爲宗旨的，因此我們的教務和訓育就都本着這宗旨行進。關於教務方面：第一是採行感應教學。第二是儘量將戰時教育推行。第三，爲了更適應兒童身心的原故，我們的上課是用節數制。第四，課本的選擇以經教育部審定和改訂過的爲標準。第五，我們是主張學與做幷重的，除了上課之外，還儘量增加兒童課外的活動，使與科學相互地學習與實踐。

訓育方面，簡單地把一年來的設施經過略舉出來。關於精神和習慣方面的，有推行新生活和國民精神總動員，國民公約的遵守等。關於文藝修養方面的，有每週壁報，學術研究班等。關於娛樂方面的，有歌詠班，戲劇組等；這些組織，除了作爲正當娛樂之外還負起宣傳任務。過去一年來，曾舉行近郊究傳及參加籌賑兵災難民等演唱多次。關於生活方面的，有野外旅行，學生消費合作社，學生小銀行等等。以上這些，都由導師指導學生組織的學生自治會負責執行及推進，以養成兒童自治能力。

設備方面：爲了適應兒童身心，所以關於課室環境呀，課室桌椅呀等都特別設計，雖然一部還限於客觀環境未能充份設備，但是，我們當盡力設法使之實現，至於圖書館，桌球，和其他的已經規模俱備了。

此外，對於學生家長的聯絡，對於學生在家的生活情形，我們都很注意到，在使能夠成爲一個適合理想的小學。

一年過去了，來日方長，我們還是本着目的做去。我們以爲兒童是國家未來的柱石，而養成一個國家柱石的責任，我們是願意相當地負擔起來的。不過，一切的進行，還是有賴於社會高明之士，我們竭誠的希望常常給我們以指導和幫助，以達到成爲一所有益於國家社會的教育機關！

茲將本校招生簡章列后：

中央女子小學校招生簡章

（一）定名：本校定名中央女子小學校。

（二）宗旨：本校依照部令小學規程以發展兒童身心培養兒童民族意識國民道德基礎及生活所必需之智能爲宗旨。

（三）校址：本校設在香港九龍深水埗砵蘭街四一六號二樓。

（四）報名：加入本校肄業者須先塡具志願冊幷隨繳掛號費五角以後例不發還。

（五）試驗：除初小一年級及各級持有轉學證之轉學生外其他各級插班生均須舉行編級試驗試驗日期七月卅日上午九時如因故未能依期者隨到隨考。

（六）上課：上課日期八月五日。

（七）繳費：各級每學期應繳費用如下：

級別	學費	堂費	雜費	圖書費	證章費	學生會費	合計
一二年級	六元	二元	免	免	二角	五角	八元七角
三四年級	六元	二元	五角	一元	二角	五角	十元〇二角
五六年級	七元	二元	五角	一元	二角	五角	十一元二角

（附註：此外制服費自備。所有費用應於上課前繳淸。）

（八）課程：本校各級課程均依教部編制

（九）管教：本校管教力取嚴格使學生養成服從紀律刻苦耐勞之精神幷專重學業除星期日及例假外非有特別事故不得告假。

（十）課外：本校注重學生之課外活動除指導學生辦理學生會出版壁報組織學術研究班討論會及戲劇歌詠等外並多作野外旅行務使有益學生之身心。

（十一）獎勵：學生學期試驗成績優異時卽予以免費學額或獎品以資鼓勵。

（十二）附則：本簡章如有未盡處而欲詳細明瞭時可逕來本校事務處詢問。

校長　張佩霞

文駿女子學校簡章

校址：薄扶林道五十三號至五十五號

（一）宗旨　甲、以促進文化發揚教育改良社會
乙、務求融合中西新舊並重不偏不倚
丙、重學理亦重實用使學生畢業後進能升學　退能課生
丁、培養完全人格訓練強健體質
戊、採取嚴格干涉主旨必能漸導其具有自治精神所遵守以養成良好學風詳細校規懸諸校內俾各生有

（二）編制　本校中學小學及幼稚班內分初中三年高小二年初小四年幼稚班一年均採學年制修業期滿試驗合格給予畢業證書

（三）章程　甲、初級中學課程
國文科：讀本，經學，白香詞譜，袁文箋正，六朝文絜，小倉山房尺牘，戰國策，古文辭類纂，修辭學，國語，演說。
英文科：讀本，會話，文法，信札。
數學科：算術，簿記，代數，三角，幾何。
史地科：本國史，外國史，本國地理，外國地理。
社會科：公民，常識。
自然科：化學，物理，動物學，植物學，生理學。
藝術科：圖畫，音樂，體育。
家政科：家事，女紅烹飪。

乙、小學課程
國文科：讀本，經學，古文，左傳，東萊博議，尺牘，唐詩，國語。
英文科：讀本，會話，文法。
數學科：筆算，珠算。
社會科：地理，歷史，公民，常識，社會。
自然科：自然，衛生。
藝術科：圖畫，音樂，體育，女紅。

丙　幼稚班　程
國文，算術，公民，常識，圖畫，手工，認字，唱歌，習字，遊戲，積木，故事。

（四）教員　本校各種科學聘請國內外著名學校畢業生專科擔任，國學則聘任良師宿儒，英文則聘任英文專科畢業生，皆有專門學識及富於教育經驗，且能專心於教育事業。

（五）入學手續　甲、凡品行端正有志向學者均可報名入學
乙、凡欲入本校肄業者須先報名留位報名時須填寫志願書，及繳報名費五元，入學時在學費內扣除。
丙、凡已報名入學須依編級試驗日期攜帶文憑來校考驗。編級試分：筆試口試兩種，如有繳正式學校畢業證書，或成績表携來察閱者，經本校認可，均得免試。

（六）入學費用　左列各費以一學期計算並以港幣為本位入學時一次繳足學生若中途自行退學或被斥退者所繳一切費用概不發還。

學級 ＼ 費別	學費	圖書費	堂費	合計
中學部	廿三元	二元	五元	三十元
小學部 五六年級	十五元	無	三元	十八元
小學部 三四年級	十二元	無	三元	十五元
小學部 一二年級	十一元	無	三元	十四元
小學部 幼稚班	九元	無	三元	十二元

另代收自治會費五毛

（七）制服　分夏冬兩季，款色由學校規定，各生每日穿存制服以昭劃一而肅校風。

（八）開學日期　第一學期廿八年八月十五日
第二學期廿九年八月十五日

（九）校董　梁紹儀　何丙垣

（十）名譽校董　梁壽如　鄧伯熙

佩文漢文學校招生簡章

校址：荔枝角道二百八十二號至二百九十號三樓　二百八十四號二百九十號二樓　電話五七五六六

宗旨　以新智識，舊道德，培植為國民生活上必需之技能。

校址　深水埗荔枝角道二百八十二號至二百九十號三樓，又二百八十四號二樓，二百九十號二樓，一連七間。電話五七五六六。

學制　本校秋季始業；暑假後至國曆年底為上學期，一月至暑假前為下學期。

學級　高初兩級小學，

學科

五六年級	國文　論語　孟子　左傳　古文	歷史　論說　唐詩　尺牘　算學	地理　理科　衛生　公民　社會	作文　對聯　國語　書法　圖畫
三四年級	國文　經學　古文　歷史　論說	唐詩　尺牘　算學　地理　常識	衛生　公民　作文　對聯　字學	國語　圖畫　祀文　唱歌　手工
一二年級	國文　算學　尺牘　地理　公民	常識　詩歌　字課　課文　便條	串句　字學　唱歌　圖畫　手工	

學費　本校學費，以國曆一年計算；分三次上期繳納，每屆一月，五月，九月，限十日內清繳。堂費於入學時一次繳足。半途退學者亦須交足全年各費。插班新生，至少一學期計算；學費一次繳足。茲列表如下：

班級	學費	堂費	全年總數
六年級	三十六元	二元	三十八元
五年級	三十六元	二元	三十八元
四年級	二十八元	二元	三十元
三年級	二十六元	二元	二十八元
二年級	二十四元	二元	二十六元
一年級	二十二元	二元	二十四元

年歲　男童六歲以上，女童十二歲以下。

資格　有志向學，及無惡疾者。

校規　本校規則，來學者宜一律遵守。如有中途退學，或犯規被逐者，仍須交足全年學費。

獎賞　平日功課優者賞。品行佳者賞。年考第一二三名分別獎賞。

時間　每日上課六小時。上午九點至十點為背誦時間，十點至一點；下午兩點至四點，為上課時間。

假期　星期日休假。清明假十天，暑假一月，年假二天，寒假二十天。國慶紀念一日，孔聖誕三天，其餘公衆假期各一日。

文簿　作文習字演算等簿，均由本校定製，來學者宜一律購用，以昭劃一。

膳宿　每名每月十二元。

雜費掛號　本校雜費，全年每人一元，國曆九月一日徵收。報名者應由管理人親自簽名；並繳掛號費二元，開學時由學費內扣除。如不來學者例不發還。

考驗　凡來學者，必須經考驗後，乃定班級。不能以己意躐等，致程度參差而難教授。

校醫　馮錫葆中醫生。

主任余佩文訂

九龍

知用小學校招生簡章

本校施教大綱

（一）「留心學生身心之發育培植其健全人格」

（二）「引起學生自動攻習的興味體過不忘」

（三）「要使腦力薄弱怠惰性成的兒童變爲通籌敏捷勤力不輟的學生」

（四）「灌注充份的常識而敏於應對」

（五）「得專長的藝術解決生活問題」

（六）「有愛護家庭社會國家的觀念」

校址：旺角上海街六七六至六七八號三四樓

編制：先設小學六級　前期小學四年　後期小學二年

課程：遵照我國教育部最近頒行小學課程標準。及本港教育司則例。務須造就升學及實用人材。

師資：本校爲適應我國教育需要。及造就實用人材起見。聘請教員。極爲選擇。各學科均聘名宿及專門學者担任教授。

管理：本校管理極嚴。對于學生曠課。絕不通融。卽有要事告假。亦須由家長親函方爲有效。

設備：本校設備完善。對於標本儀器室。圖書室。乒乓波室皆有設備。

考試：每年期考成績優異者免收一學期學費。及分別給予珍貴獎品。以資鼓勵。

畢業：凡在本校肄業期滿。經考試及格者。得給予畢業證書。

課外：本校課外事業。種類至多。例如『圖書館』之增進智識。『乒乓』『旅行』之鍛鍊體魄『自治會』『童子軍』所以修養自治能力。與服務精神。『演講會』所以習辦事。練口才。『美展會』所以增美感。及欣賞能力。『游藝會』『懇親會』等所以長自信心及習社交。凡此種種。本校皆按序舉辦。

學費：本校以六個月爲壹學期每學期收費如下：

級次／類別	學費	堂費	合計
一年級	十元	一元	十一元
二年級	十一元	一元	十二元
三年級	十二元	一元	十三元
四年級	十三元	一元	十四元
五年級	十四元	一元	十五元
六年級	十五元	一元	十六元

膳宿：如在校膳宿者每月收費（連洗衣費）十元零五毫

報名：凡來學者，須在試驗以前繳交掛號費一元，取回收據，至入學時，在學費內扣除

附註：詳細章程請到校取閱

校長　劉天縱

六一二（丁）

強中學校概況

校址：深水埔福榮街六十二號及九十五號

交通路線：1 深水埔小輪碼頭—北河街轉福榮街
2 尖沙咀乘第二號巴士抵北河街均達

（一）精神方面
注重人格修養，使兒童各具愛群衛國之決心。

（二）管理方面
上課時則重嚴肅，下課時則重活潑，每天設監護人，（由教員任之）嚴格管理，並解決學生所發生問題，檢查家庭行檢錄，（由家長登記該生在家作業情形，及行動）而處理之。

（三）教學方面
利用兒童競爭心，模倣作，每教一課，隨即由導師出相類似之題目，使兒童比賽做做，或測驗之，故兒童對於各科，均甚純熟。

（四）體育方面
每晨在本校體育場舉行晨操，及組織足球，籃球隊；以增強兒童體魄。

（五）生活方面
「生活即教育，教育即生活。」本此以訓練兒童：

1 於每星期舉行算術，習字，抄書背誦等比賽，利用兒童之好勝心，藉以收教學之益。

2 利用兒童好動心，每星期六下午舉行遊戲會，將一週內各科成績達到規定類各，給下玩共遊戲。

3 利用課餘則假，組織時事座談會，課外輪週切語令，員生通訊網，大業裝報，學生抗戰壁報，以廣兒童學識。

4 乘假期之暇，組織旅行團，舉行爬山，游泳，野營等，養成兒童互助之精神，並滅除其不良之嗜好。

5 為激發兒童愛國熱情；特樂行隊光令，及野火令，業固其小錄線，準備參加救亡工作。

（六）社會服務
為養成兒童愛國為業之精神起見，特鼓勵參加下列工作：

1 組織小先生服務團，利用課餘閒暇，教育失學兒童，藉以減少文盲。

2 組織[illegible]劇團，抗戰歌詠隊，除在本校乘各紀念日上演國防劇外，並為本港學生賑濟會，合展遊藝會籌款；（在太平戲院）及[illegible]兒童圖[illegible]成立禮上演國防劇，提高兒童幹救亡工作之興趣，及激發民眾抗戰情緒。

3 聯合港九各僑團學校，舉行國民精神總動員宣誓會，及舉行「七七」二週年紀念大會，又為兒童保育會賣花籌款等。

4 組織夏令衛生宣傳隊，使民眾明瞭公共衛生之重要，以減少傳染病之發生，而共謀康健之福。

本校儀器室標本之一角

本校學生為兒童保育會賣花籌款出發時攝影情形

（六）入學手續

A 費用 每學期費用列下：（除學費外，入學後，不再徵收其他雜費）（甲）一二年級十二元（乙）三四年級十四元（丙）五六年級十八元

B 報名 即日開始，報名時須繳報名費二元，入學後在學費內扣除，不來學者恕不發還。

C 編級考試 入學前二日

D 開學 八月二十七日。

茲為便利遠方來學起見，開課後倘有餘額仍可入學，

校董

李縣長源和
李縣長暉南
余縣長公紹
黃縣長植庭
黃紳士耀東

導師

本校聘請有領導兒童學識經驗之導師擔任教學

附註：本校另印詳章備索

校長李達人

本校學生在港九各界學校團體聯合紀念
「七七」二周年大會時攝影情形

中華民國二十八年秋季——二十九年秋季

教聯立案
港府註冊

廣州務本學校港校招各級中小學男女生簡章

歡迎小學五六年級轉學生有志來學得隨時報名入學

校址：香港中環堅道依利近街四十九號

弁言

本校創設於廣州市西關，迄今閱二十七年，開辦以來，成績優異，素以國英數三科教授得法，夙享盛名，歷年編刊務本國文菁華初續三各集，及務本國文精華，久已蜚聲海內，蒙教育諸名流嘉為學生作文之好範本，題跋褒獎，凡數十幀。年前承　中央特派員許兆龍先生來粵視察教育，由廣州市政府介紹許君來校視察，嘉為中國西南各省學校之優良者，親筆題額褒獎：歷年復蒙廣州政府　明令給狀嘉獎（所有獎額獎狀懸掛校內歡迎參觀）本校向主張提高程度，實行充實能力升階，故能有此收穫。尤以課程嚴密，管教認眞，見稱於時。現遷校來港，一切辦理均照原日之精神以赴之，所有教職員，均在省港兩地任教多年，學識經驗，均甚豐富，抖深曉普遍及教育計，特將學費格外減低，（按省校各級學費每生每年平均在一百二十元以上）務期減輕學生家庭負担，凡我旅港僑胞，欲其子女得受良好教育者幸留意焉。

並將本校之五大特點列左

一、本校經奉中英政府正式立案，爲求學生利便計，與省校切實聯絡，將來肄業期滿，考驗合格，當發本港文憑及廣東政府印證之正式畢業文憑，以便學生將來升學之用。

二、本校國文經學，概由朱校長學公親行講授，注重文法指導，所有思想之研討，文體之分析，章段之配置，字句之構造，概用表解提示，能使學生一目了然，澈底明白，兼且注重作法，一切課卷，精心批改，或即席評閱，或越宿即發，從無積壓之弊，且于發還課卷時，個別詳加解釋。

三、本校對于數學一科，採取得法之圖解教授，以最精奧之定理，而授以最巧捷之方法，及注重解答一切入學試題，務使學生對于疑難問題，日用問題，有應付餘裕之能力。

四、本校教授英文，注重字類之分別，讀音之正確，句法之構造，改錯之釋例，詞句之聯絡，會話之流利，務使對于各種問題有解答無訛之能力，并能與外人會話。

五、本校注重精神教育，管理素主嚴格，務使學生遵守校規，敦品勵行，不染時下叫囂浮動之惡習。

董事長　金曾澄
校　長　朱學公　謹識

開課日期：國曆八月十五號（即農曆七月初一日）

附設珠算速成夜班　以最巧捷之方法限一個月內教曉商場實用數學卅餘項保證成功開辦多期成績昭著學費四元

國文算學專修科夜班　限額十名國文一科精選實用講授注重文法指導及作法批改　算術注重圖解教授及雜題解釋　每月學費五元每季十二元

八一二（丁）

雅言女書院簡章

雅言女書院創設數年院長韻梅女士教授有方誨人不倦故凡學子之出其門者成績斐然皆有可觀此乃良師善導以成之也同人等特爲介紹莘莘學子知所問津焉

介紹人　王巧生　李啓輝　萬香亭　德成號

（一）宗旨　以現代教學法教授務求啓發智識培養道德適應社會之進化
（二）定名　本校定名爲雅言女書院
（三）校址　北角新塡地一零五號三樓
（四）校舍　本書院地點淸幽空氣充足光線適宜
（五）編制　分高小二年國民四年
（六）科學　（高小課程）
讀本　古文　尺牘　經學　歷史　算學　地理　衞生　自然
公民　英文　圖畫　摹寫　作文　（史論　傳記　尺牘）　刺繡
（初小課程）
讀本　歷史　地理　公民　衞生　論說　自然　算學　圖畫
作文　（論說　尺牘　譯文　串句）　女紅
（七）徵費　各級學費如下

初小一	全年十八元
初小二	全年二十元
初小三	全年廿二元
初小四	全年廿四元
高小一	全年廿六元
高小二	全年廿八元
各級俱收	堂費二員

（八）繳費　分兩期繳交堂費開學日一次繳淸
（九）時間　每日上午九時上課至下午十二時放午假下午由一時起至四時半放學
（十）試驗　每月小考一次於暑假年假前大考凡大考試成績不及七十分以上者須留級補習考畢業試成績不及六十分者不發文憑亦須留級補習
（十一）畢業　修業期滿試驗及格將成績呈報教育司即頒發文憑
（十二）獎勵　暑假前大考名列前茅者每級俱獎三名年假前大考首名者免費一學期共餘依次酌獎以勵勤學
（十三）特獎　以全年勤上學品行優良者每級取列一名給以獎章或可留永遠紀念之品物
（十四）假期　除星期六下午及星期日放假外暑假一月年假三星期淸明假兩星期除外例假均放一天
（十五）告假　除放假日外學生不得擅離學校以致荒疏學業如有特別要事請假須由家長或管理人函達校長陳明理由否則作爲逃學論
（十六）退學　凡學生半途退學或不受約束而被革退者須由管理人負責交足全年學費
（十七）校規　本書院所設規則學生須一律遵守若曾記大過五次者當即斥退以肅校風
（十八）校服　本書院爲養成淳樸之風及統一觀瞻起見特令各生上課時須穿校服以示劃一而養廉儉
（十九）掛號　凡來學者須將志願書塡寫淸楚並交繳信金四元入學時在學費扣除如不來學者例不發還

校長余韻梅　香港漢文女師範修業生

國南女書院概況

外之育味，遲，對蒸送十知數以
，重，，多加寵于，子九因人，
並要尤訓列，人校從女號桑，學本
擬因爲育前初避務此入至照乃生校
於素加方茅不地，可學八然由寥倒
相者倍向，關來設見者十，三寥辦
當也注，與內港意，，一理十，迄
時，意則純地日興建恢號無餘倖个
期離，指從學業準民在滿二名其，
，職凡定屬了，，廿添通效，一歷
增責此專發借本如七初兩，驟離時
設所種負著輔校增年，幾爲增形四
中在種完遇者害設，而，滿至前載
學，設成異之無効乃本指足六已，
級不施新，多餘稚有校擇求十，努
，敢，生良也地詢校絕稱學有同力
以法務活以，，，齊不便者寄人建
利法求使教畢再饋侖發，起，等設
畢自適命學業可充成受是見惜不，
業者應，方於展國立影藏，爲以本
生，質自爾本拓齊，喇改乃學此致
之今際抗，校，室由，用將額自後
升後，戰則者蓋，麥生秋校所餓人
學進是單多，學不者徒李命限，，
公行則興從前生遺深反始攜多經測
。，同，新後增餘先激業大興一成
除人對法兩進力生增，，，迄年立
向等于，期之，府不雖租門之之
我，滿引，倍七任已港用之乘初
政認輪起升數七常，僑桂嶺門，
府爲戰學入，准事日督林，，校
伽收時者中與磋長進俗街然學合
案態教興學年後，蒸，七後生編

國南女學校招生簡章

（一）宗旨　培養女子基本之智識，根據教育原理，以德智體羣美五育訓練共具有健全之人格相當之技能，以適合於社會之需求，養成有自立之能力爲宗旨

（二）院址　深水埗桂林街七十九至八十一號

（三）開課　本校由國曆八月至一月爲上學期由二月至七月爲下學期插班生隨到隨考

（四）報名　有志來學者須先到本校報名並繳掛號費二元入學後在堂費內扣除如掛號不入學者概不發還

（五）學級　高小第一二年級初小第一二三四年級，幼稚班（兼收十二歲以下男童）

（六）學科　參照教育部規定現行課程務求能與國內學校銜接，特別注重國文英文算術等科

（七）時間　教授時間每日由上午八時半起至十二時下午一時至四時止每逢星期六下午及星期日休息

（八）考驗　每年大考二次每月小考一次，均將其成績品行詳細塡入報告表內報告其家庭

（九）獎勵　每年上下期大考終結品學成績爲全班之冠者免其下年第二學期之學費其餘成績優異者均次第頒獎以資鼓勵

（十）證書　修業期滿本校考試其成績及格者給予證書可升入國內及本港各中學

（十一）假期　凡遇假期必由本校預先通告如學生因事請假必須到校領取假單由管理人署名詳述事由經校長許可方准告假

（十二）學費　每學期在開學一星期內，須一次繳清，如中途退學或犯校規停退者概不發還，茲將每學期學費表列下

學費表

級別	學費	堂費	總數
高小二	十五元	二元	十七元
高小一	十四元	二元	十六元
初小四	十二元	二元	十四元
初小三	十一元	二元	十三元
初小二	十元	二元	十二元
初小一	九元	二元	十一元

（十三）課餘　本校爲愛惜光陰，勸勉學生起見，每日課餘後，另給各生功課，晚上在家自習，藉其速進

（十四）校規　學生於入校前須到校務處塡入學志願書以表明願意遵守校規入學後須恪守一切規則否則分別記過或斥退

（十五）校服　本校規定校服學生均於開學時製備以昭劃一

（十六）膳宿　本校設有膳宿以利便遠道學生膳宿費每月八元按月繳交

（十七）入學須知　本校特教供學來學者必須決心刻苦勵學並自度能勉力完成學業者方可報名其有立志不堅或不能有始有終者幸勿報名入學

（十八）家長須知
一　學生因事不能上課須有家長告假如非有甚不得已時勿爲子女告假
二　本校崇尚儉樸學生家長幸勿多給資財以免浪費而維儉德
三　本校對於學生家長有商詢及函詢學生在家品行如何之增
四　學生家長發覺學生行不正當行爲時請速通知本校共同糾正
五　本校每學期必將各學生成績通告如未接收請即通知以便查者
六　學生每晚上及假期內自修請家長委爲監督

校董　葉蘭泉　麥君澤　譚令陶　容美葵　張實棣

訓育主任　戴玉嬋
教務主任　劉玉清
教員　高兆媛　羅秀勝　蔡　君
先生　陳秀琪先生　蔡開基先生　李小瑩先生　胡文懷先生　張婉如先生　陳秀嫺先生

校長　李淑慈

晨曦學校校務概覽

（一）沿革：家哲在廣州市立學校服務二十餘年，於民國廿七年十月廣州淪陷時，逃難來港，深知當此國難嚴重時期，國民教育，更加重要，因決心聯合同志，特在本港組織學校，教育僑胞，以達教育救國本旨，至本年一月，得友人郭家謙君，將本校讓與，因以接長本校，查本校原設於銅鑼灣大坑，至民國二十六年，始遷於此，現仍用原名稱。

（二）辦理經過：本校原有學生無多，自本年一月開學後，學生日增，即圖擴充，惟難得校舍，祇有將擴充計劃，俟之將來，而圖現在實的充實而已。

（甲）關於校舍方面：本校現有校舍，空氣光線，雖稍合衛生，然教室無多，學額有限，雖學生日增，無法容納，現擬從速在附近租賃校舍，以圖擴充，將來擬分設教室六個，或十二個，體育場一個，並圖書室，音樂室，儀器室，圖書室，成績室等，俾學生藏修游息，均有定所，使五育得有相當進展，成為一完善小學。

（乙）關於學校行政：本校現設校長一人，教務主任訓育主任體育主任各一人，各級主任教員，專科教員若干人，并分設各股：如文化，編輯，事務，會計，宣傳，游藝等股，各司其事，而利校務進行。

（丙）關於教務改進：本港多洋以術習為課本，然處此科學日新時代，若故步自封，則學生習識思想，殊難臻進，本校有見及此，除依港例須授之課本外，關於國民必需之科學常識，悉照我國教部訂定之課程標準教授，以期養成一完善之公民。在其教學方法，則注重教學做三設法。本校自教科改進後，學生求學興趣日濃，學業成績，進步亦速。

（丁）關於訓育改進：訓育須行切實前聯背方法及齊教精神來設施，方易收效，本校現行訓育，約分兩方面；（一）方法：本校現定訓行標準，分年級而施行。除因學生隨時發生事作，須施行特別訓育外，不時則依標準訓練，每星期由校長及訓育主任實施訓話，并由全校教員嚴密觀察學生操行，將觀察所得，分別登記於冊，於學期終結時，以定操行之良否。（二）實施：本校組織有學生自治會，對內的；關於校內秩序之維持，校內地方之清潔，學生圖書館之管理，開會時會場之佈置等．對外的；關於與外校體育之比賽，救國運動之宣傳，作物勸捐救濟難民等．均由訓育主任及級主任教員，指導學生辦理，以資練習，其餘如紀念週之舉行，各國紀念日之集會演講，朝會之訓話等，亦歸訓育部辦理。

（戊）關於教具之增置：教學無教具，則學生閱不能領益，而教者亦感困難，學生除課本外，無課外讀物以增加智識，則進步殊非易易，本校對此，極為注意，故本學期添置教具圖書等，有相當數量，雖不能稱為完備，然亦可足用，現已將續期添置圖書校具預算編定，不久可辦完竣。

以上編述，均為本學期辦理之經過，其餘如學生家庭之訪問，學生學藝比賽，難民慰問，倡章勸捐，節食捐輸等，亦均有舉辦，不過略舉其大者，以冀就正於教育專家而已。

晨曦學校招生簡章

校址：銅鑼灣清風街十一號

校長 徐家哲

（一）宗旨：以灌輸公民常識，發展兒童能力，陶冶優美德性，鍛鍊健全體格為宗旨·

（二）校址：香港銅鑼灣清風街十一號，（石屎樓宇空氣通爽光線充足）

（三）學級：初小一二三四年級高小一二年級·

（四）年齡：男生不限年齡，女生祗收拾二歲以下·

（五）學科：經學，古文，語體文，尺牘，論說，文法，作文，作信，（算術）筆算，珠算，歷史，地理，常識，衛生，公民，自然，社會，英文，讀本，會話，鉛筆畫，鋼筆畫，水彩畫，音樂，體育。

（六）時間：每日上午九時至拾二時，下午一時至四時·

（七）假期：暑假四星期，春假壹星期，其餘國慶紀節令，均放假一天，除規定假期外，學生如因事必要告假時，須由家長先函到校方准給假·

（八）學費：一年級全年學費廿二元，二年級廿四元，三年級廿六元，四年級廿八元，五年級卅元，六年級卅二元，每級各收堂費三元，閱書費壹元。全年學費分兩期徵收，第一期由開學日起，至叁月底止，第二期，由玖月一號起，至月底止，堂費閱書費則于入學時一次繳足，如中途退學，仍要繳足全年學費

（九）報名：有志來學者，須先到本校校務處報名，繳交掛號費兩元，入校時在學費內扣除·

（十）校服：來學者須依本校規定服式樣縫製，以歸劃一·

（十一）考試：每月小考一次，學期大考一次，測驗各生學業成績，屆期報告各生家長·

（十二）獎勵：學生成績優異者，除以實物獎賞外，并擇其品學兼優者免費半年以資鼓勵·

（十三）畢業：初級四年畢業，高級二年畢業，屆期將歷年學業成績統計，及格者由校長發給畢業證書，以便升學。

（十四）開學日期：國曆二十八年九月一日

煥南學校之概況

區煥南

凡發矢者必先懸鵠的航海者端資乎南針推之百凡工作亦必先有主宰然後竭心力以趨赴之不憚艱苦務底於成矧以教育大業爲學子前程所關國家元氣所繫豈可漫無主張鹵莽從事乎我煥南學校之開設歷十數年深水埗大南街正校由一課室漸增至三課室學生人數由十餘人增至百五六十人迄今有分校二間第一分校在大角咀福全街第二分校在元洲街各有學生六十人之譜統計正分校人數將及三百人規模日拓學子日增自知責任綦重故與教員諸君勠力同心循循以導之孜孜以赴之夙夜匪懈不遑底寧務期不負學生家庭所付託國家培育人才之至意也茲將我校辦理之概況略述其梗概如後

（一）注重黨化教育　凡學生入校必授以黨歌及總理遺囑使彼等口誦心維不但能歌能讀且浸淫漸漬使其對於歌詞與遺囑深刻了解并且對於三民主義之奧義作定期之演講以深其印象而端其趨向務養成適合國情與時代之青年也

（二）注重戰時教育　除教授戰時常識及防空自衛等課本外如教授地理則示何處爲淪陷區何處爲險要地與及何處民情最爲英勇何處據點勢在必爭諸如此類使學生在在明瞭時時關心教授歷史如古代抗敵英雄某朝武功顯赫必反覆講述以生其崇拜英雄愛慕祖國之心教授圖畫則繪×人獰獰之狀寫我軍抗戰之圖以提高人人厭×之抗戰之決心教授手工則令製飛機大礮坦克車等類以引其研究創造軍械之趣味之類也

（三）注重實利教育　我國現當哀鴻遍野民貧國敝之秋使徒注意文學史學尚彈古調無補民生殊非計也故我校對於工商業之常識如信札珠算手工國畫各科及灑掃應對進退之儀節無不注意教授以期學生將來成爲社會生利分子直接能解決自身生活間接可令國家實業之振興也

（四）績學之餘注重治事　分工而合作計日以呈功校中向設衛生部主任一人部員多人掌理全校清潔事宜設糾察部主任一人部員多人分數員管理之勞報同學犯規之事設教育部主任一人部員數人掌理演講同學讀書之興趣引起其競爭優勝之心理設庶務部主任一人助理員數人掌理儲藏校具整齊雜物各事宜凡此皆以養成其自治之才幹而免效高等遊民之懸習也

（五）注重學生平時作業及考查學生之思想行動　每日對於學生各種科卷均作一度之考試而登記其分數屆期及年屆大考時將平時分數加入而平均之以免學生平時頹惰自甘及臨考試數日始被績敝輔以冀一日之短長也又校中每級設有級主任一人常借課業之餘間爲員生談話之機會藉以考究各生之思想及隨時注意彼等之行動其始於不良者即糾正之每月終并派員到學生家庭調查將以知各生言動之良否及修業之勤惰獎其良好者而潤其不良好者務以端其習性而正其思想者無不三致意焉

〈區煥南校長〉

校址

正　校：深水埔大南街一百六十一號

女　校：深水埔大南街一百六十三號

第一分校：大角咀福全街二十八號

第二分校：深水埔元洲街四號

以上所陳特其犖犖大者其餘如體育之提倡遠足之舉行精神之教育等等無非欲養成健全之國民適應現代之環境作育英才端其始基聊盡教育之責任云爾復次學生救國運動亦有風起雲湧之概如男生捐資手工字畫諸作品女生則捐資購紺十字布等物籌將所得之款及歷次節食之費捐輸各救災團體及前方受傷戰士以盡國民天職并曾一度踴躍捐助兩車貨物救濟上水沙頭角之難民慷慨好義恆不後人此皆學校校長教員平日激勵其愛國愛民之天良誘導其即知即行之德性有以臻此於以知教育之效果可使頑夫廉懦夫立其效爲不虛也爰誌其事使同業諸君子努力栽培斷不患努力之虛費無收穫之可冀也

蘭風女學校

本校創辦人，以有見于小學教育，爲造就國民學業基礎之教育階段，其所負之任務至重且要，乃於民廿三年，創設蘭風女子小學校于香港東區銅鑼灣。

所取教育之方針：不僅注意學生知識之傳授，而關於兒童之德性，及其精神體格，尤加意栽培其優良健全之根基。教導之方法：除級任教師在課程行動上，積極領導，使各種成績，日能競進外，更組設學生自治會，養成學生自治習慣，訓勉參加愛國籌募等工作，發展兒童服務能力；設通訊册，使學校教育與家庭教育有密切聯系，以收管理完善之效。

在此神聖抗戰時期，冀以推行建國教育，樹立良好國基，爲復興邦族之助。此固本校同人之職志，亦深願社會人士，有以贊助之也。

地址：香港銅鑼灣道一百四十二號，光線充足，空氣暢適。

學級：高小，初小，幼稚。以優良之教育，建立兒童學業穩固之基礎。

獎勵：本校特於初小三年級高小一年級中，各設免費生一名，另擇品學最優，全年堂數上足，及清潔有禮者，均給以特獎，俾鼓勵其競爭向上。

開課日：本學期定於國歷八月廿九日(舊歷七月十五日)開課。夏令班於放假後一星期開始，本校生及來學新生一律免費。

天真幼稚園招生簡章

（一）宗旨：本園以啓發兒童天眞，建立教育基礎，及培養兒童心靈，使其「德」「智」「體」「羣」「美」五育，得以完全發展爲宗旨。

（二）園名：天眞幼稚園。

（三）園址：設在跑馬地奕蔭街三十六號。

（四）設置：本園之教員，皆品學兼優，而富有經驗之幼稚園專家。又對於設備各種兒童恩物學科儀器，務以適應兒童教育之用爲標準。尤以書桌高度最爲留意。課室之內，不但求其美化，使兒童[illegible]感愉快，且常備藥械以便各生盥洗。餘如玩具走廊水廁，無不常用殺菌藥水潔淨之，務使各生得健康之保障。各生除自備書篋外，另行自備水杯一隻，以重衛生。

（五）資格：凡年齡在三歲以上，七歲以下之男女孩童爲合格。

（六）編制：依照教育部定章，採用學年制，秋季始業。第一年爲初級，第二年爲高級。

（七）課程：國文（認字、習字、讀本）　算術（心算、筆算）　社會自然（衣食住行生活等之常識）　常識（衛生禮儀）　故事（童話、語言表演）　遊戲（姿勢操練）　圖畫（圖案別色）　工藝（手工玩物）　音樂（詩歌歌舞）

（八）上課時間：每日由上午九時至下午三時。星期六日下午與星期日休課。其他例假，臨時報告。

（九）學費：全年學費三十六元，堂費八元，書籍費二元，分兩學期繳納。須於入學時一律繳清。中途退學者，概不發還。

（十）報名：現因學額無多，凡來本園肄業者，須預早填寫報名單，并交報名費二元。入學時於學費內扣除。不來者恕不發還。

（十一）試驗：每學期終舉行大考一次，并將成績報告家長。其成績高超者，給與特別獎勵。

（十二）畢業：在高級考試合格者，即准予畢業，得領升學文憑。

（十三）校曆：第一學期定在國曆八月廿九日上課，第二學期定在國曆二月十八日上課。

（十四）告假：爲養成勤勉之習慣起見，各生須依時返學。如因事告假，須由管理人陳明事由，方能照准。

園長 袁超呂

本園管教方法綱要

1. 增進兒童身心健康
2. 力謀兒童應有之快樂和幸福
3. 培養兒童天性之發展
4. 訓練兒童基本之優良習慣
5. 協助家庭幼稚教育之改進
6. 以爲升入小學之準備
7. 生活技能基礎之認識與規律習慣之養成
8. 注意兒童身體之發育，矯正姿勢，檢查淸潔，務使起居飲食合理化，以養成強健活潑之精神。

△校舍方面

本園設在跑馬地奕蔭街，爲三合土建築全座，坐北向南，環境優美，地方幽靜，園內光線充足，前後露台，四面通風，有大天台闢作遊戲場，衛生水廁，設備淸潔。

△教室方面

教室分爲讀書室，工作室。室內佈置，以適合兒童心理爲標準。桌椅漆綠色，以適視綫。所有牆壁塗以各種有趣動物圖案，爲養成兒童愛美之良好習慣

△玩具方面

（一）滑板　（二）鞦韆　（三）搖板　（四）木馬　（五）搖船
（六）沙箱　（七）偶人　（八）積木　（九）三輪車　（十）樂器

以上各種玩具是以增加其活動方式

（一）組舞蹈隊　（二）組唱歌隊　（三）組故事會　（四）組遊戲團　（五）組智力賽會（如將恩物積木木珠等花樣或數目比賽等）

澳門學校概覽

葉蘭泉題

衞育堂大藥行

專賣正式地道上藥
聘請良師依法泡製
飲片鮮明價格克己
搜求良方虔製丸散
並禮聘

前廣東中醫院醫務主任 **盧旨遠**
南海九江名醫 **[illegible]琴生** 先生駐堂應診
前廣東醫藥專門學校教授 **任裕賢**

地址：大道西一百零二號（高陞戲院對面）電話弍壹七九陸

私立澳門中德中學校概況及廿八年度招生章程

（一）校史

本校原爲廣州中德中學澳門分處、在廣州創立垂三十年、向以提倡科學造就專材爲職志、已往歷史與成績、當爲社會人士所熟知、軍興以還、秉爲國儲材之旨、來澳設校、以便利港澳青年之就學、一年以來、得社會人士之推動、地方當局之贊勸、正校校長之指導辦理得稍具規模、後以各方意見、均以分處爲暫時性質、爲樹立將來永久基礎、與發展華僑教育計、實有改組之必要、乃先具文呈請澳門總督請予特准設立、（澳門有不准再設新校之令）將廣州中德中學澳門分處更名爲澳門中德中學校、荷蒙批准、乃另行組織校董會、時梁寒操、葉譽虎、吳鐵城、俞鴻鈞、周雍能、胡肇椿、諸先生均有銳意整頓與發展華僑教育之意、乃鼎力贊助、共同組織本校校董會、呈僑委會、教育部立案、是本校名雖新創、歷史實遠、今後當仍秉往重科學之宗旨、更遵照校董會示下之改善方針、努力推進、務求達到教育最大之成果與目的也、

（二）德文爲選修科

本校學科除加重科學課程外、仍照教部規定、但在質的方面側重科學、其餘各項課程、均照教育部規定平均發展、然爲便利學者學習實科時多得學習工具起見、特於課程內加添德文爲選修科、除以英文爲第一外國語外、並以德文爲第二外國語、來學者除必須讀英文外、得選讀德文、不選者聽便、

（三）國語授課

本校爲崇奉中央統一言語之功令、教部規定國語講授之明文起見、同時因鑑於歷來粵人北上任職升學、每感言語之不通、且以外省學生南來求學日衆、以言語不同、每有求學無所之苦、以故本校各級授課酌用國語、同時以粵語解釋、一方使本地學生學習國語、他方便於外省學生來校求學、至本校教師或係北人而留粵多年、或以粵人而在北方甚久

—（戊）

、國學語均暢通者充任、本校一年來此種辦法、頗著成效、

（四）專家講學

本校爲使學生於正課之外於各項問題有深切之認識起見、決於本年度起聘請學術名人蒞校講學、茲已決定第一期聘請前國立暨南大學文學院長、上海市博物館長、博物館學專家、美國波斯帕科學博物館名譽理事胡肇椿先生到校規劃博物館化教育、並駐校講學、

（五）注重補充教材

本校各學科除依課本講授外、另由各科教師編定補充教材、尤其在此抗戰期間、戰時補充教材更爲注重、本校上學期已有數科採行此種辦法、學生極感興趣、成效極大、

（六）免費學額

際茲國難期間、本校爲減少家長負擔及鼓勵學生向學起見、特設置免費學額、凡入學試成績優良而家境淸貧者、得於取錄後由家長親自到校領具免費申請書、由本校招生委員會斟酌情形核免、

甲、凡免費生以通學爲限、不得在校寄宿、

乙、免費學額祇限學費、其餘各費仍須繳交、

編制

本校設高級中學、（暫設一二年級）初級中學、（一二三年級）並附設高級小學、均秋季始業、

學費

（一）本校各費原收國幣、惟因澳門通用銀毫、故照國幣伸定毫銀收費、下表照毫銀算（每學期）

種類／年級／費用	初級小學一二三四年級	高級小學五六年級	初中一二年級	高中一年級
學費	1•400	20•00	24•00	35•00
堂費	5•00	8•00	8•00	8 00
圖書費	1•00	1•00	2•00	3•00
體育費	2•00	2•00	2•00	2•00
醫學費	1•00	1•00	1•00	1•00
童軍費			2•00	
合計	23•00	32•00	39•00	49•00

寄宿生加下表

宿費	15•00	15•00	15 00	15•00
膳費	40•00	40•00	40•00	40•00
合計	55•00	55•00	55•00	55•00

繳費日期：八月二十日至九月二日

繳費地點：澳門十月初九街廣東銀行

二（戊）

附註

甲、保証金　新生入學時一次過繳交保証金五元畢業時方得領回

乙、學生會費　每學期學生會費一元由學校代收

丙、實驗費　高中二年級初中二三年級須加繳實驗費三元

丁、退學　本校甚望來學諸生有始有終以竟全功如中途退學或因重大事故致被革除者已繳各費除膳費外概不退還

考試日期

第一次　廿八年　八月十日

第二次　廿八年　九月一日

報名日期及地點

報名日期

第一次　即日起至八月九日

第二次　八月九日至八月卅一日

報名地點

一、澳門媽閣街十五號本校

二、澳門大街中央書店　右文書店

投考手續

甲、本學期招高中二年、高中一年、初中一二三年、暨小學、一、二、三、四、五、六、各級秋季男女新生、插班生及借讀生、春季始業初中一年級新生、

乙、報名時須在報名日期內、每日上午八時至十二時、下午一時至五時到上列各地點報名、并交報名費一元、取回收據、在本校規定入學試驗日期持據來校應試、取錄與否、報名費概不發還、

丙、報名時須填寫報名單、繳交本人二寸上半身相片二張、暨繳驗原校證件、

丁、試驗科目

秋季高中一年初中一年新生：國文　英語　數學

高中二年初中二三年轉學生：國文　英語　數學

小學五六年生：國文　算術　常識

入學手續

各生於取錄後來校辦理入學手續：

一、到本校總務處領取繳費證、

二、持繳費證到廣東銀行或本校會計室繳費、

三、繳費後持收條到本校教務處註冊、領取學生證、

四、初次上課須攜學生證交教員檢查、

五、如係寄宿生須持學生證到訓育處驗明即時登記床位、

校長　郭秉琦

三（戊）

私立廣州培英中學西關分校招生簡章

廣東省教育廳
廣州市社會局 立案

初中部
小學部
暑期補習班
校址：
原址：廣州多寶路
現遷：澳門望廈唐家花園
電話：八五零

本校沿革

本校原設廣州市西關多寶路尾，爲私立廣州培英中學直接所辦之分校，民國十五年及十九年先後呈奉廣東省教育廳及廣州市社會局核准立案，現因時局關係，暫遷澳上課，查本校課程與廣州培英中學互相銜接，故本校中小學畢業生均得直接升入廣州培英中學肄業，又女生直接可升入協和女子中學肄業。

夏令班簡章

宗旨：利用暑假時光，由學校舉辦，爲有下列三種情形者而補習
（一）舊生中有功課不及格者
（二）功課及格而欲增加知識者
（三）新生有志來學而欲得相當之預備者

班級：升初中班及中小學各班俱全

科目：英文，國文，算學等主要科

生活：上午六時起床，早操
七時早膳
七時半至十一時上課
十一時半午膳
下午內宿生各種消夏生活
六時半晚膳
七時半至八時半自修

試驗：夏令班新生免入學試，補習結束，舉行試驗，以定班次
校內學生，如上學期不及格之學科在夏令班補習試驗及格，當該學期及格成績，

（戊）四

費用：

種類 \ 學級	初中 外宿	初中 內宿	小學 外宿	小學 內宿
學費	六元	六元	四元	四元
堂費	二元	二元	二元	二元
宿費		五元		五元
膳費		八元		八元
洗衣費		一元四角		一元四角
總計	八元	二十[illegible]元[illegible]角	六元	二十元四角
俱以毫銀爲本位				

報名日期：廿八年六月二十日起至六月三十日止到校報名（報名費一元）

上課日期：廿八年七月一日至七月卅一日

教員：是合班各級各科教學，均爲現任教員担任

五（戊）

廿八年秋季初中暨附小學部招生簡章

編制：本校依照現行教育法令辦理，計設初級中學春秋季各級六年全期小學

學級：初級中學一年級新生二三年級春秋季班及小學各級轉學生及借讀生（中小兼收女生，）

投考手續

報名日期：六月二十日起，計每日上午九時至十二時，下午一時至四時

報名手續：

（一）到本校塡寫報名表。

（二）繳交最近二寸正面半身相片一張。

（三）繳交畢業證書或其他轉學借讀證件（相當程度者免）

（四）繳報名費一元（取錄與否概不發還）

試驗日期：

第一次：七月二十一日（星期二）上午九時起，

第二次：八月廿六日（星期六）上午九時起

試驗科目：

（初中）國文，算學，英文（未習英文者免考英文但入學後仍須補習）常識測驗（包括歷史，地理，自然，公民）

（小學）國文，算術，常識。

（免試）凡轉學生，借讀生，具繳證明文件經本校認可者得予免試

費用：本學期應交費用開列如下：

費目 \ 寄宿 \ 年級	初小 內宿	初小 外宿	高小 內宿	高小 外宿	初中 內宿	初中 外宿
學費	二十元	二十元	二十五元	二十五元	三十元	三十元
堂費	六元	六元	八元	八元	十元	十元
圖書費	一元	一元	一元	一元	二元	二元
實驗費					二元	二元
體育費	一元	一元	一元	一元	一元	一元
童軍費			五角	五角	五角	五角
醫藥費	一元	一元	一元	一元	一元	一元
學生自治會費（高年會費）	一元	一元	一元	一元	一元	一元
宿費	二十五元		二十五元		二十五元	
膳費	四十元		四十元		四十元	
洗衣費	七元		七元		七元	
全學期總數	一〇二元	三十元	一〇八元五	三十六元五	一一九元五	四十七元五

以上各費概收澳門通用銀毫，本校祗辦學生有始有終，如中途退學或犯校規斥退，所繳各費，除膳費外，概不發還，

入學須知：

繳費註冊日期： 新生自錄取後九日內繳費註冊
舊生由八月廿八日（星期一）起至九月一日（星期五）止

繳費手續： 新舊生須於規定日期，到校務處領取繳費証，向指定銀行繳費，持回收據到校務處註冊，領取學生証，

繳費地點： 澳門，十月初九街，廣東銀行，

註冊手續： 須有繳費收據，於註冊日期親到校務處檢驗，填寫註冊表（蓋家長印鑑，另繳二寸正面半身相片二張）領取學生証，

寄宿手續： 寄宿生領入學証後，到舍監處編定床位，並將零用錢銀一元以上交舍監代存（宿舍不准自存一元以上之錢銀）取回收據。本校只設鐵床一具，其餘各物（如毡被，伞帳，蓆，白軟枕，余白被單二張，普通服數套，內衫數套，手帕數條，大毛巾二條，白布袋二只，皮笈一個，漱口盅，面盤，面巾，牙擦，枕等）皆須自備，

開學日期： 民國廿八年九月二日（星期六）上午九時，寄宿生須於前一日到校

六（戊）

越山中學校史畧

（一）本校創設之由來

本校創辦人員均爲廣州市立第一中學第一任之職教員查廣州市立一中成立於民國十七年創辦者以本校校長司徒優其時市立學校祗有小學而無普通中學故對此僅有之中學不得不以全副精神積極設施內之校務發展與時俱進第一年投考學生一千餘人逾年考生倍增至第四年考生竟達四千人以上此第一二屆畢業學生考升國立大學獲選者達十之八九職是之故社會人士咸譽爲市立中之辦理精神人共欽崇時上辦人之印象深矣二十一年夏校政變更各職教員亦隨同退去惟念教育乃神聖事業亦爲復興國族之根本職能此種義務無可或辭同時爲社會人士之催促以辦市一中之精神繼續努力以應社會需要於是二十一年秋乃集同人意志越山中學由此出現於廣州學校林中

（二）本校開辦情形

本校同人既決意繼續獻身教育以圖國家社會作育人材爰先由司徒優舉廣德胡峻山張安甫鄭驥諸君籌利源發起創辦蘇文熾司徒希黃湛侃司徒宏等組織設立者大會議決於二十一年七月十日成立校董會并設臨時辦事處於華東一街內公推李漢魂陳漢光張發奎鄭驥諸君廣東司徒優爲校長陳康材孫廷濟黃麟書林孫光翁湛侃等爲第一屆校董以資籌劃一切凡校址之如何選擇校舍之如何租購以儀器之如何設備校務立案事宜之如何辦理等均同時分途進行乃於是年八月一日租得德宜西路興隆東一號九號十八號及十一號等八厦爲校舍聯得添建北街周家巷各地爲體育場又接受前省[illegible]先生圖書館[illegible]校址二十餘畝并購備各項校具圖書儀器從事布置至是學校規模已具開校董會呈於八月奉准立案成爲廣州市立第一中學第一任校長司徒優傅[illegible]爲校長進行是學校開辦之一切事宜中間幾經艱難同人等仍不斷努力卒於九月十六日奉教育廳令批准開辦乃即開始招生至九月廿八日正式上課開辦事宜乃告完成而轉入於如何訓練如何發展校務之又一任務矣

（三）立案之後

二十二年初中奉准立案同年開辦高中二十四年高中立案計高初中畢業生已歷五屆畢業人數不下千人在畢業各生其投考公私立各校者多能入選其不升學而服務於社會者亦比比皆是本校辦理宗旨一面注重正常功課之修養一方發展課外活動之智能以增進學生之一般常識與特殊技術而爲社會文化之推助者歷屆訓練演講訓練等不一而足故歷年參加廣州市中上學校各種學術比賽均獲獎勵二十一年廣州全市中等學校女子話劇比賽本校獲獎第一名廿四年廣州全市學生國貨演講比賽獲獎第二名廿五年全省禁煙演講比賽獲獎第二名廿六年廣州全市國語演講比賽獲獎第一名及第二名又全市學生防空演講比賽獲獎第三名……因此深得社會人士之認識與熱誠贊助如校董李漢魂先生每年捐助成績優異獎金校董陳師長漢光捐助課外活動獎金校董盧[illegible]明先生每年捐助學[illegible]獎金等本校自生[illegible]社會人士及本校校董予以援助後之鼓勵均極感激職教員方面則更求力謀導學生方面則更專心鑽研一二六年秋以時局嚴重遷校台山獲海楣以地方不敷容納又遷新[illegible]赤坎[illegible]學校擁[illegible]常轉學借讀於本校者以省立廣雅中學省立廣州女中知用中學執信學校培英中學等校學生爲多校[illegible]仍不覺其寬敞[illegible]非常時期之[illegible]施非常教育而課外之各種非常活動人人[illegible]彙感動難忘留爲內地之一種特殊印象亦并多得之紀錄也[illegible]以華南[illegible]勢[illegible]再遷遷澳以蒙澳門政府准予設立并呈准中央僑務委員會備案繼續開課

（四）遷澳後之設施

二十七年冬自開平遷校澳門爲時十日已覓得澳門最適中之白馬巷公園前地一號爲校舍并開設小學以廣收容內地學子來借讀者計三十餘校共中以中山縣立女子中學廣雅中學省立廣州女子中學執信中學中大附中省立興民中學等校學生借讀人數最多復以來學者日多又租近左鄰三號爲第二校舍地方幽雅環境適宜對於課外活動如歐打參加演講比賽學術研論文比賽排球籃球等賽比賽演講比賽及各項學術會等均經積極進行而學生參加此種校內外課外活動又極形踴躍成績亦有可觀如參加全澳公開籃球比賽即獲獎第三名此本學期復在附近之救火會[illegible]巷九號新建堅固洋樓擴充爲第三校舍增設幼稚園以應學子切需求幼稚園之設備如化學[illegible]游戲場作業室[illegible]室[illegible]物[illegible]圖書室成績室會客室等務以適合兒童心理有快樂生活而養成優良習慣爲旨趣最近廣東省賑濟會主辦港澳中學校學生[illegible]本校開班來讀者達二百餘人

以上所陳均爲本校創辦以來之演化經過情形此項實情早爲各界人士所共見本無庸贅述茲因中華時報記者[illegible]本校歷史事故特綴數言以作遺錄之旨耳

廿八年度上學期

教廳立案 廣州越山中學暨小學幼稚園招男女生簡章

高初中：一年級生春季初中一年級插班生小學生幼稚生及各級轉學生借讀生

校　址：一．中學及附小第一校在白鴿巢公園前地第一號 第二校舍第三號

二．幼稚園及附小第三校舍救火會橫巷九號（賈伯樂提督街直上）

（電話二五八七）

（一）編　制　本校分設高中初中，各修業三年小學修業六年，幼稚園修業二年。

（二）學　額　1高初中一年級男女生　2高初中各級男女插班生　3高初中各級男女借讀生　4春季初中一年級插班生　5小學各年級男女生　6幼稚園初級生

（三）入學資格　中小學生凡具有公立或已立案之私立學校之証明文件有相當程度者，幼稚園生凡是三歲至六歲，兒童均得報名應試

（四）報　名　入學

甲、地點：中小學白鴿巢公園前地一號本校　小學及幼稚生救火會橫巷九號

乙、手續：1繳交本人最近正面二寸半身照片二張

2繳驗証件（幼稚生免）

3繳交報名費中學毫銀一元小學及幼稚園六毫（取錄與否概不發還）

（五）試　驗　甲、地點：中小學白鴿巢公園前地一號本校　幼稚生試驗在救火會橫巷九號第三校舍

乙、日期：第一次八月八日第二次八月廿一日

丙　科目：國文　算學　常識

（六）入　學　1取錄各生憑報名收據領取繳費單持往1月初五向廣東銀行繳納

2偕同家長或保證人來校填寫入學志願書及保證書換領上課證

（七）費　用（以毫銀計算）

級別＼費用	學費	堂費	體育費	圖書費	醫藥費		合計
高中	叁拾伍元	陸元	壹元	二元	壹元		肆拾伍元
初中	貳拾伍元	陸元	壹元	貳元	壹元	壹元	叁拾陸元
小學	捌元	伍元	壹元	壹元	壹元		拾陸元
幼稚園	拾元	肆元					拾肆元

附註：1高初中一年級新生及各級轉學生保證金五元 2學生自治會費一元 3初中二三年級實驗費一元高中各級實驗費三元 4宿費二十五元（一次繳足） 5膳費四十元（每月八元計算）

本校職教員一覽

校長　司徒優　美國哥倫比亞大學教育碩士。紐約大學教育博士歷任廣州市一中及本校校長國立中山暨南等大學教授廣東教育廳教育設計委員及省督學總理故鄉紀念中學代校長

教務主任　譚廣德　美國哥倫比亞大學經濟學碩士歷任廣州市一中及本校教務主任廣州市二中英文專任教員

訓育主任　胡峻甫　國立北京法政大學法學士歷任省一中二中嶺南附中專任教員廣州市一中廣成中學總理故鄉紀中學及本校訓育主任

教員　鄺瞻器　美國奧省大學文學士歷充廣州市一中培英專任教員廣州孤兒院教育院長

符俊　中山大學上學士歷任本校教忠中山縣立女子中學數理化教員

余延瑞　北京中國大學文學士曾任廣州市一中史地專任教員總理故鄉紀念中學專任教員兼圖書館主任及本校訓[illegible]主任[illegible]學院教授

謝崧　北京中國大學政學士國立北京師範大學文史研究院畢業歷任國民革命軍第十三軍[illegible]書記東莞縣政府教育科主任廣州市一中及本校專任教員總理故鄉紀念中學專任教務兼文書主任

郭禮華　菲律賓中央女子大學教育學院數學系教育學士曾任菲律賓愛國中學高中數學主任廣州真光女子學中教員

何樹昌　嶺南大學理學士曾充省立女中中山縣立中學總理故鄉紀念中學及本校專任教員

黃澄秋　菲律賓大學文學士美國哥倫比亞大學教育碩士歷任廣州市一中專任教員廣州體育學校代校長國民大學教育系主任

張袞輝　菲律賓大學國學士曾充廣州市一中專任教員廣州孤兒教育院副院長及本校事務主任

林紹昌　上海滬江大學學業菲律賓大學政治學碩士歷充廣州市一中市美教員國立成都大學勷勤大教授梅縣廣益學中學校校長及本校訓育主任

余駪　美國米西干大學工科學士歷任廣東建設廳技正中大教授廣州市二職校長廣州市一中及本校專任教員

余子明　美國康南耳大學化學科碩士歷任勷勤大學教授廣州市衛生局化驗師廣州市一中及本校專任教員

蘇文威　美國西北大學經濟學學士曾充廣州市一中及本校專任教員

歐陽皓髮　上海光華大學法學士曾充廣州市一中市二職及本校專任教員

鍾逵　香港英華書院畢業曾充廣州市一中及本校專任教員

吳友德　國立中山大學文學士曾充廣東省立南雄中學合浦縣立中學及本校專任教員

司徒緒　國立廣東法科學院畢業曾本校專任教員

胡灼棠　厦門大學理學士現任本校專任教員

朱察生　美國加省大學畢業歷任體育專門學校廣州市一中培英及本校體育專任教員

黃國海　國立中山大學上學士曾充嶺東中學教務主任及本校專任教員

陳元瑋　廣東國民大學法學士曾充中山縣立中學民大附中總理故鄉紀念中學等校專任教員

胡佩箴　廣東國民大學教育學士曾充總理故鄉紀念中學專任教員

司徒材　美國林倫大學及紐約市立體育專門學校畢業曾任廣州花地培英中學及本校教員

陳汝銓　國立中山大學農學士現任本校專任教員

附小專任教員　劉紹賢　陳雪聰　陳鴻芳　李漱芬　蘇亦寬　馮海循

幼稚園教員　陸菁雲　李信堅　陸秋霖　陸冬雪

教育部暨廣東省政府補助

廣州大學附屬中學澳校（男子部 女子部）招生

高初中一年級新生

各級轉學借讀生

校址：澳門白馬行街三號

報名處：澳校：白馬行街三號

港校：新填地街一二七至一四一號

本校直屬於廣州大學，經呈奉廣東省政府教育廳立案，開辦已逾十載，高初中學生先後畢業者逾千人，其升入國內外大學及服務于軍政學各界者甚眾，去年秋，因時局影響，一部分遷香港設立港校，現因廣州淪陷，將省校遷來澳門白馬行街上課，本校今學期特請譚維漢博士主持校務，並注意下列數端：

（一）嚴格管訓　（二）提高程度　（三）師資優良　（四）設備充實

際茲國難嚴重，同人益加緊工作，務使一般可愛青年，均適合於此大時代之需要，茲將招生簡章，分例如下：

(一)編制及課程

本校分為高初級中學，各修業三年，其課程除根據教育部原頒標準外，增授戰時補充教材，及戰時後方服務各種技術訓練。

(二)招考學級

1高中一年級男女生　2初中一年級男女生　3高初中各級男女插班生　4高初中各級男女借讀生。

(三)投考資格

1高中一年級：凡在公立或已立案之私立初級中學畢業，或有相當程度者，得報名投考。

2初中一年級：凡在公立或已立案之私立小學畢業，或有相當程度者，得報名投考。

3高初中插班生：凡在公立或已立案之私立學校修業，持有原校証件，得來入學。

4高初中借讀生：凡曾在公立或已立案之私立學校學生，持有証件得來借讀。

(四)報名手續

（1）繳交本人半身相片二張，報名費銀一元（2）繳驗証件。

(五)試驗科目

1高中一年級生：國文　英文　算學　2初中一年級生：國文　算術　常識　3高初中插班生：國文　算學　英文

(六)入學手續

1各生須於取錄後一星期內，到白馬行街三號本校辦事處遵章清繳各費。

十（戊）

2 清繳各費後，即持收據，並備二寸半身相片四張，偕同家長或保證人攜帶殷實商店圖章來校填寫入學志願書及保證書，換領上課証。

3 各級轉學借讀生免考入學試隨到隨繳費註冊入學。

（七）費用

每學期繳費表（毫銀計算）

班別	學費	圖書費	體育費	生物理化等實驗費	合計
高中	三十五元	一元	一元	一元	三十八元
初中	二十五元	一元	一元	一元	二十八元

此外新生及轉學生，每人另繳建校基金四元初中另收童軍活動費一元。代收各費，計有學生自治會基金一元，常費五角，均以毫銀計算。

（八）膳宿費

如在校膳宿者每學期宿費二十元，分兩期繳交，膳宿每月七元，按月繳交，均以毫銀計算

（九）優待

（甲）凡在本校初中畢業者，可免試升入本校高中一年級肄業，並優待照初中學費徵收一年，在本校高中畢業而升入本校大學者特別優待。

（乙）本校為獎勵家境清貧，體格健全，資質穎異，成績優良之學生起見，遵照教育部規定設置免費學額四十名。

（丙）本校為優待華僑子弟歸國求學起見，增設華僑生半費學額二十名，

（十）開學日期

開學日期十二月十二日

（其辦法詳見廣州大學概覽）

本校職教員一覽

主任 譚維漢 國立廣東高等師範畢業，美國加省大學文學士，教育碩士，教育博士，曾任廣東省立金山中學校長，中央軍校特別班教育系主任，廣州大學文學院院長。

教務主任 黃金佑 國立廣東高等師範畢業，曾任國立中山大學註冊部主任，廣東省立梅州中學校長，省立二中，三中，一師，三師教務主任。

事務主任 繆恭熙 國立廣東高等師範博物部畢業曾任中山縣立中學校長，兩任中山縣立師範學校校長，兩任中山新會縣教育科科長，國立廣東大學附中學監，廣州市教養院院長。

訓育主任 杜哲全 高等師範文史部畢業，廣東大學事務員，中山大學助

教員表

教，中央軍官學校教官，廣州市立第一中學訓育委員會常委，中山縣立中學訓育主任。

美國加省省立三藩市師範學院文學士 MISS LYNETTE BEHNEY 美國西珠卜大學文學士。

徐繼炎　國立暨南大學法學士，曾充中山縣鳳山中學校校長，總理故鄉紀念中學校，農民教育館主任，中山縣立中學校教務主任，中山縣師範學校訓育委員會主席，事務主任，上海公學紀念中學校教員等職，

戴葆銓　美國哈佛大學文學碩士，曾任國立廣東法科學院教授

黃致信　省立廣東高等師範畢業，曾任省立第三中學校長，省立女師等校教員。

關其昌　菲律濱大學商學士。

譚步俠　日本明治大學法學士，廣東省黨部檢定訓育主任，曾任市一中教員。

朱化雨　日本九州帝大研究院畢業，曾任省立勷勤大學教授。

黃重漢　復旦大學理學士，曾任勷勤大學助教。

李詩璧　國立廣東高等師範畢業，曾任梅縣中學，番禺縣立師範，省立金山中學等校教員，香港國學書院院長。

潘伯偉　廣州大學教育學士，曾任省立女子師範，女子中學等校教員。

陳鐵歐　廣州大學法學士曾任廣東省立法官學校教導團導講習所主任坤女子職業學校教務主任省港澳大會計職業學校教員，

張恩駿　國立中山大學法學士，中山大學附中教忠學校專任教員中山縣立女子中學校教務主任。

郭樸濱　國立廣東高等師範畢業，曾任國立中山大學附中，教忠，市立職業學校等校教員，省立第師中學校長。

李國光　南開大學理學士，曾任省立女子中學，金山中學，水產學校教員。

張晚宋　國立中山大學理學士，曾充中大助教。

廖叔椿　廣東公立法政專門學校畢業，曾任廣東省立一中，廣州中學，南海中學等校教員。

陳通浩　廣州大學文學士，曾任民生中學教員。

梁植初　南京教育部體育班畢業，廣東體育專門學校本科畢業。

繆國楨　國立暨南大學法學士，曾任中山縣立女子中學文史教員，廣東省立廣雅中學高中文史教員兼班主任，現任中山縣立師範學校總務主任，國文歷史地理教員，中山縣通俗教育演講所所長，

佘憲成　廣州嶺南大學肄業曾任澳門復旦中學校校長中山縣立中學校總理故鄉紀念中學校英文教師，

林蔭三　廣州大學文學士歷任女子師範畢業檢定高中訓育主任公安局教員廣東省教育總檢定中學及師範學校教員會任廣州市私立國民小學校校長私立培英城中學校事務主任兼高三級任。

羅蕙芳　國立中山大學化學系畢業曾任國立中山大學理學院助教縣立中山大學高中部教員。

溫碧霞　國立中山大學理學士歷任本校附屬中學及省立廣州女子師範市立第二中學私立大中中學等校教員。

校　醫　陳伯強　美國芝加高大學醫學博士。

注意：本校大學部各學院，計政訓科班（會計科）招生簡章經另印就，可就本校取閱章程應索取，或向本校辦事處函索均可。本校另設英文夜學，招生簡章備索。

私立廣州知用中學正校概況

本校于民國十三年九月創設，校址在廣州市紙行街。後以學生增加。乃於民國十九年購地建校。二十年遷入河珠北新倉前街新校。仍努力建設。先後建築實驗樓求知堂體育館科學館等。民國二十五年。學生多至二千人。民國二十七年。在順德大良及南海真水開設分校。是年十月廣州淪陷。本校乃於二十八年二月遷於澳門青洲復課。學生約五百人。茲將概況分列如下。

（一）教務概況 課程方面遵照教廳頒佈，早操由各部主任及體育教員輪流擔任教練。精神訓話亦由校長及各部主任主持。課餘之暇常由教師領導各生到各工廠參觀。體育方面特勵其課餘運動。關於社會教育方面。現辦有民衆學校兩班。

（二）訓育概況 注意集體訓練。及課外運動。養成學生嚴守紀律修養德性。並從事其研究學術精神。思想上務使其純正。專心學業。將每一班學生分爲若干組。俾依學校命令。及指導。並隨時注重其工作效率。違者按情節輕重予以處分。

（三）圖書儀器 本校在廣州時原有圖書三萬餘冊，科學館內所有儀器價值約二萬餘元。自廣州失陷。大部份均遭損失。幸事前曾搬運一部份往香港存貯。自在澳門復課後。即由港遷回一部份圖書儀器。（現存于香港知用之圖書尚有八千餘冊）並從新購置添補。約有四二千冊。至儀器方面則物理儀器尚多保存。化學方面均從新購置。顯微鏡尚存八具。足供應用。

（四）課外活動 高初中各班學生均定期出版壁報。週刊或半週刊。另時事座談會有時事三日刊。其餘各小組亦各有其研究工作。

（五）校舍概況 本校校舍設在舊英泥廠及鐵廠址。依山面水。景緻清幽。爲最適於修學之所。近更力謀擴充。再行租賃與原有校舍毗連半山之大洋樓一大座。增設課房及宿舍等。並將原有之鐵廠教室。設立物理實驗室。化學實驗室。生物實驗室。音樂教室。工藝教室等。俾於教學方面。增加效能。此爲本校校舍之大概也。

三十（戊）

省教廳立案僑政府註冊

私立廣州知用中學正校招生簡章

（一）校　址　澳門青洲大馬路。（青洲英坭舊址）

（二）招收學級　本校招收高初中二三年秋季轉學或借讀生及高中一年，初中一年秋季新生各三班

（三）費　用　本學期收用表（俱以毫銀計算）

項目	高中 十	高中 元	高中 角	高中 仙	初中 十	初中 元	初中 角	初中 仙
學費	三	〇			二	二		
堂費	一	〇			一	〇		
體育費		一				一		
衛生費			六				六	
實驗儀器費		四				二		
圖書費		二				二		
油印講義費		一				一		
童軍費						二		
合計	四	八	六		四	〇	六	

膳費每月七元，按月繳交，宿費每期廿四元。

新生須繳交保証金五元，中途自動退學或被開除學籍者例不發還。

（四）報名 （甲）地點 （一）澳門青洲大馬路（二）二龍喉（士多紐拜斯路）六十三號（三）營地大街光明書局。

（乙）手續 新生報名時，須繳交報名費毫銀一元，並二寸（半身）相片一張，轉學生須繳原校轉學証書及成績証，借讀生，繳交原校借讀証或任何一種証件，小學或初中畢業者，須繳交原校畢業文憑或証明書。

（丙）時間 七月十號，每日上午八時至下午九時。

（五）考試日期 第一次 七月廿八日（上午八時起）
第二次 八月十六日（上午八時起）

（六）考試科目 高中級—國文，英文，算術，公民，常識（史，地，理，化）
初中級—國文，算術，公民，英文，（一年級免考英文）、

（七）開課日期 二十八年九月四日。

校長張瑞權謹訂

澳門私立尚志初級中學概況

（一）設校原起——中華民國九年冬，尚志創辦人爲推廣祖國文化，發展僑民教育起見，集基金九千元，開辦費九千元，成立校董會，舉郭灼先生任校長，用尚志漢英文學校名稱，呈報政府註冊。以十二月五日開校。因定是日爲學校紀念日。

（二）校舍地址——初租南灣七十二號爲校舍，二十一年八月，遷址南灣五十五號。戶東南向，綠樹蔽堤，臨海環山，風景清美；而隔離市囂，空氣鮮新，適合讀書之所。

（三）改定名稱——廿四年二月，改稱澳門私立尚志小學校，另設英文中級專修科。廿五年二月，增設初級中學。廿八年二月，附設幼稚園。定名澳門私立尚志初級中學，小學、幼稚園，附屬之。

（四）現行編制——因課室所限，暫編初中三級，單式教授；附小初中，高級一年，複式教授，幼稚園分編甲乙二組保育。（俟地址可足遷移。小學各級應改單式教授。）

（五）各項設備——（甲）教具：圖書，儀器，標本，模型，體育器械，化學藥料。鋼樂鋼琴等價值三千六百三十四元。（乙）校具：椅，桌，櫥，架，衛生用具、雜具及其他價值二千五百四十四元。合計六千一百七十八元。

（六）奉准立案——十九年冬，呈澳門華務局視學會，轉請督憲批准給照設校。廿四年四月廿七日，填具表冊，備文郵寄南京僑務委員會呈請立案。本年七月四日奉字第三六九號批開：「呈及表冊均悉。……課程表所列外國語一科，准改由五年級教起。其餘各表大致尚合，經徵取教育部同意，准予該小學立案，該英文中級專修科備案，仰即依照上列各點辦理具報備核。此批」廿七年四月十五日呈請初級中學立案。奉六月八日僑委會洪僑字第一八六一號批開：「呈及表冊均悉。……准予該校立案。並經函教育部查照。……此批。」

（七）補助經費——廿四年十月廿二日，呈僑委會請予補助。奉廿五年一月七日僑教字第六號批開：「呈悉。經核准自廿四年十二月份起，每月補助該小學國幣六十元。……此令。」廿五年一月十四日奉僑委會僑教字第一六三二號訓令開：「查僑民學校，因經費困難，請求撥款補助者，日益增多，應就經濟分配，以期普遍均衡。茲經核准自廿九年度七月份起，每年改補助該校國幣六百元：……此令。」

（八）經費來源——經常費：除收學金各費外，有基金年利三百元，僑委會每年補助國幣六百元，如不敷支，概由校董會擔任。臨時費：倘有特別支銷，或建設需用，商知校董會籌措。

（九）決算預算——廿七年度第二學期決算四千六百四十九元。廿八年度第一學期預算五千一百一十元。均以澳門通用銀毫爲本位。

（十）免費減費——廿六年十一月十五日，僑委會僑教字第二一九五號訓令開：「查海外貧苦僑生，每以經濟困難，不能繼續就學，殊爲可惜。本會爲普及僑民教育，增進其生活技能，特決定凡受補助之僑校，應設置免費學額，其額數以不少於在學全額學生五分之二爲原則；若經費確係十分困難，不能多設免費學額者，亦應酌量情形，減免貧苦僑生學雜費之一部。每學期並應將辦理情形，呈由主管領事館轉報備核，未設領事地方，則可逕呈本會。……此令。

乚本校每年均遵辦呈報。現廿七年度第二學期免費生十人，一百七十八元，減費生六十人，三百七十六元。合計免減費五百五十四元。

(十一)獎學金額——本校特設免費，公費，學額之外，有前校長郭杓先生紀念，及曾叔裕先生何兆鈴先生捐助，三項獎學金，以獎學生全年學業操行成績之最優者。另任級前列三名，各給獎品有差。

(十二)教師職員——廿六年度第一學期聘請教師二十位授課，兼任下列各職務：校長一人，教導主任一人，事務主任一人，小學主任一人，幼稚園主任一人，各級主任七人，童子軍副團長一人，校醫一人。

(三十)學生人數——廿七年度第二學期，全校學生男一百六十六，女一百零六，合計二百七十二人。

(十四)畢業人數——初中第一屆畢業生男七人，女四人。小學第七屆畢業生男九人，女三人；與前累計男六十四，女一十七，共八十一人。另廿七年度秋季始業中小學畢業生未計入內。

(十五)秋季始業——開校時，照當地習慣，始業採用春季，嗣以畢業生回國升學，投考多在八月，欲使時間銜接，必須改制。現值國難，戰地學生來澳求學，救濟失學，自應盡量收容，對此轉學借讀各生，適合插班，尤有改制之必要，經校董會議決，自廿七年度起，將全校原有舊生，（初中三年附小六年級兩班除外）舉行甄別，選取程度相當，從新編級。其有欠一學期功課者，另於廿七年度兩暑期內之寒暑假及每日課外，編定時間，修補完足，以所得成績分數，列爲所欠學期各科分數，使學過中不失資前資，並呈報僑委會備案。

(十六)童子軍團——廿七年三月十九日成立。現經函請中國童子軍總會，發下各種表式，一俟填寫完畢，具呈履行登記。

(十七)幼稚保育——廿八年增設幼稚園，三月六日開學，到男生十六人，女生八人。

(十八)教導要旨——本校在澳門設立八年，向依當地風尚，漸合學生家庭要求，故學科務取繁雜，管訓力主嚴密；辦理以來，考查結果，學生對於繁雜功課，雖能多所接受，但腦力負擔太多，不免影響精神與身體之健康，嚴密約束，雖可強迫遵守秩序，齊雜格點，但情意未能感格，徒具機械與呆板之形式，按諸現時代教育原理，殊不適宜。廿八年二月，決定教導方面，授主任以特權，於原日教授科目，加以以刪併，於原日管訓方法，加以改善，並以我國現行教育制度爲依歸，課程則按照教部頒行標準編制於教育潮流，教育原理，兒童心理，兒童生理，多方顧及，訓導則力避消極之懲戒，而求積極之誘導，蓋人格之感化，勝於威力之禁制也。尤有進者，使學生養成自治能力，於全體則有學生自治會之組織，於各級則有班會之組織，并注意教學與訓育打成一片，根據三民主義，以德，智，體，群，美，五育並發及訓練學生身心，養成道德上學術上健全之公民，斯爲本校教導之宗旨。

(十九)校外工作——廿一年，募款賑濟，以救兵災。廿六年七七事變後，師生購買公債，舉行游藝，捐助賣花，傳單，辦旗募賑；募集寒衣，用具，藥品慰勞，輸將集款數千元。其他社會公益，及團體運動……咸有參加。

(二十)發展計劃——（甲）籌資建築校舍：現賃民房，未適課室佈置，且租金奇昂，每估決算大宗支出。擬提基金全數五千元，另集三益會份，募捐興學款，購地建築，以圖永久校基。（乙）增設高級中學：俟有可能時機，即頂實現，俾中等教育，獲得成全，備校規模，臻於完備。（丙）舉辦短期小學：結業期先定半年，繼而增加延長，免繳學費，庶使無力就學兒童，減少文盲痛苦，獲有謀生智能。（丁）注重數理化學：建設新中國，亟須養成科學人材，本校注意此點，需用實驗儀器，除原有外，指定的款逐年增購；設置愈備，則研究興趣愈增，諸生科學程度，藉以提高。他如參考圖書，尤須設圖書室，以裕智識食糧。以上四項，乃目前切要計劃，持此目標，必期進行達到。

私立協和女子中學概況

略史

協和女子中學，辦理以來，成績昭著，爲華南著名女校之一。查該校創辦於民國元年，校址在廣州西關，原設幼稚師範科，及附設幼稚園，以謀造就幼稚教育人材，定名爲：「慈愛幼稚師範學校」，實開華南幼稚教育之先河。歐風東漸，幼稚教育已引起國人之注意，負笈就學者衆，該校爲宏施造就起見，即醵資購得西山校地五十餘畝，建築新校舍。於民國十一年實行遷入，加辦小學師範科，並設附小，易名爲私立協和女子師範學校，於民國十七年，加設初級中學，以爲升進師範科之準備。民國廿一年聘任廖奉靈碩士爲校長，遵令辦理立案手續，當經 廣東教育廳核准立案。嗣奉 教育部令，改辦中學，易名爲：「私立協和女子中學校」。除辦高初中部及附小幼稚園外，並呈奉 教部，特准將該校辦理三年制幼稚師範科，以養成幼稚教育人材，辦理以還，深得社會人士之嘉許，歷屆師範畢業生，均能本其所學，致力於社會服務，華南各地小學幼稚園，該校畢業生任職其間者，什居八九。近年來，南洋各僑胞辦理之學校，亦多函托該校選聘教員者，其聲望可知。該校以辦理成績之優異，已得嶺南大學准許爲特約學校，高中畢業生，得直接升讀該校。其他國內教會教設立各大學，亦有對該校辦法，予以升學之便利。至抗戰事興，該校即遷址澳門，貫澈爲國儲材之初志。所有學級俱全，現全校有學生七百餘人。

設備：

該校設備尙稱完善，計圖書館藏書逾萬冊，儀器標本之設備，尤爲充實。現有校舍地方寬敞，課室宿舍特別教室，運動場所俱備，校址傍近海濱，有幽靜之勝。

膳宿：

該校有宿舍多間，以備學生在校寄宿，用具除床櫥書櫃外，餘由學生自備，惟須依照學校樣式，對於學生管理，向稱嚴格，（寄宿生每月准告假外出一次，但仍須家長許可）膳宿衛生，亦甚注意，聘有專任校醫護士駐校監督。

班級：

高級中學

三年制初級師範科

初級中學

附屬小學——並收十三歲以下男生

幼稚園——收男女孩童

招生日期

第一次招生——廿八年八月五日

第二次招生——廿八年九月二日

開學日期

第一學期——廿八年九月六日

第二學期——廿九年二月七日

校址

中學部——澳門高樓下巷電話二四三七

小學部——澳門風順堂街電話九三七

私立協和女子中學入學簡章摘要

（一）投考須知

甲 招收班額及入學資格

一 高級中學一年級生二班：投考者須在公立或已立案之私立學校初中畢業，或具有相當程度者。

二 初級中學一年級生二班：投考者須在公立或已立案之私立學校高級小學畢業，或具有相當程度者。

三 三年制幼稚師範科生一班：投考者須在公立或已立案之私立學校，初級中學畢業者。

四 各級轉學及借讀生：各級均招收轉學生借讀生，入學資格，須在公立或已立案之私立學校肄業，而課程銜接者。

乙 報名及考試：本校為利便遠地生學來校投考起見，特分二次招考。

一 報名日期：七月一日至八月三日截止。八月六日至九月一日截止。

二 考試日期：八月五日。九月二日。

三 報名手續：凡有志入學者，在規定日期，携同入學證件，到校報名，（未領得證件者，可將證補繳，）填寫報名單一紙、並交報名費國幣一元，半身相片兩張，外埠學生可向學校函索報名單，填就後連全相片報名費，函寄招生處。

四 考試手續：投考者須於試日上午八時，携帶准考證到場應試，依照指定坐位就坐，遵守試場規則，並携備入學證件，以備審查。但借讀生得免入學試驗。

五 考試科目：一 高級中學：國文，英語，算學，常識測驗（包含史地理化）

六 初級中學：國文，算術，常識測驗（包含史地理自然）英語（初中英語係分組教學，試否任便）

七 幼稚師範：國文，英語，算學，常識測驗（包含史地理化等）音樂，口試。

八 各級轉學生：考驗前學年修習之主要科目。

九 本校為遠道就考招待辦法：遠道赴考學生，倘在澳並無戚屬可以寄住，得於試前二日入校寄宿，不收宿費，膳費自備。如有女件親屬同來，則以一人為限。

丙 取錄揭曉：考試後之三日，在校門揭示，經取錄學生須於一星期內先行繳交學費，寄宿生並須繳宿費，其他各費，可於入學時繳納；否則作消取錄，由備取生遞補。

（二）入學須知

甲 入學手續：各生須依規定日期，向校領取繳費證，向指定銀行清繳各費，携回收據，到註冊處註冊，領取入學證，依期入學。各宿生須於開學前一日到校。

乙 繳費：新舊生均依所定清繳各費，入學後如中途退學，或被斥退者，除膳費外，概不發還，停學期間膳費照扣一。（以國幣為本位）

高中	寄宿生總計	九十八元
	通學生總計	五十元
師範	寄宿生總計	八十元
	通學生總計	三十二元
初中	寄宿生總計	八十七元
	通學生總計	三十九元

附註：

一、學生加收按金四元畢業後發還，如有毀壞公物，則在按金內扣除。

一、學習鋼琴：師範生必修科目每學期收修琴費十三元，習琴收十八元，其他各級選修者照數繳交。

一、寄宿學生每學期須交洗衣費六元六角由學校收交洗衣部。

丙 寄宿：本校設有宏敞宿舍多所，以備各生在校寄宿，并具床榻、寄物櫃外，餘由學生自備，惟須依照學校格式。本校對於學生管理，向主嚴格，（寄生非得准告假外出一次，但仍須得家長許可）膳宿衛生，亦為注意，聘有校醫經常駐校處理醫務。

丁 休學轉學：各級學生必要時得請求休學或轉學，惟休學須經校長核准，方得復學，休學期限定一學年。如欲轉學他校，請求發給轉學證書者，須繳半寸相片一張，照請發者，並須附足郵票。但無學期成績者，照章不給予轉學證書。

（三）免費學額

本校為獎勵資質聰穎，成績優良，品格純全，而家境清寒學生起見，依照本校學業獎勵規程，另定章程，予以獎助，並於高初中及師範各年級中各設置一名，在新生中取錄之。欲得是項待遇者，可於報名投考時，並附填請求免費學額，另作表一份，以便審定，視成績優異，即予取錄

私立廣州培正中學概況

培正自創立至今，僅五十載，校名六易，校址六遷。學生由三十三名增至四千零九名，教職員由二名至二百四十七名，創辦費六十餘元增至校產二百餘萬元，其間進程頗為複雜，茲述其史略如下：

一八八九年冬，廣州浸會教友馮景謙、余德寬、廖德山、歐陽康、李濟良等，以子弟求學未有適宜之所，有自辦學校之議，即席捐得創辦費六十七元，越年春，租城內德政街一屋為校舍，定名培正書院，入院讀書者三十三名，受聘教員二名，義務教員四名，學科為聖經、數學、格致、地理、四書、五經及時文等。校款由各浸教友捐助。是年共支二百八十三兩零三分四厘，存四百七十兩零九分六厘，此培正有史之第一頁也。

一八九二年，遷校雅荷塘，課程加多英文、天文、歷史三科。是年中外教友捐助較多，校款稍裕，即在城南珠光里購舖一間，翌春拆卸改建。七月工竣，遷入上課，加化學一科，改校名為培正書塾。一八九六年，經費無着，行將停辦，幸得國外華僑匯返捐款，培正乃得復活。一九零四年，興學令下，本校改名培正學堂，課程悉遵欽定學堂章程辦理。一九零六年因經費困難，停辦小學，且決將珠光里校址變賣，而在城內榨粉街賃民房兩間為校舍，專辦師範科，易名羊城培正師範傳習所，七月中開學，學生五十人。越年春，乃賃秉政街齊先賢祠，續辦兩等小學，此培正未遷東山前之概況也。

本校雖漸進展，自遷校東山始。一九零六年春，兩廣浸會在梧州開總會，議決變賣珠光里培正校址及德政街華人宣道堂，當場又捐得二千餘金，翌年春又得外埠教友捐款約四千元，遂在東山購置校地廿餘畝，即於是年十月十日開工建築新校。一九零八年，兩廣浸會開第廿次兩年會，校董會同人將培正獻與總會，為兩廣浸會公有事業，由總會設勸學部負責辦理校務。六月，新校落成，共用二萬二千三百餘元，秋初開學，李錦綸任監督，教職員十二人，學生九十五人，一九一一年，政府有更易學堂名號之令，本校遂改名培正學校，一九一五年，本校聘請楊元勳先生為校長，是年內費用增加，捐款不敷，以至欠債五千六百餘元，培正至是已陷絕境，行將出賣校地，任其誠絕矣。卒賴教友鼎力維持，發起培正維持會，遂轉危為安，是年續辦中學，學生五名，一九一八年九月，楊元勳先生辭任為監督，聘請黃啟明先生為校長，是期學生突增至四百一十五人，教職員增至三十二人，是年十一月，黃校長遠赴美籌款，共得美金約十萬員，至此，校務益臻向上，此培正遷校東山後之初期發展也。

一九一九年為本校三十週年紀念，實本校一新紀元也，是年六月底，中學第一屆，小學第九屆畢業，與三十週年紀念典禮同時舉行，各校董復提倡擴張中學，籌辦大學，遂於一九二二年，於捐款項下提出八萬六千九百七十餘金，在海心沙購置校產四百八十餘畝。一九二一年十月，培坤改為培正女校；越二年五月，培道女學改為培正國民學校，一九二四年秋，本校施行新學制，學科全照部章，各校設監督以總其事，時監督為黃啟明。校長為楊元勳。全校男女教職員共一百三十二人，男女學生共一千六百九十五人，一九二六年秋，各董事以時局關係，改校長制為委員制，至一九二九年一月，又取消委員制，恢復校長制，一九二七年一月，董事會議決呈請立案；翌年十一月十四日，教廳准予立案，乃遵章正名為私立廣州培正中學校，改國民學校為附屬初級小學，改高小學校為附屬高級小學，改女校為附屬女子小學，一九二九年，本校舉行四十週年紀念。一九三〇年底，本校籌辦分校於西關，買得永漢一排舊屋，改建新校舍。一九三三年籌辦香港分校，買得九龍何文

九十（戊）

由校址，佔地五萬餘尺，建築校舍兩座，可容學生九百餘人，并於是年秋開辦高初級小學。一九三四年為肄校四十五週年紀念，全校員生工友發起新校門，以資紀念。一九三五年初小新宿舍落成，西關分校增擴校址，并建新課室。同年買進陳君如先生之芳園并附近空地多段，備開辦初中部。一九三六年學生人數增加，用水常感缺乏，因建新水塔以資救濟，同年中學圖書館落成。一九三七年全校學生增至四千零九人，教職員二百四十七人，為本校開辦以來最高紀錄。是年審計劃建築初中四層大宿舍及全部改建女校校舍，已招商承建，旋因七七事起，暫告終止。

一九三七年秋，以廣州遭空襲，本校遷往鶴山城開課，學生人數因時局影響減為一千人，是年本校員生在當地極力推行鄉村教育，收效頗宏。一九三八年本校在澳門設立分校，至暑期全部由鶴山城遷出澳門。同年秋香港分校增設初中部，是年學生增至二仟伍百餘人。一九三九年黃校長啟明逝世，由校董會聘請楊元勳先生繼任校長。

本校在澳門校址，為該地著名之盧家花園，茂林修竹，曲徑幽廠，近傍松山，遠離鬧市，誠修學之勝地，本校自租得該花園後，即於園內曠地建築光綫空氣充足之課室十八間，及各種科學實驗室，圖書館，飯廳，音樂室，宿舍，并就原日之網球場及附近曠地闢為運動場。各種設備足供全部教學之用，舊本校在廣州時人數達四千以上，故於教學必需之圖書，標本儀器，及其他用具，準備之數實有餘裕。本校在歷史環境及地方環境中具較優異的條件，因而對於學生程度之高度水準，學校規則之嚴格執行，均與昔日相同，不因遷徙而有所變易也。又本校為基督教會創立之學校，故關於宗教之事業如青年會，研經社，宗教會，恒禱團均極注重推進，希望學生多受基督精神之影響，異性之薰陶，使能養成完美之品格，備他日國家社會之需。至附屬小學部，另租得在南灣堤岸之大花園為校址，地濱大海，帆影波光，風景全美，為一極適宜之小學環境。至於設備及管理，均與在廣州東山時之附屬小學部相同。

處此國難期間本校計劃中所擬推進者，雖不免感受相當之影響，惟決不能以此而稍有停頓，仍本過去之一貫的精神，努力克服艱苦，求校務之開展推進以期擔負社會之厚望於本校者也。

培正中學校招生概要

校址　中學部－澳門塔石盧家花園　高小部－澳門大堂街

初小部－澳門南灣　初小分校－澳門柯高路

班額　澳門高中初中招一年級新生及二三年級轉學生借讀生小學各年級生

香港分校招初中一年級新生及初中二三年級轉學生借讀生小學各年級生

考試日期　第一次－七月廿九日

第二次－－九月一日

報名　即日起至考試前一日止

詳細章程到校索閱

廣東省政府教育廳立案給費補助

崇實中學小學幼稚園春秋班招生簡章

校址：澳門南灣巴掌斜路
電話：五六七號

宗旨

遵照國民政府公佈教育方針，幼稚園以增進幼稚兒童身心的健康和快樂，培養人生基本的優良習慣為主要目的，小學以發展兒童身心，培養國民道德基礎及生活所必需的基本知識技能為目的，中學採用討論態度，以鑑別青年個性，考察社會需要，分別施以升學預備，及在社會上獨立生活之知能為宗旨。

設備

本校自建校舍地方寬敞，空氣清潔光線充足交通便利圖書儀器標本校具理化實驗室體育場圖書館勞作室等設備完備

學級

本校原辦春季始業初級中學三班高級小學式班初級小學四班現為收容戰區借讀轉學之生增設秋季始業初級中學三班高級小學式班幼稚園式班

學科

初級中學

公民 國文 英語 歷史 地理 算學 衛生 博物 物理 化學 圖畫 音樂 勞作 體育 童軍

高級小學

公民 國語 算術 英語 社會 衛生 自然 音樂 勞作 圖畫 體育 童軍

初級小學

公民 國語 算術 社會 衛生 自然 音樂 圖畫 勞作 體育

幼稚園

談話 游戲 手工 恩物 圖畫 唱歌 故事 群樂 認字 識數

修業期限

初中三年高級小學二年初級小學四年幼稚園一年期滿考查成績及格呈報廣東省教育廳及教育部僑民教育委員會等機關備案發給畢業證書

編制

遵照部定標準及廣東省教育廳之教學綱要編配各學年級課程辦理

學期

本校每年分兩學期：春班由二月至七月為第一學期 由八月至一月為第二學期

秋班由九月至一月為第一學期 由二月至七月為第二學期

報名

(甲)凡有志來學者須在入學以前來校報名並交報名費一元所交過之報名費無論來學與否均不給還

(乙)凡報名入學初中一年級者須具有小學畢業證書初中二三年級插班生須具有立案學校轉學書及成績表考相當程度者各繳証件各級借讀生須遵照教廳頒布「戰區各學校學生借讀辦法」

入學

取錄各生須於開課前兩天到校辦理下列手續逾期不到即以不取錄論(一)到本校校務處繳費(二)繳費後持收條到本校校務處註冊並繳半身照片式張領取上課證，依期到校上課。

一二（戊）

每學期費用表

級別	學費	堂費	圖書費	童軍費	體育費	總計
初中	二十元	六元	六角	六角	八角	廿八元
高小	十六元	四元	六角	六角	八角	廿二元
初小三四	十二元	四元	五角		五角	十七元
初小一二	十元	四元	五角		五角	十五元
幼稚班	十元	二元				十二元

1.初中二三級另徵理化實驗費一元。

2.所徵各費，均以銀毫計算。

入學試日期

春班二月廿三日　秋班　二月十一日

開學日期

春班二月廿五日　秋班　二月十七日

職教員

除歷年原有各職教員照常聘任外增聘秋班教員列左

李浩然　國立北京女子高等師範學校畢業曾任山東省教育廳督學山東省立第一女子師範陝西省立第一女子師範等校教員

陳澤霖　國立北京農業大學農學士廣東教委會圖書館館長養成所畢業廣西省立法政專門學校農政教授國立中山大學農學院助教廣東省一中女中汕頭女中新會女中廣西省三中及二中生物理化教員

黃德明　廣東國民大學工學士曾任國立中山大學附中廣州仲愷農工學校宏英中學等校高中教員

麥永植　北京中國大學經濟學士歷任省立廣雅中學初三班主任兼教員

區元喜　國民大學土木工程肄業廣東省立勷勤大學高中畢業曾任歐德商科職業學校教員

張瑞璘　上海美術專門學校畢業曾任江蘇宜興縣教育局督學無錫美專武進縣立女師廣州培正聯心小學教員

張惠文　博濟醫學專門學校畢業曾任廣東陸軍速成學校校醫廣東婦孺醫科學校教員

林紹經　國立中山大學法科修業三年曾任鳳山中學教員

徐碧華　廣東省立女子師範學校畢業國立中山大學童子軍領袖班畢業曾任廣州市立第廿六、廿七、卅一、卅四等小學主任教員潔芳[illegible]範女中復禮女師等校教員

梁太紫　日本日本大學社會學士

梁玩紫　南京中華女子高中學校畢業

尹運英　廣州協和高中師範畢業曾任真光小學教員

張康寶　廣州市市立保姆校畢業歷充市立六十二、九十三等小學幼稚園教員

張少燦　廣東體育專門學校畢業曾任廣州淑北小學級主任

民國廿八年一月　　校長梁彥明

聖母無原罪工藝學校招生簡章

（宗旨）

以教授工業技能，灌輸人生常識，及養成高尚人格為宗。

（校址）

本校設在澳門高樓十巷三號，校舍宏敞，地位適中。

（編制）

本校編制，分初等及高等二級，修業二年，試驗及格，授以初等證書，五年授以畢業證書。

（科目）

選定新時代謀生最普遍最需要之工藝教授，如西式裁縫，革履，排字，印刷，釘書等是，學科並授以高級小學及初級中學之課程。

（招生）

本校招生期，通常在暑假後，祇收寄宿生。

（年齡）

年，不得超過十六歲。

（資格）

須曾在初級小學畢業，或具同等程度者。

（保證）

來學者須具有左列之證明。

（一）需有殷實人担保（二）需有身體康健之醫生證書（三）奉教者須有領洗之證書

（用具）

寄宿生應備之日常用具，被，氈單，褥，枕，席，帽，面盆，圍巾各一，衣服，襪子，革履，木屐各一雙，手帕半打，有個汗衣數件，牙刷，牙粉等什物，俱須携帶。上述衣物，各生入學時宜編以號碼，以免混亂遺失。至於錢銀，本校不准學生隨身携帶，或私存于箱篋中，必須將數交與副校長代爲存儲，載明數目，如有正當用途，學生可隨時向副校長說明取用，學生離校時，若有盈餘，可將數取回，此等辦法，一則可免學生濫用，二則可免被竊之患。此外須交儲備金一元與副校

三二 （戊）

長保存，以備該生之用。

（制服）

由本校代辦，學生於入學時繳費十元，（西裝）由學校代辦校衣二套，制服一套，革履一雙。

（報名）

凡來校報名入學者，均應繳納報名費港幣一元。

（費用）

每學期入學時一次過繳交，或分月繳交亦可，共繳港幣五元，學，雜，宿費暨堂費，體育費在內，書籍，文具，衣服，什物，由各生自備，洗衣由學校代辦，每生每月收費港幣一元。

（管理）

本校管理法，恩威並用，賞罰嚴明，視學校如家庭，對學生如子弟，飲食，起居，上下課，遊戲，沐浴，旅行，所有動一靜，皆派專員隨時監視，各生家長可絕對放心。

（訪探）

本校定每星期日下午一時至三時，為平常探訪之期，故學生家長或管理人，可依期來校探訪其子弟，凡食品至攜與學生者，只限糖果餅餌之屬，不得攜來飯菜湯水等類。

（假期）

本校除星期日及大慶典等假期在校度過者之外，只放暑假二月（七月初旬至九月初旬）其餘概不休假，學生如有重大事故，須告假回家者，須由學生家長或管理人來校說明事由，本校始准請假。

（教員）

本校延聘國內外富有經驗與技巧之技師，担任各科教授，總期養成良好人材為主。

（信仰自由）

本校雖屬公教會中之世界著名教育團體——鮑斯高慈幼會——所創辦，但絕對尊重學生之信仰自由，故對於教內教外學生，其教授及待遇，敢稱極端公平，永無界域之分。

私立鮑斯高紀念初級中學暨附屬小學招生簡章

本校爲世界著名公教教育團體「鮑斯高慈幼會」在華所辦教育事業之一，查該會以卹孤慈幼爲宗旨，以教育青年爲職志，所辦教育業遍於全球，即以學校而論，所辦中小學及大學宿舍不下一千三百餘所，教師爲萬餘人，學生三十餘萬人。其中學生人數最多者，首推在美所辦之聖心中學，學生不下二千餘人，年中各校畢業成材學生，卓然立足於社會者，爲數亦蔚然可觀。似此情形，該會所辦教育事業，雖不敢云盡天下英才而教之，但栽育青年，造福人群社會亦不淺鮮。

本校創立，已有二十餘年，教育青年，一本該會宗旨，按照地方環境之需要，使教育與生活相適應，學生能學以致用。現更應澳門學子之需求，根據慈幼會辦學方針，增設初級中學，經呈奉粵省教育廳立案。現除購置圖書儀器，標本，體育遊藝器械外，更擴充寄宿生學額，兼收外宿生，俾有志向學者，知所擇著投止焉。

宗　旨：本校遵照　中華民國中小學教育目的辦理初級中學及附屬小學，以灌輸人生智識，養成高尚人格，培育良好公民爲宗旨。

校　址：本校設在澳門風順堂街十六號，地點適中，校舍宏敞，東南臨海，西北面山，不但具備學校衛生之優越條件，且風景優美，足以陶融青年之德性，增進學習之效能，實爲修學最適宜之地也。

學　制：遵照　中華民國學制辦初級中學分設三年，及完全小學，分前後期

課　程：全部遵照　中華民國頒佈中小學課程標準辦理之。

招攷班級：初中一年級新生，初中二年級轉學生借讀生，小學一年級新生，小學各級轉學生及借讀生。（祇招男生）

投考須知：

甲、投攷資格

一、凡投攷初中一年級新生年齡須在十二歲至十五歲，在公私立後期小學畢業，或具有同等學力者（照章取錄同等學力學生者不得超過取錄全數生百分之四十）

二、凡轉學，或借讀初中二年級各生須曾在公立或已立案私立學校初中一年級肄業滿一學年而具有原校正式轉學，或借讀證書。

三、凡投攷小學　年級新生年齡須在六歲或以上畧識文字，身體健全者。

四、凡轉學或借讀小學各級學生，年齡須在十二歲以下，身體健全，具有前一學年成績，或同等學力者。

乙、攷驗

一、日期——九月一日至四日上午九時起

二、科目

初中一年級　國文，算學，常識，

初中二年級　國文，算學，英語，史地自然，

小學各級　國語，算學，常識，

丙、報名

一、日期——由八月一日起至九月一日止。

二、手續——須填報名單，繳驗證件，及報名費西紙一元，

（此項報名費取錄與否概不發還。）

入學須知：

甲、凡經取錄各生須按照本校指定日期到校依下列數繳納學什費

級別	項目	合計
初中二年級	學，堂，膳宿及什費	八十元
初中一年級	學，堂，膳宿及什費	七十元
小學一二年級	仝上	五十元
小學三四年級	仝上	五十元
小學五六年級	仝上	五十五元

以上各費以一學期計俱以西紙繳納

新生入學須另加繳制服費一元，由本校代辦制服一套，校衣二套，皮鞋一對，其欲自辦者聽之，惟制服顏色及式樣，均須照本校規定辦理

乙、須繳費收據到校務處註冊並須繳納下列證件

1. 保證書（殷實人保證）

2. 健全體格之檢驗醫生證書

3. 領洗證書（此項證書限於奉教學生繳驗其餘免繳）

丙、依照本校指定時間入舍居住聽候上課

教　員：

本校聘請國內外大學畢業生教授各科

信　仰：

本校雖屬公教著名教育團體所創立，但絕對尊重個人之信仰自由，對於教內或教外學生一視同仁無分區域。

閱章報名處

甲、澳門本校

乙、香港西營盤聖類斯中學

丙、香港仔兒童工藝院

開課日期：

九月五日

呈請教育廳立案
中國教育部立案
中央僑務委員會立案
衛政府註冊

私立濠江中學

宣言

本校成立，五載於茲，素抱服務社會普及教育為職志。舉凡設施，無不切合家長期望與時代需要。時刻改進教學，以成績為本位，管教綦嚴。故自辦理以來，深得當地人士之同情，紛遣子女來學，本校之得以日新月進者，各界諸公愛護之力也。惟自粵省一部淪為戰區後，避地來澳者，不下十餘萬人，失學青年，何止數千。本校為救濟失學青年，適應現時需要起見，特聘請國立廣東高等師範中山大學畢業同人，來任教職，以期革新校務，增進教育效能。各界諸公，想已深悉國立高師及中大畢業同人久已貢獻於教育界，并在省立市立各學任職最久者，今均允來校任事，此不特本校之幸，莘莘學子尤利賴之，茲將本校革新所定之目標敬布於後，幸垂察焉。

校址：正校……澳門白馬行街天神巷
分校……忠愛街三十二號

招收秋季初中一年級 小學一年級 新生

並收各級轉學生借讀生

校長黃曉生

革新後之三目標

一、學費 本校徵收學費，特別低廉，務以減輕學生家長負擔，使適合戰時經濟為原則。

二、體育 本校為提倡體育，現已新闢宏大體育場內容排足籃各球場，以應抗戰建國時期學生鍛鍊體魄之需要。

三、校舍 本校現增設近西街中學部校舍一所，忠愛街小學部校舍一所。校舍寬敞，務使學生舒適求學。並提倡學生在校住宿，以助家長督訓之勞，而收學生迅速進步之效果。

招考學級：秋季初中一年級新生，各年級轉學生借讀生，附小一年級新生及各年級轉學生（以上所招各生均不拘性別）

入學資格：凡持有高小畢業證書經本校認為合格者得免試升入初中一年級，相當程度者，須經入學考試及格始得取錄。兼收各戰區失學之初中轉學生。

報名手續：一，填寫報名表繳交本人最近正面二寸相片一張。
二，繳驗畢業文憑或各項證件。
三，繳收報名費一元，取錄後在學費內扣除，不取錄者，即予發還。（本校特例）

考試日期及科目： 一、國曆八月十五日上午九時在澳門白馬行街大師巷本校舉行入學試。

二，初中一年級考國文，算術，常識，初小一年級口試，高小考國語，算術，常識。

全期費用 初中全期學雜費共收二十一元

初小全期學雜費共八元

高小全期學雜費共十元

▲小學另收體育圖書費一元

本校教職員畧歷：

區聲白　國立廣東高等師範，北京大學，法國里昂大學等畢業，歷任廣州市教育局課長及視學，廣州市立師範委員，市立一中私立執信等校教員，體專校長，知行校長，廣大教授。

何名森　國立廣東高師及中山大學畢業，歷任廣州市立師範，省立中等各校教員，教育廳督學省立第一職業學校訓育主任。

黎翠昭　國立廣東高等師範畢業，省立女師廣雅中學市師教員、省立體專西南大學教授。

梁　修　國立廣東高等師範畢業，歷任廣東省教育廳督學，省市立各中等學校教員。

張樸霆　國立廣東高等師範畢業，曾任中大附中，省立工專，省立女師，省立一中二中，省立女師，市立一中二中，市立師範等校教員，市三中教務主任。

周啓榮　國立廣東高等師範畢業曾任省立二中，省立一中，培正中學等校教員，南海師範教務主任。

陳卧駒　國立中山大學教育學士，曾任國立中山大學附中教員，中山縣立女子中學主任教員，中山縣立師範主任教員，中山縣立中學教員。

鄒　節　國立廣東高等師範畢業，曾任中山翁曾縣中學主任教員，中山師範校長，南京市市立一中二中教員，佛山鳳山學校主任。

李　行　中央陸軍軍官學校特別班畢業，曾充中山縣立簡易師範學校事務主任兼教員，中山縣立中學校教員。

高朝采　國立中山大學農學師範班畢業，曾充中山縣中學主事主任。

吳儉初　廣州私立嶺南大學文科學士，曾任廣東省始興縣立中學校教務主任，廣西省博白縣立中學校訓育主任，兼體育指導員。

歐廣照　上海復旦大學政治系畢業，檢定合格初中訓育主任及公民教員，曾任順德縣師教務主任教務主任，上海粵東中學教員，番禺縣政府教育局編輯主任。

何非淵　國立中山大學理工學士　歷充國民政府實業部技士廣東省建設廳區視察員，兩廣地質調查所技士。

杜君恕　廣東省立女子師範畢業，曾任廣東省合浦縣立中學國史教員，安南海防時習中學附小主任。

杜　嵐　北平中國大學教育系畢業，曾任陝西安定縣立女二高小訓育主任，米脂縣立兩小主任教員。

鄭食予　中山縣立中學高中普通科畢業，曾任中山石岐私立啓發小學校級任教員。

黃紹忠　中山縣立鄉村師範第一類畢業，曾任中山縣立鄉師中心小學主任，中山石岐啓智小學，人中小學，淡溪小學等校級任教員，中山第九區區立第二小學校校長。

黃佩勳　中山縣立中學畢業，中山縣立師範高中師範科畢業。曾充中山縣第一區烟洲小學，柏軒小學校級任教員。

周筱真　廣州番禺縣立鄉村師範修業，廣州女子職業學校修業，曾任澳門新民背景東方主任教員。

校醫柯麟　國立中山大學醫學士，曾任廣州中大醫院醫師。

教廳立案

聖羅撒女子中學

聖羅撒女子中學概況

此校由緬馬芳濟各後學聖母傳教會經營，創立於民國廿二年九月，初祗設小學，廿三年自建校舍落成，隨即開辦中學，廿五年呈准廣東省教育廳立案，現在編制，照新學制辦理，分設高級中學初級中學并附設小學。此校位於澳門風景最雅，環境最佳之南灣山麓，校由面海，林木蔥翠，加以校舍宏敞，運動場所亦稱廣闊，各種設備完善，自然科學之儀器，藥物，標本，模型均照部頒中學校設備標準購齊。且不獨利便各科教師示教及學生實習，且易引起學生對於自然科學之興趣。管教方面，向極嚴密。廿八年冬契約芳先生擔任校長以來，尤多建樹。高中生施以軍事管理，初中及小學高年級生施以童子軍管理，成績殊佳。現在學生三百餘人，而歷屆畢業生，服務於社會者亦不少。由校造福於澳門，並儲誠不淺而其發展正方興未艾也。

廿八年度招生簡章

招考班次：高中，初中，小學各級新生及轉學生

投考資格：投考學生須要身體健全，品行端正，並具有下列資格

甲、高中一年級新生：須在已立案之初級中學畢業

乙、初中一年級新生，須在已立案之小學畢業或具有同等學歷

丙、小學一年級新生：年齡合於入小學者

丁、高中初中及小學各級轉學生，須具有已立案之同等學校轉學證書者

報名：甲、日期　廿八年七月十五日起至八月三十日止除星期日外每日上午九時至十一時，下午二時至四時

乙、地點　澳門南灣本校（電話六七〇）

丙、手續　一　填寫報名單

二　繳驗證書

三　繳交二寸半身相片兩張

四　繳納報名費一元

試驗：甲、日期　九月一日上午九時起舉行（試驗時間表臨時公佈）

上課日期：九月四日

學生繳費：被取錄之學生須於九月四日前照下表繳納學雜費

甲　高中各級每學期廿五元

乙、初中各級每學期二十一元

丙、高小各級每學期十五元

丁、初小各級每學期十元

入學手續：繳費後憑收據到教務處領取學生證上課本校分設下列各專修科

校外學生品行端正亦得入校學習每月每科收費七元本校學生減收學費如下表

風琴或鋼琴科：五元

圖畫科：五元

刺繡科：三元

打字科：二元

嶺南附設第二中學暨小學部招生簡章

校址：澳門東望洋白頭馬路山頂　電話：三七七

(一)沿革：本校原設廣州西關荔枝灣為私立嶺南大學所辦分校之一定名嶺分中學又名嶺南大學附設第二中學民國二十二年五月呈奉廣東省政府教育廳立案因時局關係暫遷澳門上課

(二)校址：澳門東望洋白頭馬路山頂依山臨海風景幽雅適宜修學

(三)學級：開設初級中學一式叁年級及全期小學各級

(四)聯絡：本校初中畢業生轉入私立嶺南大學附設高級中學肄業得免入學試驗其他各級學生各科及格欲轉學嶺南均得依照級次介紹免試轉學本校蒙嶺南大學給高中免費學額一名獎給每屆品學最優之初中畢業生

(五)費用：各費概收通用毫銀每學期應交費用表列於下

一、初中學雜各費共六十三元
二、高級小學雜費各四十一元
三、初小三四年級共三十四元一二年級共二十九元
四、寄宿生膳宿各費共八十二元

(六)投考手續

(甲)本年度招初中一年級小學各級男女新生各一班其餘各級均招轉學生及借讀生

(乙)凡有志來學者須在試驗日前到本校報名并交報名費一元

(丙)投考者須繳交最近二寸半身相片二張畢業證或修業證或前校成績表前校校長介紹函以憑優先取錄

(丁)凡投考初中一以上各年級轉學生，須於報名時繳驗原校證件以憑呈廣東省教育廳備案，

(戊)投考者須携帶筆墨于入學試驗日上午八時半以前到校應試并須携備報名收據

(己)試驗科目　初中　國文　英文　數學　自然　史地　小學　國文　算術　常識

(未習英文者可免考英文入學後設法補習)

廿八年度秋季新生入學考試

第一次　八月五日　星期六上午九時
第二次　二月廿五日　星期一上午九時
春季新生入學試　八月五日　星期五上午九時

校長何鴻平

十三（戊）

中央僑務委員會暨教育部立案

澳門私立陶英小學招男女生

（取閱章程函索即寄）

宗旨：本校根據現代最新教育原理體察華僑需要遵照我國教育宗旨及其實施方針審別兒童個性施以嚴密之管理相當之教導養成兒童高尚之品格優良之德性及生活必需之基本知識與技能務使上可以遞次升學其次亦足以應用於商場週旋於社會為宗旨

編制：各級均採單級教授學年期滿考查成績及格呈請僑委會給予畢業証書

費用：本校為救濟失學兒童起見學費特廉並設膳宿以便遠道來學者

報名：由即日起

校址：男校哃啲口十七號　女校麻雀仔五號

本校管教嚴密素為各生家長所稱許故來學者日衆前學期學生竟達五百餘人且後至者多有額滿見遺之嘆本學期決計擴充校舍增添班額以廣收容而宏造就有志來學報名從速

校長陳公善謹啓

附設中英算補習班

簿記速成班

國語講習所

一三（戊）

港澳義學一覽表

許世英

人興牛奶公司

（消毒鮮奶）

營業部

正舖砵甸乍街

一支店永吉街

弍支店永樂街

消毒工廠九龍城道

畜牧場九龍鑽石山

香港中華義學

校別	校址	校務主任
第一校	漢華中學	張翼強
第二校	興中中學	羅采齊
第三校	九龍大同學校	陳宗志
第四校	西南中學	陳文端
第五校	上環仿林中學	張思端
第六校	旺角德明中學	李崇灝
第七校	灣仔德明中學	鄭月逵
第八校	同濟中學	沈壽寧
第九校	民人附中	譚天錫
第十校	香江中學	何志文
第十一校	養中女中	關愛珍
第十二校	文武廟中區女子免費初小	葉運青
第十三校	文武廟中區免費初級小學	張夢齡
第十四校	志賢學校	章慰卿
第十五校	志成學校	羅淑英
第十六校	嶺英中學校	何家玉
第十七校	粲英學校	許國珍
第十八校	文武廟東區免費初級小學	陳賢三
第十九校	導華中學	林蔭泉
第二十校	[illegible]備中學	潘毓珊
第廿一校	繼文中英文書院	溫作模
第廿二校	南方中學正校	歐錫棠

香港九龍澳門中華義學招生簡章

(一)宗　旨：本義學以救濟廣東省戰區失學兒童為宗旨

(二)課　程：遵照教育部部頒小學課程及參照當地教育則例辦理

(三)授課時間：每日下午五時半至九時星期六下午一時至五時星期日上午九時至十二時下午一時半至四時半

(四)授課地點：借港九澳各校校舍

(五)學　額：分別在港九澳設立普通小學及短期小學約二百五十班每班四十名

(六)資　格：凡屬廣東省戰區失學兒童年在六歲至十二歲者均可報名投考惟已在日校或夜校肄業之學生一律不得報名倘有瞞考入學一經查出立即開除並追繳學雜費二十元

(七)費　用：報名費學費及一切雜費免收惟書籍文具由學生自備

一 (己)

第廿三校 南方中學分校 黃生華
第廿四校 香江女中第一校 羅重韜
第廿五校 香江女中第二校 鍾 瑛
第廿六校 大東中學 張淑媛
第廿七校 珠江中學 區賜鑾
第廿八校 文武廟西區初級小學 盧遠有
第廿九校 廣福嗣初級小學 吳駿傑
第三十校 民光中學 高淑馨
第三十一校 九龍城德明中學 潘錦純
第三十二校 信修女中 黃奕權
第卅三校 曙中女中 劉寶林
第卅四校 深水埗仿林中學 文慧珠
第卅五校 民範中學 陳威賢
第卅六校
第卅七校 新會毓學第二校 陳瑞冰
第卅八校 正德學校 梁滌餘
第卅九校 北角中英文女書院 馬錦文
第四十校 東華醫院義學女義學 郭維齡
第四十一校 利群學校 譚耆濟
第四十二校 新會毓學第四校 孫偉坤
第四十三校 灣仔人同中學 葉嘉和
第四十四校 同德工會第一校 梁桂儀
第四十五校 紅磡勞工學校 屈日興
第四十六校 鴨脷洲漁民學校 胡順發
第四十七校 文礎中學 朱劍明
第四十八校 麗澤女中分校 潘植鴻

香港一般義學

（校名）	（地址）	（電話）
九龍孔聖會義學	九龍城宋街卅二號	
女青會義學	莊士敦道一五二號	
中山商會學校	砵甸乍街二號A	三一一七六
中華回教博愛社義學分校	庫街廿九號	
中華聖教總會第一義學	第二街一二五號	
孔聖會第一分校	必列啫士街六號	
第二分校	必列啫士街卅二號	
第十七義學	太原街二一號	
孔聖會附設女義學第十一校	駱克道七一號	
天后廟義學	廟街	
文武廟義學	必列啫士街三七號	
西區義學	德付道西二五二號	
黃泥涌區免費初級小學	景光街一四號	
永存義學	大南街一零三號	
同樂別墅義學	德付道西一八三號	
執縫漁會學校	駱克道二六二號	
西河堂義學	駱克道三七〇號	
周少岐東義學校	第二街一三號	
周卓凡義學	大道西一三〇號	
周蔭喬東義學	水坑口一二號	
東華免費小學校	駱克道一九八號	
東華醫院總理女義學	軒尼詩道二〇一號	
南洋公司第二學校	軒尼詩道二一六號	
南海商會義學	新填地街一一號	

三（己）

學校	地址
南海商會義學	卑路乍街一四六號
南華體育會羅庭學校	怡和街三八號
俠影義學	機利士蘭一九號
洪聖廟女義學	駱克道三〇二號
鹹魚行商團會義學	德付道西一六九號
香港九龍茶居工會聯會義學第一分校	第三街一五二號
香港九龍華僑公會第五貧民義學	太宗街四號
國晉紀念第一義學	第二街一二一號
旅港五邑公會義學	砵蘭街一四五號
旅港中華平民義學	軒尼詩道四八一號
培道聯愛會工讀義學	高街一九號
崇正第一義學	金華街五三號
崇正義學	石鼓壆道六〇號
鼎正義學	鴨寮街一八號
寶邑馬主文昌東義學校	德付道西二六九號
貧民免費第三學校	石硤尾街一號
第四學校	吳淞街五八號
第七學校	塘尾道六九號
菓菜行免費第一學校	譚臣道一〇一號
第四義學	大道西三四七號
華僑公會附設義學	砵蘭街一〇九號
番禺會所第二義學	洛克道四七八號
街坊義學	北京道三三號
黃晚倫第一義學	西貢道六三號
第二義學	西貢道九七號

黃曜東義學	醫局街一四四號
新會商會第二義學	西邊街四四號
第四義學	高街九四號
萬安慈善會義學	炮仗街二四號
電車公司華員仔弟會初等學校	新尼詩道四四四號
嘉諾撒義學	嚤囉廟街二號
雅仙亭女義學	奧漢街六二號
廣聯祠義學	廟街四號
德行女義學	寶興道八一號
潮州八邑商會學校	德付道四八九號
潮州公學	德付道西二九號
樂善堂女義學	打纜街三六號
鮮魚行第一學校	廟街八三號
第二學校	德付道中一一一號
聯青義學校	大道西三四五號
耀庭義學	西大街二八七至三一三號
攪鋼同業會義學	莊士敦道一三三號

澳門教育會主辦 難童義學

（校別）	（校舍）	（地址）
第一校	崇實中學內	南灣巴掌斜路
第二校	陶英小學內	火船頭
第三校	越山中學內	白鴿巢
第四校	知用中學內	青洲
第五校	孔教學校內	柿山
第六校	知行小學內	下環上街

澳門一般義學

校名	主持者	校址
平民第一義學	華僑公會	打纜地
平民第二義學	仝右	仝右
平民第三義學	仝右	雞欄橫街
平民第五義學	仝右	石街石敢當廟
平民第六義學	仝右	白灰街四十一號
平民第七義學	仝右	麻子街土地廟
同善堂義學		爐石塘六十[illegible]號
李際唐義學	李際唐	近西街廿一號
沙梨頭義學	蘇漢卿	麻子街廿一號
蓮峯義學	蓮峯廟	關閘馬路
漳泉義學	漳泉董事會	媽閣大廟
鏡湖義學	仝右	連勝街
鏡湖義學	仝右	下環街四十一號
孔教義學	澳門孔教會	大砲台斜巷四號
包公廟義學	劉華	連勝馬路
康公廟義學	舊商會	大橋橫
永存義學	劉瑞堂	鏡湖醫院提督馬路一四一號

港澳學校一覽表

葉恭綽題

補腦健腎

南棗合桃膏

大文豪 常食南棗合桃膏 得思潮大發 洋洋千言

著述家 常食南棗合桃膏 得天才順發 增長腦力

教育家 常食南棗合桃膏 得補血養氣 使君誨人不倦

體育家 常食南棗合桃膏 得精神爽奮 體魄健長

藝術家 常食南棗合桃膏 得速進靈機 俾君登峯造極

勞神過長者 常食南棗合桃膏 得挽回過去精神 恢復健康

雪姑七友餅

兒童們 常食 得健脾開胃消積增食

士女們 常食 得養顏健胃永保健康

香港 李禧記食品公司 寫字樓干諾道西五號 各大公司食品商店均有經理

說明

「南棗合桃」兩味斯中滋養歷史 固有悠長 不過製造者不擅研求陳陳相因全失去其功用本公司既得秘法異授後以配製奇巧研究得新性能固腦，健腎，益精，補血，誠衛生華貴珍品饋贈親友之良物

香港 李禧記公司謹誌

雪姑七友餅

雪姑七友餅乃華南食譜中獨一無二的佳品本公司研究得法既合衛生功能滋養健體特製而面世採用原料純粹國產的植物科學配合製成實非尋常餅家製造者可比緣(燕窩)是飛禽中的結晶性能潤肺養顏健胃消積至於淮山，茯苓，蓮子，杏仁，百合，核桃，苡米，麥精等均皆含有最豐富的維他命對於滋養人身要素得天獨厚之食品

香港 李禧記公司謹誌

大學・學院一覽表

（以筆劃多少爲序）

（校名）	（地址）	（電話）
東南大學	灣仔莊士敦道八十五號	
金城學院	羅便臣道	弍二五四二
香港大學	般含道	二八〇五六
南華大學	九龍城獅子石道	五九三六七
美術教大學	九龍佐敦道十一號	五九四二一
華夏學院	羅便臣道妙高台	二七〇六一
	青山芳園	
國民大學	旺角新填地街	五八二一五
華僑工商學院	衛城道十七號	二六九〇〇
廣州大學	九龍深水埗元洲街	五陸三九二
嶺南大學	般含道	二五二七七

中學一覽表

（以筆劃多少爲序）

（校名）

一中女子中學
九江中學
九龍英文中學
大同中學
大中中學
大中女中學
大公中學
大誠中學
中中女中學
中央中學
中南中學
中西女中學
中西女中分校
中華中學
中華僑民中學
文化中學
文化女中學
文華男女中學
文聯中學
文駿女中學

（地址）

般含道四六號
油蔴地志和街九號
彌敦道三〇八號
軒鯉詩道二七七至二八三號
九龍城侯王道
荔枝角道九六號
南昌街六九至七五號
摩利臣山道三七號
花園街七四號
汝洲街二〇一號
中和上街七八號
士丹頓街九號
些利街五號
堅道廿號至二十二號
德付道西
大埔道廿九號
西貢往十五號
黃竹街三九號
西灣河入街三〇三號
薄扶林道六九號
薄扶林道五三至九五號

（電話）

叁三七六一
弍三九八五
五一弍〇一
弍八六三九
一三四三四
五八九二三
五六二二七
二〇九九二

文藝中學
文德中學
文會中學校
文儒中學校
化愚女中學
孔教中學
民生中學
民範中學
民光中學
正風女中學
正中中學
石門中學
生活中學
平民中學
平民中學
立賢女中學
光中男女中學校
光中中學
光華男女中學
光華中學
光華男女中學
[illegible]漢男女中學
光道女中學
兆文中學

荷李活道三二號
灣仔道二二四號
荔枝角道九七號
荔枝角道一一六號
結志街二六號
堅道一三一號
九龍荔林[illegible]道
亞皆老街一一五號
上海街一九一號
[illegible]士勢道一八九號
[illegible]勢道四九五號
荔枝角道三三八號
軒尼詩道一八〇號
駱克道三八四號
德付道西一九〇號
公園道二號
威靈頓街九六號
基隆街六三號
荷里活道一號
[illegible]咸街七七號
荔枝角道三三二號
炮台街六六號
寶珊道六號
砵甸乍街三二號

弍零三九四
二七一四八
五八三二八
五七八五七
二九三八七

校名	地址	電話
仿林女子中學	跑馬地鳳輝台	二五二七二
仿林中學	普慶坊十號	二〇四五五
仿林中學分校	長沙灣道 四九號	
仿林中學分校	九龍城公園道二十四號	五〇一〇六
圓方中學	荔枝角道一七三號	
國粹中學	灣仔道一九一號	三一六三零
知安中學	基隆街三六號	
成德英文中學	軒鯉詩道四七三號	
西南中學	[illegible]陽士道一號	二二五九五
西南女中學	巴丙頓道九號	二六一三〇
西南女子中學分校	旺角何文田窩打老道六九號	五九〇一九
西園中學	西園寶龍台	
西園中學分校	通菜街二一〇號	
志強中學校	大道西三九六號	
	第三街九六號	
志賢女子中學	彌敦道五九一號	
知行中學	柯布連道一號	二〇一四八
知行女中學	莊士敦道號一九九號	二三三六〇
知用中學	深水埗荔枝角道	
知用中學港校	大南街一六二號	五〇三八五
金陵中學分校	羅便臣道五三號	二二五四二
忠信中學	弼畢諸道三號	二四七九〇
協恩女中學	土瓜灣[illegible]背[illegible]道	五一〇四〇
東方中學	彌敦道七二一號	五二五八九
東方中學分校	基隆街二十號	
東方女中學	基隆街二一三號	

校名	地址	電話
東方女中學	彌敦道七三五號	
育民中學	荔枝角道八二號	
南中中學	深水埗南昌街一〇六號	五〇〇四八
南方中學	[illegible][illegible]山道十九號	二四三三一
南方中學	石硤尾街四九號	
南昌中學	南昌街 四四號	
南京中學	德輔道西一九〇號	
南武中學	南昌街一〇六號	
南華中學	堅道七五號	三四〇三五
南洋中學	衛城道一號	
信修女中學	堅道八一號	式八九七五
飛利女中學	柏道	二八八二六
思思中學	通菜街三四號	五一〇六六
思思中學	廟街二號	
美華中學男校	東華東院豐光堂	二〇三二一
美華中學女校	槐樹街	二四九六〇
香港中學	英皇子道公爵街	五八五七三
香江中學	何文田窩打老道七三號	五六九二四
香江女中學	深水埗楓樹街一五號	
盧光女子中學	華輝台十四號	二六四四六
海南中學	第四街四八號	
[illegible]中學	南京街六號	
耕梅中學	莊士敦道卅號	
廣州大學附中	元州街一六五至一六九號	五六三九二
廣州大中中學	關華街三三號	五八九二九

九（己）

校名	地址	電話
振德中學校	弼街七一號	
務本中學	雲咸街四九號B	
務勤女中學	太子道四八七號	
梅芬女中學	[illegible]器道一四三號	
梅芳女中學	羅便臣道八十八號	二二五九七
梅芳男中學	羅便臣道九十四號	三三六一六
時代中學	南昌街一四二號	
珠江中學	砵蘭街三一五號	五七〇七七
國民大學附中	新填地街四百七十號	五八二一五
國粹中學	[illegible]蘭街廿九號	
國民中學	堅尼地道卅二號	二二零四五
國華中學	鴨寮街七八號	
聯華中學	利園三街五號	
崇德女中學	軒鯉詩道二五二號	
崇蘭女中學	黃泥涌道八十一號	二四〇三一
崇蘭女中分校	軒鯉詩道一七三號	
崇[illegible]中學	欽州街七二號	五八八一六
培正中學	窩打老道八十號	五六五〇五
培道女中學	廣華街三號	五一二二三
培貞女中學	堅道三四號	
培真女中學	梁西街一號	
培智中學	德付道四六四號	
分校	德付道西一一九號	
培英中學香港分校	西邊街八四號	三三八八零
培英中學	干德道九號	三三八八一
（初中部）	高街救恩堂	三三八八二
（寄宿舍）	羅便臣道七五號	三三八八四
（寄宿舍）	鐵崗六號	三三八八六
培英女中分校	山村道十五號	
培德學校	堅道七五號	三四〇三五
分校	謝斐道一[illegible]六號	
貞德女中學	卑路乍街四一號	
進修女中學	擺花街新樓	
敦梅中學	京街一號	
陶秀女中學	亞皆老街一百號	五九二二一
陶秀女中學	依利近街九號	
陶淑女中學	永華坊五號	二七一四五
陶淑女小學	[illegible]蓮台二三號	
崑[illegible]中學	彌敦道三一一號	
分校	九龍城龍崗道	
復旦中學	德付道西二零五號	
湘父中學	礮台道[illegible]梭台三號	
湘父女中學	加冕台二號	二一六七五
育才中學	卑路乍街一零五號	
港僑中學	依利近街二十號	二八八五六
粵南中學	駱克道一九七號	二二六四六
粵秀中學	汝州街二十二號	
香華中學	青蓮台三號	二零六五二
復興中學	軒鯉詩道二六七號	
華大中學	英輝台五號	三〇一八九
華南中學	彌敦道六三八號	五一一二六

校名	地址	電話
華南女中學	彌敦道八六四號	五〇九四七
華南男女中學	西摩台五號	二三八八六
第一分校	羅便臣道八二號	三一六八七
華夏中學校	南昌街六一九號	
華英中學校	東[illegible]	
華英女中學	菲士[illegible]道中華循道會	三〇九九〇
華僑男女中學	堅道旭台道八號	二〇二二七
譽新中學	西環士美非路四號	
曾[illegible]女中學	灣仔道二三四號	三二七五六
[illegible]中學	薄扶林道三五號	
遠東中學	旺角上海街十二號	五六九四一
分校	彌敦道四九〇號	
僑光中學	大道東八十[illegible]號	
慕芳女中學	荷里活道三十二號	二二九四〇
業勤中學	英皇道四五五號	
華[illegible]女中學	堅道八十五號	
聖三一中學	界限街一七三號	
新生中學	第三街一五八號	
新中中學	汝州街七十號	
漢[illegible]中學	羅便臣道妙高台八三號	
漢文中學校	薄扶林道	叁三四二八
漢英男女中學	上海街四九九至四九九號	
漢[illegible]中學	駱克道二七一號	
精華女中[illegible]	彌敦道五八五號	
領島女中學	堅道七十三號	二七一〇六
靈保中學	堅道一二六號	弍三六五五九
勵中中學	彌敦道四八一號	
養中女中學	堅道三八號	二三七七四
潔芳男女中學	彌敦道五六四零號	
輝光女中學	灣[illegible]街二一零號	
德貞女中學	允洲街八六號天主堂	五六五三七
德貞女中學	[illegible]山道（欽州街）	
德明中學校	洗衣街四七號	五零〇弍三
德明中學分校	馬[illegible]道七至十一號	三〇六六五
德明中學二分校	九龍城啓仁路	
德馨女中學	軒尼詩道二五五至二六三號	
寶[illegible]中學	羅臣[illegible]一三三號	
潔芳女子中學	彌敦道五六四號	
導英中學	南京街十三號	
導[illegible]中學	廟街[illegible]街一二零號	五八八五〇
導[illegible]中學女校	太子道四號	五八八九零
積臣英漢文中小學校	上海街七四至七六號	九九零四三
	佐敦道三[illegible]號	
興華中學	石塘咀希路道六二號	
興中男女中學	彌敦道七六[illegible]號	五六[illegible]四三
	大埔道五十二號	五一一四一
時[illegible]中學	[illegible]李台十一號	
嶺[illegible]女中學	文咸東街八六號	
嶺南大學附中	新界青山道梁園	
嶺東男女中學	彌敦道二三九號	五八四六七
嶺東女中學	佐敦道十九號	
嶺東男女中學	鳳凰台十二號	
嶺英中學	軒尼詩道利園	三零六九零

校名	地址	電話
嶺表中學	旺角洗衣街一七九號	
嶺僑中學	莊士敦道六十一號	
嶺橋中學	譚臣道一〇七號	
鴻鵠中學	雲咸街六十一號	二〇三六九
鴻翔中學分校	荷里活道二十二號	二〇二八五
麗澤女中學	佐敦道十三號	
瓊海中學	新界元朗	
耀中女中學	洗衣街一七三至一七五號	

職業及特殊學校一覽表

（校名）	（地址）	（電話）
九龍騎術學校	馬頭涌道尾	五一〇四一
大衆藝術學院	堅道八五號	
大華英文書院	彌敦道四四二號	
三光英文學校	太子街三號	
中央商務專門學院	宏興行	二六四八六
中央國語專門學校	軒尼詩道四一〇號	
中山英文書院	花園街一一六號	
中國國語學校	彌敦道七二七號	
中國國語講習所	西洋菜街十四號	
中國藝術學院	基隆街廿九號	
中國建設工程學校	九龍彌敦道七二七號	二一三四四
中華國語講習所	彌敦道七五四號	
中華業餘學校	旺角山東街	五〇四三四
中華國語專門學校	鴉蘭街二號	

校名	地址	電話
德華女中學	彌敦道七二八號	五七八六四
鑰智男女中學	彌敦道六一〇至六三號	
鑰智男女中學	軒尼詩道四四一號	
鑰智女中學	軒尼詩道三三二號	
鑰智男女中學	汝洲街一八八號	
分校	廟街	
分校	告士打道	
分校	太子道	
[illegible]溪中學	大道中[illegible]敦閣	[illegible]八三四一

校名	地址	電話
中華國語研究社	大道中華人行	
大華理化工藝學院	大道中二九〇號	
文灼英文學校	長沙灣道[illegible]四號	
天人音樂學院	旺角亞皆老街九十號三樓	五八七四七
孔聖會國語夜校	荷里活道一[illegible]四號	[illegible]六八
世界電器工程學校	雲咸街七十九號	[illegible]四[illegible]〇
世界電器工程職業學校	些利街廿七號	
生活職業學校	堅道八十四號	
平正會計學校	雲咸街六一號	二〇三六九
中島英文書院	麥[illegible]子道一一三號	
五洲英文夜校	[illegible]道二十號	
民衆國語講習所	太子道四三二號	
光大國醫學院	彌敦道五七八號	五六一八八
國濟英文學校	灣仔道	
國[illegible]藝學院	莊士敦道卅一號	
同文英文學院	西洋菜街八號	

二十（己）

校名	地址	電話
光大國醫學院	彌敦道五七八號	五六一八八
光大英文日夜學校	大道西九六號	
快字商科學院	遮打道[illegible]行	二二六二八
什文的英文中學	士丹頓街五八號	
呂毓光英文夜學	閣麟街廿一號	
宏英英文書院	窩打老道廿一號	
志強英文學校	荔枝角道二八一號	
忠信會計學校	亞畢諾道三號	二四七九〇
東方函授學校	國民銀行	二七三八八
東方英文學校	電器道卅四號	
居仁專科學院	彌敦道七三〇號	
青華英文書院	鐵崗三號	二七九五二
青年會英文夜學	必列啫士街七十號	二六六一八
林肯英文夜學	結志街十五號	
卓智英文夜校	擺花街四十六號	
廣固英文夜學	北京道二號	
博學英文學校	雪廠街廿九號	
保黎國醫學院	德輔道中四六號	二五三六二
南方藝術學院	上海街九六三號	
南洋商學院	荷李活道四十號	二四一七
南華英文夜學	軒尼詩道二一號	
育智洋記英文學校	德付道中七六號	
建華汽車學校	禮頓山[illegible]二號	五七八〇〇
聯立英文中學	春秧道[illegible]號	二六二一四
建國農工學院	英皇道一七[illegible]號	
香港官立實業專科夜學	附設政府學校內	
香港官立女子師範學校	荷李活道	三三四二五
香港商務專門學校	雪廠街七十五號	三三四五〇
香港中國國語統一研究社	新填道三號	
香港中華國語研究社	堅道九一號	
香港英文會計商業學院	尖沙咀中間道一號	五零八五五
香港仔[illegible]商工[illegible]院	香港仔香島道	二九二二九
香港法文專修學校	九龍城太子道四三[illegible]號	
香港汽車駕駛學校	國民銀行	二二四六四
香港商務專門學院	雪廠街七五號	三三四五〇
香港無綫電學院	堅道五二號	二八七四八
香港道德研究院	鐵崗五號	
香港體育學校	鐵崗[illegible]號	
香港華語學校	國民銀行	二八三八八
速成會計學校	西洋菜街廿四號	
高氏快字打字學社	依利近街九十一號	
振成商科學院	鐵崗二號	二六八八三
參高[illegible]國語學校	德付道中二一號	
翼鐸聆啼學校	啓仁道四三號	五八六四二
師正英文夜學校	永吉街十四號	三一八一五
純正英文夜學校	駱克道二六六號	
[illegible]華英語學校	軒尼詩道二二〇號	
海南職業學校	大埔道卅七號	五零三零一
商餘學院	宏興行	
商務英文夜學	威靈頓街五八號及加咸街十五號	
培新英文書院	荔枝角道一九七號	

三十（四）

學校	地址	電話
培新英文女書院	荔枝角道	
培根英文書院	軒尼詩道二九三號	
國民英文書院	界限街一八六號	
國民無線電專門學院	旺角染布房街十五號	五九〇九一
國光英文夜校	砵甸乍街卅二號	
基督教理化學習所	東亞銀行	
華僑國語教育社	彌敦道三五五號	
華僑吃音矯正學院	德付道中一四六號	三二九四八
華南國醫學院	灣仔馬師道七七號	三零六六五
華德商學院	彌敦道四七七號	
華南汽車工程學校	彌敦道七零零號	
華仁商學院	彌敦道四七七號	
復興測量學校	九如坊八號	
萬國美術學院	太平道十二號	五七四五五
萬國會計學校香港分校	大道中一八三號	
黃衛寫利夜學	荷里活道六一號	
歡心婦女工藝學院	軒尼詩道四五號	
聖德勒撒英文女書院	彌敦道七三四號	
聖類斯工藝學院	第三街一七九號	二一三二六
胡弊英文書院	山東街廿七號	
電器技術班	新填道三號	
僑島英文夜校	德付道中二三五號	
漢英英文夜學	譽聯街三號	
瑪利亞女子英文夜學	彌敦道七三〇號	
維多利亞英文夜學校	堅道六一號	二八九七五
遠東英文學校	大道東九二號	
遠東無線電學校	寶靈街六號	
廣州實用高級會計學校	結志街八號	二八四四六
廣州高級會計學校	上海街八六三號	
廣大會計職業學校	堅道八九號 堅道六六號	三一九八〇 三一九七〇
廣州會計學校	荷里活道一四四號	
廣州萬國會計學校香港分校	擺花街	
廣藝英文學校	堅道五十三號	
若元英文夜校	大道西一七四號	
模範英文夜學	大道西二〇九號	
德貞國語研究社	灣仔道一七三號	
黎威林英文書院	擺花街卅一號	
伊臣英文書院	佐敦道三九號	
龍國華英文書院	上海街三五零號	
聯英婦女職業學校	駱克道二四〇號	
勵志英文夜學	大道西弍六五號	
嶺南國醫學校	砵甸街	
謝友鑾英文學院	德付道中一三六號	
謝友鑾英文書院	德付道西六十四號	
鎮華工程學校	莊士頓道廿七號	
獅界女子夜學校	威靈頓街十五號D	
藝化藝術學院	彌敦道七二九號	五九八八八
寶琚英文書院	彌敦道五四六號	
顯華英文學校	大道中砵甸乍街口	
關伯勵國語學校	寶慶坊二十號	

小學・幼稚園

（校名）	（地址）	（電話）
一中女書院	般含道七二號	
一志女校	漆咸道二七〇號	
一雅中英文書院	山道五號	
九龍女學校	西貢道十三號	
九龍書院	亞皆老街	五八〇七一
九龍婦女校	啓義道九一號	
九龍講學校	金巴利道三十號	
九華學校	城南道十九號	
九龍模範女校	九龍城啓仁道	
人傑學校	[illegible]街四號	
人和學校	山東街廿五號	
力行女學校	[illegible]街九十[illegible]號	
大明學校	長沙灣道四五號	
大成學校	廣東道一一二七號	
大同學校	南昌道十八號	
大關學校	天主堂內	
大中中央女書院	廣東道二八六至二九〇號	
大中[illegible]院	荔枝角道二八〇號	
大中書院	廣東道一一九〇號	
大中分院	大道中一一九八號	
大光學校	筲箕灣東大街一七九號	
大[illegible]女校	[illegible]成街十三號	
三光學校	太[illegible]街卅號	
三育學校	砵蘭街三三〇號	
三樂學校	北京道九號	
士杰學校	上海街	
山頂書院	山頂二六〇號	
中大學校	長沙灣道二三四號	
中正學校	第三街七七號	
中央英文書院	亞皆老街	
中行女校	西洋菜街廿四號	
中和女學校	軒尼詩道三八八號	
分校	桂林街一五一號	
中和學校	長沙灣道一四五號	
中和 校	福榮街一六九號	
中央女子學校	砵蘭街四一六號	
中英書院	鳳凰台一號至三號	三〇四九二
中華兒童書院	山市街九二號	五〇四三四
中南學校	廣東道一〇九八號	
中華女學校	卑路乍街一弍二號	
中華聖公會女校	九龍城侯王道二九號	
中華聖公會女校	鰂魚涌西街 號	
仁愛學校	北街廿九號	
仁聲學校	卑路乍街八九號	
五育女校	[illegible]道八十六號	
五育女分校	春秧街六三號	
天如學校	莊士敦道四七號	
天南學校	長沙灣道二二六號	
天真幼稚園	奕蔭街二六號	
正德學校	大道西四〇五號	
正德分校	青山道三六〇號	

校名	地址	電話
少仿學校	荔枝角道二六六號	
少翔學校	大道西二六九號	
一分校	東邊街三十號	
二分校	德付道西二二八號	
少華學校	加咸街十五號	
少峰學校	第一街九十二號	
文光書院	寶崙台四七號	
文和學校	山東三五號	
文秀女校	德付道西一六三號	
文秀女校	高街六十號	
文秀學校	水街一號	
文秀女校	太平山街四四號	
文英女校	新填地街二五九號	
文明學校	西營盤第二街一四四號	
文津學校	快富街四號	
文津學校	上海街六三〇號	
文華學校	彌敦道九六七號	
文範女學	士丹頓街十八號	
文燕學校	人道西五七四號	
文懋女書院	寶靈街[illegible]號	
文武廟學校	必列啫士街卅七號	
文武廟中區學校	荷里活道	
日益學校	上環西街廿[illegible]號	
日新學校	[illegible]東道一〇八[illegible]號	
王子紀館	普慶街	
孔聖會高初兩等小學	荷李活道二二四號	
公理女學校	必列啫士街	
公理書院	衙前圍道七四號	
心存校學	福榮街七三號	
下育女校學	銅鑼灣琉璃街四號	
北角中英文女書院	春秧街八號	
弘毅學校	大道中三六六號	
弘毅學校	摩囉上街五三號	
弘毅學校	蘇街二五〇號	
弘毅學校	廟街二四六號	
弘道學校	電器道一二四號	
四德學校	廟街七一號	
民生女書院	炮台街四七號	
民生書院	啟德道二號	五六〇六三
民生女學院	啟仁道四九號	同右
民生幼稚園	啟仁道四八號	同右
民新學校	軒尼詩道三七〇號	
民志學校	大道東一三六號	
立達學校	上海街二三六號	
立基女校	太子道四九八號	
立人女校	吳淞街九三號	
立人女校	新填地街九十號	
立德女校	普押道六號	
正儀學校	贈碩山道卅七號	三三二一二
正光中英文學校	卑利街五六號	
正光中英文學校	依利近街五六號	
正光學校	清風街三號	
正心書院	莊士敦道八八號	
正德男女學校	大道西四〇五號	
永光學校	砵甸乍街十五號	
永光學校	鴨脷洲平瀾街	

校名	地址	電話
永光學校	西大街二〇八號	三一六五九
永南書舍	駱克道一七號	
生民女書院	砲台街四七號	
宏中書院	廣東道五二二號	
生活兒童學園	成南道十三號	
中華學校	北河街一〇六號	
玉璜學校	吳淞街八五號	
世界書院	上海街四八七號	
光大女校	砵甸乍街四九號	
光大書院	莊士敦道一三九號	
光明學校	光明台九號	
光華學校	西灣河大街四六號	
光漢女校	北海街二號	
光漢分校	新填地街九二號	
光華女校	彌敦道三叁三號	
光華學校	大道東一八二號	
分校	福華街一三〇號	
仲輝學校	南中街廿九號	
任華學校	太康街二十號	
伊利學校	摩理臣山道一六號	
成德學校	和合街一號	
同德書院	欽州街廿七號	
同德工會第一校	德付道西三二四號	
第二校	康樂道西一四三號	二〇九六九
同濟學校	寶靈道十三號	
同文學校	稀坑村道廿六號	
同仁學校	顯榮街廿八號	
仰光女子學校	芝枝角道二三四號	
仰光女校	鐵崗台二號	
守端女子學校	隔坑村道廿二號	
仿群女書院	駱克道叁三四號	
兆基學校	筲箕灣東大街一六一號	
再行公會學校	康樂道西三叁二號	
伍華學校	西灣河第三街二十號	
至誠學校	軒尼詩道四十四號	
伯大尼女書院	佐敦道三七號	
伯勝學校	大道東一九二號	
宏德學校	乍畏街一〇二號	
宏達學校	蘇杭街一〇三號	
宏中學校	大道西一九七號	
志強女書院	第二街九三號	
志強學校	西邊街五六號	
志強〃校	大道西一五六號	
志強學校	大角咀福全街廿八號	
志如學校	樓梯街八號	
志英女校	砵蘭街四八號	
志成學校	廟街一九三號	
志德女分校	長沙灣道九九號	
彤象書院	彌敦道	
良友學校	大王東街七號	
庇理羅士女校	荷里活道一〇九號	三三四二五
廷用學校	第三街二三一號	
廷用學校	炮台街二三〇號	
步蟾學校	香港道九五號	

校名	地址	電話
樹沙書院	界限街	五八四四六
佩文學校	荔枝角道二八八號	
保文女校	譚公道一七四號	五七五六六
坤明學校	廟街九?號	
分校	德忌笠街廿二號	
坤興女校	汝洲街三一三號	
坤彝女校	汝洲街三一三號	
坤成女校	界限街一二二號	
坤儀女校	[illegible]敦街九二一號	
尚志女校	大南街二〇八號	
尚志分校	通菜街一八十號	
尚德女學校	[illegible]里一號	
和平學校	[illegible]街卅一號	
知用小學校	旺角上海街六七八號	
知行中學附小	士丹頓街卅一號	
知行學中附小	譚臣道九三號	
明明學校	第四街六四號	
明德學校	鴨寮街二二四號	
明德學校	大道東二六九號	
明綸女校	士丹頓街廿八號	
明新女校	高街四十號金四二號	
明新學校	紅磡蕪湖街二號	
明新學校	蕪湖街一八一號	
明德學校	大[illegible]街一四一號	
明德學	駱克道二八〇號	
明德書室	保其利街八七號	
明修女校學校	保良新街卅一號	
	九龍城獅子石道十一號	
明懿女書院	九龍城衙前圍道三八號	
中華女校	軍器道四十四號	
東方女校	堅尼地道七號	
東方女校	軍器道四十二號	
東方學校	軍器道三十四號	
華[illegible]學校	太平山街九號	
粵南女學校	駱克道三九三號	
崇義學校	軒尼詩道四六六號	
怡英學校	堅拿道四一三號	
拔萃女書院	佐頓道	五七一七二
拔萃男書院	何文田	五七七七七
法國育嬰堂聖瑪利書院	窩打老道	三一四九四
育才書社	醫院道	三三四二七
育德學校	德付道西一三九號	
育德女校	廟街一一三號	
育群學校	漆咸道二六四號	
育菁女校	新填地街三五六號	
育才學校	德付道西五一號	
鄉光女校	[illegible]山道三九號	
長沙書院	元洲街三八八號	
旺角書院	奶路臣街	
鶴山書院	上海街一九零號	
迪雅女書院	彌敦道九零一號	
仲明女校	廟街一九二號	
仲[illegible]女校	咸美頓街七號	
協英女校	太子道一一二號	
協英學校	廣東道一〇三號	
卓凡學校	廣東道九六〇號	

校名	地址	電話
金城中英文學校	廟南街一四〇號	
青年書院	荔枝角道一四二號	
青山書院	青山道二三〇號	
林次琴學校	太原街卅六號	
南大學校	廟街一〇七號	
南中學校	上海街六七二號	
南方小學	石硤尾街四四號	
南光學校	新填地街廿九號	
南武學校	軒尼詩道二壹九號	
南中學校	普慶街三號	
南洋學校	結志街三九號	
保羅學校	駱克道二九四號	
炳文學校	香港仔舊大街七二號	
昭明學校	青山道三九九號	
白坤女學校	渾和街廿四號	
貞德女書院	結志街廿六號	
梁仁書院	鴨巴甸街	叁三壹二八
持勤女學	紅磡蕪湖街	
瑪山書院	上海街一八八號	
美[illegible]女學校	茂蘿街二號	
英皇書院	般咸道	三三一二七
英雅學校	大道西三三四號	
英華書院	弼街地段	五七四六五
英華女書院	般含道	二五三六三
英陶書院	歌賦街廿三號	
英才學校	油蔴地警署南里十一號	
英才分校	廟北街四四號	
亮[illegible]學校	南昌街九九號	
紅磡公立學校	紅磡差館街	
紅磡公立分校	蕪湖街一八七號	
重光學校	聯發街十三號	
建中學校	大道東卅一號	
建中學校	山東街十號	
建邦學校	威靈頓街六二號	
建民學校	上海街一九七號	
建國中文書院	沙埔道九號	
建華學校	元洲街卅六號	
建[illegible]女校	上海街九三八號	
香港國民學校	水街一號	
香港女學校	莊士敦道一六九號	
晉江學校	旺角道廿三號	
思中學校	莊士頓道九四號	
信善學校	吉直街四四號	
培垣學校	軒尼詩道四一〇號	
義光小學校	堅道廿六號	三一〇三六
義光學校	福華街卅三號	五八九二九
凌江學校	莊士敦道一五九號	
勉流書院	大石街四四號	
勉然女書院	西賢道五三號	
勉然女學校	士丹頓街廿五號	
[illegible]學校	軒尼詩道四九二號	
徐子莊館	永樂街八八號	
振中女學校	新填地街四二二號	
振文女學校	毓秀街九號	
振文學校	大道東一三一號	
振[illegible]學校	薄扶林道九號	

九十（己）

振華學校
勵群學校
振華學校
振智女校
振粹學校
振鐸女學校
時中學校
時中學校
時中女學校
時代學校
務本學校
務本小學校
務勤女學校
時敏女學校
時俗女分校
淑信會小學校
淑信會學校
浩然學校
浩然學校
致中學校
致遠學校
致用學校
益智女校
茗孫學塾
分校
務臣學校
敦本學校
崇禮學校

大南街廿一號
基隆街九號
春園街十三號
駱克道六八號
大道西五四八號
廣東道五四四號
上海街四三號
吳淞街一九〇號
官新街四二號
沙埔道七五號
伊利近街四十九號
伊利近街四九號
打鼓嶺道四六號
士丹利街廿八號
界限街二號
西安街便九三號
香港仔禮儀會
上海街四七六號
福華街八三號
駱克道二六六號
駱克道四〇〇號
西街卅二號
灣仔道八一號
德輔道中二三五號
鴨巴甸街九三號
高街五六號
銅鑼灣道一三〇號
莊士敦道三十號

海華學校
海陸曹公學校
珮珍學校
新光女校
純正小學
啓女學校
啓明女校
啓智學校
崇蘭學校
啓華學校
啓華學校
啓新學校
啓光學校
國本學校
分校
國本女校
國光學校
分校
國民學校
國民學校
國民中英文學校
國南女校
國龍書院
國華書院
國基學校
國基漢中女學校
國粹女書院
國華學校

南京街六號A
花園街一九八號
新填地街一七六號
大道東二〇四號
永吉街十四號
軒鯉詩道九一號
琳三街一六八
新填地街三六二號
鯉魚西街四號
廣東道一一六六號
堆谷街四一號
宋街卅五號
軒尼詩道一六二號
駱克道四一號
界街二號
駱克道七十號
上海街一〇七號
譚臣街一四三號
大坑水街九號
新填地街一八九號
新填地街一八三號
梓林街七九號
軒尼詩道三五九號
永樂街四十號
荷李活道
南昌街一二八號
福榮街一〇一號
白楊街三三號

三一八一五

校名	地址	電話
岡錄學校	上海街二三六號	
張兆榮學校	東大街一六一號	
植群女校	吳淞街九一號	
基立漢文學校	軒尼詩道九七號	
崇真會學校	鸞竹街一九號	
崇神學校	大道中二八四號	
崇蘭小學	黃泥涌道十一號	二三二一二三
崇育學校	鴨脷洲大街卅九號	
崇文女校	堅道六十九號	
崇德學校	[illegible]闌街八號	
崇智書院	欽州街一四號	
崇智中英文書院	沙浦道卅二號	
崇正中英文書院	石鼓壟道六十號	
培中校學	[illegible]街七號	
分校	利東街九四號	
培正學校	軒尼詩道四三二號	
培正分校	窩打老道八十號	五六五〇五
培[illegible]女校	駱克道一三〇號	
培英學校	竹居台一號	
培英分校	西邊街救恩堂	
培英女校	軒尼詩道一〇五號	
培道女學校	高街四六號	
培貞兒童書院	長沙灣道二七七號	
培新學校	必列啫士街七八號	
培道靈會中英文學校	卑利街五六號	
培基女校	第四街卅八號	
培智學校	德付道西六十四號	
培志學校	荷里活廟安坊	

校名	地址	電話
培志學校	荷里活大街一四九號	
培萃學校	大埔道廿九號	
培德分校	荔枝角道二四九號	
培德女分校	上海街六八六號	
培德幼稚園	鴨寮街一號	
彬彬女校	莊士敦道四七號	
彬彬女分校	廣東街一號	
梅芳女校	同文街廿八號	
淳文學校	[illegible]街十號	
深水埗幼稚園	福華街一百十一號	
深愛中男女學校	長沙灣道一六二號	
深培中英文學校	通菜街二零三號	
淑文女校	新城道三號	三三五八零
淑志女校	大道中一八三號	
淑志女學校	德付道中一四九號	
淑志分校	永吉街四號	
淑[illegible]女校	大道東一三四號	
淑慧女書院	衙前圍道八號	
敏求女校	打鼓嶺道三零號	
執中女校	上海街五五二號	
執中女學校	西洋菜街一七六號	
現代學校	福榮街九四號	
通行書院	彌敦道四四二號	
通濟學校	[illegible]街九十號	
陶光學校	摩囉上街五九街	
陶光學校	大道中三七二號	
陶芳女校	界限街二四號	
陶英學校	廣東道六三二號	

校名	地址	電話
陶新女學校	駱克道三七八號	
陶淑女校	第四街萃華坊五號	二七一四五
陶英學校	灣仔道八十五號	
陶群學校	彌敦道三三一號	
紹安中英文學校	軒尼詩道一七三號	
晨曦學校	清風街十一號	
敬五學校	大南街三一二號	
偉君女學校	上海街三一九號	
崑崙中英文學校	英皇子道九一〇號	
創業學校	吉慶街九九號	
啓文學校	金華街四三號	
循道學校	荘士敦道九六號	
循循學校	西街道四一號	
循渠女學校	荔枝角道一八一號	
[illegible]學校	馬頭圍道一八二號	
[illegible]學校	摩利信山道[illegible]道	
保新小學	西環	
[illegible]學校	大坑街五三號	
[illegible]女學校	漆咸道二八一號	
[illegible]學校	紅磡馬頭圍道一七八號	
強中學校	福榮街六號	
朝暉學校	白楊街十九號	
琳瑯學校	高街四八號	
華大書院	英輝台七號	三〇一八九
華仁書院	羅便臣道四號	二四二九〇
華仁分院	乃路臣街	
華英書院	西洋菜街	
華平女校	威靈頓街七六號	
華南學校	東邊街十三號	
華強女校	錦志街十五號	
華強分校	高街七二號	
華僑學校	寶慶坊三十號	
華[illegible]學校	太平山街一號	
華義書院	堅尼地道一二四號	二六二七三
華[illegible]學校	春園街四七號	
崇文女學校	大南街九六號	
崇英女學校	駱克道二〇五號	
粵秀男女學校	汝洲街二一一號	
粵南學校	荔枝角道三十號	
復旦書院	福榮街九二號	
育光女學校	旺角道卅號	
普育學校	老龍坑八號	
智仁學校	砵蘭街一七九號	
智德學校	永街四十三號	
誠華男女學校	上海街五一號	
循禮學校	大王西街廿八號	
超然學校	彌敦道五六〇號	
群一女書院	石峽尾街三五號	
集勤書院	城南道五八號	
雅言女書院	春秧街一〇五號	
耀光學校	保良新街二七號	
陽光學校	上環太平街四四號	
湘父男校	活倫台一號	
湘父女校	加冕台三號	
湘霖女學校	筲箕灣西大街七五號	

二廿（己）

惠霖書院	堅尼地道九十號
凱銘學校	大道東一〇九號
凱旋學校	南里三八號
凱旋女校	南里三號
集賢學校	摩囉下街五十號
道南女校	大道西一五七號
道善女校	莊士頓道九六號
道純女校	堤街八號
道常女校	莊士敦道九六號
時齊學校	大道西三四五號
進智學校	荔枝角道廿三號
業精學校	春秧街九一號
崇勤女學校	石峽尾街十七號
新生女書院	荷里活道卅六號
新生書院	荔枝角道一五九號
新民學校	大道東五十號
新民女校	船街一號
新民中央文學校	花園街一九四號
新民學校	瑪安台二號
新中學校	西灣河大街卅九號
新華學校	大南街一四一號
新生兒童學校	丹路臣街
新生學校	基隆街九六號
新大學校	興漢街六十二號
新華學校	廣東道九六七號
新發學校	廣東道九三八號
煥南男女學校	基隆街一六一號
煥南分校	大角咀福全街二八號

校名	地址	電話
愛羣女校	南昌街一六五號	
儐餘女書院	大道西二四〇號	
群秀女校	荷里活道廿號	
聖士提反女學堂	列提頓道	二一五五一
聖士提反學（分）	赤柱道	二六二六四
聖方濟各書院	堅尼地道廿一號	二二八五四
聖公會女校	荷里活道二三號	
聖公會女校	西街	
聖公會女校	紅磡蕃館里一號	
聖公會女校	跑馬地山道六一號	
聖公會女校	北京道二號	
聖公會諸聖女校	黑布街地段	
聖保羅書院	鐵崗	
宿舍	上環???道一號	二一五三〇
校務處	忌連拿利	二二六三九
聖保羅學校	西安街十一號	
聖保祿女書院	麥當奴道三號	二六〇九二
聖保祿女書院	銅鑼灣道一一〇號	
聖若瑟書院	堅尼地道八號	二二二〇四
聖神女學校	堅道四〇號	三一七二二
聖教學校	怡台四十號	
聖瑪利亞書院	漆咸道	五七〇七六
聖誤女校	軒尼詩道二四四號	
聖．加利女書院	般含道	二七三四一
聖心女學校	廟街四八號	
聖[illegible]女校	紅磡	
聖[illegible]女學校	花園街一六一號	
聖華中央文學書院	砵蘭街一五四號	

三廿 （己）

校名	地址	電話
嶺南學校	德輔道西九、號	二二二九二
培群學校	西環發[illegible]台	
尊仁學校	新塡地街四〇二號	
會文學校	長沙灣道一三四號	
博文女書院	彌敦道十九號	
博文學校	金華街四十三號	
鼎新學校	東街四十號	
意大利嬰堂女書院	堅道卅八號	二〇八七九
漱芳女書院	鳳凰台九號	
滙文學校	廟南街一五八號	
僑光分校	軒尼詩道一四三號	
鑄英兒童書院	駱克道二六號	
嘉善女書院	漆咸道二四八號	
卢模學校	毓秀街十一號	
關中學校	廟街二一二號	
漢始學校	汝洲街三號	
瑞環書室	德輔道中三三號	二〇八四三
端文學校	軒尼詩道四二八號	
端忠女學校	上海街六二號	
端正女校	薄扶林道廿號	
端山女校	大道東二〇九	
粹存學校	卑路乍街一一二號	
淑志女書院	嘉咸街四九號	
遠東中英女書院	北京道三一號	
聚英學校	上海街十二號	
精藝學校	砵蘭街三八四號	
華精分校	福榮街八六號	

精武學校	彌敦道四五一號
維坤女校	長沙灣道一六九號
醫南書院	彌敦道七五一號
慕變女書院	香港中學對面
德明小學	啓仁路
德明女校	廣東道八三八號
德仁學校	雲南里十六號
德仁女學校	大南街弍二五號
德範女學校	北京道廿二號
德馨學校	吳淞街九九號
德馨女學校	第三街一三四號
德馨女分校	城南道廿五號
德智學校	新塡地街十五至十七號
德智學校	佐敦道六十號
德智學校	石水渠道八六號
德智學校	閣街七號
德珍女校	長沙灣道一叁三號
德信學校	先施台
德貞女學校	長沙灣道八八號
德賢女校	九龍城西貢道四一號
潔文女校	西洋菜街十六號
潔文女校	彌敦道三三九號
分校	寶靈街廿六號
潔如女學校	城南道四七號
潔貞女校	駱克道二八八號
潔貞學校	山市街廿三號
潔秀學校	長沙灣一四九號
潔秀女子學校	北河街一四一號

[illegible]	[illegible]
模範女校	啓仁路廿四號
樂育學校	長沙街
樂道學校	高街七七號
樂群女校	漆咸道二七六號
婆夾樟學校	長安街卅九號
禮賢強學校	西貢道廿五號
啓文學校	東淞街一二二號
劉仲卿學校	金華街一號
聖中女子平民學校	依利近街四八號
啓正學校	大道西三三二號
英德女學校	薄扶林道三〇號
寰宇學校	威非路道十四號
潮州公學	德輔道四廿九號
潮州公學	鴨寮街二一二號
慶保學校	醫道一二六號
實用學校	上海街五五零號
廣州學校	基隆街十九號
儀芳女校	官涌街一號
儀芳女校	炮台街一七號
儀芳女校	閩街三號
勵中學校	上海街一一七號
勵行學校	栢樹街九號
勵志學校	鴨寮街二四八號
勵羣學校	海壇街一四〇號
勵勤學校	亞皆老道一號
導羣女校	砵蘭街三三五號

五廿（巳）

學校	地址
導群學校	基隆街二四五號
樹人學校	駱克道一四二號
樹人女學校	菲士敦道一三五號
樹群學校	上海街六五號
樹民學校	上海街三四二號
漢英學校	灣仔道七六號
漢華學校	勳寧道十五號
興民學校	新填地街十四號
興華女學校	香島道一七四號
興華學校	遇安台一號A
興藝群學校	西灣河大街五一號
衛文學校	砵蘭街一四一號
盧永強學校	德忌笠街九八號
學海中英文書院	長沙灣道二三一號
還南學校	亞皆老街六十號
恭潔女校	大道東一二五號
翰芬學校	源遠街一號
深德女書院	先見台七十一號
徽德女學校	和園街八三號
徽遠女學校	寶善里十二號
嶺中學校	禮頓山道七一號
嶺英學校	北河街北河戲院對面
嶺東中學附小學校	砵利金街五一號
嶺海學校	大道東五六號
賢政女學校	東京街一四二號
龍飛女校	龍頭?八號
龍國華英文學校	上海街三五()號
龍光書院	衙前圍道十七號

二六零七三

學校	地址
聯愛英文學校	砵崙街一三二號
鴻淑學校	彌敦道三一六號
翹恭學校	砵蘭街二三〃號
翹恭女書院	亞皆老街廿五號
時習學校	西洋菜街一三〇號
礎礪女學校	花園街一十號
廣正女書院	舒尼詩道二四六號
麗澤學校	大沽街十六號
寶澤女書院	嘉尼地道八十八號
毓涵學校	石水渠街七十二號
藝光書院	窩打老道五號
藝光書院	長沙街十一號
瓊石學校	荔枝角道十號
鵬程學校	基隆街二四五號
輝中學校	大南街六四號
瑠華學校	譚藥街一號
曜旺高初小學	怡和街三十四號
樹文書院	卑利乍街八號
培勤學校	普仁街〃號
覺覺學校	荷里活道一二八號
森中學校	金華街廿五號
毓文女校	福前圍道廿六號
啓石中英文學校	荔枝角道三六三號
皓德學校	柯布連道六九號
皓群學校	大道東一〇九號
瀛女學校	灣街一五八號
蘭風女校	銅鑼灣道一四一號

校名	地址	電話
南台學校	衛身台廿三號	
鐸聲書院	軒尼詩道二零三號	
勵羣學校	露威街六十二號	
慈幼女校	南昌街九四號	
聖光女書院	林■街二四號	
懿德女校	興民街廿六號	
信學校	駱克道四四九號	
體育學校	鐵崗一號	二〇一五八
蔭光學校	香山道四〇二號	
啟明女學校	界限街廿三號	
灣仔書院	大道東	三三四二六
灣仔男女學校	灣仔道卅三號	
繪智中英文學校	太子道四六四號	

澳門學校一覽表

（以筆劃多少爲序）

（校名）	（校長）	（地址）	（電話）
乙壺小學	張乙壺	木橋横街	
又進小學	黎中岳	高樓街	
大同小學	鮑仁常	渡船街	
予裳小學	林景友	紅窗門	
中山小學	張劍秋	連勝路	
中山女小	歐植森	羅利老馬路	
公教小學	劉雅覺	瘋堂街	
孔教女校		大砲台斜巷	
孔教學校		柿山	
中華小學	麥文遠	板樟堂巷	
中德中學	郭秉琦	媽閣街	
中德小學	蘇宋文	果欄街	
正明小學	何甘棠	鵝眉横街	
立德小學	譚仙根	板樟堂巷	
行易小學	廖挺武	鏡湖路	
求裕小學	繆明生	連勝路	
宏漢小學	鄧發詒	大井頭	
宏漢女小	鄧發詒	天神巷	
英才小學	何壽志	庇山耶街	
英文學學	李鐵聲	沐蓮街	
佩文小學	周鈞生	紅窗門街	
寶方小學	劉曉星	風順堂街	

學校	校長	地址	電話
知用中學	張瑞權	青洲	
知行中學	羅玫知	下環街	
和平女小	陳貞伯	賣草地	
尚志中學	郭　杓	南灣街	
尚志女小	郭　杓	南灣	
青霖學校		荷蘭園	
協和中學	廖奉靈	高樓下巷	九三七
協和小學	廖奉靈	風順堂上街	
尚實小學	陳逸儒	鏡湖路	
尚賢小學	宋蔭棠	果欄街	
青華女小	關德貞	亞卑寮奴尼士街	
周樵小學	周　樵	高樓里	
育德小學	李卓安	木橋街	
思思中學	李　[illegible]	南灣	
致用小學	葉伯元	柯利維喇街	
陶英小學	陳公善	司打口	
陶英小學	陳公善	司打口	
眞原小學	芒德路神父	巴波沙塲	
眞原女小	芒德路神父	巴波沙塲	
培正中學	楊元勳	賈伯樂提督街	八六二一
培正小學	楊元勳	南灣	
培貞女中學		柯高馬路	
培英中學	區茂偉	俾利喇	八五〇
培育小學	林晉康	望廈	
培智小學	楊心慈	賈伯樂提督街	
培智幼稚園	楊心慈	賈伯樂提督街	
培模學校	飽慈修	新埗頭街	

十三（己）

梁志權中英學校	梁志權	賢草地	
敬志中學	沈芷芳	媽閣街陳園	
執信中學校	楊道儀	南灣街	
執信小學	楊道儀	天神巷	
智成小學	劉紫垣	大三巴街	
崇實中學	梁彥明	巴掌圍斜巷	五六七
思本小學	劉遇奇	柯利維喇街	
崇新小學	張愚衆	石街	
崇德小學	陳達明	關前後街	
鴻華英術學校		亞美打利卑盧馬路	
啓志女小	陳覺明	志里	
進德小學	高卓貞	鏡湖路	
望德女中	馮紹漁	瘋堂前地	
[illegible]小學	趙淑貞	亞美打利卑盧街	
復旦中學	吳孟炎	白馬行街	
越山中學	司徒優	白鴿巢	
達人小學	何擇志	惠愛街	
鏡明小學	何其偉	鳳仙閣	
達用國語		崇敬圍	
新強英文學校		亞美打利卑盧馬路	○九四
新民小學	陳啓鴻	羅利老馬路	
錦華女小	鍾輔新	高樓街	
瑞雲小學	胡瑞雲	河邊新街	
尊德女小學	鍾志堅	鏡湖路	
智樸女小學	鮑慧修	新埗頭街	
聖若瑟	歐士華	三巴仔	
聖羅撒女中	雷淑英	家辣堂	
聖母無原罪工藝學校		高樓下巷	七三一

一三（己）

校名	校長	校址	電話
廣大附中	陳炳權	白馬行	
廣大會計		水坑尾	
廣中中學	劉年祐	南灣街	
廣中中學分校	劉年祐	高樓街	
漢文學校	孔宗周	板樟堂巷	
實用小學	鄭文超	戀愛巷	
崇德小學	陳祖貞	[illegible]街	
崇正中學	陳受廷	得勝路	
崇正附小女校	陳受廷	沙嘉都喇賈罷麗街	
濠芳中學	姚學修	龍嵩左巷	
培基女小	黃秀芹	亞利鴉架街	
[illegible]小學	關德常	青草街	
[illegible]紀念學校	佘美德	馬大臣街	
[illegible]紀念幼稚園	佘美德	馬大臣街	
樹人小學	黃潔文	水坑尾	
鮑斯高中學		大觀樓	七三四
錦繡小學	鄭雲端	[illegible]	
崇蘭分校	何洪年	白頭馬路	三七七
穎伯學校	鄭穎伯	肥利喇亞美打馬路	
[illegible]女小	吳[illegible]	丁匠街	
[illegible]紀念學校	戴恩賽	白鴿巢[illegible]	
[illegible]紀念中學附小	戴恩賽	南[illegible]街	
[illegible]小學	黃沛功	連勝路	
濠江中學	黃曉生	天神巷	
[illegible]女子職業學校	龐似蘭	水坑尾	
覺民小學	李貞純	東望洋	
[illegible]中學	吳[illegible]	得勝路	

二三（己）

香港・澳門雙城成長經典

粤港学校教職員一覽表

馬超庸

口腔治療專家 龍天侶到港

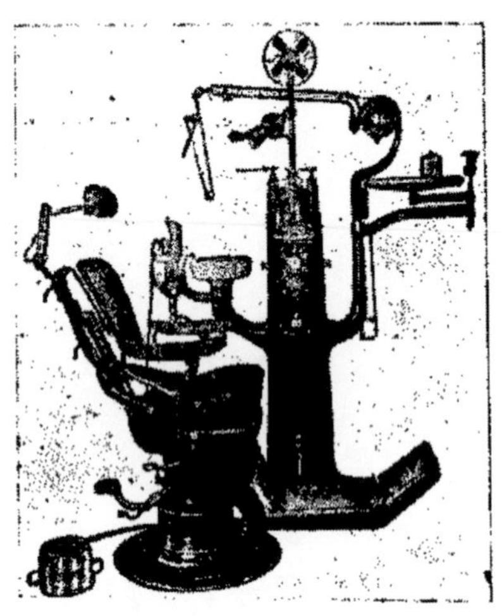

口腔治療專家

龍天侶

全部電療器械

精工鑲補脫牙

免費檢驗贈券

醫館：威靈頓

街九拾號二樓

義務指導調理口腔一切疾病

最近運到歐美最新式電療機全部伏美器械新法治療電光檢驗手術高超精工鑲補脫牙保無痛苦永無後患茲為利便僑港同胞起見剪存下刊贈券來館檢驗一切口腔疾病者概不收費兼義務指導調理方法　諸君光顧無任歡迎

醫館：威靈頓街

第九十號二樓

姓名	籍貫	性別	年歲	服務學校	註冊日期	通訊處
王國榮	惠來	男	廿六	香港聖類斯中學	民廿七年多	香港西營盆聖類斯中學
王劍雲		女		梅芳中學	已註冊	香港羅便臣道梅芳中學
王義藻		女		梅芳中學	已註冊	香港羅便臣道梅芳中學
毛伯雄	南海	男	廿七	香港粵南中學校	一九三八年二月廿八日	香港洛克道一九七號粵南中學校
江少松	番禺	男	廿五	廣東華夏中醫專科學校港校		香港中環威靈頓街一四八號二樓江少松醫務所
江松生	番禺	男	三十	廣東華夏中醫專科學校港校		香港德付道中一百二十號二樓中醫江松石轉
伍佩琳	新會	男	卅九	時代中學	廿七年九月一日	深水埗南昌街一四四號時代中學
何振英	中山	男	廿九	時代中學	廿八年二月一日	深水埗南昌街一四四號時代中學
何攝諧	番禺	男	四一	澳門知用中學香港興中中學	一九三九年三月	永久通訊地址澳門風順堂街第二號二樓普仁醫社轉 現在通訊地址香港干諾道中廿六號三樓何攝諧轉交
何衞珠	中山	女	三十	純正漢文中學	民廿七年一月	九龍大角咀福全街五十四號三樓
余錦裳		女		梅芳中學	已註冊	香港羅便臣道梅芳中學
余本藩	南海	男	卅一	耕梅中學	一九三八年九月十二日	香港灣仔莊士敦道三十號二樓時代國語講習所
余景唐		男		梅芳中學	已註冊	香港羅便臣道梅芳中學
朱漢英	清遠	女	廿一	堯讓女校	一九三六年十一月十六日	紅磡漆咸道堯讓女校
宋銳廷	鶴山	男	廿一	中華國語講習所	一九三八	九龍旺角彌敦道七五四號中華國語講習所
吳任葵	恩平	女	廿八	中華國語講習所	一九三五	九龍旺角彌敦道七五四號
吳影珠		女		梅芳中學	已註冊	香港羅便臣道梅芳中學
吳敏屏		女		梅芳中學	已註冊	香港羅便臣道梅芳中學
李 巍	開平	男	四五	港文學校	西曆一千九百二十七年	油蔴地廟南街一百五十八號三樓
李玉華		女		梅芳中學	已註冊	香港羅便臣道梅芳中學
李德華	順德	女	廿八	時代中學	廿七年九月一日	深水埗南昌街時代中學

姓名	籍貫	性別	年齡	學校	日期	地址
李鴻幹	中山	男	二十	時代中學	廿八年二月一日	深水埔南昌街時代中學
李景高	惠陽	男	四十	文德中學	一九三九年三月二日	灣仔道二二四號文德中學
徐楠嵩	四會	男	廿二	重光學校	一九三八年九月九日	本港灣仔聯發街十三號重光學校
林永澤	番禺	男	卅一	九龍忠成學校	一九三七二月十七日	九龍油蔴地廟街一百九十三號四樓
林壽淵	新會	男	廿七	時代中學	廿八年二月一日	深水埔南昌街一四四號時代中學
林宏同		男		梅芳中學	已註冊	香港羅便臣道梅芳中學
周臣千		男		梅芳中學	已註冊	香港羅便臣道梅芳中學
范舜英	南海	女		時敏女校	民國十八年	香港羅便臣道梅芳中學
容漱石		男		梅芳中學	已註冊	香港羅便臣道梅芳中學
崔志嫻	鶴山	女		時代中學	廿八年二月一日	深水埔南昌街時代中學
陳貞一		女		梅芳中學	已註冊	香港羅便臣道梅芳中學
陳寶球		女		梅芳中學	已註冊	香港羅便臣道梅芳中學
陳曼凝	南海	女	廿九	純正漢文中學	一九三八年十月十三日	香港九龍旺角道六號二樓
陳志梅	番禺	女	卅二	麗澤女子中學	民廿七年二月	香港九龍大角嘴福全街五十四號三樓
陳永禮	順德	男	廿九	建立英文中學校　菁菁夜校	七月十一日	香港海扶林道水街四十七號三樓
陳淑桑		女		梅芳中學	已註冊	香港羅便臣道梅芳中學
陳鐵一		男		梅芳中學	已註冊	香港羅便臣道梅芳中學
陳應渠		男		梅芳中學	已註冊	香港羅便臣道梅芳中學
陳重民	番禺	男	卅四	美華中學		銅鑼灣東華東院道美華中學
區達禮	新會	男	廿七	建立英文中學	五月	香港薄扶林道水街四十七號三樓
郭文彬	揭陽	男	四三	嶺南大學附設中學校	十八年九月	香港新界青山道梁園
梁樹人	南海	男	卅一	時代中學	廿八年二月一日	深水埔南昌街時代中學
梁秉榮	南海	男		時代中學	廿八年二月一日	深水埔南昌街時代中學

一（東）

梁昌本	南海	男	卅五	時代中學	廿八年二月一日	深水埔南昌街時代中學
梁棣和	順德	男	廿九	時代中學	廿八年二月一日	深水埔南昌街時代中學
梁浦年	南海	女	廿二	時代中學	廿八年二月一日	深水埔南昌街時代中學
陸崇當	新會	男	三三	廣東華夏中醫專科學校 香港中南國醫專門學院		1、香港深水埗荔枝角道三三七號陸崇常針灸療病所 2、中環鴨巴甸街廿五號陸崇常針灸療病分所
黃佩芬	順德	女	二三	九龍塘學校	廿八年七月二十日	油蔴地上海街一百七十二號
黃受鈞	中山	男	二一	時代中學	廿八年二月一日	深水埔南昌街一四四號時代中學
黃綮英	惠陽	女	二四	時敏女校	民國二十年	香港中環士丹頓街廿八號
黃月好	惠陽	女	二十	時敏女校	民國廿七年	香港中環士丹頓街二十八號
黃劍波	番禺	男	二五	中南國醫藥學院		香港深水埗荔枝角道壹一七號二樓
張海天	台山	男	卅六	培智中學 重光小學	民廿六年十二月	
張鑛鏗	台山	男	廿一	業勤學校 重光學校	民廿七年十二月	聯發街十三號四樓重光學校
張壽嵩	台山	男	六十	尊德女中學 業勤男中學	民國十六年元月	聯發街十三號四樓重光學校
張輝萬	台山	男	三十	重光學校	民十八年十二月	聯發街十三號四樓重光學校
湯兆松	新會	男	卅九	時代中學	廿八年二月一日	深水埔南昌街一四四號時代中學
湯郁文	新會	男	卅四	時代中學	廿八年二月一日	深水埔南昌街一四四號時代中學
湯天涯	新會	男	廿八	時代中學	廿八年二月一日	深水埔南昌街一四四號時代中學
龐莊存	南海	女	廿二	文德中學	十八年二月三日	灣仔道文德中學
湛智英	增城	男	三十	汕頭礐光中學香港分校	廿八年四月廿八日	香港咸魚欄恭寬棧金山莊轉
馮珍儒	鶴山	男	廿五	俠影義學漢文學校中華國語講習所	一九三四年	九龍紅磡利士道俠影義學校
馮翰華		男		梅芳中學	已註冊	香港羅便臣道梅芳中學
馮坤儀		女		梅芳中學	已註冊	香港羅便臣道梅芳中學
溫伯卉	東莞	男	廿七	廣東華夏中醫專科學校港校		香港堅尼地城廣和昌欄 電話二八六七零
游志潔	南海	男	三十	重光學校	一九三九年三月廿八日	香港灣仔洋船街十六號鍾照記建築號
程駿曦		男		梅芳中學	已註冊	香港羅便臣道梅芳中學

彭孝罠		女		梅芳中學	已註冊	香港羅便臣道梅芳中學
葉汝周		男		梅芳中學	已註冊	香港羅便臣道梅芳中學
葉美棣		女		梅芳中學	已註冊	香港羅便臣道梅芳中學
葉恭靄		女		梅芳中學	已註冊	香港羅便臣道梅芳中學
曾惠明		男		梅芳中學	已註冊	香港羅便臣道梅芳中學
楊國燕		男		廣州大學附中		深水埗元洲街廣州大學
趙進夫	新會	男	二二	中華國語講習所	一九三八	九龍旺角彌敦道七五四號中華國語講習所
趙恩榮		男		梅芳中學	已註冊	香港羅便臣道梅芳中學
鄧國昇	中山	男	四九	時代中學	廿七年九月一日	深水埗南昌街一四四號時代中學
鄭顯揚		男		梅芳中學	已註冊	香港羅便臣道梅芳中學
鄧蓉馨		女		梅芳中學	已註冊	香港羅便臣道梅芳中學
劉耀亭	台山	男	三十	香港嶺南國醫藥學院 廣東葆夏中醫專科學校港校		香港德輔道中一百二十號二樓中醫江松石轉
劉君瑞		男		梅芳中學	已註冊	香港羅便臣道梅芳中學
劉葆華		女		梅芳中學	已註冊	香港羅便臣道梅芳中學
黎月棠		女		梅芳中學	已註冊	香港羅便臣道梅芳中學
鄺宏柏	南海	男	廿六	弘毅學校	一九三三九年三月	香港九龍廟南街二百四十八號弘毅學校 香港九龍白楊街十五號四樓
盧悅非	東莞	男	四五	廣東葆夏醫醫專科學校港校		香港中環威靈頓街一六零號二樓　電話二五九四四
盧諤生		男		梅芳中學	已註冊	香港羅便臣道梅芳中學
盧慧嫻		女		梅芳中學	已註冊	香港羅便臣道梅芳中學
鍾文亮	惠陽	男	廿七	大中書院	一九三六年九月廿六日	香港深水埗鴨寮街二零二號二樓
蘇佐揚	陽江	男	廿三	天人音樂學院	七月十八日	九龍旺角亞皆老街九十號三樓
蘇潤蓀	東莞	男	廿八	嶺南中學	民國十八年	

特載
梁公強

目次

香港教育概觀

方與嚴

承與滿賈先生轉知，中華時報編輯趙世銘先生，要我寫一篇香港教育概觀，盛意可感。但我雖然來到香港已經有十個月，而我却很少參觀教育，實在連概觀也說不上。但我既然是一個辦教育的人，在這裏多少總能看到一點，而有些意見，不妨站在同行的立場來說點一得之見，以便就正於本港教育人士。

第一、我站在進步的觀點上來觀察香港的教育　香港的教育是在追隨着祖國的大時代進步。我們只要看一看香港學生已由學校門牆裏進到社會上來活動，爲祖國抗戰建國進行許多有意義的活動，如賣花，獻旗，演劇，歌詠，下鄉宣傳，回國服務，從軍…………在各區各戰場上活躍着，這是香港教育的新生，也就是中華民族的新生！更是「抗戰必勝，建國必成」新力量的源泉！每一個教育工作者都應當做這一新方量的發動者開闢源流者。

第二、我站在改進的觀點上來觀察香港教育　先說大學教育。大學是造就高深人材之地，必須對於建設新中國的人材特別注意，就是要對理工科的特別注意。專科學校，也要盡力創辦。搶救祖國的活動，大學和專科學校的員生應該是站在最前列，起着模範作用，使最高學府變成爲抗戰建國的儲藏庫，隨時可以供給祖國大時代的需要。次說中學教育，中學教育是青年運動最有用武之地，因爲青年有血氣，有勇敢，喜做事。在中學可以減少不必要的課程，儘量發動青年爲社會服務，回祖國服務，使每一個青年都願做支持祖國大時代的支柱，搶救祖國的急先鋒。同起爲搶救祖國，支持祖國，創設新的中華民國而努力。再次說到小學教育，小學是國民基礎教育。所以從事小學教育工作者，應該把國民基礎打好，使得每一個兒童都知道自己是中國的好兒女，都應做中國的小主人，都應該管理中國的事，做中國的事，盡小主人應盡的責任。

有人以爲香港的中學，多數兼辦小學和幼稚園，是爲着多賺錢。我却不作如是想，我以爲一個學校有一個學校特別的優良校風，能夠從小學到中學，一貫的養成爲大衆爲社會服務的作風，是很好的現象，因爲「教育的行爲即是服務」。但不要把學校當作個人的私產，不把學生訓成馴伏的羔羊。如果，是專爲賺錢，製造羔羊，那便是天大的罪過。

有人以爲香港學生多數學英文，不免近於洋化。我却以爲要把英文當作取得現代智識的工具，來吸收世界上最新的學術，爲祖國大時代盡力。一切外國語，都應如此學，如此用。

香港有些學校校舍課室是簡陋一點，但是必須做到簡而不陋，進一步做到簡而潔。簡潔必能振奮人的精神。學校是大家的，師生共同來努力改進，香港的教育自然進步無窮，自然能夠發生偉大的力量。

一（辛）

港澳教育與港澳社會

過客

在海外華僑教育界服務多年的我，因爲祖國給侵略者蹂躪得稀爛，戰士浴血，同胞流離，因而拋却職務，溢歸故鄉，擬爲抗戰效力。當我週行菲島，馬來亞，荷領印度，暹羅，緬甸，越南，遍視華僑教育事業，終于回到接近故鄉的香港，而廣州也出人意外地宣告淪陷了。悽惜憤懣之餘，滯留港澳間，日常也祇歎察此中教育情況，方知此中又成另一面目。旋值中華時報徵編港澳學校概覽一書，編者許我也來塗乙數行，明知徒佔篇幅，不足以當大雅一顧，惟各地教育運動，方法殊異，這一點也許值得互取參證，因草此以報編者之命。

三四十年來，社會風尚不變，新教育之要求，日增其迫切，這是民智開發的佳象。現在，每一個家庭，柴米油鹽之外，還有子女教育，列為重要項目之一，因而每有若干人口聚居的一處地方，即不能沒有若干學校以供一定的需要。這事實說明了大家都已認識教育與其他維持生存的必需品一樣不能或缺，即可以說現在人們的生活，教育已佔一重要部分，亦即可以說教育事業與大眾生活已混為一片了。所以我的教育觀察，從來是多方面的，而特特有一方面亦可作為社會生活的觀察。

港與澳都是外國殖民地，正和一般殖民地相同，都有殖民地的教育——殖民地政府所辦的學校，這我完全置而不論。宗教宣傳，借徑教育，故到處都有宗教教育——教會所辦的學校，港澳亦然，這我亦完全擱而不論。教學亦可作為一種職業，故港澳居留者向來就有一種居留教育——居留人用作職業，等于開店舖，這種折衷于殖民教育和國內正規教育之間的學校或學塾，這我亦完全置而不論。還有因為戰時失陷地區留不住的逃難者湧湧而來，使港澳人口驟增，而一樣在失陷地區留不住，隨難民以俱來的許許多多學校，這才是本來國內正規的教育，這是我的注意所集中的。觀于『港澳學校概覽』所載，亦幾全為這類學校。這類學校的形質，我自有觀察之所得，但亦完全置而不論，我所提出的只是作為大眾生活全部觀察之一點，幾乎無異觀察一個地方生活概況之中得到了生活指數物價指數的反感一樣，那可以簡單一句話道盡的，就是這些學校的收費太重，重到凡是需要這東西的都異口同聲慨嘆負擔之不容易！於是我再觀察這些學校的規模，設備，內容，——一切形和質——自然是跟那上邊所說純商業化的居留教育一類大大不同，然而由于沒有國內政府補助又沒有當地社會支撐之故，支出的費用，人員的生活，分文都須出之于來實受教育者的身上，其勢遂亦只好如同營業，量出以為入的則盡量昂其收費，量入以為出的則減省費用節縮報酬，其實則辦教育者與需要教育者交受其困，形成大眾生活枯窘現象之一。如果社會人士，面對着這種現象，認為是一個嚴重問題，則救濟大眾生活，莫急于救濟已經成為生活必需的教育事業的困難。

然後我再舉述南洋——菲島，馬來亞，荷領印度，暹羅，緬甸，越南境內大大小小的各埠，凡有華僑聚居的地區，——教育事業概況中之一點。華僑居留地全部裏頭，除卻古已有之的教書匠開設的子曰店（近來亦幾消滅淨盡了）以外，很少很少有私人設立全靠收入學雜費以供支出的學校。凡要辦一校，劈頭第一問題就是先確立了學校的經濟基礎。如其是商會商舖設立的，必先籌備若干基金，或多少校產，每年每月有若干經常收入；如其是私人發起的，也必先邀集若干商賈，籌集若干基金，每個校董（或個人或店號）認定每年或每月負擔若干的經常捐款，學校的庶務，按月登門收取，一經認定的視同負債，不但無短欠，並且不致延期交納。經濟方面未會做到這步，即未曾算能成立一校。故在本國教育體系上說，南洋僑校在國立省立市立之外，概目之為私立，實則都是僑眾公立的。僑眾公立的學校，雖然也收學雜費，但為數很輕微，約等于國內的公校。學校的經濟，學雜費幾乎只是附帶的收入，聊以供一小部分的支出而已。因為這樣，教育才成為社會事業，不是用以營業。凡負擔學校捐的，必然是有相當財力的人，即是社會上有錢的共同樹立起這事業， 無錢的便叨其惠，得以公同享受， 這即海外華僑的互助公德，使華僑社會的生活顯出一種多麼良好的現象。

我大體觀察過港澳教育後所起的反感，令我發生一個疑問，為甚麼港澳間有錢的人那麼多，總沒有人從事這種公益事業的呢？一二傑出者偶然的盛舉還不算，必要像南洋華僑社會，蔚為一種風氣，好像一個頭家（老板），一間店號，如果不曾擔任一分當地學校的董事，出一分錢，便異常寒酸，十分不體面的，這樣才是普遍共有的美德，而華僑社會之所以日形進步，一代勝似一代，亦正得力于此。他們是多麼會稱讚呢。港澳間亦曾有些善團，出其餘力，設立一些「義學」，用意未嘗不同，可是與海外華僑之能夠建設規模宏大，內容充實的正規學校，一相比較，不就顯見得兩方社會的程度大有高下之分嗎？

要我參加談論港澳教育，旁的問題，自有高明之士，多所陳論，我只將同是異地僑居的港澳與南洋的教育事業最大差異之點，提出一說，明知不會發生甚麼影響，要亦不無些微刺激罷。

香港中等學校

金尚

在外表看來，文化事業在香港，正和別的事業一樣的熱鬧，文化人的過往，座談會的舉行，定期刊物的出版，報紙的產生和各種學校的成立，眞如雨後春筍，可謂美不勝收。但單就學校來說，數目亦屬驚人，約略估計如下；大學，中學，小學，英文書院和各種學校，最少有三百家以上，假如每家擁有學子一百人，那麼全港百二十萬僑胞中，平均四十人裏便有一個在學的。又假如以地面面積計，學校密度的利害，大可名列全球。

不過香港學校究竟在怎樣的情形下呢？它對於戰時教育的實施又怎樣呢？記者於一個短期間裏曾訪問過二十一位中學校長，集中於幾個問題上作簡括的談話，不過他們要求記者不要發表他們的名字，以免有搶生意之嫌，而記者也避免個別之分，發綜合報道如下：

本港學制的變遷，由書院制（英文學校通稱書院），進而產生書塾制，再後有學校制的創立。這三種制度的先後演出，都有其時代性和必然性。近十餘年來，僑胞回國就讀，因制度的異同，頗感困難，故根據我教育部頒定編制的學校遂應運而生；跟着返國的學生日多，而學校亦接踵成立，並紛向教育部備案，僑務委員會立案，以資號召。最後復應廣東教育廳的通告，正式立案，一切設備和課程，均勉遵廳令，教廳亦時派督學到港，多所指導。去春粵中私立中學校，又先後遷港，一時情形熱鬧，截至本學期結束，參加中等學校考試的共三十七家，他們的學生人數統計如下：（其中因調查不及者不列）

校名	人數	附小人數
華南	六百（男） 一五六（女）	七百（男） 二一二（女）
廣大附中	三四〇（男）	四〇〇（男）
民範	九〇（男）	一二〇（男）
金陵	二五〇（女）	一〇〇（女）
知用	六七三（男） 一二二（女）	二六八
港僑	二〇〇（男）	五〇〇（男）
養中	一五五（女）	四七七（女）
領島	一三〇（女）	三七七（女）
遠東	三〇〇（男）	一百餘（男）
知行	三〇〇（男） 一百餘（女連附小）	七〇〇（男）
嶺英	二百（男）	四百（男）

思思	連附小七百餘	
眞光	三五〇（女）	二〇〇（女）
中南	三五〇（男）	
華英	一六〇（男）	一七〇（男）
美華	三五（女）五三（男）	三二四（男）
信修	一二〇（女）	三四〇（女）
梅芳	二六（男）二五〇（女）	三四（男）
導羣	三百	一千（男女）
文化	一八〇（男）	三三〇（男）
光華	一二〇（男）	四百（男）
培正	約九百餘	
西南	男女校約八百	同
德明（正）	連附小約五百	
德明（分）	一二〇（男）	三五〇（男女）
石門	八十（男）	二五〇（男）
嶺東	三百（男）	三百（男）
中華	一二四（男）	三一八（男）
仿林	三〇〇（男）四一七（女）	七〇〇（男）二一四（女）
培英	七〇〇（男）	三六〇（男）
嶺南附中	四〇〇（男）	

提出應當注意的幾點

教育廳立案的中等學校，在我們的立場上看來，比較上軌道的，但其中也良莠不齊。反言之，這個範疇外好的也未必沒有；調查表裏我們可以看出各中學校都附辦有小學，而且學生也比中學部多。其中原委，頗難得正確的解答，然已足反影着香港教育。據外間傳說有等學校：「此間辦教育的，均欲減少成本，多點溢利，辦小學的要掛中學招牌，初中的要扯起高中牌子，道理是撐門面，以張聲勢，如此才足吸引莘莘學子，他們倘有一點高見，就是說，香港很少中學生」。上述一番話，雖有修正之處，然而一部份學校的內在情形，已痛快淋漓地表現。

寸金尺土的地方，一部學校祇得縮處人烟稠密之橫街大巷中，二樓三樓之上，壓根兒沒有讀書環境之可言。據教育界老朋友說；利便左鄰右里，因爲地方小，於是圖書和儀器的設備，也跟着犧牲了。教廳立案的中學，算是頗具形式，但似乎未能盡量引起學生的興趣，圖書館裏藏書一萬冊的，也僅佔百份之三十五，而且多數缺乏時代性的著作。

其次關於學生本質問題，校方爲着解決支銷的困難，於是大開方便之門，大量的造就人材，眞是功德無量，它們的限制，是嚴格地以衞生局的座額法例，其他均屬次要。因此學生程度，參差不齊，日常功課如何，操行如何，不必理會。養成惡劣學風；甚言之更有學生可以向學校買文憑的，甚倪在「香港教育雜碎集」裏，曾有這樣的敍述：「有幾間所謂著名中學，是專門靠文憑吃飯的，所以國內許多革退的學生，和高初一二年級生，只要帶點錢來插畢業班，學校會替你造分數的，有錢便畢業，不成問題」。我希望甚倪君所知的是已往的事，假如現在仍然留存這種汚點，我想教育界先進們一定設法把它洗刷吧。至於濫收學生問題，亦應改善的。

香港有牠特殊的環境、尤其是中日戰事發生後，情形更爲複雜，政治活動者會冶一爐，消費的人們各方聚處，居民生活，日趨萎靡的當兒，教育界的責任，較諸兩年前，倍加重大，一方面，你們是溝通中英文化的中堅，一方面，我們身處「最安全」的國外，有着優裕的物質享受，更應努力替國家造就良好的國民，吃苦耐勞的工作者。

以往在課室內是教師的事，下課是學生的事，這種狀態，現在已經有很明顯的改變了。但精神散漫，仍一如往昔，此中當然有許多困難，比方，沒有較完備的校舍，沒有宿舍，於是學生多是居於校外，管理為難，但這不是說就沒有辦法了。我們要從勞動鼓動學生，使他們自覺地走上正軌，精神總動員會已是很好的活動方式，此間雖沒有為發時時課程可行，但是防空，救護，歌詠，演劇，演講等已足夠學習。經常我們組隊去旅行，去露天演習，去訪問難民，假使有良好的方法去實行，亦可以從遊戲中而引起對國事的關注與明瞭，記者希望有若干中學已實施此項辦法而獲得成效。

關於附設義學的問題

第三，教育會議的宣言中，強調說明社會教育急須擴展：「義務教育的推行，斷不能因戰事而停頓；又說：在抗戰時期，尤應加強民族意識，而且我們必須給予幼年失學的勞苦大眾以廣汎的教育機會，所以我們要充實社會教育的設施」。既要加強民族意識，當著教育勞苦大衆，作各機關樞紐上的國內同志，尚且堅願去幹，那麼我們居於安樂窩的不應有所表示嗎？

「義學」這兩個字，無疑的在香港已有數十年的歷史，最初辦義學的動機，不過是富商巨賈們做點善事，俾子侄們有認識幾個字的機會，後來範圍漸擴，由同姓的擴展到同鄉，因而經費的負擔，愈來愈重，於是也由私人辦的進而由同鄉會辦理了。義學既然是慈善性質，所以教授和管理與鄉村齋館學校，大同小異，而學生也不過是幼齡兒童。

近年來許多「大報館」也附設義學，其性質與含義，迥然於上述的義學，所不同的就是晚間上課，採取新的課本。並且有年歲較長的學生參加，最近的四年來，若干學校，已試由學生會主辦，而由校方從旁協助，這是很好的現象。

香港祇有戰爭的氣息，而沒有戰爭的環境，我們怎樣使數十萬同胞不忘記本來，時刻的關懷祖國？認識抗戰，怎樣使數萬學子有着嚴肅的，緊張的生活，這是教育界當前的責任，基於上述的原因，記者贊同由學生們辦理社教。校長們意見：有的以為功課太多，學生精神有限，假如又要辦理其他事情，對於功課當有不能兼顧的危險，這一種顧慮是對的，但不是沒有補救方法。

另一方我們從教育意義上，訓練人材上，學習方法上，生活訓練上，研究學術上，和增強抗戰力量上來說，都應該使學生們從事社教工作。領袖不是說過平時要當戰時看嗎？學生們一面學習，一面將所獲得的知識，傳與他人，不是一件饒有興趣的事嗎？

教育雜誌曾有人提供過一點意見，就是採取個別的自由式教法，當學期開始後，學校授予學生各科教學之後，由學生們自己找求對象，看看他相識的人有那幾個是願意學習的，那麼他們自行約定地點，時間，於前樹下，均是大好課堂，時事講解，有如三國演義，聽者津津有味，講者卻已增強民族意識於無形了。此項辦法，有四位校長對記者已表贊同。

職業教育・學制・師資

本年三月教育會議，曾有這樣的決定：原有三三制初中，除附設簡易師範科外，並得附設簡易職業科，招收初中畢業生。所以本月初旬，僑委會便根據這個議案，訓令僑校辦理職業教育。並說有協助各校，訓練專門人材的消息，這就是說，辦理職業教育的學校，將予以補助。記者欣聞此項消息之餘，當舉以徵求校長們之意見，因為在復興民族的建國大業中，需要專門人材，至為殷切。

「純以本港的立場，職業教育，祇有英文速記．打字等類屬於商業的，但此類人材，此間已呈供過於求狀態，至其他科目，假如先事設有非常出路，也是徒然。」上述是代表一部份的意見；「會計．機械工程．汽車工程．無線電和農業的專門學校，都可舉辦，即如省府為推行計政，亦曾來本港徵求人物，不過職業學校，需要一筆相當大的經費，殊非易舉」；這又是一部份人的見解。

關於「中學教育階段內，除原有三三制中學外，另設六年制中學，不分初高中」一議案，此間校長，多不加以贊同：民國初年，我國曾試行四年中學，兩年預科制，後來加以修改，轉變為三三制，三三制推行以來，一部分的人士，已多所批評，認為中學年限，應予縮短，記者考慮一過，且留待戰後討論，較為恰當。

當調查過程中，記者發覺若干學校，尚未盡依教部規定課程，而加入詩經等科目，固然詩經是我們國學，凡黃帝子孫，都應曉得。但是詩經並不是容易了解的，據前人已多所申述；在抗戰建國中，我們應如陶行知等提議：「學校對於每一科都要問一問，能增加抗戰建國力量否？」我們必須騰出時間來補助教育普及出去，並直接從流在服務上取得之教育」。

其次是師資問題，從事教育的人，生活類皆清苦，「咬菜根」一語，由來已久，現時能負起替國家作育人材責任的人，是最榮耀不過的，假如因為消費而要辦門門計，那我們期期以為不可，將委員長提出在師範道當中，曾強調的下一界說，就是「嚴於自律，而後師道乃尊」。我們明白沿了青年是以我做模範的，假使我們自律不嚴，那怎叫人們去服從你，如果學生與的跟着你跑，豈不是更一潰不可收拾。

最後記者願把當前備考學生急切的要求提出，以供有職守者的參考，並作本文結束。本屆高中畢業的六百餘人，初中的二千餘人，這批畢業生除了升學的，可以繼續專心求深造外，其餘無力升學的又怎樣辦呢？本港原已人浮於事，欲求一職，難比登天，可是投返祖國，又有回去何從之嘆，更恐時運不齊，流落他鄉，那時真要當大兵去也。所以最深切的希望，當局能在這裏設一介紹所，在此間招考各種人員，然後返國內工作，比如在鼓勵各中學附辦職業專科當中，學校當然也因學生既有出路，而可順利進行，我深信，熱誠的青年能有効忠祖國的機會，他們工作的效率，定有很好的表現。

——轉錄香港大公晚報

香港圖書館巡禮

鄺增厚

公立圖書館　大道中

馮平山圖書館　般含道

華商總會藏書樓　干諾道中六四號　電話二〇二七九

學海書樓　般含道十八號

自從廣州淪陷以後，一個人在香港住了幾個月，為了日常生活的無聊，須時時想找個像圖書館一類的地方來消遣；經過個把月的訪問和奔跑，終于發現了幾間香港人所謂的「大書樓」。茲趁歸來，特將觀感所得，約畧敘述，以供同道者的參考。

公立圖書館

在香港皇后大道中，有一幢灰色的古色古香的小洋房，地點是掌握着遠東金融樞紐的滙豐銀行右側，巍峨宏偉的立體建築之下，這幢洋房便如老叔蹲在獅子脚下一般，無形中昭示着一個文化與商業的強烈的對比，這就是香港公共圖書館的所在了。大概在香港這個地方，公共圖書館的歷史算是比較長久吧？我們一入內部，總覺得牠有點古意盎然，一列列的書櫥，滿插着爛了存的十八世紀版本的英文書籍，古樸的玻璃櫥內，放上幾本英后簽字的古本圖書；新的書報大概這裏是很貧乏的。在閱覽室內，日中總是些痴翻閱英文日報的幾個人。但這裏也不是一無足取的，他保存着許多數年前的報紙和雜誌，如香港英文晚報和日報等……牠都全份保存着，而且借書出外，又不需要現金担保，祇要請一個在香港居留的有納稅資格的人簽字保証，便可以無條件地借到了。可惜牠保存的全是英文的書報，不然，他一定能夠獲得一部份讀者的歡迎吧。

平山圖書館

平山圖書館，是本港富商馮平山先生捐資開辦的；因為他成立之初，便被指定為香港大學的圖書館，所以現在還不為公開地准許外人入館閱書；但高等華人入館裏看點報紙雜誌是可以的；如要借書出外，若非香港大學的學生，便須要華商總會介紹，同時還要繳納一塊港幣的按金。筆者到該館巡禮時，先從大學堂直上轉左，然後循折地沿着巴士車路走去，走了十分鐘，那座黃色批盪的洋房，便在樹木扶疏的山崗上出現了。因為這裏的地方很靜，頗使人有點幽靜遁世之感！全館分作兩層，樓下是藏書和辦事的所在，樓上才是閱讀書報的地方。人們說這裏的財力是很好吧，一入館內便見他的設備和管理都為人　等，而中西書籍的數量比之別處多得許多，而且閱書的地方，還經常有古物陳列著，一切環境，都顯現著一個理想的讀書地方。所可惜還裏太偏靜了，加上條件的限制，日中便很少人入館閱讀；除了閱報室偶然有人坐着翻翻書報以外，閱書室更簡直整日沒有一個人到來，從書目紙的歷久常新的情形看來，這裏書籍借出的情態也可想見了。聽說香港大學的學生多數借書回宿舍讀的，縱然要到館裏去時，多數是為了約會而去，還是港大一個學生為筆者說起，確否我不得而知。但香港這個地方，居然也有一個設備完善的圖書館，已是很幸運的了。我希望平山圖書館的管理人，能夠早日把牠公開出來，給我們校外的弱小子以一份豐富的精神糧食！

華商總會圖書館

從讀者眾多方面說來，華商總會的圖書館可算是首屈一指了。牠設在華商總會的第四層樓上，背山面海，雖然地點高一點，卻也是個讀書的地方。館裏由上午至下午，整天都有各式各樣的讀者擁擠著，有時座位上坐滿人，他們須擠着站起來看，情形是很熱鬧的。這裏的藏書也不算少，國內書局出版的書籍大致齊全，英文的書籍亦有相當數量，經史書冊文集類佔多數；史地類的如：通志，縣誌等卻很少。記得筆者想在這裏找點地志之類來讀，而結果只得寶安縣志一部；在時代的需要上，鄉土書籍是少不得的，我希望該館今後能夠多購這種書籍來保存，這是動亂時代圖書館應盡的使命。華商總會圖書館的書籍，准許讀者借出，不過需要繳納保證金四元港幣；從目前的情形看來，借書出外的人恐怕也不大多吧。聽說這裏的讀者，以前也不甚多的，近年來因逃難的人大增，而閱者的數字也就大大提高了。館內管理和佈置，在目前的環境所限，自然是無可非難；但以人數之擠擁來說，能增加兩個管理員也是再好不過的；如有可能，我還希望商會當局為該館擴大閱書的地方！

本來香港這個地方，原本是一個地道的商埠，讀書風氣是繫於地方的文化事業，其不發達，原不是偶然的。但抗戰以後，從內地來的人太多了，有許多人需要這種精神糧食的救濟，香港能有數十畝的體育場，能有容得千把觀眾的影戲院，而圖書館卻除了全是西文書報的公立圖書館外，適合一般群眾而又公開的，也只得華商總會的一間，這真是很可惋惜的事！現在我希望本港的圖書館，從未公開的能夠早日公開，已公開的能夠早日擴展，俾留港的數十萬青年人，多一點自修的機會，這不僅是圖書館當局的責任，就是一般僑胞也要出力促成的。

（本文轉錄本報香港教育週刊）

香港義學一瞥

陳重民

香港義學的設立，在數量方面，相當可觀，這是值得讚頌的地方；至於質方面，卻因人而異，所以有的朝氣蓬勃，反之，設備簡陋，腐敗不堪的，其不在少吧。

這裏所設的義學，約分為日學與夜學兩種，日學每天由九時起上課，至下午三時休息，夜學則由七時起至九時止。也有些應留港中學的提議，利用剩餘的時間，地方，人力，由下午二時起上課至七時放學的——如洛克道的番禺會所第二校即其一例。但大體上以晚間上課的義學佔最大多數。

關于義學的經費來源，很不一致，從大體上來說，可分爲：

一、個人捐款的；

二、體團撥款的；

三、慈善機關的；

四、公衆設立的；

五、紀念性質的。

屬於第一類的有：——

馮卓凡，周少岐，周蔭喬，伍文显，黃兆綸，黃耀東，密備學，譚廷（兩間）等校。

屬於第二類的有：——

九龍孔教會，中華聖教總會，中華回教博愛社，培道聯愛會，男女青年會，永存，同樂別墅，帆船總會，西河堂，南洋煙草公司，中山商會，南海商會（兩間），中華體育會，鹹魚行兩進會，茶居工業總會，香港九龍華僑公會，旅港五邑公會，旅港增城聯合會，東榮行公會，華服公會，番禺會所第一二校，新會商會二四校，電車公司華員俱樂會，潮州八邑商會，潮州公學，僑僑同鄉會，鮮魚行第一二校，德育女校，孔聖會十七校，孔聖兩農女學第十一校，貧民食費第二，四，七校，崇正三校，港九雜貨免費義學六校，嘉諾撒，鰂魚涌等團體辦的義學。

屬於第三類的有：——

東華醫院，萬安慈善會，樂善堂等校。

屬於第四類的有：——

天后廟，文武廟（分中區，西區，筲箕灣三校）洪聖廟，廣福祠等義校。

屬於第九類的有：——

思晉紀念義學。

此外因廣州淪陷，以環境需要而開設的難童義學，還有很多；這裏從畧，擬另文介紹。

義學的設施，以簡陋的佔多數，班額最高爲第四年級，採複式制；由一個或兩個教員，負全校的行政和管理教導的責任，以一個人的精神，整天上課，管訓，改卷，及處理校內瑣屑的事務，不免過份疲勞，疏忽的地方，是不可避免的，而且設於地方，空氣欠缺，學生整天呆坐，沒有場所運動，所以學生的精神，也是萎靡的居多，對於兒童的發育，相當地妨碍，然而也有精神活潑的，不過爲數甚少。

香港方面的義學，只是辦至三四年級，其中有它的原因。港政府每年考取官立學校的學生，每間義學可以保送一個高材生去應考，要是入選了的話，學雜等費是拆免的；不但由第八班至第一班是這樣，就是升入香港大學肄業，也同樣地得受優待。所以有許多學生家長，心切栽培子弟的，事前使子弟入別校肄業，直至高小畢業後，不惜降格入義學的四年級，並且運動義學教員請他保送自己的子弟應考官立學校。不過這是暗中幹的，因爲港政府只限於義學的四年級的學生應考免費生的。

香港政府對於義學的態度，除負有監督的責任外，並得酌某義校辦理的成績，以定取締或補助。以上各校，相信受政府補助的，決不在少。受補助的學校，官方督促甚嚴，因此，辦理也較認眞些。

義學的課程，和我們教育部的規定有特殊的差別，比方內地的小學課程及各教科書，是全用白話的，而這裏的義學，卻採用論語，上孟，下孟，左傳，孝經，唐詩，漢文，秋水軒尺牘：：等等，單單國文一科就有以上的科目。正因爲它有以上的各科，便於社會的普通商人，工友所歡迎，他們就樂於送子弟入校肄業，而且香港的公私立學校，收費奇昂，生活程度又特別地高，養活妻子，已是不容易的事，送子弟入學，更不易辦；惟有義學是救濟失學性質的，只收堂費少許，（更有完全拆免的）所以義學就是他們唯一的目標，子弟讀書，只有義學能夠替他解決。

人類同情是偉大的，社會的福利事業，也由於偉大的同情心所驅使。我們僑居香港的人，更需要同情與互助，義學固然是社會的福利事業，同時也是教育事業，本港的殷商，巨紳，行會，公會等的辦理這個義學，事實上已替我們的無產大衆，減輕許多負担，替他們子弟解决了讀書問題，這是我們極端讚美，歌頌的。至於少數義學的內容，稍欠完善，這是環境關係，教員也應負一部份責任，而非純學本身的缺憾。希望辦理純學教育的人們，今後能夠掉轉頭來，跟着時代走，在環境容許的條件下，儘量採用新的教育理論，新的教學方法，有可能時，最好參照一下廣東教育廳近年頒佈的新頒小學辦理綱要一類的書。教育固然是適應環境的，但所謂適應未必是對舊社會屈服，最好的教育就是為人類創造新環境！

（轉載本報香港教育週刊）

香港救濟學生會的訪問

趙世銘

×人自從發動殘酷的侵畧戰以來，不特蹂躪我們的土地，還摧毀我們的文化機關，屠殺我們的學生和文化人，我們直接間接的損失，簡直非筆墨所能形容；但是×人雖有猛烈的重砲，可摧不了我們的精神，為了負起更艱巨的責任，為了訓練那些比我們更堅強的鬥士，全國各公私立學校，莫不紛紛遷入內地，擔負教育下一代的承繼人，在那當日被目為「不毛之地」的西南，重開那燦爛的文化之花，形成意料不到的發展，這一點是×人所始料不及的。可是，教育的基業雖然不斷重建，但莘莘學子卻有不少被拋在街頭，路邊，過着流離失所的生活，這不但是個人的損失，同時還是國族莫大的損失！

自從×騎南侵，烽火遍及五羊之後，學生界的遭遇更加可憐，老家淪陷了，學校關門了，他們千辛萬苦，逃出×人的毒手，走到香港來，可是，依然一籌莫展，呼籲無門，青年的銳氣緩緩腐蝕，失望的陰影籠罩每個人的眼睛，逐漸形成一個嚴重的社會問題，有心人見而哀之，急謀救助之道，於是香港救濟學生委員會便應運而生，香港救濟學生會的成立，我們不能不感謝中山大學教授傅尚霖先生！

我對於學生救濟會的組織，自始便十分關心，有一天特意訪問傅先生，叩詢救濟事業的概況。傅先生很客氣，雖在百忙中，仍然抽出寶貴的時間，接納我的請求，這是筆者深以致謝的！寒暄之後，我們先從：

一　歷史方面

說起，傅先生簡要地告訴我說：自從七七蘆溝橋事變後，遍地烽火，學生慘受戰爭影響，流離失所，苦不堪言，覺得救濟學生是刻不容緩的神聖工作，於是奔走呼號，幸得各方贊助，才有香港救濟學生委員會的組織。全國關乎此類的組織只有十幾個單位，在全國救濟學生委員會統率之下，分區工作。

二　組織

照簡章所示：「本委員會由當地熱心學生事業之領袖若干人組成之」。委員會設主席，副主席，書記，會計各一人，委員九人。正主席傅尚霖博士，副主席蔡秀森夫人。

委員會之下，分設四組，主理一切會務。（一）學費、膳費、貸款組，組長何蔭棠博士，黃翠鳳小姐，委員十人。（二）學生寄宿組，組長羅有節博士，委員四人。（三）特殊訓練組，組長許湞陽博士，委員四人。（四）介紹工作組，組長趙冕霖先生，委員四人。總說各委員皆屬義務職，不支「伕馬費」，辦事處附設在中華女青年會裡面，以省開銷。

委員之外，另聘請許世英先生，顏惠慶先生，俞鴻鈞先生任名譽顧問。

三　經費來源

一、向當地各界徵集之；

二、向全國學生救濟委員會請求撥款；

三　向其他慈善機關，團體請求撥款。

據傅先生說：經濟來源，分為國內，國外兩方面。國際方面，如歐洲學生互助會，美國遠東學生服務社，先後滙來救濟費十萬元，該款由全國學生救濟會分配，香港救濟學生會分得港幣五千元。國內方面，由中央賑濟會撥助國幣二萬元。但請求救濟者紛至沓來，事業日見擴大，故經濟殊覺拮据，現已分頭籌集中。

四　事業方面

如上所述，計分旅費、學費、貸款、學生寄宿舍、特殊訓練班、介紹工作等六項，除前四種外，後者尚在計劃中。

照該會發出的「准許救濟款額分類表」看來，以旅費津貼爲大宗，佔全部救濟金百分之七十，可見該會怎樣鼓勵流亡國外的學生，回到內地求學了。其次爲學費津貼，佔百分之二十二；貸款最小，僅佔百分之八，在六千二百五十八元的支出中，不過佔五百廿九元，以二十一人均分，每人平均得廿五元而已。再詳細分析，旅費津貼以大學爲最多，佔百分之九十八，中學百分之一點一，專科最小，僅得百分之點八吧了。但是，學費津貼，中學反比大學多，大學佔百分之四十六，中學百分之四十九，專科百分之九。貸款也以大學生爲多，佔百分之四十四。中學百分之三十五，專科百分之二十一。據傅先生說：請求貸款的，大部分是從內地逃亡來港的學生，有的衣衫襤褸，身外無長物，情形異常可憐，貸借少數項，不過拿來做生活費吧了。

至於請求救濟的人數，根據該會公佈的數字，截至本年一月底止，請求旅費津貼者二百十一人，獲准者一百三十人，佔百分之六十一。請求學費津貼者一百四十一人，獲准者五十三人，佔百分之三十七。請求貸款者九十三人，獲准者二十一人，佔百分之二十二點五。請求寄宿者卅三人，獲准者十八人，佔百分之五十五。該會以事實關係，目下只辦女生宿舍一所，設在對海彌敦道興中中學樓上。聽說在港有鍾博士悉心經營下，成績斐然。在這寸土寸金的香港，無家可歸的窮學生，不知若干人，我們希望該會努力開展，多設這一類的寄宿舍，不僅要和女生設法，同時也要和男生設法。

此外，如請求介紹工作者，已有四十六人，可惜該會還想不出安插的方法，我們希望該會負責人努力些。

五　救濟標準

聽說最初規定大學以上，後來因事實關係，才改爲高中以上程度。請求救濟者，須「家境清貧品學兼優」因「受戰事影響」一時發生困難，無法維持學業或生活，並未受其他機關補助者」，才得「酌量情形，予以救濟」。照登記表所列的項目，是相當麻煩的，除了詳細填寫家庭關係、學校關係，經濟狀況，及作文三篇外，還要介紹在香港最熟識者三人，并負責的保證人，像那些隻身來港，并無親戚朋友的窮學生，恐怕只好「望門興嘆」吧。有的人憤然說：「香港救濟學生委員會」，祗負救濟教會學生的責任，也許不是無因的，不過據作者所知，流亡港澳的中大學生，得該會救濟前往澂江復課的頗不乏人，我以爲還是手續問題，不是本質問題，我們希望救濟會負責人把登記手續弄簡單些，使窮小子無向隅之嘆，那麼，感激的當然不止一人了。

六　被救濟者的義務問題

有權利必有義務，這是天公地道的事，那些受救濟的學生，學成之後，飲水思源，自然願意圖報的，但是，怎樣報答呢？用服務的形式，還是用金錢？據傅先生說：目前正忙于救濟，還欵，尚談不到被救濟者的責任問題。傅先生接着強調的說：以國家的命運，救濟國家的英才，還是應該的，我們只要做到「救濟」，便「于願足矣」了。

談到這裡，我怕影響傅先生的工作，乃興辭而別，坐在電車裡，腦海中浮出一個感想，覺得被准救濟的幸運兒，雖然只有區區二百二十二人，僅佔請求者的半數弱，在偌大的失學底青年羣中，直如滄海之一粟，但是，我們不能否認這是一件偉大而有意義的工作。由少數推及到大部分，也不是困難的事，要是各方的善長仁翁，社會領袖，本「人溺己溺」的熱誠，慷慨捐輸，通力合作，那麼，在龐大的難民羣中，救濟一部分學生，亦不過輕而易舉吧了。誠如傅尚霖先生所說：這僅是開端而已，我們敢代表學生界向救濟會諸先生呼籲，希望今後的工作更加努力！

廿八年四月二十日。

香港救濟學生委員會簡章

（一）名稱：香港救濟學生委員會（Hong Kong Committee for Student R
eliel)

（二）宗旨：本委員會專為受戰事影響之學生作經濟上精神上之補助使能繼續學業以貢獻社會服務國家

（三）組織：

1. 本委員會由當地熱心學生事業之領袖若干人組成之
   a. 委員會設主席副主席書記會計各一人
   b. 本委員會設若干小組委員會辦理本會各種事業各小組委員會由本委員會及顧問六至九人組成之
2. 幹事部由男女青年會總幹事及學生部幹事組成之並指派學生幹事為本會執行幹事
3. 除本委員會及幹事部外本會得聘請當地熱心學生事業之機關或私人組織顧問部協助本會一切進行

（四）經費：本會經費之來源照下列方法徵集之：

1. 向當地各界徵集之
2. 向全國學生救濟委員會請求撥欵
3. 向其他賑濟機關團體請求撥欵

（五）辦法：本委員會救濟辦法如左：

1. 貸欵：
   凡學生受戰事影響一時經濟發生困難無法維持學業或生活並未受其他機關幫助者本會得酌量情形予以救濟（細則另詳）
2. 學費津貼：
   本會設學額若干以救濟品學兼優之高中以上學生為限（細則另詳）
3. 學生寄宿舍：
   本會特為由戰區逃難來港而無家可歸之學生開設（細則另詳）
4. 路費津貼：
   凡學生有志前往內地繼續就學而川資無着者本會得酌量予以津貼（細則另詳）
5. 特殊訓練班：
   本會擬開設若干種訓練班使一時失學之學生得受某種特殊訓練（細則另詳）
6. 介紹工作：
   凡失學之學生本會得按其能力及興趣設法代為介紹

附則：

（一）本簡章有未盡善處得由本委員會委員三分之二提出修改之

（二）凡學生需要救濟者得按照本簡章第五條之規定到下列機關請求登記

般含道女青年會黃玉梅女士　電話：二三六零二
必列啫士街青年會鄧德超先生　電話：二六六一八
中華青年會總事務所　電話：五八一一二
國民銀行開仔許法陽先生　電話：二二三零五
聖廟街眾善公會阮啟坊先生　電話：二五五四八

本會總辦事處設香港必列啫士街青年會學生部

香港救濟學生委員會

請求救濟學生登記表

編號

姓名	性別	年齡	宗教	如係基督徒屬何教會	何時進教
籍貫	址住				電話

個人關係					
家庭情況	家長姓名	與本人關係	是否失業	職業	
	家長通訊處			電話	
	除申請人外，依靠家長而生者人數； 兄……弟……姊……妹……母…… 嫂……姪……其他……				
	家庭經濟來源	戰前			
		事後			
申請人在校外曾担任何種工作					
本人有何技能		興趣	嗜好		

請介紹在香港最熟識者三人				
朋友姓名	性別	職業		
通訊處			電話	
師長姓名	性別	學校	所授課目	
通訊處			電話	
親戚姓名	性別	與本人關係	職業	
通訊處			電話	

學校關係				
曾學肄業校	1.	校長姓名	校址	在校年數
	2.	校長姓名	校址	在校年數
	3	校長姓名	校址	在校年數
上學期肄業學校	校長姓名	教務長或訓校長姓名		
學系	年級	校址	電話	
以前曾否停學	何時起	至何時	停學原因	
在校內曾參加何種課外活動，担任何種職務。				
下學期將入何校	校長姓名	學系	年級	
校址			電話	
開學日期　年　月　日	放學日期　年　月　日			

二十（辛）

香港・澳門雙城成長經典

經濟情形	本人經濟狀況	戰前
		戰後

現在請求何種救濟（一）生活費（二）住宿（三）旅費（四）學費（五）找工作（六）……

至少由本會補助幾何，方能繼續學業

詳細說明原因

以前曾向本會請求救濟否	曾受何種救濟	擔任何種服務工作

應繳文件

I. 學歷及清寒證明書（由校中負責職員證明，申請時即須交進）

II. 用與此紙大小相仿之白紙詳寫下列題目（除第一題外，得任擇二題，與此表同時交進）

1. 主修課目（或最有興趣之課目）論文一篇
2. 「生平困苦之一頁」或「我的流亡經驗」
3. 畢業後之計劃
4. The Marks of an Educated Man
5. 我的集團生活

III. 最近學期成績報告單（與此表同時交進）

IV 本人相片一張（大小不拘，與此表同時交進）

V. 經本會指定醫生身體檢查證明書

保證書（請由保證人填寫）

茲保證……………………品學兼優，確受戰事損害，無力繼續學業，以上所填，俱屬實情，將來如有發現不合貴會章程之處，本人願負責歸還所助款額。

保證人……………………簽名蓋章……………

職業……………………與申請人關係……………

住址……………………電話……………

請勿填寫

申請日期：	應否救濟	救濟辦法
交進日期：	何種服務工作及工作地點	
審查日期：	工作日期及時間	負責人

備註		審查委員：

貼相處

通訊處：般含道女青年會學生部 / 必列者士街青年會學生部　電話：23602 / 26618

三十（辛）

滇省各大學巡禮

士農

自從我們的神聖抗戰開始以來，我國的學術文化團體和高等教育機關，因欲保衛我們的文化事業，不致受×人的摧殘，所以先後向安全的後方遷移，在這一年多來，遷到雲南省內的，計有大學五間，專科學校二間，專科學院三間，學術研究機關五所。和雲南原有的一共達二十多處，分佈在昆明和雲南各地。從前我們看作邊僻的地方，現時成了中國文化新陣地，充滿青年學子，印滿著名人學士的足跡了。現將在滇各文化學術機關的概況分述如下：

中山大學

該校原在廣州，其前身是廣東高等師範，後又改名廣東大學，及至民國十三年，改稱國立中山大學，是爲着紀念孫總理而成立，因去年十月廣州淪陷，故遷到雲南的澂江復課，距昆明百多里，是農村環境，校舍是借用當地的舊有廟寺廳堂，因陋就簡，比之前在廣州的石牌時，差如天壤，但該處風景頗不錯，有湖光山色的美麗，頗合讀書的地方，教授到滇的約有 百多人，學生則共有一千八百多；現有文，法，理，工，農，醫，師範七學院；附屬機關有兩廣地質調查所，文學，土壤和植物研究所；至原日的附中，附小和幼稚園，則因遷搬的關係，現暫時停辦，各學院中，學生最多的是工學院，共有五百八十名，內有一部是廣東省立勷勤大學歸併來的；辦理最有精神的是新辦的師範學院，還是該院院長教育專家崔載陽先生的努力。當廣州忽然的失守，該校很忙迫的搬遷，遺下東西很多，各學院都有，而以醫學院損失儀器和設備最多，在澂江又沒有醫院，故該學校現只有辦理一個臨時醫院來實習；又該校的農學院，在國內是有名的，但遷到那裡，因沒有農場，所以該學院在下學期遷至昆明郊外的雲南省立第一農場；互相合作。該校的組織：校長和研究院院長是鄒魯，文學院院長吳康，有中文，英文，社會，哲學，歷史五學系。法學院院長是黃元彬，有法律，政治，經濟三學系；理學院院長陳煥鏞，這學院學系最多，共分地理，地質，化學，物理，數學，天文，生物七系；工學院院長是蕭冠英，分電機工程，化學工程，機械工程，土木工程四系；師範學院院長崔載陽，有公民訓育，史地，中文，英文，理化，教育，博物等系；農學院院長鄧植儀，分農學系（內分農藝，園藝，經濟，病蟲害，畜牧五門），林學系，蠶桑，農林化學四系；醫學院長張麥石，該院不分系。

同濟大學

該校從前在上海，最初時是同濟學校，由德國人創辦，至民國十六年，由教育部正式改爲國立同濟大學，全校學生約有千多人，教職員二百五十人；「八一三」後，教育部着令遷金華，因時局和抗戰，再遷贛州，三遷至廣西的八步，再後才遷到昆明來；校舍現在昆明富春街借富春中學的地址，已在三月一日開課，該校共有理，工，醫三學院。理學院是新辦的，有生物，化學兩系；工學院有土木工程，電器工程，測量工程，機械工程等系；土木工程，內含有造船科，是在國內特有的。該院將來注重實用科學的課程，故在國內很著名，但可惜因經幾次的搬遷，損失重要的儀器不少；醫學院不分系，但借昆明市內的惠滇醫院來給學生實習，該院的設備也很不夠用哩。

該校附屬辦的，有附屬高級工業職業學校和附屬中學各一所，校長從前是翁之龍。最近因事辭職，教育部改派趙士卿接任，昆明現因空襲關係，疏散人口，故該校現正找尋地址再遷，相信在昆明的郊外吧。

聯合大學

「七七」事變一起，教育部便令在北平的國立清華大學和北京大學及在天津的南開大學，三校南遷，到了長沙，組合成一所臨時大學，再後又遷到昆明來，改名國立西南大學，該校是遷到雲南最早的，現在昆明市的農業學校上課。現時的組織，沒有校長，由南開大學校長張伯苓，北京大學校長蔣夢麟和清華大學校長梅貽琦分任學校委員，下設教務處，秘書處，總務處等，與和圖書館一間。該校共有師範，工，理，文，法，商五學院。師範學院有中文，英文，史地，理化等系；工學院則有航空工程，土木工程，機械工程等系；理學院有物理，氣象，地理，化學，生物四系；文學院有外國語言文學，中文，歷史和哲學四系；法商學院有法律，政治，經濟和會計等系。原來北京大學以文科，南開大學以商科，清華大學以理科而各在國內著名，所以現在組合起來，便成了一間良好的大學，因為該校有很多很好的教授，課程較其他的大學多且深別來得注意英文，考試又十分的嚴格，不過該校是三大學合併組成，教

…，在北平，已辦理有十二年的時間，北
又人頓稱歷短，於是不得已而在去年
招生開課，希望在雲
法文兩受，歷費大學

南省立醫院合作，利便學生實習，全校學生八百名，其中以滇籍的佔十分之七八，每年經常費六十萬元國幣。校址在昆明的近郊，有固定的校舍，頗宏大廣闊，在這個大學區域中，算是首屈一指的了。不過其中學生的程度，平均起來，比不上其他的學校，校長現是熊慶理先生。

中正學院

為紀念　蔣委員長而設立，從前校址設在江西，民國廿五年冬成立，是國立的醫科專門學院，在去年秋遷到昆明市內，當時暫借男青年會作課堂，借昆華農專作校舍，最近該院在昆明郊外三十里的黑龍潭地方，落成新校舍，故已遷往繼續上課，并在該院設有病院來利便學生實習，惟經費充足，所以辦得頗完善。現時男生有一百多人，女生數十，約共二百人。又黑龍潭地方很多，且有溫泉，風景美麗，是昆明近郊名勝。

唐工學院

該院現遷到雲南的去溪縣，在昆明的南便二百多哩。由昆明坐汽船橫過滇池到昆陽縣，再過便到。交通不大方便。該院辦理，全國有名，到現在已辦有三十五年，創設在清末年間，歷年畢業生二十多屆，共一千多人，多在國內各地工程界服務。該院只辦理採冶和土木兩系，現有學生四百多人，分為四級，男女同學。從前校址是在河北省的唐山地方，「七七」事變後，最初遷到湖南，武漢失守後，湖南形勢受影響，所以再遷到雲南來，院長現是茅以昇。

廣州協和神道學院，從前是在廣州的近郊，是
…兩數，學生不多，
遷來雲南省，校址
，總校是在重慶，
且在本學期先招收
一。該校辦理甚勝，
切費用都是政府供

（辛）十五

及各府所辦，且是國內的最高、天文，地質，社會科學個研究所，院長是蔡元培。從前各所多在內遷到重慶；地質和動植物兩所遷到廣西嚴；其餘歷史，工程，化學，社會科學，物理和語言六個研究所都遷到昆明來。他們的工作：天文方面，專門研究太陽分光，和星球觀測等；社會科學研究所，注重國內各種經濟問題；化學方面：則對工業化學，有機化學，物理化學，生物化學四種研究。又物理化學的研究，近來正從事於探音器的研究和製造。

北平研究院

該院從前設在北平，也是國立研究機關。北平陷落後，曾經一度工作停頓，昨年四月，便遷來雲南，在昆明成立辦事處。該院所研究的共有史學，地質，物理，生物，化學等共九科。現時在雲南的工作，如曾往各湖泊如滇池，洱海等調查一切水產，這是該院動物科的暫時工作；史學方面的研究，則進行搜羅南詔史料；在物理方面則探測各地的礦產；至地質的則調查雲南各縣的。

辦的學術研究機關我國的植物藥材，該多，去年也遷來雲南和保險子兩類，曾經用很適合用來作麻醉劑交感神，而且對於疲倦，戒酒，救治試驗的功效。至於關散的功用設在昆明市內，職員共有十幾人。該所歷史有二十多年的久。原本是在北平，「一二八」後遷往南京，「七七」事變又內遷到長沙，雲南，四川三地設立辦事處，雲南省的辦事處在昆明，工作人員約有二十多人，並設有化學實驗室，現在雲南的工作，是調查各縣的礦產。

北平圖書館

該館有深長的歷史，藏書之多，在國內算是首屈一指，北平淪亡，便將其中一部份運到雲南，保存國內外的新舊文化。現時在雲南的主要工作，是調查苗族文物，徵購西南文獻，編輯雲南書目，搜集緬甸安南文獻。

其他

關於其他文化消息，有下列幾點：

（一）國立浙江大學自從去年遷到廣西的宜山標營上課，在去年十二月間受×機轟炸，損失頗大，且該地常受空襲，影響求學甚大，故該校當局進行計劃在本學期遷到昆明附近建水縣地，近箇舊錫礦的箇舊。

（二）廣州中山圖書館，在廣州陷前，很幸運的能夠把貴重的書籍大部遷入內地，該館也計劃遷到雲南，和北平圖書館合作，或遷到澂江，和便國立中山大學的學生。

（三）北平的靜生生物調查所自到了雲南後，曾往雲南各地調查生物，近更與國立雲南大學成立一間雲南農林植物研究所。（轉載本報特載欄）

戰時全國高等教育現狀

世銘輯

抗戰發生以來，我國各級學校及教育文化機關，遭受××破壞之慘烈，實爲有史以來所僅見，而高等教育所受損傷，更爲重大，戰前專科以上學校共計一百零八校，受××破壞轟炸者九十二校之多，財產損失達四千萬元。其因戰事影響而停頓或合併者凡十八所，遷移後方開學者計七十所，仍在原地開課者則僅二十所。

遷移學校

各校遷至四川省境內者，計有：——

國立中央大學
國立武漢大學
國立東北大學
國立藥學專科學校
國立牙醫專科學校
省立山東醫學專科學校
私立復旦大學
私立金陵大學
私立齊魯大學
私立金陵女子文理學院
私立文華圖書館專科學校
私立武昌藝術專科學校
私立武昌中華大學

公私立共十四校

遷至雲南省境者：——

國立西南聯合大學（由國立北京大學，清華大學，及私立南開大學三校合辦）
國立同濟大學
國立中醫學院
國立中山大學
國立江蘇醫學院
國立藝術專科學校

等六校。

遷至廣西省境內者，計有：——

國立浙江大學
國立國術學校
國立體育專科學校
省立江蘇教育學院
省立廣東教育學院
私立武昌華中大學
私立無錫國學專科學校

等六校。

遷至陝西省境內者，計有：——

國立西北聯合大學（由國立北平大學，師範大學及北洋工學院合辦）
私立山西川至醫學專科學校

等二校。

遷至貴州省境內者，計有：——

私立大夏大學
私立湘雅醫學院

等二校。

遷至湖南省者，計有：——

省立江蘇銀行專科學校
私立民國學院

等二校。

其留遷上海租界內者，計有：——

國立交通大學
國立暨南大學
國立上海商學院
國立音樂專科學校
私立東吳大學
私立大同大學
私立滬江大學
私立光華大學
私立南通大學
私立之江文理學院
私立上海法學院
私立持志學院
私立正風文學院
私立女子醫學院
私立同德醫學院
私立東南醫學院

私立東亞體育專科學校
私立上海美術專科學校
私立新華藝術專科學校
等共十九校。
其暫遷香港者，計有：——
私立嶺南大學
私立廣州大學分校
私立國民大學分校
私立廣東光華醫學院
等四校。
其遷移在原省境內者：
廣東省方面，計有：——
省立勷勤商學院
省立廣東體育專科學校
私立廣州大學
私立廣東國民大學
等四校。
福建省方面，計有：——
國立廈門大學
省立福建醫學專科學校
私立福建協和學院
私立福建學院
私立華南女子文理學院
等五校。
河南省方面，計有：——
省立河南大學
省立河南水利專科學校
等二校。
江西省方面，計有：——
省立江西工業專科學校
省立江西醫學專科學校
等二校。
浙江省方面，計有：——
省立醫藥學科學校
湖北省方面，計有：——
省立湖北農醫專科學校
湖南省方面，計有——
國立湖南大學

未遷各校

其仍在戰區繼續開學者
北平方面，計有：——
私立燕京大學
私立輔仁大學
私立中法大學
私立協和醫學院
私立鐵路專科學校
等五校。
上海方面計有：——
國立中法工學院
國立上海醫學院
私立復旦大學
私立上海法政學院
等四校。
天津方面，計有：——
私立工商學院
其原在後方設立者：
四川省方面，計有：——
國立四川大學
省立重慶大學
省立四川教育學院
私立華西聯合大學
等四校。
貴州省方面，計有：——
國立貴陽醫學院
雲南省方面，計有：——
國立雲南大學
湖南省方面，計有：——
私立文治農商專科學校
廣西省方面，計有：——
省立廣西大學
甘肅省方面，計有：——
省立甘肅學院
新疆省方面，計有：——
省立新疆學院

停辦學校

其因戰事影響而停辦者，計有：——
國立山東大學
省立安徽大學
省立山西大學
省立河北工業學院
省立河北女子師範學院
省立河北農學院
省立河北醫學院

省立山西工業專科學校
省立山西商業專科學校
省立山西農業專科學校
省立山東鄉村建設專科學校
省立北平體育專科學校
省立江蘇蠶絲專科學校
省立上海體育專科學校
等十三校，及：——
私立中國公學
私立中國學院
私立吳淞商船專科學校
私立蘇州美術專科學校
等四校。

增設學校

抗戰發生以後，在後方增設專科以上學校，計——
四川省方面：——
國立中央技藝專科學校
陝西省方面：——
國立西北工學院
國立西北農學院
省立陝西醫學專科學校
湖南省方面：——
國立師範學院
江西省方面：——
省立獸醫專科學校
等，共六校。

此外另設師範學院五所，附設於其他各大學內，以造就中等學校教育師資，並創設大學先修班五班，以為高中畢業生升學之準備。關於專科以上學校之合併與改組，大學院系之調整與課程之擬訂，以及專科以上學校導師制之建立，國立各院校統一招生之實行，均為目前高等教育之重要設施云。

以上所記係戰時全國公私立院校遷移分併情形及地點分佈，至于各院校內容院系之設置，再就調查所及，列表如下：

戰時國立院校表

校名	校址	所設院或科系
國立中央大學	四川重慶	文學院：中國文學，外國文學，史學，哲學。 法學院：法律，政治，經濟。 師範學院：教育，公民訓育，體育，國文，英語，史地，數學，理化，博物等系，藝術專修科（修業年限三年） 理學院：算學，物理，化學，生理，地質，地理。 農學院：農藝，森林，畜牧獸醫，農業化學，園藝。 工學院：土木，電機，機械，建築，化工，水利，航空。 醫學院：（附牙醫專科學校——修業年限連實習四年）

國立西南聯合大學	雲南昆明	文學院：中國文學，外國語文，歷史社會，哲學心理。 理學院：物理，化學，算學，生物，地質，地理氣象。 工學院：土木，機械，電機，化工，航空。 法商學院：法律，政治，經濟，商學。 師範學院：教育，公民訓育，國文，史地，英語，數學，理化。
國立西北聯合大學	陝西南鄭	文理學院：國文，歷史，外國語文，數學，物理，化學，生物，地理。 法商學院：法律，政治經濟，商學。 師範學院：教育，體育，國文，史地，數學，理化，英語，家政等系，勞作專修科（修業年限三年） 醫學院
國立武漢大學	四川樂山	文學院：中國文學，外國文學，哲學，史學。 法學院：法律，政治，經濟。 理學院：數學，物理，生物，化學。 工學院：土木，電機，機械，礦冶。
國立中山大學	雲南澂江	理學院：數學，天文，物理，化學，生物，地質，地理。 農學院：農學，林學，蠶桑，農林化學。 工學院：土木，化工，電機，機械。 文學院：中國語文，英國語文，史學，哲學，社會。 法學院：法律，政治，經濟。 醫學院 師範學院：教育，公文訓育，國文，史地，數學，英語，理化博物。
國立同濟大學	雲南昆明	工學院：土木，機械，測量。 醫學院 理學院：生物，化學。
國立浙江大學	雲南建水	文理學院：中國文學，史地，數學，物理，化學，生物。 工學院：電機，化工，土木，機械。 農學院：農藝，園藝，蠶桑，病虫害，農業經濟。 師範學院：教育，國文，史地，數學，理化，英語。
國立四川大學	四川成都	文學院：中國文學，外國文學，史學，教育。 法學院：法律，政治，經濟。 理學院：數學，物理，化學，生物。 農學院：農學，林學，園藝，病虫害。
國立湖南大學	湖南	文學院：中國文學，政治，經濟。 理學院：數學，物理，化學。 工學院：土木，電機，機械，採冶。

國立雲南大學	雲南昆明	文法學院：文史，法律，政治經濟。理學院：算學，理化。工學院：土木，採冶。醫學院。
國立東北大學	四川三台	文理學院：中國文學，史地，化學。法學院：政治，經濟。
國立廈門大學	福建長汀	文學院：中國文學，教育，史學。商學院：經濟，商業。理學院：數理，化學，土木，生物。
國立中正醫學院	江西永新	醫
國立貴陽醫學院	貴州貴陽	醫
國立交通大學唐山工程學院	湖南湘鄉	工（土木　採冶　鐵道管理）
國立西北工學院	陝西	土木，礦冶，電機，化工，紡織，機械。
國立西北農學院	陝西	農學，農業化學，森林學，農業水利，畜牧獸醫等系。園藝，農業經濟，專修科，（修業年限各二年）
國立師範學院	湖南	教育，公民訓育，國文，英語，史地，數學，理化。
國立江蘇醫學院	湖南芷江	醫

又國立北京清華二大學原皆設有研究院，中因與南開併合而爲西南聯大，研究院曾一度停頓，本年秋季學年開始，該兩院業經恢復重招新生，其內部分系，併列于下：

國立清華大學研究院	雲南昆明大西門外	（甲）文科研究所　一、中國文學部　二、外國語文部　三、哲學部　四、歷史學部 （乙）理科研究所　一、物理學部　二、算學部　三、生物學部、
國立北京大學研究院理科研究所	雲南昆明大西門外	（甲）算學部 （乙）物理部 （丙）生物學部

附錄

國立清華大學研究院暫行辦法

（一）本大學於民國廿八年度起繼續辦理研究院通知舊生復學並酌收新生

（二）本大學研究院與國立西南聯合大學及國立北京大學研究院合作其辦法另訂之

（三）凡成績及格之研究院學生得請求津貼此項津貼每年每名四百元分四次發給津貼名額以二十名爲限每部最多以四人爲限

（四）研究院學生成績優異者於年終給予甲種或乙種獎金甲種三百元乙種一百五十元領受甲種獎金者其成績總平均至少須滿八十分領受乙種獎金者其成績總平均至少須滿七十五分領受獎金人數以十人爲限其已得津貼者亦得照領

（五）研究生除得本校半時助教外不得兼任他項職務

（六）研究院學生担任半時助教者給予半時助教待遇不另給津貼其成績優異者仍得領受獎金其在院研究年限至少三年

（七）研究院學生學費暫免

（八）研究院章程第十二條所定畢業生出國研究辦法暫不適用

（九）研究院其他事宜一律照原有章則辦理

國立北京大學研究院理科研究所暫行辦法

（一）本大學於民國二十八年度起繼續辦理研究院理科研究所通知舊生復學並酌收新生

（二）本所與國立西南聯合大學及清華大學研究院合作其辦法另訂之

（三）凡研究生考試成績及格者得請求津貼此項津貼每年每名四百元分四次發給津貼名額以十人爲限

（四）研究生成績優異者於年終給予甲種或乙種獎金甲種三百元乙種一百五十元領受甲種獎金者其成績總平均至少須滿八十分領受乙種獎金者其成績總平均至少須滿七十五分領受獎金人數以五人爲限其已得津貼者亦得照領

（五）研究生除得任本校半時助教外不得兼任他項職務

（六）研究生担任半時助教者給予半時助教待遇不另給津貼其成績優異者仍得領受獎金其在院研究年限至少三年

（七）研究生學費暫免

（八）研究院其他事宜一律照原有章則辦理

編校之後

趙世銘

最近十日來，爲了本書的編校，差不多『廢寢忘食』，理由就是自己的「功夫」不行。事前既沒有充分的準備，工作開始時又碰着種種意料不到的阻撓，根本原因，還是時間不夠，不能以充裕的時間，彌補個人的稚拙，這是最大的缺憾。現在編校的工作總算告一段落了，「醜婦終須見翁姑」，這不成器的東西，讓社會給它一個嚴格的批評吧！

前幾天，一位久年未見面的朋友，不惜遠道過訪，寒暄之後，便說起編印「港澳學校概覽」的目的來，我拿報社致各校的公函給他看，他說太空泛，請他讀讀七月四日我在「香港教育」週刊發表那篇小文。他一壁看一壁點頭，接着認真地對我說：

『你應該把編印的目的鄭重說明一下，說不定有人會誤解呢。』

我接受這位朋友的提議。

如果時間容許的話，的確需要詳細說明一下，但事實上那裏有執筆構思的機會，好在新聞記者有的是剪刀和漿糊，就把那篇簡陋的小文，剪一段貼在這裏吧：——

我們編印「港澳學校概覽」的目的第一是：——

促進合作發揚專長　如上所說；自抗戰以還，內地各校爲維持教育事業于不墮，除公立學校遷往西南邊省外，其他各大、中、小學，皆紛移港澳，借地復課，僑校數目，空前激增，素質方面，亦起了根本的變化。港澳學校爲了適應時代之要求，環境之激刺，莫不「勵精圖治」，充實內容，以謀學校本身之健全，影響所及，互相策勵，僑校之教育水準，因之着着提高，這種奮鬥爲公的精神，是值得褒獎的。「港澳學校概覽」之發刊，便是想盡點滴之棉力，發揚各校之專長，促進教育界更密切的合作。

其次爲：——

搜集資料保全文獻　沒有×人殘酷的進攻，內地學校不會棄家外逃，而港澳教育斷然沒有達到劃時代的開展，這個時期，不但空前，簡直是絕後了。由於內地學校之外移，與教育專才之易地努力，僑教之向上，在教育史上可說開一新紀元，我們編印「港澳學校概覽」之第二目的，就是想保全這劃時代的教育資料，作爲將來編史的文獻。

以上兩點，就是本書編纂的最大目的。

最後更爲：——

幫助士子選擇學校　據最近調查所得，港九兩地，上至大學，下至義學，私塾，爲數不下千數百校，即澳門彈丸之地，學校也有一百三十餘所，五步一小學，十步一中學，頗有山陰道上應接不暇之勢，除少數例外，每當春秋兩季招考新生時候，爲家長的莫不感覺頭痛，選擇學校已經麻煩，而索取招生簡章，更不勝奔波之苦。「港澳學校概覽」，爲幫助士子，解決擇校問題，特彙集各重要學校之招生簡章，附以簡明扼要的說明，按圖索驥，以定去取，絕無困難。求學大事，決于頃刻，其便利學生家長，不待贅言。

× × × ×

「編印目的」已算交代清楚了，但有一點還得附帶聲明：我們這本小書，誠如梁冰弦先生在序言所說：這僅是「便省覽的紀錄」，不堪「儕于著述之林」的，爲學子問津計，雖然可能謂之「求學指南」，但決不能稱之爲「指導書」，因爲這是更加繁重困難的工作，以這樣短促的時間和少數人的精力，斷然不能勝任愉快的。關于「幫助士子，選擇學校」方面，我們僅希望給予學生家長多少手續上的方便，免除「奔波之苦」吧了，

但是，卻有幾點可喜的現象，值得提供給讀者的。筆者于編校

當中，發見各校一個共通點，這個「共通點」是什麼？就是大家都以實施抗戰教育爲今後訓教目標，這是前所未見的。這個特點正胎孕着一個光榮的未來，預示教育的新生命。縱然有的只見諸文字，未付實施，惟大家既然懸爲鵠的，互相策勵，互相影響，爲適應大時代的要求，自然而然蔚成風氣了。

善的，就是大多數學校已經明瞭教育不是賺錢事業，因之對于貧苦學生，不再抱着『關門主以濟貧苦學生作爲使命之一了。如嶺南大學之廣學之增設免費、半費學額等：對于『家境清貧計，的確直接間接給予一種鼓勵。不用說，也有不至的，雖然如此，但那些欺世盜名的總有扶救濟一個窮苦學生，使小一個被檢財者剝奪的對目爲商品，不過遲早問題吧了。

秋，皆以學生參加救亡工作及籌募勸捐等社會服，作爲宣傳資料，這是再可喜不過的。自民族爭米，始終站在健全的見地，以支持抗戰的就是教而今各校以學生的參加救亡工作認爲學校精神表新社會、宣揚中外，抗戰是神聖的，舉國一致的誰就是民族的罪人，這種有力的表示，對于社會的影響太大了。

此外，關于課程，設備，收費，訓育…………種種問題：我們相信由于本書的出版，各校于觀摩、比較之餘，多少總有影響的，最低限度，必然發生一個「？」號。就是說：大家必然發生自我檢討，自我批判。這種作用，就是進步的酵母。

話說得太多了，關于本書的編排及其他，也有順帶說明之必要。

第一，應該向港澳各校告罪。我們知道這種富有時間性的「使覧書」正像「通書」一樣，今年的斷不能延到來歲才出版。不幸得很，在本書付印期間，偏偏遇着排字工友罷工，工作停頓，幾經困難，才得繼續排印。同時因各校之同情贊助，紛紛賜稿，篇幅超出預定大半以上，罷工之後，工作速率減低，而篇幅增多，兩種相反的事實，迫使本書延期出版。好在各校多在九月初開課，本書還趕得及送給爲兒女選擇學校的家長的。

其次，内容方面，也略有變動。

我們爲了幇助各方面認識港澳教育的真面目起見，特函約名家撰述專文，替我們寫「香港教育概觀」的方與嚴先生，雖在百忙中，還能依期交卷，盛情可感，謹向方先生致謝。答應寫「澳門教育概觀」的澳門崇實中學校長梁彥明先生，大約因公務過忙，至今尚未將大作寄到，爲了出版關係，不及再待，好在「過客」先生替我們寫了一篇「港澳教育與港澳社會」的大文，對于港澳辦學校教育的人，指示一條大路，彌覺珍貴，這是意料不到的收穫，謹向過客先生致謝！

『學校訪問』欄，事前我們確有整個計劃，可惜時間所限，調查欠遇，如果把調查所得的，先行發表，誠恐有偏愛之嫌，故暫付缺如，改爲『專載』欄，搜集有關教育文化之論文，以供各方之參考。

題詞方面，亦因時間關係，應我們請求的爲數不多，迫得割愛，其已賜題墨寶者，分別在中華時報發表。

最後，謹向熱心襄助本書編事之諸先生致謝，尤其是賜予題字之黨國名流，及爲本書作序的梁冰弦先生，貢獻寶貴意見之周振光先生；沒有諸位先生的指導、幇忙，本書斷然沒有問世的日子。就是本報同仁，自社長馬超膚先生，總編輯呂家偉先生，編輯部各同志，以至工友等，都是值得感謝的。

本書之編輯、排印，爲時無多，簡陋、錯誤之處，在所不免，海內先進，祈不吝賜教，爲幸！

廿八年八月八日深夜二時寫于九龍半島。

港澳學校概覽 實價

1	香港百年史（一九四八）	黎晉偉
2	最新香港指南（一九五零）	湯建勛
3	香港掌故（一九五九） 附 香港歷史（一九五三）	黃燕清
4	香港雜記（一八九四光緒原版）	陳鏸勳
5	香港百年（一八四一—一九四一）	劉國英
6	澳門地理（一九四六）	何大章、繆鴻基
7	香港——東方的馬爾太（一九二九）	李史翼、陳湜
8	港僑須知（一九三三）上	戴東培
9	港僑須知（一九三三）下	戴東培
10	香港金融（一九四零）	姚啟勳
11	香港九龍便覽附粵語舉要（一九四零）	逸廬主人
12	香港政治之史的考察（一九三六）	[日本]植田捷雄 原著 石楚耀 中譯
13	香港華人名人史略（一九三七）（中英合璧）The Prominent Chinese in Hongkong（1937）	吳醒濂
14	僑旅錦囊（一九一八）附〈華英譯音巫語指南〉	盧少卿
15	香港教育制度之史的研究（一九四八）	阮柔
16	香港市政考察記（一九三七）	譚炳訓
17	《香港陷落（一九四一中文）》《軍政下の香港（一九四四日文）》合刊	齊藤幸治、心一堂
18	香港淪陷記（一九四六）	唐海
19	《香港日佔時期課本——初小公民（一九四三中文）》《嚴重的香港（一九三八中文）》《香港事情（一九一七日文）》合刊	香港占領部總督府、殷楊
20	澳門遊覽指南（一九三九）	何翼雲、黎子雲
21	英粵通語Cantonese for everyone——香港大學粵語教材（一九三一）	H. R. Wells
22	香港早期粵語教材——〈初學粵音切要〉（一八五五）	佚名
23	港澳學校概覽（一九三九）	呂家偉、趙世銘
24	香港蓄婢問題（一九二三）	反對蓄婢會

書名：港澳學校概覽（一九三九）
系列：心一堂　香港・澳門雙城成長系列
原著：呂家偉、趙世銘合編
主編・責任編輯：陳劍聰

出版：心一堂有限公司
通訊地址：香港九龍旺角彌敦道六一〇號荷李活商業中心十八樓〇五一〇六室
深港讀者服務中心：中國深圳市羅湖區立新路六號羅湖商業大廈負一層〇〇八室
電話號碼：(852)9027-7110
網址：publish.sunyata.cc
淘宝店地址：https://sunyata.taobao.com
微店地址：　https://weidian.com/s/1212826297
臉書：　　　https://www.facebook.com/sunyatabook
讀者論壇：　http://bbs.sunyata.cc

香港發行：香港聯合書刊物流有限公司
地址：香港新界荃灣德士古道220～248號荃灣工業中心16樓
電話號碼：(852) 2150-2100
傳真號碼：(852) 2407-3062
電郵：info@suplogistics.com.hk
網址：http://www.suplogistics.com.hk

台灣發行：秀威資訊科技股份有限公司
地址：台灣台北市內湖區瑞光路七十六巷六十五號一樓
電話號碼：+886-2-2796-3638
傳真號碼：+886-2-2796-1377
網絡書店：www.bodbooks.com.tw
心一堂台灣秀威書店讀者服務中心：
地址：台灣台北市中山區松江路二〇九號1樓
電話號碼：+886-2-2518-0207
傳真號碼：+886-2-2518-0778
網址：http://www.govbooks.com.tw

中國大陸發行　零售：深圳心一堂文化傳播有限公司
深圳地址：深圳市羅湖區立新路六號羅湖商業大廈負一層008室
電話號碼：(86)0755-82224934

版次：二零二一年三月初版，平裝

心一堂微店二維碼

心一堂淘寶店二維碼

定價：港幣　　二百二十八元正
　　　新台幣　八百九十元正

國際書號 ISBN 978-988-8583-74-4